Widerstand im Dritten Reich
Probleme, Ereignisse, Gestalten

Mit Beiträgen von
Karl Dietrich Bracher, Walter Dirks,
Hermann Graml, Lothar Gruchmann,
Klemens von Klemperer, Helmut Krausnick,
Hans Kühner-Wolfskehl, Hans Mommsen,
Günter Plum, Hans Rothfels
und Bodo Scheurig

Herausgegeben von
Hermann Graml

Fischer
Taschenbuch
Verlag

Die Zeit des Nationalsozialismus
Eine Buchreihe
Herausgegeben von Walter H. Pehle

Originalausgabe
Veröffentlicht im Fischer Taschenbuch Verlag GmbH,
Frankfurt am Main, Mai 1994

© für diese Ausgabe:
Fischer Taschenbuch Verlag GmbH, Frankfurt am Main 1984, 1994
Druck und Bindung: Clausen & Bosse, Leck
Printed in Germany
ISBN 3-596-12236-8

Gedruckt auf chlor- und säurefreiem Papier

Inhalt

Einleitung

Wer sich mit dem deutschen Widerstand gegen die nationalsozialistische Herrschaft als Historiograph beschäftigt, gerät nolens volens unter den Einfluß der Tatsache, daß es zwischen 1933 und 1945 eine breitere Widerstandsbewegung, deren Geschichte geschrieben werden könnte, nie gegeben hat. Oppositionelle Aktivität, vom Kleben regimefeindlicher Plakate über die Herstellung von Flugblättern bis zur Arbeit an Plänen für einen Staatsstreich, war immer nur die Sache von Individuen, die sich in relativ kleinen Gruppen sammelten; auch wenn solche Kreise sich fanden und dann zeitweilig kooperierten, entstand noch keine Kraft, die als Bewegung bezeichnet werden dürfte. Es ist kein Zufall, daß der erste, der Hitler zu töten versuchte und ihn am 8. November 1939 in München tatsächlich beinahe getötet hätte, Georg Elser, bei Vorbereitung und Durchführung des Attentats in völliger Isolierung gehandelt hat. Auch Oberst Graf v. Stauffenberg und Oberleutnant v. Haeften, die am 20. Juli 1944 im »Wolfsschanze« genannten »Führerhauptquartier« ihr Ziel fast erreichten, standen bei ihrem Anschlag lediglich im Dienste einer – freilich vielfältig verzweigten – Vereinigung quantitativ bescheidener Gruppen.

Natürlich war das auch eine Folge des Terrors. Seit dem 30. Januar 1933, als Hitler Reichskanzler wurde, schufen die Nationalsozialisten systematisch Organe einer Gewaltherrschaft, die, unabhängig von Recht und Gesetz agierend, existierende und entstehende Gegenkräfte rücksichtslos zerschlugen und jeden noch unentdeckten oder aus anderen Gründen temporär unangreifbaren oppositionellen Zirkel zu einer die Handlungsmöglichkeit nahezu aufhebenden Vorsicht zwangen. Die Nation wurde fest in den Griff eines tendenziell totalitären Systems genommen. Von größerer Bedeutung dürfte allerdings gewesen sein, daß es Hitler und der NS-Bewegung gelang, einen beträchtlichen Teil der deutschen Bevölkerung, ob Bauern, Bürger oder Arbeiter, auf ihre Seite zu ziehen, fast den ganzen Rest zumindest partiell oder in bestimmten Situationen zu gewinnen und damit wenigstens politisch zu neutralisieren. Es versteht sich, daß hier die Erfolge des Regimes kräftig zu Buche schlugen: die außenpolitischen Triumphe der dreißiger Jahre, die militärischen Siege vom Herbst 1939 bis zum Spätsommer 1942 und zuvor schon die Beseitigung der Arbeitslosigkeit, die nach der furchtbaren Not der letzten Weimarer Zeit stärkste Wirkungen hatte, obwohl ein durch-

aus erkennbarer Preis gezahlt werden mußte, nämlich die Mobilma-
chung der deutschen Gesellschaft für einen Eroberungskrieg. Wieder
und wieder spürten oppositionelle Gruppen ihre Isolierung, hatte der
selbstverständliche Drang zum Aufbau einer handlungsfähigen Widerstandsorganisation oder doch eines weiter gespannten Netzes mit dem
Unverständnis einer Mehrheit der Nation zu rechnen. Indes spielte auch
eine gewisse Rolle, daß die Frist zwischen der Reichsgründung von 1870/
71 und 1933 zu kurz gewesen war, um die Integration der Deutschen zu
einer Nation zu vollenden. So lebte die für das alte Reich und noch den
Deutschen Bund charakteristische regionale Aufsplitterung Deutschlands in einem ungewöhnlich hoch entwickelten Föderalismus fort.
Zugleich hatte der gesellschafts- und verfassungspolitische Immobilis-
mus des wilhelminischen Deutschland die Entstehung einer über Partei-
grenzen hinweg Gemeinsamkeit empfindenden Schicht von Politikern
verhindert, und in der aus absolutistischen, ständestaatlichen und büro-
kratischen Elementen seltsam gemischten Staats- und Gesellschaftsstruktur des Zweiten Reiches war auch die soziale Fragmentierung der
Nation in einander fremde und mit Mißtrauen begegnende Schichten,
Kasten und sogar Professionen weitgehend erhalten geblieben. Daher
kennt die Geschichte des deutschen Widerstands auffallend viele Gruppen, die in regionaler Begrenzung existierten, und es ist deutlich zu
sehen, wie schwer es den Angehörigen zunächst rein schichten-, standes-
oder klassenspezifischer Widerstandszellen – in Armee, Diplomatie,
Bürokratie, Gewerkschaften – fiel, mit Oppositionellen, die nicht aus
dem eigenen Milieu kamen, vertrauensvoll zusammenzuarbeiten. Daß
der Widerstand in dieser Hinsicht notwendigerweise an den Entwick-
lungsstand der Nation gefesselt blieb, hat zu seinem Scheitern kaum
weniger beigetragen als die Isolierung in der deutschen Gesellschaft und
die Effizienz des totalitären Machtapparats.
Forschung und Geschichtsschreibung zum deutschen Widerstand haben
diesen historischen Sachverhalt respektieren und sich auf einzelne Personen, Gruppen oder Gruppensysteme konzentrieren müssen. Nach den
frühesten autobiographischen Berichten überlebender Akteure, so Hans
Bernd Gisevius' »Bis zum bitteren Ende« (Zürich 1946) und Fabian v.
Schlabrendorffs »Offiziere gegen Hitler« (Zürich 1946), waren die her-
vorragendsten historiographischen Leistungen der deutschen wie der
internationalen Widerstandsforschung – mit zwei Ausnahmen – notwendigerweise Biographien oder Studien zu bestimmten Kreisen und Milieus.
Schon das erste wichtige Buch zu diesem Thema, das in Deutschland
selbst entstand, Eberhard Zellers »Geist der Freiheit« (München 1952),
schilderte die verschiedenen Staatsstreichs- und Attentatsversuche, indem es Porträts der Beteiligten bot, und auch im zweiten großen Werk,

in Gerhard Ritters »Carl Goerdeler und die deutsche Widerstandsbewegung« (Stuttgart 1954), wurde eine Person zum Mittelpunkt der Darstellung. Später fand die Zentralfigur der im 20. Juli 1944 gipfelnden Verschwörung, Oberst i. G. Graf v. Stauffenberg, in Christian Müller ebenfalls einen ebenbürtigen Biographen (Düsseldorf 1970). Christopher Sykes wiederum erläuterte den Konflikt zwischen nationalem Patriotismus und einer übergeordneten Werten geschuldeten Loyalität, den deutsche Widerständler in weit höherem Maße auszuhalten hatten als die Mitglieder der Resistánce in den während des Krieges besetzten Ländern, in seiner Studie »Adam von Trott. Eine deutsche Tragödie« (Düsseldorf 1969), und daß konservatives ostelbisches Junkertum, im Freundeskreis um Reichspräsident v. Hindenburg für Hitlers Machtübernahme mitverantwortlich, durchaus fähig war, sofern es noch fest genug in protestantischem Christentum wurzelte, eine formidable Gegnerschaft zum Nationalsozialismus zu entfalten, zeigte Bodo Scheurigs »Ewald von Kleist-Schmenzin. Ein Konservativer gegen Hitler« (Oldenburg 1968). Wie sogar Angehörige der NS-Bewegung selbst, wenn ihr Beitritt aus sozusagen fehlinvestiertem Idealismus geschehen war und sie die geistige Kraft wie den moralischen Mut zur Korrektur des Irrtums aufbrachten, einen nach Motiv und Zielsetzung honorigen Part im Widerstand zu spielen vermochten, bewies Albert Krebs mit »Fritz-Dietlof Graf von der Schulenburg« (Hamburg 1964).

Bei den anderen bedeutenden Arbeiten, die in den ersten zwanzig Jahren nach Kriegsende vorgelegt wurden, handelte es sich zwar nicht um Biographien, aber doch um Versuche, enger begrenzte Personengruppen zu beschreiben, die in unterschiedlichen – jeweils mehrheitlich vom Nationalsozialismus kaptivierten oder doch pazifizierten – Schichten und Milieus der deutschen Nation lebendig gebliebene antinationalsozialistische Traditionen verkörperten. Helmut Krausnick leistete das, zusammen mit einigen weiteren Autoren, in den beiden Bänden »Vollmacht des Gewissens« (München 1956 und Frankfurt 1965) für die Armee, Ger van Roon in seinem Werk »Neuordnung im Widerstand« (München 1967) für eine höchst eindrucksvolle Verbindung von protestantischer bzw. katholischer Religiosität mit einem bereits nicht mehr national, sondern europäisch orientierten politischen Verantwortungsbewußtsein, wie sie im Kreisauer Kreis um den Grafen Moltke dominierte. In zwei bahnbrechenden Studien, »Gegen den Nationalsozialismus. Widerstand und Verfolgung in Dortmund 1930–1945« (Hannover 1969) und »Widerstand und Verfolgung in Essen 1933–1945« (Hannover 1969), legten dann Kurt Klotzbach und Hans-Josef Steinberg dar, daß erst recht die deutsche Arbeiterschaft keineswegs zur Gänze dem Nationalsozialismus, etwa dem nationalistischen Pseudo-Egalitarismus der »Volksgemeinschafts«-Ideologie, aufgesessen war. Nur zwei Autoren griffen höher und unternahmen es, eine Gesamtgeschichte des deutschen Widerstands zu schreiben. Hans Rothfels veröffentlichte sein Standardwerk »Die deutsche Opposition gegen Hitler« erstmals bereits 1948 in den Vereinigten Staaten; seither hat es, ständig verbessert und erweitert, verdientermaßen viele Auflagen gefunden, zuletzt 1977 als Fischer Taschenbuch. Wesentlich später folgte Peter Hoffmanns »Widerstand, Staatsstreich, Attentat« (München 1970), eine umfassend angelegte Untersuchung, mit der die meisten schließbaren Lücken unseres Wissens über die Opposition tatsächlich geschlossen wurden. Aber abgesehen davon, daß in beiden Büchern die Konzentration auf die Entwicklung zum 20. Juli 1944 zwangsläufig zur Konzentration auf bürgerlich-konservative Gruppen führte, während der Widerstand der Linken an den Rand geriet, konnten natürlich auch Hans Rothfels und Peter Hoffmann keine Geschichte einer deutschen Widerstandsbewegung präsentieren. Was sie bieten, ist im Grunde eine Vereinigung von Biographien und Gruppen-Geschichten zu einem – meisterlich komponierten – Mosaik.

Der hier zum 40. Jahrestag des 20. Juli 1944 vorgelegte Band steht naturgemäß ebenfalls unter dem Diktat der historischen Realität, das eine Geschichte der deutschen Widerstandsbewegung verhindert. Er ist auch nicht so verwegen, Abschließendes zur deutschen Opposition gegen das NS-Regime sagen oder Bilanz der wissenschaftlichen Beschäftigung mit dem Widerstand ziehen zu wollen, obgleich der Abstand etlicher Jahrzehnte zu derartigen Abenteuern verleiten könnte. Bescheidener, aber vielleicht realistischer scheint der Versuch, aus der Not eine Tugend und die Leser durch geeignete Beispiele, ausgewählt aus der kaum noch überschaubaren Fülle von Einzeluntersuchungen, mit der Vielfalt oppositioneller Zirkel und ihrer Aktionsformen vertraut zu machen. Freilich auch mit der – im Rückblick zu sehenden – politischen Problematik nahezu aller Flügel des deutschen Widerstands. Daß in der Literatur Biographien und Studien zu Gruppen vorherrschen, hat ihren Lesern begreiflicherweise vornehmlich die ungewöhnlichen persönlichen Qualitäten derjenigen vermittelt, die sich dem Irrweg ihrer Nation entgegenzustemmen suchten. Die erste Folge, nämlich ein Gesamtbild, das die Opposition als charakterliche, moralische und geistige Elite präsentierte, bedeutete noch keine Entfernung von der Realität. Doch weckte und festigte jenes Gesamtbild ein Verständnis vom Widerstand, in dem das »andere Deutschland« fast ausschließlich als Aufstand der Moral gegen ein kriminelles Regime erschien, und ein solches Verständnis führte denn doch von der Wirklichkeit fort, obwohl viele in der Tat aus Empörung über die Verbrechen der Nationalsozialisten zum Widerstand stießen. Die Dimension des Politischen ging weitgehend verloren. Die Individuen und die Gruppen, die sich gegen die NS-Herrschaft wandten, kannten aber sehr wohl politische Interessen und politische Ziele. Ihr Konflikt mit der NS-Bewegung, die ja, der kriminellen Elemente in Theorie und Praxis ungeachtet, nicht nur eine Gangsterbande, sondern ebenfalls eine eminent politische Bewegung war, muß durchaus auch als ein Ringen zwischen unterschiedlichen *politischen* Kräften, Tendenzen und Möglichkeiten der Nation begriffen werden. Daß daher die Opposition sowohl an die Einsichten wie nicht zuletzt auch an die Irrtümer ihrer Zeit – gelegentlich bis zur Annäherung an die eine oder andere Antwort der Nationalsozialisten auf die politischen Fragen der Epoche – gebunden blieb, sollte ebensowenig ignoriert werden.

So stehen am Anfang des Bandes zwei Essays, von Hans Mommsen und dem Herausgeber 1966 publiziert, die sich erstmals darum bemühten, jene Dimension des Politischen zu analysieren und mit deren Darstellung den Weg zur Erkenntnis der realen Gestalt des deutschen Widerstands zu öffnen. Ein solches Unterfangen schloß nun in der Tat die Entdeckung der Zeitgebundenheit vieler Pläne und Entwürfe ein, die in den oppositionellen Gruppen für die Zukunft der deutschen Nation skizziert worden waren. Das hat seither nicht nur Zustimmung gefunden, sondern da und dort auch gereizten Widerspruch provoziert. Alles in allem war aber die Wirkung als wohltätiges Beispiel so unverkennbar, daß es angezeigt scheint, die beiden seit langem vergriffenen Essays wieder und nun auch einem breiteren Leserkreis zugänglich zu machen.

Der daran anschließende Aufsatz, den Klemens v. Klemperer 1980 geschrieben hat, lehrt freilich, daß es noch nicht genügt, den »Aufstand des Gewissens« und seine Schilderung durch die politischen Aspekte der Opposition und ihre Beschreibung zu ergänzen. Was Klemens v. Klemperer jahrzehntelanger Vergessenheit entrissen hat, ist die Tatsache, daß der deutsche Widerstand zugleich und wesentlich die Reaktion der religiösen, d. h. christlichen Substanz der Nation war, und zwar gegen die Monstrosität einer nihilistischen politischen Heilslehre, die den Kern der nationalsozialistischen »Weltanschauung« ausmachte.

In den dann folgenden Beiträgen wird der Versuch unternommen, mit zwei Ereignissen die Formen und die Schicksale des nahezu unbekannten linken wie rechten Widerstands in den Anfangsjahren des Dritten Reichs zu illustrieren. Behandelt und dokumentiert Günter Plum die Arbeit und die Zerschlagung einer 1933/34 aktiven kommunistischen Widerstandsorganisation, so geht es in der vom Herausgeber für diesen Band verfaßten Erzählung der Ermordung des Freiherrn v. Ketteler um Ursprünge und Ende der um die gleiche Zeit entstandenen ersten konservativen Widerstandszelle. Ein Vergleich zeigt, daß schon in der Frühzeit des Widerstands jene Merkmale auftraten, die auch später für den Unterschied zwischen sozialistisch-kommunistischer und konservativer Opposition charakteristisch waren. Den linken Gruppen war es vornehmlich um die Bewahrung der ideologischen, politischen und organisatorischen Substanz zu tun, um bei dem als sicher erwarteten Ende der NS-Herrschaft handlungsfähig zu sein und relativ klare innenpolitische Ordnungskonzepte realisieren zu können; da diese konservierende Anstrengung höchst riskante und mutige Einzelaktionen gegen das Regime geradezu erforderte, könnte man sie mit dem – freilich nicht ganz widerspruchsfreien – Begriff »aktivistischer Attentismus« kennzeichnen.

Konservative Gruppen verrieten hingegen von Anfang an die Neigung, zunächst einmal an gegen Hitler gerichtete Staatsstreiche oder Attentate zu denken und dabei mit dem Handeln etablierter Institutionen – in erster Linie der Armee, 1933/34 auch des Reichspräsidenten – zu kalkulieren, während über die natürlich gleichfalls gewünschten Reformen des politischen Systems große Unsicherheit herrschte und gelegentlich ein auffallender Mangel an Realismus Platz griff. Dem entsprach ein ebenso typischer Unterschied in den Gegenreaktionen des Regimes. Bedienten sich die Nationalsozialisten gegen linken Widerstand der Machtmittel ihres Herrschaftsapparats, also der Polizei und der Justiz, der Gestapo und des SD, der Zuchthäuser und der Konzentrationslager, stets offen und sichtlich ohne die geringsten Legitimitäts- oder Legalitäts-Skrupel, so schien ihnen das gegen konservativen Widerstand nicht immer möglich. In Konflikten, bei denen sie es ja mit anfänglichen Bündnispartnern und mit – freilich ständig schwächer werdenden – Teilhabern ihrer Herrschaft zu tun hatten, glaubten sie sich vielmehr manchmal zu einem Einsatz der Organe ihres Systems genötigt, der im Zwielicht ungesetzlichen und sogar nicht eindeutig identifizierbaren Vorgehens zu halten sei: An die Stelle der Gerichtsverfahren traten dann inszenierte oder improvisierte Intrigen, trat auch – wie am 30. Juni 1934 – der Putsch von oben, und das von einem Richter verhängte Todesurteil wurde durch Mord ersetzt – befohlen, aber öffentlich geleugnet.

Nach der Einsicht aber, daß die deutsche Opposition gegen das NS-Regime als historische Erscheinung nicht ohne Problematik ist und ihr nicht ohne weiteres die Ahnherrschaft für unsere heutige Verfassungsordnung zugesprochen werden kann, nach der Beschäftigung mit bestimmten Ereignissen der Geschichte des Widerstands, die der nüchternen Erkenntnis der Formen und Bedingungen oppositionellen Handelns diente, dürfen und sollten wir uns wieder darauf besinnen, daß die Angehörigen der Widerstandsgruppen, von den Sozialisten bis zu den Konservativen, in der Tat, wie die frühe Widerstandsforschung mit Recht konstatiert hat, zumeist Menschen von ungewöhnlichem Rang waren, ohne deren Leistung die sowohl schrecklichste wie erbärmlichste Periode der deutschen Geschichte nicht hätte überwunden werden können. Ihre Existenz fundierte den moralischen Anspruch der Deutschen auf Rückkehr in den Kreis der Nationen und trug – was noch wichtiger ist – entscheidend zur leidlichen Restaurierung des Moralhaushalts der eigenen Nation bei. Daran zu erinnern, ist die Absicht jener Porträts etlicher Repräsentanten des Widerstands, die den Band beschließen.

München, im April 1984   Hermann Graml

Hans Mommsen

Gesellschaftsbild und Verfassungspläne des deutschen Widerstandes

Soziologie des Widerstandes

Helmuth James v. Moltke hat sich zu der Überzeugung bekannt, daß sich die Aufgabe des Widerstands gegen den Nationalsozialismus nicht in der äußeren Beseitigung der Tyrannis erschöpfte, daß es vielmehr gelte, zu einer radikalen Neugestaltung der Grundlagen des sozialen und politischen Lebens fortzuschreiten. »Wir können nur dann erwarten«, schrieb er an Lionel Curtis[1], »unser Volk dazu zu bringen, die Herrschaft von Furcht und Schrecken über den Haufen zu werfen, wenn wir imstande sind, ihm ein Bild zu zeigen jenseits der schrecklichen und hoffnungslosen nächsten Zukunft«, ein Bild, für das es sich zu arbeiten und neu zu beginnen lohne. Das »Bild des Menschen im Herzen unserer Mitbürger« aufzurichten, war für Moltke eine »Frage der Religion, der Erziehung, der Bindung an Arbeit und Familie, des richtigen Verhältnisses zwischen Verantwortung und Rechten« – somit, wie wir hinzufügen, auch eine Frage der gesellschaftlichen Verfassung. Das Bewußtsein, daß der Kampf gegen die nationalsozialistische Gewaltherrschaft von einer eigenständigen gesellschaftspolitischen Konzeption her geführt werden müsse, blieb nicht auf den Kreisauer Kreis beschränkt. Die besondere geschichtliche Ausgangslage des deutschen Widerstandes kommt vielmehr gerade darin zum Ausdruck, daß alle ihm zuzurechnenden Gruppen in zunehmendem Maß über die Änderung des Regierungssystems hinaus umfassende gesellschaftspolitische Reformen für notwendig hielten.

Die Frage nach den gesellschaftspolitischen Vorstellungen des Widerstandes rührt an dessen spezifische historisch-politische Substanz, die sich im radikalen sittlichen Protest gegen Rechtlosigkeit und Gewalt nicht erschöpfte. Sie verknüpft sich darüber hinaus mit dem Problem, ob es eine *reale* Alternative zu der parasitären Zersetzung der deutschen Staatstradition gab, die ihren Endpunkt fand in der Satrapenherrschaft einer dem ausgemergelten, im Führerbunker von der Wirklichkeit des Reiches abgeriegelten Diktator hörigen Clique korrupter Machthaber und die ihren Ursprung möglicherweise in der tiefgegründeten Abneigung der deutschen Gesellschaft gegen die pluralistische Aufgliederung »gewachsener« Sozialordnungen gehabt hat. Wenn es eine solche Alternative gab, mußte sie im deutschen Widerstand sichtbar werden. Die in die Verschwörung des 20. Juli verstrickten Personenkreise sind als tatsächliche politische Elite, als geheime Führungsschicht betrachtet worden[2]. Ihr politisches Denken erscheint als repräsentativ für die Kräfte, die berufen waren, die deutsche Gesellschaft von innen heraus, ohne radikalen Bruch der historischen Kontinuität, den Bedingungen der technisch-industriellen Zivilisation anzupassen und in eine diesen adäquate politische Verfassung zu bringen.

George K. Romoser[3] und Hannah Arendt[4] haben diese Chance ausdrücklich verworfen und im deutschen Widerstand nur die Fortsetzung der antidemokratischen Opposition gegen die Weimarer Republik sehen wollen. Die auch von anderen Autoren vertretene Auffassung, der deutsche Widerstand sei seiner politischen Substanz nach wesentlich »reaktionär« gewesen, steht in dialektischem Zusammenhang mit der in der deutschen Forschung bislang überwiegenden Neigung, den Widerstand in eine Linie mit der Wiedererrichtung demokratischen Verfassungslebens zu stellen und ihn zum Ahnherrn der Bundesrepublik zu machen oder – was im Grunde dasselbe ist – ihn unter kommunistischem Vorzeichen für die nationale Mission der Deutschen Demokratischen Republik zu reklamieren. Daß letzteres auch für die kommunistisch eingestellten Widerstandsgruppen nur begrenzt zutrifft, bedürfte einer genaueren Untersuchung; dies würde jedoch den Rahmen dieser Abhandlung, die sich auf die Analyse des nichtkommunistischen Widerstandes beschränkt, sprengen. Indessen ist es ebensowenig zulässig, den kommunistischen Widerstand auf Grund ideologischer Bequemlichkeit aus dem Gesamtphänomen der deutschen Opposition auszuklammern.

Romoser, seine Anhänger und seine Kritiker erliegen gleichwohl der Versuchung, ex post und ohne Beziehung auf die spezifischen historischen Bedingungen zu urteilen; sie verwischen damit die historische Dimension, in die das politische Denken des Widerstandes eingeordnet werden muß und die eine unverkennbare Spannung zur heutigen Demokratietheorie aufweist. Demgegenüber gilt es nach dem geschichtlichen Selbstverständnis des Widerstandes und seinen Voraussetzungen zu fragen, ohne sich in das Begriffsschema »fortschrittlich – reaktionär« hineinzwängen zu lassen. Die Abgrenzung von innerer Emigration und politischer Abstinenz einerseits und aktivem Widerstand andererseits, die für die deutsche Opposition äußerst schwierige Beantwortung der Frage, wann Kollaboration in kompromißlose Opposition übergeht, schließlich die Bestimmung des politischen Gewichts, das den jeweiligen politischen und religiösen Widerstandszentren zukommt, treten im Zusammenhang unserer Fragestellung zurück. Unsere Untersuchung beschränkt sich auf die Gruppen, die direkt oder indirekt mit dem 20. Juli in Verbindung gestanden haben; sie erfaßt nicht den kommunistischen

Widerstand, desgleichen nicht die in der Emigration tätigen Gruppen, deren gesellschaftspolitische Vorstellungen sich grundlegend von denjenigen unterscheiden, die in der Atmosphäre des totalitären Staates und aus dem Willen, von innen her politisch zu gestalten, entwickelt worden sind.

Sprecher des Widerstandes haben wiederholt hervorgehoben, daß ihm Vertreter aller politischen Richtungen und aus allen »sozialen Schichten« angehört haben. Indessen war der untere Mittelstand, der fast geschlossen das nationalsozialistische Experiment unterstützte, kaum beteiligt. Die Verschwörung des 20. Juli war zugleich, trotz der aktiven Mitwirkung führender Sozialisten, von der Masse der Arbeiterschaft isoliert. Über ihre Haltung bei einem Putsch gab es nur Vermutungen; Umfragen, die von Delp angeregt wurden, führten zu wenig ermutigenden Resultaten, und Trott referierte die Ansicht des Kreisauer Kreises, wenn er bis 1944 in seinen außenpolitischen Memoranden von einer weitgehenden Passivität der Arbeiterschaft berichtete[5]. Maßgebend dafür war die frühzeitige und effektive Zerschlagung der illegalen sozialistischen und kommunistischen Organisationen, die Theodor Haubach zu der Überzeugung führte, daß konspirative Tätigkeit nur auf der Grundlage freundschaftlicher Kontakte fortgeführt werden könne[6]. Leuschners Wort von Deutschland als einem »großen Zuchthaus« beleuchtet die Tatsache, daß der Widerstand notgedrungen ein Widerstand ohne »Volk« war. Die Unsicherheit über das mögliche Verhalten der Bevölkerung, die zeitweise zum größeren Teil Hitler Gefolgschaft leistete, hat das politische Denken und die Pläne der Opposition – im Gegensatz zur außerdeutschen Resistance – erheblich beeinflußt.

Der aktive Widerstand wies eine vergleichsweise homogene soziale Struktur auf. Ihm gehörten ganz überwiegend Angehörige der Oberschicht an, die sich – namentlich angesichts des von ihnen bekämpften Dilettantenregiments – persönlich für qualifiziert hielten, politische Führungsaufgaben zu übernehmen. Zwischen »Bürgerlichen« und »Sozialisten« waren die Übergänge fließend; Reichwein, Mierendorff und Haubach repräsentierten nicht einfach nur den Typus des »sozialdemokratischen Intellektuellen«, Leber war das gerade Gegenteil eines sozialistischen Funktionärs, Leuschner und Maass waren durch politische Tätigkeit und durch ihre Erfahrungen unter dem nationalsozialistischen System aus einem klassenbefangenen Denken herausgewachsen. Gleichwohl nahm die Gruppe der ehemaligen Gewerkschafter eine gewisse Sonderstellung ein; im April 1933 hatten sie mit der Schaffung des Führerkreises der Vereinigten Gewerkschaften den Ansatz zu einer korporativen Lösung des Gewerkschaftsproblems gelegt, doch scheiterte die Hoffnung auf ein Arrangement mit dem NS-Regime an der Intransigenz der DAF. Anders als die Masse der konservativen Verschwörer waren sie frühzeitig desillusioniert, hatten sich jedoch in der Regel nicht den konspirativen sozialistischen Widerstandsgruppen angeschlossen.[6a]

Im Widerstand fehlten mit Ausnahme Leuschners Persönlichkeiten, die als typische Repräsentanten der Weimarer Republik gelten können. Die ihm angehörenden Sozialisten hatten in der Endphase der Republik fast alle in klarem Gegensatz zum Parteivorstand gestanden und scharfe Kritik am Weimarer Parteiensystem geübt. Auf die politische Planung wirkte es sich aus, daß, abgesehen von Leuschner und Leber, dem engeren Kreis keine erfahrenen Parlamentarier angehörten und auch in den hinter ihm stehenden Gruppen unterrepräsentiert waren, was nur zum Teil auf politische Verfolgung und Ausschaltung dieses Personenkreises zurückging. Dagegen war die Zahl der offenen oder latenten Gegner der Weimarer Republik bemerkenswert groß. Romosers These, der Widerstand stelle die Fortsetzung der »Konservativen Revolution« dar, trifft auf einen Teil der national-konservativen Opposition zu, obwohl die intellektuellen Repräsentanten des Neokonservatismus nur vereinzelt an konspirativen Tätigkeiten teilnahmen und, wie Ernst Jünger, allenfalls marginale Bedeutung hatten.[7] Die vollständige Diskreditierung der Weimarer Republik selbst in den Augen ihrer früheren Anhänger – das gilt auch für die Persönlichkeiten, die den Parteien der Weimarer Koalition nahestanden – hat dazu beigetragen, ihre Bereitschaft zu aktivem Widerstand zu lähmen. Andererseits ist zur Rechtfertigung der nicht unerheblichen Repressalien ausgesetzten, in innerer Opposition verharrenden Anhänger der Republik hinzuzufügen, daß es nicht nur psychologisch, sondern auch angesichts der polizeistaatlichen Kontrolle leichter war, sich aus dem Lager der Kollaborateure zum Widerstand zu schlagen als aus dem Lager von vornherein erkennbarer Gegnerschaft.

Aktiver Widerstand, soweit er zu umfassender Konspiration tendierte, erforderte zugleich – wie Max Weber es vom Berufspolitiker verlangte – Abkömmlichkeit und ein Mindestmaß materieller Sicherheit. Die überwiegend konservativ oder gouvernemental eingestellte Oberschicht war insoweit dazu disponiert, den sozialen Nährboden für einen konspirativen, die gesellschaftlichen und politischen Machtpositionen ausnutzenden Widerstand zu bilden. Sie war bis in den Krieg hinein dem Zugriff totalitärer Gleichschaltung weit weniger ausgesetzt als die Mittel- und Unterschichten. Ihr Monopol, den Führungsnachwuchs für Diplomatie, Verwaltung und Wehrmacht zu stellen, war in der Ära der Republik nicht entscheidend durchbrochen worden; obwohl die Oberschicht sozial nicht eigentlich exklusiv war, verkörperte sie eine bestimmte gesellschaftliche Haltung, der mit Demagogie und politischem Druck nicht leicht beizukommen war. Ihre innere Solidarität zeigte sich beispielsweise darin, daß oppositionelle Äußerungen zwar verbreitet wurden, aber gleichwohl intern blieben. Die dem engeren Widerstand angehörenden Persönlichkeiten waren durch direkte und indirekte gesellschaftliche Kontakte verbunden, noch ehe sie sich zur Konspiration entschlossen. Ihre innerliche Abwendung vom nationalsozialistischen System war zunächst weniger eine Frage politischer Gesinnung als vielmehr eine Frage des persönlichen Stils; die leichtfertige und zynische Verletzung bis dahin üblicher gesellschaftlicher Formen durch die nationalsozialistischen Amtsträger auf allen Stufen mußte um so abstoßender wirken, als sich dies mit Unfähigkeit und Korruption verband. Die interne Kritik und Distanzierung gegenüber Teilerscheinungen des Regimes, die in weitesten Kreisen, sofern sie informiert waren, selbstverständlich schien und zugleich die Opposition Sympathisierender gegen die desillusionierende Wirklichkeit des Regimes einschloß, hat als Abschirmung des aktiven Widerstandes große Bedeutung gehabt. Die Gestapo war daher in der Regel geneigt, oppositionelle Äußerungen zu bagatellisieren, und sie griff häufig nur dort zu, wo es sich geradezu aufdrängte und sich politische Komplikationen vermeiden ließen.

Ralf Dahrendorf hat auf Grund dieser faktisch bestehenden, relativen Freiheit zur politischen Meinungsbildung in der Oberschicht für die ersten Jahre des Regimes von durchaus nur autoritären, nicht totalitären Zügen gesprochen[8]. Der an der deutschen Opposition viel kritisierte Mangel an Entschlossenheit, zu wirklicher Aktion überzugehen, und die häufig zu optimistische Einschätzung der Chancen, das Regime zu beseitigen, findet in dieser sich immer mehr als Illusion herausstellenden Integrität der Oberschicht ebenso eine Erklärung wie die ausgeprägte Feindschaft und das grenzenlose Mißtrauen, das ihr von den nationalsozialistischen »Emporkömmlingen« entgegengebracht wurde. Die soziale Ausgangslage des Widerstands ist eine der Ursachen dafür, daß er sich – im Gegensatz zur Resistance und Ansätzen zu einer »deutschen Volksfront«[9] – nicht als »Sammlungsbewegung« formierte und sich keinen Namen gab – der Begriff »Deutsche Freiheitsbewegung« setzte sich nicht durch. Erst 1943 begannen Bestrebungen, eine breite »Volksbewegung« zu schaffen. Der Widerstand war insofern keine politische »Bewegung« mit dem erklärten Ziel, die Volksmehrheit und die geheime öffentliche Meinung zu gewinnen und damit mindestens fiktiv zu vertreten. Die Kontaktleute der Widerstandsgruppen mit dem Ausland traten ihm als ehrlich gesinnte Honoratioren entgegen und beriefen sich auf die Unterstützung teils vorhandener, teils gewesener Institutionen – auf den Generalstab (und wenn er auch nur durch Brauchitschs Paraphe in Erscheinung trat), auf frühere Parteien und Gewerkschaften. Als politische Führungsschicht, die sich kraft sozialer Stellung und politischer Verantwortung dazu ohne weiteres legitimiert fühlte, beanspruchten sie, das »Ganze« zu repräsentieren.

Daß die Frage der politischen Legitimierung bei den Mitgliedern des Widerstandes nicht als primäres Problem empfunden wurde, geht aus den vorbereiteten Aufrufen und den verschiedenen Verfassungsplänen klar hervor. Der Gedanke an eine später eventuell zu berufende verfassunggebende Versammlung spielt in den Erörterungen über die zukünftige Neuordnung nur eine untergeordnete Rolle. Ebenso wenig zweifelte Leuschner daran, daß die von ihm vorgesehene gewerkschaftliche Führungsgruppe die Zustimmung der Mitgliedschaft finden würde, und es war bezeichnend, daß Proporzgesichtspunkte dabei auftauchten. Die von Goerdeler 1940 impulsiv aufgestellte Forderung, die Umsturzregierung alsbald durch ein Plebiszit zu legalisieren, traf auf den entscheidenden Widerstand der Mitverschwörer, die seine »sanguinischen Hoffnungen« über den Ausgang einer solchen Abstimmung nicht teilten. Ganz im Sinne der späteren Blockpolitik suchte man die Legitimation der neuen Regierung durch die Heranziehung aller als noch relevant empfundenen politischen Richtungen herzustellen (zunächst mit Ausnahme der Kommunisten überhaupt oder doch der von Moskau abhängigen); umgekehrt war Popitz aus einer betont etatistischen Grundhaltung heraus der schärfste Kritiker der von ihm als Parlamentarismus empfundenen »Koalitionsverhandlungen« Goerdelers, die notwendig waren, wenn man den Gang der Dinge nach dem vollzogenen Umsturz in der Hand behalten wollte. Die »Revolution von oben« war den Verschwörern durch die Bedingungen des totalen Staates vorgeschrieben; an der Frage, inwieweit ihr eine »Revolution von unten« an die Seite treten und sie zu legitimieren haben würde, schieden sich 1944 die Geister.

Die durch die innere Situation des Dritten Reiches vorgegebene Einschränkung des auf den Umsturz hinarbeitenden Widerstandes auf eine durch persönliche Bindungen integrierte, der Oberschicht entstammende Gruppe unter Einschluß einiger trotz Verfolgung zum Widerstand entschlossener Gewerkschafter und einer beträchtlichen Zahl von Angehörigen des noch preußischen Traditionen verpflichteten Offizierskorps hat sich auf die gesellschaftspolitische Programmatik ausgewirkt. Nach dem von den konservativen Koalitionspartnern unterstützten rücksichtslosen Vorgehen der nationalsozialistischen Regierung gegen die Gegner auf der politischen Linken war es zu erwarten, daß Widerstand sich vorwiegend in Zentren kristallisierte, die als »Residuen« zu bezeichnen sind und sich gerade wegen des Fortlebens starker traditioneller Bindungen an die wilhelminische und bismarcksche Epoche der nationalsozialistischen Gleichschaltungspolitik entzogen haben oder von ihr weitgehend verschont geblieben waren. Die hierdurch bedingte relative Homogenität läßt es zu, auf Grund der Denkschriften, Pläne

und persönlichen Äußerungen des aktiven Widerstandes ein Modell
seines Gesellschaftsbildes zu entwerfen, das gewiß in vielen Punkten
strittig blieb, in den Grundlinien aber erstaunlich geschlossen und
einheitlich ist, obwohl die Vorstellungen dazu vielfach unabhängig voneinander entwickelt worden sind und die gelegentlich scharfen innenpolitischen Divergenzen nur begrenzt überbrückt werden konnten. Dieses
Gesellschaftsbild ist gekennzeichnet durch die verhältnismäßig geringe
Rolle, die die öffentliche Meinungsbildung darin einnahm, durch den
Gedanken eines »organischen« politischen Körpers, der soziale und
ideologische Antagonismen nicht erst ausreifen ließ, sondern in gemein-
schaftsfördernde Impulse umsetzte, und durch die Idee einer »konfliktfreien« Regierung. Dieses Gesellschaftsbild, das sich von den Prinzipien
parlamentarischer Demokratie und modernerem Gruppenpluralismus
abhebt, scheint uns repräsentativ für das im nationalsozialistischen
Deutschland untergründig fortwirkende politische Denken zu sein. Es
war aufs stärkste der Vorstellung eines eigenständigen »deutschen Weges« verhaftet, so wenig übersehen werden darf, daß sich zahlreiche
Übereinstimmungen mit den Programmen der außerdeutschen Resistance ergeben.

Überwindung des Massendaseins

Ralf Dahrendorf hat dargelegt, daß sich alle Gruppen des Widerstandes
mit einer »einzigen Ausnahme« – der Kommunisten – »als absichtliche
oder unabsichtliche Verteidiger des Ancien régime beschreiben« ließen,
daß ihr »Aufstand der Tradition« auch der Aufstand der »Illiberalität
und des Autoritarismus einer nachwirkenden Vergangenheit« gewesen
sei[10]. Nirgendwo seien Moralität und Liberalität so sichtbar auseinan-
dergetreten wie in Deutschland, und es stelle sich die Frage, ob der
Widerstand im Erfolgsfalle nicht zu einer autoritären Regierungsform
geführt hätte. Dahrendorf wirft damit ein entscheidendes Problem bei
der historischen Beurteilung des Widerstandes auf, nur liegt es nicht so
sehr in der Spannung zwischen »Autorität« und »Liberalität«, als vielmehr in der bewußten und unbewußten Orientierung auf eine »konfliktfreie Gesellschaft«, um diesen von Dahrendorf zur Charakterisierung der deutschen politischen Tradition verwandten Begriff aufzunehmen. Das Gesellschaftsbild des aktiven Widerstandes ist nicht eigentlich
»restaurativ«, nicht, wie Dahrendorf andeutet, auf die Wiederherstellung der »Werte und Institutionen« der Weimarer Zeit gerichtet; der
einfache Rückgriff auf die Situation ante quo wurde jedenfalls in der
Theorie von allen Gruppen abgelehnt. Das politische Denken des
Widerstandes war von dem Bestreben getragen, neue Lösungen zur

Überwindung der als gesamteuropäisches Phänomen verstandenen geistig-politischen Krisis, wenn auch vielfach im Rückgriff auf die geschichtliche Erfahrung, zu finden. Daß dieses Denken in hohem Maße traditionale Elemente mit sozialutopischen Ideen verbindet, scheidet es von bloßer Restauration, verleiht ihm aber, ganz im Sinne der von Karl Mannheim skizzierten Unterscheidung zwischen konservativem und liberalem Denken, ausgeprägt konservative Züge[11].

Gleichwohl ist eine Identifizierung des Widerstandes mit dem in sich problematischen Begriff der »Konservativen Revolution«[12] nicht angemessen; der Widerstand repräsentiert eine breitere Strömung, die die Zivilisationskritik der zwanziger Jahre, das völkische, aber auch das erwachende europäische Denken in sich aufgenommen hat und sich dem Schema »rechts – links« weithin entzieht. Jugendbewegung, Fronterlebnis, Nietzsches Philosophie und Neukantianismus haben den Widerstand ebenso beeinflußt, wie sie die geistesgeschichtliche Ausgangslage für den Durchbruch des Nationalsozialismus geschaffen haben. Demgegenüber treten die Mentalitätsunterschiede zwischen der Generation, die das kaiserliche Deutschland kannte und den Zusammenbruch von 1918 als Anfang vom Ende empfand, und den Jüngeren zurück, deren politische Prägung in der Zeit erfolgte, als das traditionelle Parteiensystem durch die von den Volkskonservativen bis zur innerparteilichen SPD-Opposition reichenden Reformbestrebungen in der Umbildung begriffen schien. Der in diesem unterschiedlichen historisch-politischen Ausgangspunkt angelegte Konflikt, der in den letzten Wochen vor dem Attentat aufbrach, wurde von dem allen Verschwörern gemeinsamen Erlebnis überdeckt, zur Untätigkeit oder richtiger: zu sterilem Tun verurteilt zu sein. Das quälende Bewußtsein, als »Zwischengeneration« vielleicht vergeblich auf eine noch verhüllte Zukunft, für die zu handeln sie berufen war, warten zu müssen – in einer Zeit, in der so viel von »Einsatz« und »Aktion« die Rede war –, zieht sich wie ein roter Faden durch die Zeugnisse der Verschwörer, ob man an Dietrich Bonhoeffers »Rechenschaftsbericht«, an Haubachs und Leuschners Briefe oder an Lebers Tagebuch denkt. Auf die Gestaltung dieser Zukunft richtete sich das Denken Kreisaus wie der Sozialisten. Sie wollten – hier trennten sich die Generationen – einen Neuanfang, einen klaren Bruch mit der bisherigen Geschichte. Moltke sprach von einer »neuen Zeitrechnung«, Schlange-Schöningen schrieb: »Wir müssen den neuen Staat aufbauen, nicht um den infernalischen Kreislauf der deutschen Geschichte zu wiederholen, sondern um eine *neue* Geschichte zu *beginnen.* Es ist nicht wahr, daß wir am Anfang eines Zeitalters der Diktaturen stehen, wir stehen an ihrem Ende . . .«[13] Am deutlichsten tritt dieser Wille zum Neuen in der Überwindung des herkömmlichen nationalstaatlichen Denkens zugunsten europäischer Lösungen hervor – bei Leuschner,

Haubach, Mierendorff und Leber, bei Moltke, Yorck, Trott –, und die ehemals Völkischen oder National-Konservativen wurden von ihnen zum Umdenken gezwungen[14].

Gleichwohl orientierte sich das gesellschaftspolitische Denken überwiegend an dem in Deutschland unausgetragenen Gegensatz traditioneller Sozialordnung und nivellierter Massengesellschaft. Die den Grundantrieb der Jugendbewegung bildende Kritik an der Aushöhlung des sozialen und geistigen Lebens durch Technik und Apparatisierung drängte die Frage auf, welche Formkräfte im gesellschaftlichen Raum gegenüber »Atomisierung« und »Kollektivierung«, gegen den »Geist der Großstädte«, gegen die Herrschaft »materialistischer Nutzvorstellungen«, gegen den Verlust des »Qualitätsgefühls«, gegen »die Jagd nach Positionen« und den »Starkult«, gegen die besinnungslose »Hast« des modernen Lebens, aber zugleich gegen einen als veräußerlicht empfundenen »bürgerlichen Lebensstil« mobilisiert werden konnten. Bei unterschiedlicher Akzentuierung der Ursachen werden die sozialen Konsequenzen der Hochindustrialisierung von allen Gruppen des Widerstandes unter dem Begriff der »Vermassung« negativ beurteilt; es geht ihnen darum, einen neuen Weg zu finden, der verhindert, daß die zu sozialer Gestaltung berufenen Kräfte von der eigengesetzlichen Entwicklung der technischen Welt und der großen Wirtschaft überwuchert, individueller Verantwortlichkeitssinn und persönliche Lebensführung in »wasserkopfartigen Organisationen« und anonymen Apparaturen aufgerieben werden.

Zivilisationskritische Überlegungen dieser Art fanden eine extreme Bestätigung in der sozialen Realität des Nationalsozialismus, der die gleichen irrationalen und antimodernistischen Strömungen ursprünglich ausgenutzt hatte und als Überwinder der zersetzenden Kräfte im »Volksleben« gefeiert worden war. Die Massenaufmärsche, der frenetische Beifall propagandistisch aufgeputschter Volksmengen, die paramilitärische Organisation, in der unter der Parole der Kameradschaft ein stereotypes Sozialverhalten erzwungen wurde, gaben den Befürchtungen vor dem »Massendasein« den Schein der Berechtigung. Der frühere sozialistische Jugendführer Theodor Haubach sah in den Gemälden Breughels »die Konsequenzen des Massenzeitalters« vorausgeschildert: »... die der Bindung und Zucht des Göttlichen entronnene Masse, die auf sich gestellt, den Göttern entfremdet, zu Fratzen, Larven und Gespenstern entartet.«[15] Vermassung als Grundursache des religiösen, kulturellen und politischen Verfalls schien mit dem Vordringen einer bloß »materialistischen« Lebenshaltung und der Preisgabe aller den Konsumstandpunkt übersteigenden Werte verbunden. Dietrich Bonhoeffer, der die Alternative aufwarf, ob man »einer Zeit der Auslese der Besten, also einer aristokratischen Ordnung entgegengehen« werde

»oder einer Gleichförmigkeit aller äußeren und inneren Lebensbedingungen des Menschen«, sprach von einem »Prozeß der Verpöbelung in allen Gesellschaftsschichten« und sah die eigentliche Aufgabe in einem »Wiederfinden verschütteter Qualitätserlebnisse«. Nur dadurch könne man »jeder Art von Vermassung« entgegentreten; die Aufgabe der Kirche sei nicht, das Gleichheitsprinzip zu forcieren, sondern das »Gefühl für menschliche Distanzen« wiederaufzurichten, und Bonhoeffer war bereit, dafür den Vorwurf »unsozialer Gesinnung« in Kauf zu nehmen[16].

»Entmassung der Masse« war so, um den schlagwortartigen Tenor der von Gerhard Ritter für den Freiburger Kreis ausgearbeiteten Denkschrift aufzunehmen, das zentrale Thema aller politischen und sozialen Reformpläne. »Einem durch seine äußere Lebensaufgabe fest geprägten Menschentyp der Vergangenheit«, hieß es in einer Denkschrift Einsiedels für Kreisau[17], »steht ein in weitem Ausmaß labiler Massentyp gegenüber«, dessen Tätigkeit in der modernen Industrie ihn nicht mehr innerlich ausfülle. Auch ein dem liberalen Denken nahestehender Politiker wie Goerdeler sah eine der Ursachen der Krise in der zunehmenden »Entseelung des Arbeitsprozesses«, König führte die fortschreitende »Entpersönlichung« und die »Züchtung des Massenmenschen« auf die übereilte und unorganische Industrialisierung zurück. Dieser mit dem Marxschen Begriff der »Entfremdung« zu umschreibende Sachverhalt veranlaßte die Mehrheit in Kreisau, Konsequenzen im Sinne eines »personalen Sozialismus« zu ziehen und die Sicherung der materiellen und der ideellen Existenz der arbeitenden Schichten zu fordern. »Die Revolution des 20. Jahrhunderts«, schrieb Delp, »braucht endlich ihr endgültiges Thema und die Möglichkeit der Schaffung erneuter beständiger Räume des Menschen« – soziale Sicherheit und die Voraussetzungen individueller geistiger und religiöser Entfaltung. Solange der Mensch menschenunwürdig und unmenschlich leben müsse, werde er den Verhältnissen erliegen und weder beten noch denken[18].

In der Tat bildete der Prozeß der Nivellierung und der Auflösung der überkommenen sozialen Schichtung einen entscheidenden Krisenfaktor, da er rascher ablief, als sich die soziale Rollenerwartung der Betroffenen der neuen Lage anpaßte. Im Widerstand erblickte man darin vielfach einen vorwiegend geistesgeschichtlich bedingten Vorgang, der mit der Zerschlagung der geschichtlich gewachsenen sozialen Bindungen begann und bis hin zum Schreckbild des Bolschewismus unaufhaltsam weiterzuschreiten drohte. Für den Kreisauer Kreis war eine entscheidende Ursache der Verlust der religiösen Geborgenheit des Menschen. Steltzer kritisierte jenen »säkularisierten unpolitischen Individualismus« der Moderne, der jedes metaphysische Element im Geistigen leugne und die menschliche Zivilisation auf rein rationalen Elementen aufzubauen versuche[19]. Bezeichnend daran war, daß »unpolitisch« im Sinne von »gemeinschaftsfeindlich« verstanden wurde, wie denn Steltzer in der Kollektivierung der Massen, in der Herrschaft der »Massenapparaturen«, in der Suche des Menschen nach der »Geborgenheit in der Masse« nur das Gegenstück zum rationalen Individualismus erblickte. Ähnlich sprach Gerstenmaier davon, daß die Säkularisierung den Zerfall der »naturhaft-geschichtlichen Gemeinschaftsgebilde« bewirkt habe[20].

Für Delp, den wohl produktivsten Kopf der Kreisauer, stellte sich dieser Prozeß differenzierter dar. Er führte ihn auf zwei ineinanderwirkende Entwicklungen zurück; einmal auf die äußere Entwicklung der »technischen, sozialen, wissenschaftlichen und wirtschaftlichen Welt«, die den Menschen, der gleichzeitig in einer inneren Schwerpunktverlagerung begriffen sei, einfach überfordert habe. Zum anderen sei durch den notwendigen Prozeß der Rationalisierung der Mensch als Individuum auf sich zurückgeworfen, ohne die Kraft zu besitzen, sich außengeleiteter Manipulation zu entziehen. Der Mensch, der sich nur noch als ens vegetativum et sensitivum begreife, müsse daher zum Bewußtsein der »Person« zurückgeführt werden und lernen, sich selbst als »Ordnungsentwurf« ernst zu nehmen. Delp sah im Individualismus – der »inneren Schwerpunktverlagerung des Menschen« – eigene geschichtliche Logik und Konsequenz; er unterschied sich hierin von Steltzer, aber auch vom Kölner Kreis um Otto Müller, Letterhaus, Groß und Jakob Kaiser, der von einem traditionelleren Verständnis der katholischen Soziallehre her eine »christliche Gemeinschafts-« und »Gesamtlebensordnung« forderte, die nicht frei von autoritären Zügen war[21]. Delp hielt die einfache Rückkehr zur Religion, zum »christlichen Staat« für keine wirkliche Lösung; die Zurückfindung des Menschen zu sich selbst – die Aufhebung der Selbstentfremdung – in einem realen, alle Lebenszüge umfassenden Sinne bildete die Voraussetzung, um diesen in »Gemeinschaft« und »Volk« zu integrieren und religiös wieder ansprechbar zu machen.

Moltke und Yorck führten das Problem der »Vermassung« auf die Auflösung des mittelalterlichen Universalismus und die fortschreitende Ausweitung der Agenden des modernen rationalen Anstaltsstaates zurück, der im totalitären Staat seinen logischen Endpunkt gefunden und den Anspruch durchgesetzt habe, »den ganzen Menschen zu fordern«[22]. Im Pluralismus der territorial- und nationalstaatlichen Entwicklung seien alle außerstaatlichen Loyalitäten und Bindungen aufgesogen und alle »in kleinen Gemeinschaften gebundenen Energien« in den Dienst der staatlichen Ordnung gestellt worden, die dem einzelnen als anonymer bürokratischer Apparat entgegentrete und damit auch dessen »innere Verbundenheit mit dem Staat« zerstört habe. Im totalen Staat, der die »Ausdrucksformen« – Kunst, Bildung, Sprache – mediatisiert und alle normativen Werte relativiert habe, sah Moltke diesen Prozeß ad absurdum geführt; sein notwendiger Zerfall mußte die »Zerstörung des Staatsidols« mit sich bringen und ein Vakuum hinterlassen, das die Gestaltung eines neuen politischen Zusammenhalts auf der Grundlage einer »möglichst großen Zahl möglichst kleiner Gemeinschaften« verlange, in denen der Mensch als Person ernst genommen werde. Überwindung des Massendaseins hieß für Moltke Beseitigung des Staates in seiner modernen mechanistischen und technizistischen Form und die Schaffung staatsfreier Räume, die im Sinne der Subsidiarität durch spontan sich bildende Gemeinschaften und Selbstverwaltungskörper ausgefüllt werden sollten.

Diese an Proudhon erinnernde Konzeption forderte die Reintegrierung des vereinzelten Individuums in personal überschaubare Gruppen, in denen ein »Gefühl der Verantwortung« wiedererstehen und »ein Aufblühen« wahrer Gemeinschaft stattfinden werde. Für Moltke war damit die Neuerweckung des Gefühls innerer Gebundenheit an religiöse und metaphysische Werte geknüpft, die den Anspruch des Staates an den einzelnen relativierten und einschränkten: »Eine glaubenslose Masse«, schrieb Moltke 1939[23], »kann jeder Staatsmann bestechen, eine Schicht gläubiger Menschen nicht.« Mit dieser Konzeption trat Moltke aus den gewohnten Bahnen protestantischer landeskirchlicher Tradition heraus; nicht anders übte Delp Kritik an der hierarchischen Bürokratie der katholischen Kirche, die den Menschen als Objekt und Subjekt des kirchlichen Lebens aus den Augen verloren habe. Beide Männer haben die Pole der Erörterungen in Kreisau gebildet und das Denken des Kreises entscheidend geprägt.

Die Überwindung des Massendaseins nicht durch Rückkehr zum liberalen Individualismus, sondern durch Schaffung einer Synthese, die die »gemeinschaftsgebundene Person« in den Mittelpunkt stellte, bildete so den Ausgangspunkt der Überlegungen in Kreisau. »Der Schlüssel zu ihren gemeinsamen Bemühungen ist der verzweifelte Versuch, den Kern der persönlichen, menschlichen Integrität zu retten«, hieß es in Trotts Denkschrift von Ende April 1942[24]: »Wiederherstellung des unveräußerlichen göttlichen und natürlichen Rechts der menschlichen Person bildet ihr grundlegendes Streben.« Am tiefsten ist der personalistische Gedanke von Delp unter dem Begriff des »theonomen Humanismus« begründet worden. Gedankengänge verwandter Art finden sich indessen bei fast allen Gruppen des Widerstandes. Leuschner, der in engem geistigen Austausch mit Elfriede Nebgen und Jakob Kaiser stand und durch sie mit den damals als tragfähige Lösung empfundenen Ideen Ludwig Reichholds[25] in Berührung kam, bemerkte 1942, daß nach dem Zeitalter des individualistischen Menschen das Zeitalter des kollektivistischen angebrochen sei, und fügte hinzu: »Es gibt aber noch ein drittes, jenseits von Individualität und Kollektivität, das kein Kompromiß ist, sondern ein Höheres und Anderes: die Person.« Das war exakt die Kreisauer Formel.

Leber war demgegenüber pragmatischer, er glaubte nicht an die Autonomisierung der Massen, polemisierte gegen die »geradezu grotesken Vorstellungen von Massenherrschaft« in der eigenen Partei und hielt Autorität und energische Massenführung für unabdinglich; auch er wandte sich nicht weniger entschieden gegen die Anonymität eines bürokratisierten politischen Betriebs, die die »kämpferische Persönlichkeit« ausschließe, und betrachtete den marxistischen Entwicklungsfatalismus als Grundirrtum der sozialistischen Theorie. »In ihm mußte der Wert der Einzelpersönlichkeit einschrumpfen, ihre Leistung wurde nur noch im Organisatorischen, nicht mehr im Schöpferischen gesucht«; der sozialistische Begriff der »Massen« übersehe, daß der Mensch keine berechenbare Größe sei. Mit dem Liberalismus teile der Marxismus den Fehler, die irrationalen Bindungen des Menschen zu unterschätzen[26]. Was Leber, bei gleichgerichteter Forderung nach Raum für die Entfaltung der Persönlichkeit, von den Kreisauern unterschied, war sein ungebrochenes Verhältnis zur Arbeiterschaft; ihm fehlte jenes nahezu feindselige Mißtrauen gegen die Massen, vielleicht weil er sie nicht überschätzte, und man findet bei ihm nicht das schon damals abgegriffene Schlagwort »Vermassung«. Nach dem Tode Mierendorffs suchte Moltke, der große Anstrengungen darauf verwandte, Vertreter der Arbeiterschaft in die Arbeit des Kreisauer Kreises einzubeziehen, Julius Leber, dem er im Briefwechsel mit seiner Frau den Codenamen »Neumann« gab, zur Mitarbeit zu gewinnen; er empfand jedoch eine deutliche Distanz auf seiten Lebers, der mit den sozialpolitischen Vorstellungen Kreisaus in manchem sympathisierte, dem Konzept der »kleinen Gemeinschaften« und daraus abgeleiteten Konsequenzen jedoch ablehnend gegenüberstand.[26a] Mierendorff und Haubach näherten sich, nicht zuletzt unter dem Einfluß des christlichen Sozialismus, dem Kreisauer Denken, das in der Reaktivierung christlicher Gesinnung auch ein Mittel zur Überwindung des »Massendaseins« erblickte. Am prononciertesten fand sich diese Konsequenz bei Pater Delp, der die angestrebte politische Reform mit der Forderung einer grundlegenden Kirchenreform verband, die den Katholizismus wieder zur Wahrnehmung seiner fundamentalen sozialen Aufgaben befähigen sollte. Er warf der Kirche vor, versäumt zu haben, persönlich zu führen: »... Dieses Gesetz der Namenlosigkeit und Gesichtslosigkeit der Führung hat genauso wie die anonyme Aktie und die anonyme Verwaltung von Staat und Wirtschaft und Parteien die Vermassung unseres Lebens gefördert.«[27] Nicht anders forderte Trott die Durchsetzung »neuer persönlicher Kräfte«.

In der Grundvorstellung, daß es darauf ankomme, die eingefahrenen Gleise eines funktionalisierten politischen Betriebs zu verlassen und die klassenmäßige Beschränkung sozialen Handelns zu überwinden, setzte der Widerstand Ansätze der zwanziger Jahre fort. Im November 1931 formulierte Trott, daß es einer neuen Philosophie bedürfe, die nicht wie Hegel eine alt gewordene Gestalt der Welt prachtvoll nachdenke, sondern »mit der Verwirklichung einer neuen Idee von menschlicher Persönlichkeit beginnt«[28]. Darin klang an, daß das Wesen des Staates neu durchdacht werden müsse.

Obwohl er von einer ganz anderen politischen Einstellung ausging, beklagte auch Goerdeler die zunehmende »Aufsplitterung« des Menschen in der modernen Gesellschaft; er führte sie auf die religiöse Verkümmerung des täglichen Lebens, die »Überbewertung der materiellen Lebensgestaltung«, das Vordringen des Spezialistentums und eine »immer maßlosere Verstädterung« zurück. Die Fortschritte der modernen Naturwissenschaft und Technik hätten zum Verlust der seelischen Bindungen geführt und die Einheit von Geist, Seele und Körper zerbrochen. Er empfand unklar, daß sein patriarchalisch-liberales Staatsbild dadurch in Frage gestellt wurde, ohne freilich die Staatstradition selbst für diese Entwicklung verantwortlich zu machen. Mit dem Sinn für die »Totalität« der menschlichen Person sei auch die Grundlage einer harmonischen, alle Kräfte der Nation gleichmäßig einsetzenden Politik verlorengegangen. Die Wiederherstellung der seit dem Abgang Bismarcks aus den Fugen geratenen politischen und gesellschaftlichen Ordnung war daher wesentlich ein anthropologisches Problem. Der Mensch müsse wieder auf breitere Lebensgrundlagen gestellt werden, heißt es in Goerdelers politischem Testament[29], und aus seiner optimistischen Grundhaltung heraus zweifelte er nicht daran, daß das von ihm skizzierte Bild eines religiösen, naturverbundenen, unverbildeten, praktisch-tatkräftigen und sich zur Übernahme öffentlicher Verantwortung bereit findenden Menschen sich gesellschaftlich verwirklichen ließe.

In einer seiner Denkschriften warf Goerdeler die Alternative auf: »Die Frage lautet nicht: Kapitalismus oder Sozialismus, sondern sie lautet: Individualismus oder Kollektivismus.« Er entschied sie zugunsten des Individualismus, aber eines Individualismus, der von der Einordnung des Einzelnen in die »Gemeinschaft« ausging. Sein liberales Credo – er nannte den Modeausdruck »liberalistisch« mit Recht ein »Schlagwort ohne jeden deutbaren Sinn« – war mit einem starken, fast patriarchalischen Gefühl für die Pflicht sozialer Vorsorge verknüpft. Er vertrat eindeutig sozialdarwinistische Auffassungen, wenn er ständig wiederholte, daß das Leben Kampf sei, und meinte, es sei eines der Verdienste des Nationalsozialismus, dies klargemacht zu haben, aber, wie er sagte, »ein Kampf, veredelt durch die Beachtung der Gebote Gottes«[30] – im Grunde sehnte er sich jedoch in eine harmonische, konfliktfreie Ordnung zurück. Die christlich geordnete Familie erschien ihm als das geheime

Vorbild staatlichen Lebens; es verwundert nicht, daß er eine Erziehung zum »klassengelösten Gefühl der Volksgemeinschaft« forderte und von der notwendigen »Aussöhnung des Volkes« sprach. Seine Selbstvorwürfe im Gefängnis, seine Familie vernachlässigt zu haben, weisen auf den tragischen Widerspruch in dieser Gestalt hin, die zugleich die sich durchkreuzenden Tendenzen der Epoche, der er angehörte, widerspiegelt. Goerdeler stand dem personalistischen Denken der Kreisauer näher, als die äußere Terminologie es erkennen läßt, wenn er auch die Lösung der gesellschaftlichen Probleme stärker im Rückgriff auf die geschichtliche Erfahrung des von ihm als »glücklich« empfundenen 19. Jahrhunderts suchte.

Nationalsozialismus und Bolschewismus

Das extreme Gegenbild zu der vom Widerstand auf unterschiedlichen Wegen angestrebten Ordnung von Staat und Gesellschaft, die die Autonomie des Menschen zur Grundlage haben sollte, war das bolschewistische System. Es wurde als Ausdruck der totalen Dehumanisierung aller sozialen und politischen Beziehungen aufgefaßt. »Bolschewismus« wurde von fast allen Verschwörern synonym für vollständige anarchische Vermassung verwandt, und es ist charakteristisch, daß bei der Beurteilung des stalinistischen Rußland Klischeevorstellungen, die der Propaganda der Rechten und des Nationalsozialismus entstammen, überwiegen. Auch für diejenigen, die zunächst in Hitler den Überwinder des Kommunismus gesehen und begrüßt hatten, rückt das nationalsozialistische Herrschaftssystem immer mehr an die Seite des sowjetischen. »Was sich bei uns in schmutzig brauner Brühe darstellt, das tritt uns in Moskau in asiatischer Härte und Brutalität entgegen«, äußerte Trott[31]. Der Nationalsozialismus erschien als der Aufstand »von unten«, als radikale Gegenkraft gegen die abendländisch-christliche Überlieferung, als zerstörerische Potenz, die die »Atomisierung der Massen«, wie Schulenburg erklärte, bewußt anstrebe. Nicht das autoritäre, sondern das parasitäre Element der nationalsozialistischen Cliquenherrschaft stand im Vordergrund der Kritik am System. So stellten Beck und – ihm folgend – Goerdeler dem Schlagwort vom »totalen Staat« den Begriff »Totalität der Politik« entgegen, und Goerdeler betrachtete das System vorwiegend unter dem Gesichtspunkt der »Aufsplitterung« und charakterisierte es damit richtiger, als es mit der Theorie der totalitären Diktatur vielfach versucht worden ist.

Wie stark die Gleichsetzung von Nationalsozialismus und Bolschewismus das Denken der Verschwörer beeinflußte und sie zu Verteidigern gewachsener sozialer Ordnung machte, geht aus ihrer völligen Überschätzung der innenpolitischen Bedeutung des deutsch-sowjetischen Freundschaftsvertrages vom September 1939 hervor. Ende 1939 verfaßte Korvettenkapitän Liedig eine Denkschrift[32], die die Auffassungen des Kreises um Oster in der Abwehr beleuchtet und auch typisch ist für das politische Denken Becks und Halders. Der Verfasser entwarf darin die düstere Vision eines bolschewistischen Deutschlands. Die NSDAP, hieß es da, sei längst auf dem Wege zu einer »zweiten Revolution«, ihr Apparat bilde nur »die Kulisse zur Zersetzung alter Volksordnungen«, die offizielle Ideologie sei zum bloßen Mittel der Massenführung degradiert, der Antibolschewismus eine leere Formel geworden. Sie verhindere nicht, daß Hitler der Anziehungskraft »des nihilistischen Ideenvakuums außerhalb der europäischen Völkergemeinschaft« erliege. Der Nationalsozialismus, prophezeite Liedig, werde »in den geöffneten russisch-asiatischen Raum, ... geistig nicht minder wie geopolitisch«, abgesogen werden, Hitler werde sich als »Satrap Stalins«, als dessen »russischer Statthalter in Sowjet-Deutschland« allein halten können, »Deutschland sich höchstens im Range einer Gefolgschaft des bolschewistischen Rußland behaupten, wenn nicht gar zum Heloten-Volk Rußlands herabsinken«.

Diese aus Haß und Unterschätzung des Gegners erwachsende Prognose paarte sich mit zutreffender Analyse des politischen Systems Hitlers. »Eine revolutionäre Dynamik der Zersetzung aller geschichtlichen Bindungen und aller kulturellen Gebundenheiten, die einst die Würde und den Ruhm Europas ausgemacht haben, ist das einzige und ganze Geheimnis seiner Staatskunst.« Das Bolschewismus-Klischee verführte aber zu der irrigen Folgerung, Hitler habe nun den entscheidenden Schritt zur »dynamischen Lebensgemeinschaft« mit dem bolschewistischen Rußland getan; damit sei er gezwungen, »von der ersten zur zweiten, von der nationalsozialistischen zur bolschewistischen Revolution in Bälde fortzuschreiten«. Diese außenpolitisch durch den deutschen Angriff auf Rußland widerlegte Vorstellung, die übrigens Hassell umgekehrt zur Prognose einer für Hitler unvermeidlichen Auseinandersetzung mit Stalin veranlaßte, blieb in ihrer innerpolitischen Relevanz, als Furcht vor einem wie immer gearteten »Nationalbolschewismus«, vor allem für die konservativen Widerstandskreise und die Militärs ein bestimmender Faktor. In der Denkschrift Kordts und v. Etzdorfs vom Oktober 1939[33] hieß es, daß Deutschland nie »dem Chaos und dem Bolschewismus näher« gewesen sei. In der von Trott angeregten, Ende 1939 an das Department of State gerichteten Denkschrift Schefflers[34] wurde ausdrücklich von der Gefahr revolutionärer Rückwirkungen als Folge einer nationalsozialistisch-bolschewistischen Fraternisierung und von der Hoffnung gesprochen, daß diese durch einen Staatsstreich abgewendet würde. Befürchtungen dieser Art haben die Entschlossen-

heit der Gruppe um Beck, Hassell, Popitz und Goerdeler zum Umsturz
wesentlich bestärkt, sie sind aber auch ein bleibendes Argument für die
Errichtung eines autoritären Regierungssystems nach dem Umsturz. In
der Drohung des Bolschewismus erblickte Dietrich Bonhoeffer eine
nachdrückliche Bestätigung der Notwendigkeit »autoritärer, wenn auch
nichtfaschistischer Regime« in der Nachkriegszeit[35].

Es hieße die Einstellung des konservativen Widerstands verzeichnen,
wenn man nicht zugleich feststellte, daß hinter diesen Befürchtungen
fortwirkende soziale Ressentiments standen, die zweifellos zu scharfen
inneren Spannungen im aktiven Widerstand führten. Hassells Bemerkung über die Unvermeidlichkeit »innerer Bolschewisierung« des nationalsozialistischen Systems spielte auf die Beseitigung der russischen
Oberschicht durch die Bolschewiki an, und Hassell sprach ausdrücklich
davon, daß der »Sozialismus in Hitlerscher Form« auf das Zerbrechen
der Oberschichten und die Verwandlung der Kirchen in bedeutungslose
Sekten gerichtet sei[36]. Gedankengänge dieser Art liefen auf eine Fortsetzung des bürgerlichen Antikommunismus hinaus, dessen eminente
Bedeutung für den Aufstieg und die zunächst unbezweifelbare Anerkennung Hitlers nicht hoch genug eingeschätzt werden kann, und sie
lähmten die konservativen Kräfte bis in den Krieg hinein. Wenige Tage
nach dem Tode Hindenburgs schrieb Halder an Beck, das »reine und
von idealistischem Schwunge getragene Wollen« Hitlers werde in der
Praxis zum Zerrbild, da sich der zum Aufbau bereiten Front – unter der
unberechtigten Deckung hinter der Autorität des Führers – eine Gruppe
entgegenstelle, die sich anschicke, »bestehende Werte zu zerschlagen«;
in dieser Gruppe verkörpere sich die »kommunistische Gefahr«. Daher
hielt Halder die »Röhm-Revolte« nur »für *eine* und nicht die gefährlich-
ste Eiterbeule« Deutschlands; in ihr sah er das Wirken kommunistischer
Kräfte, unterschied also nicht zwischen den sozialrevolutionären Kräften in der NSDAP und den Kommunisten, eine für sein politisches
Denken typische Vereinfachung[37]. Auch Beck glaubte noch 1938, durch
einen gemeinsamen Schritt des Generalstabs Hitler von der »Tscheka
und Bonzokratie« befreien und damit das »Wiederaufleben des Kommunismus« verhindern zu können. Die Passivität, mit der die Generalität
die Junimorde hinnahm, erklärte sich nicht zuletzt aus dieser, nicht nur
für Beck und Halder charakteristischen, klischeehaften Gegenüberstellung von überlieferten »idealistischen« Werten und kommunistischem
»Materialismus«, die die gesellschaftspolitischen Probleme unzulässig
vereinfachte. Das beleuchtet auch die Tatsache, daß die oppositionelle
Generalität mit wenigen Ausnahmen zu unbedingtem Handeln erst
entschlossen war, als die bolschewistische Gefahr militärische Realität
annahm.

Notwendigerweise war die Ablehnung des bolschewistischen Systems mit der Frage verknüpft, welchen Standpunkt man gegenüber den antikommunistischen sozialistischen Kräften einnahm. Während Hassell das Problem des Sozialismus einfach beiseite schob – »auch ein Kukkucksei, das der Nazismus ins deutsche Nest gelegt hat«[38] –, erblickte Adam von Trott in der Vermittlung zwischen Sozialismus und Tradition das entscheidende innen- und im Grunde auch außenpolitische Problem. Sein Denken war frühzeitig auf die Überwindung des Klassengegensatzes gerichtet, sein Versuch, die Hegelianische Staatstradition durch einen eigenen sozialphilosophischen Ansatz abzulösen, rückte ihn an die Seite sozialistischer Gruppen, mit denen er vor und nach dem 30. Januar enge Kontakte aufnahm – übrigens auch zu Kommunisten. Im Februar bekannte er dem Vater, daß für ihn »die positiven Rechte des Einzelnen« nur Bestand hätten, wenn zugleich die Rechte der Massen »heilig gehalten« würden, wofür ihm unter Papen und Hitler wenig Aussicht zu bestehen schien. Gegenüber Margret Boveri skizzierte er seine Konzeption dahin, daß Hegels »Recht auf freien Willen« durch das »Recht auf Arbeit« in dem Sinne von Selbstverwirklichung im weitesten Verstande abgelöst werden müsse[39]. Darin liegt eine weitgehende Übereinstimmung mit Delps personalem Sozialismus; dies und die von Josef Furtwängler bezeugte Verwandtschaft der Auffassungen Trotts mit dem Denken Moltkes lassen den Rückschluß zu, daß er die Kreisauer Pläne entscheidend mitbeeinflußt hat.

Trott befürchtete 1933, die Vernachlässigung der Rechte der Massen werde »eine schlimme Reaktion« herbeiführen, und noch im Frühjahr 1937 hielt er, einer Aufzeichnung Felix Morleys zufolge, eine Volkserhebung für keineswegs ausgeschlossen – eine merkwürdige, aber nicht zufällige Fehleinschätzung der innenpolitischen Bedingungen unter dem Nationalsozialismus. Wie Schulenburg dürfte er dem Straßer-Flügel gewisse Sympathien entgegengebracht haben, jedenfalls hielt er den Konflikt zwischen den sozialistischen Elementen der nationalsozialistischen Bewegung und der sich neu etablierenden kleinbürgerlich-mediokren nationalsozialistischen Funktionärsschicht und den kapitalistischen Nutznießern des Systems für noch nicht ausgetragen. Von seinem Standpunkt aus konnte er eine Erhebung der Arbeiterschaft nicht wünschen, da sie eine soziale Stabilisierung aufs äußerste erschweren mußte. Er befürchtete in diesem Zusammenhang, daß durch einen außenpolitischen Konflikt die Lösung der »sozialen und wirtschaftlichen Krise in Deutschland« verhindert oder unmöglich würde, und neigte dazu, die außenpolitische Aggressivität Hitlers zu unterschätzen. Das deutsche Volk, das infolge der unklugen Haltung der Siegermächte in Versailles in die Radikalität gedrängt worden sei, befinde sich in einem Fieberzustand; ein Krieg werde daher zur »Totalkatastrophe« führen[40]. In Trotts Augen war der Nationalsozialismus ebensosehr ein Ergebnis nationaler Frustration wie der sozialen und ökonomischen Krise, und er glaubte, daß diese sich bei fester, aber keinesfalls aggressiver Haltung der westlichen Demokratien von innen auffangen ließe, während eine Wiederholung der außenpolitischen Situation der zwanziger Jahre die Massen in einen »National-Bolschewismus« treiben würde. Er war – aus innenpolitischen Gründen – entschiedener Anhänger des Appeasement. Was sich in Deutschland ereigne, schrieb er 1938, sei »ein europäisches Phänomen«, und er wehrte sich – aus einer gewissen nationalen Empfindlichkeit heraus – gegen abwertende Pauschalurteile von außen. Der Totalitarismus war nach seiner Überzeugung eine generelle, auch die Demokratien umfassende Krisenerscheinung, die auf die mangelnde gesellschaftliche Integration der breiten Masse zurückging. »Ich bin der Ansicht, daß die demokratische ebenso wie die totalitäre Hinwendung zur Instinktseite des menschlichen Bewußtseins zu diesem sterilen und zynischen Defaitismus geführt haben, der dem geistigen Chaos Europas zugrunde liegt.« Die in allen politischen Systemen zur Gewohnheit gewordene Ausnutzung der emotionalen Mobilisierbarkeit der Massen und die in seinen Augen zynische Politik, durch Propaganda und den Appell an die Instinkte den Volkswillen zu manipulieren, hielt Trott für das entscheidende Krisensymptom der deutschen, aber auch der europäischen Gesellschaft. Er zweifelte daher an der praktischen Verwirklichung des Axioms individueller Freiheit auch in einem auf kapitalistischen Grundlagen beruhenden demokratischen System. »Du beantwortest meinen Einwand nicht hinreichend«, schrieb er einer ihm eng befreundeten amerikanischen Journalistin, »daß möglicherweise die kapitalistische und imperialistische Demokratie Freiheit auch nur als Deckmantel für eine durchaus auf Mitteln des Zwangs beruhende Politik benutzt, wogegen einige Aspekte ›autoritärer‹ Systeme eine im Grunde aufrichtigere Sicherung der Menschenrechte in der modernen industriellen Gesellschaft zulassen könnten.«[41]

Trotts Überzeugung, daß das formale demokratische Freiheitsprinzip über das Maß der Realisierung sozialer Freiheit nichts aussage und daß das Ausgesetztsein des Individuums gegenüber den Möglichkeiten politischer Manipulation auch durch ein liberales Regierungssystem nicht beseitigt werde, führte ihn zur Ablehnung aller Formen plebiszitärer Herrschaft. Die Geschichte der letzten zehn Jahre zeige, meinte er Ende 1939, »daß gestaltungsfremdes Vertrauen in die Einsicht der Massen nichts nützt ... Volksbewegungen haben auf die eine oder andere Weise zu Despotismus geführt«. Trott forderte die Rückkehr zu konservativen Prinzipien und eine straffe, verfassungsmäßig verankerte Autorität; jeder sozialistische Staat müsse, bis zu einem gewissen Grade, autoritär sein, wenn er überleben wolle. »Schreiben Sie mir doch einen Aufsatz über Tradition und Sozialismus!« bat er Julie Braun-Vogelstein[42]. Trott war also weit davon entfernt, die Übertragung westlicher demokratischer Prinzipien auf Deutschland gutzuheißen. Dieser Standpunkt entsprach der Auffassung der Sozialisten; Leber urteilte vernichtend über die Männer der Revolution von 1918, die »von der zu errichtenden neuen deutschen Gemeinschaft« keinerlei Vorstellungen gehabt und sich vom Beispiel der westlichen Demokratien hätten lenken lassen, »ohne zu sehen, daß auch deren inneres Wesen der äußeren Form schon lange nicht mehr entsprach«[43].

Die Bedingungen der modernen Gesellschaft – er zweifelte mit Recht, daß das amerikanische Ideal des pioneer auf die Dauer praktizierbar sei – veranlaßten Trott zum radikalen Bruch mit der inhaltlos gewordenen »bürgerlichen Ideologie«, er suchte nach einer neuen Sozialordnung auf europäischer Basis, die »der Befreiung der Massen von wirtschaftlicher Not«, zugleich ihrer Eingliederung in eine vom christlichen Geiste getragene autoritative Ordnung gelten sollte. Er warnte vor einer formalen Proklamierung des Prinzips individueller Freiheit, die die »gegebenen Wirklichkeiten nationaler, geschichtlicher, geographischer, kultureller und konfessioneller Art« vergewaltige. »Eine nur rationalistische Erziehung hat uns verführt«, heißt es in einer Denkschrift vom November 1943[44], »sowohl die menschliche Natur wie den sozialen Tatbestand der Massenexistenz und die Dämonien zu verkennen, denen die Vermassung der Menschen freie Bahn verschafft hat.« Damit formulierte Trott die Grundlage der sozial- und verfassungspolitischen Überlegungen des deutschen Widerstands. Sie bezeugen, daß die tiefe Krisis der liberalen Demokratie, auf der der Sieg der Faschismen und des Nationalsozialismus beruhte, auch ihre Anhänger erfaßt hatte und sie zu der Überzeugung führte, daß im Zeitalter der industriellen Gesellschaft das Prinzip liberal-parlamentarischer Demokratie zu scheitern bestimmt sei.

Die Agrarfrage, Raumordnung und Mittelstandspolitik

Orientierung auf die Tradition, Bewahrung geschichtlicher Kontinuität und die Ablehnung einer antagonistischen Gesellschaft prägten das Denken der Opposition. Ihre defensive Grundhaltung gegenüber dem Prozeß sozialer Nivellierung tritt am stärksten bei der Behandlung der agrarpolitischen Fragen hervor. Daß sie in Kreisau starke Beachtung fanden, erklärt sich aus dem großagrarischen Milieu, dem die Initiatoren des Kreises entstammten, doch bestand nicht weniger großes Interesse bei den übrigen Gruppen des Widerstands, zumal die Agrarkrise, vor allem in bezug auf den ostelbischen Großgrundbesitz, entscheidend zum Niedergang der Republik beigetragen hatte. Dieses Interesse war aber zugleich von grundsätzlichen Gesichtspunkten hervorgerufen worden. »Die Fragen der Agrarpolitik werden stets ein integraler Bestandteil der Erörterung staatlichen Aufbaus sein«, hieß es in einer von Einsiedel für Kreisau verfaßten Denkschrift[45]. Die Überwindung der »Vermassung«, die Grundlage der staatlichen Neuordnung Europas sein müsse, fordere die Schaffung eines Bewußtseins, »das den Wert der Persönlichkeit und das Vorhandensein einer freien Individualsphäre bejaht und gleichzeitig gliedhaft verbindet mit einem natürlichen Gemeingefühl«. In dem ländlichen Bereich seien die Wurzeln organischen Lebens weniger versehrt, hätten sich die »natürlichen Grundlagen eines in sich geschlossenen Lebenskreises« bewahrt und sei das Persönlichkeitsgefühl dem Massenbewußtsein noch nicht erlegen. Deshalb müsse bei der Neuordnung »auf eine starke, in sich ruhende ländliche Bevölkerung« größter Wert gelegt werden.

Auffassungen dieser Art wurden von allen Richtungen im Widerstand geteilt. In dem von Popitz verfaßten »Vorläufigen Staatsgrundgesetz« wurde die Landwirtschaft als »bedeutendste Kraftquelle des Volkes« bezeichnet, in dem von Mierendorff entworfenen Programm der »Sozialistischen Aktion« wurde die Existenzsicherung »des Bauern auf seiner Scholle« zu den Voraussetzungen sozialer Gerechtigkeit und Freiheit gezählt. Goerdeler setzte sich für die Erhaltung eines gesunden Bauerntums »aus nationalpolitischen, soziologischen und biologischen Gründen« ein, wobei ihn – wie auch Schulenburg – die problematische Vorstellung leitete, daß das Bauerntum als erbbiologischer und bevölkerungspolitischer Aktivposten zu betrachten sei: »Das deutsche Volk muß weniger aus Gründen der nationalen Sicherheit als aus Gründen der Gesunderhaltung einen lebensfähigen Bauernstand haben.«[46] Bei allen Gruppen verknüpfte sich eine neoromantische Idealisierung des »natürlichen Landlebens« mit einem organizistischen Gesellschaftsbild. »Die industriell- kapitalistische Entwicklung und auch die faschistischen Ordnungsversuche«, erklärte Einsiedel, »laufen darauf hinaus, das volkliche Leben von dem Organhaften weg in den Zustand der Organisiertheit zu versetzen und damit notwendig das menschliche Leben aufzuspalten und die Arbeit des Menschen zu denaturieren zu einer technischen arbeitsteiligen Tätigkeit innerhalb des rationalen Gesamtarbeitsplans.«

Die bei Einsiedel deutlich werdende antirationale und antiindividualistische Grundhaltung, die bereits im Zusammenhang mit den Ursachen der »Vermassung« als Element des oppositionellen Denkens hervortrat, steht nicht isoliert; auch bei Goerdeler findet sich häufig die Gegenüberstellung von »organischen« Bildungen und künstlicher »Organisation«, die er als Charakteristikum des nationalsozialistischen Systems hervorhebt. Bei Einsiedel wie auch bei Delp, Gerstenmaier und van Husen wirken der romantische Volksbegriff und die Lehre Max Hildebert

Boehms vom »eigenständigen Volk« nach. »Der Staatsbürger-Volksge-
nosse«, heißt es in bezeichnender Formulierung, sei »nicht mehr organi-
sches Glied eines lebendigen Volkskörpers mit einer ihm kongruenten
staatlichen Ordnung, sondern mechanischer Teil einer materialistisch
ausgerichteten und rationell gesteuerten Staatsmaschine«. Bei Steltzer,
der von dem national-sozialen Programm Friedrich Naumanns beeinflußt war, finden wir ganz ähnliche Auffassungen. Auch im engeren
Kreise Stauffenbergs gab es Erwägungen dieser Art; bei Wilhelm Ahl-
mann ist insbesondere die Frage nach »der Zukunft des Bauerntums in
der industriellen Gesellschaft« Gegenstand der Erörterung gewesen[47].
Unterschiedlich war der Grad der Ablehnung technisch-industriellen
Fortschritts. Einsiedel ging so weit, vor einer zu weitgehenden Techni-
sierung der Landwirtschaft zu warnen, da sie den jahreszeitlich gegebenen ländlichen Lebensrhythmus und dessen Elemente »Beschaulichkeit
und Muße« zerstöre. Er distanzierte sich entschieden von einer »Ökono-
misierung des Landlebens«; ebenso bedeutete die im Aktionsprogramm
Mierendorffs geforderte Sicherung der Landwirtschaft vor der Gefahr,
»zum Spielball kapitalistischer Interessen zu werden«, der Sache nach
Ausschaltung des liberalen Konkurrenzprinzips aus dem landwirtschaftlichen Sektor. Allgemein wurde die Auffassung vertreten, daß die
»Landschaft« von den verderblichen Einflüssen der Verstädterung frei-
gehalten werden müsse. Die kulturellen Einrichtungen, vor allem das
Schulwesen, sollten daher eigenständig bleiben und nicht den Bedingungen der Großstädte angepaßt werden. Damit wurden die volkspädagogi-
schen Bestrebungen der zwanziger Jahre, die mit Reichwein einen
hervorragenden Repräsentanten in Kreisau fanden, wieder aufgenommen, jedoch mit einer problematisch erscheinenden ideologischen Akzentuierung.
Umstritten war im wesentlichen das Problem der Aufrechterhaltung des
Großgrundbesitzes. Einsiedel verteidigte ihn, da der Großgrundbesitz
die Bildung natürlicher Zentren auf dem Lande begünstige. Die »Repräsentation der ländlichen Lebenswerte« müsse durch unabhängige, kulturell hochstehende Menschen erfolgen, »die ein hinreichendes Gegengewicht gegenüber anderen Teilen des Volkes, insbesondere der gewerb-
lichen Wirtschaft, darstellen«. Jedoch gingen die Auffassungen hierüber
auseinander. Moltke hatte durch die Aufteilung eines Teils seines Guts-
besitzes den Gedanken des freiwilligen Verzichts exemplifiziert, und
dem Bericht Fahrners zufolge soll auch Stauffenberg eine Aufteilung des
Großgrundbesitzes erwogen haben, ein Gedanke, der wohl von Schwe-
rin-Schwanenfeld ausging und zu weitreichenden Plänen einer umfangreichen Boden- und Landreform geführt zu haben scheint[48]. Entschiedene Anhänger einer Zerschlagung der großen Güter waren Goerdeler,
Trott und – wie aus seiner frühen Kritik am ostelbischen Großgrundbe-

sitz hervorgeht – Leber. In der Anfang 1944 konzipierten Rundfunkrede
Goerdelers war das Versprechen enthalten, daß untragbar gewordene
Besitzverhältnisse nicht auf Kosten der Gesamtheit wiederhergestellt
werden sollten und dem »Siedlungsbedürfnis des deutschen Volkes...
gegebenenfalls zu Lasten ungesund großen Grundbesitzes Rechnung
getragen« würde; in einer Rundfunkansprache Leuschners war ebenfalls
die Auflösung der großen Güter gefordert worden. Trott ging noch
darüber hinaus; er dachte an eine umfassende Bodenreform, einen
»ländlichen Kommunismus« und hatte eine klare Abneigung gegen die
Ostelbier. Yorck ließ er unverhohlen wissen, daß er den »ganzen gräfli-
chen Stil« ablehne[49].

Im ganzen überwogen – auch wenn sie sich gegen die Anhänger des
Bestehenden nicht klar durchsetzten – die Bestrebungen, einen umfangreichen bäuerlichen Mittelbesitz zu schaffen. Bezeichnenderweise polemisierte Steltzer gegen das Erbhofgesetz, da es die Großbauern gegenüber dem Mittelbesitz begünstige[50]. Moltke erwog, ob bei der Demobili-
sierung die selbständigen Bauern und landwirtschaftlichen Fachkräfte
bevorzugt entlassen werden sollten. Fritz-Dietlof von der Schulenburg
forderte eine umfassende bäuerliche Siedlung, die er mit der deutschen
Ostkolonisation verglich, ohne darum entschiedener Gegner des Guts-
besitzes zu sein. Obwohl er nicht eigentlich industriefeindlich eingestellt
war, dachte er in agrarpolitischer Hinsicht reichlich romantisch, und er
erwog, die führende Beamtenschaft durch staatliche Verleihung von
landwirtschaftlichem Besitz an Grund und Boden zu binden. Gesunde
Tradition und Bodenständigkeit, die Schulenburg als Grundbedingun-
gen stabiler staatlicher Ordnung vorschwebten, könnten sich nur in
Geschlechterfolgen bilden, und diese gäbe es nur auf dem Lande. Seine
ganz in Übereinstimmung mit der nationalsozialistischen Ideologie geforderte Bauernsiedlung vertrug sich freilich nicht mit der Vorstellung
eines »neuen Feudalismus«, der nicht auf Gewinnstreben, sondern auf
dem Bewußtsein öffentlicher Verantwortung beruhen sollte. Die von
ihm, wie wohl zu sagen ist, »erträumte« landgebundene Elite sollte die
Güter als »Lehen« besitzen und im Dienst des Ganzen verwalten. Daß
alles dies fatal an die mit der Schenkung des Gutes Neudeck begonnene,
vom Dritten Reich erfolgreich übernommene Methode, die Führungsschicht durch Dotationen politisch zu binden, erinnert und als künstliche
Restauration einer in der Praxis überwiegend adligen Oberschicht irreal
war, ist Schulenburg nicht wirklich bewußt geworden[51].

Die vom Widerstand geforderten konkreten Maßnahmen bestanden
zunächst in der Bekämpfung der »Landflucht«, zumal man der Ansicht
war, daß das Landvolk einen bestimmten Anteil an der Gesamtbevölke-
rung nicht unterschreiten dürfe. Die Landflucht sollte einerseits durch
strukturverbessernde Maßnahmen – Pflege der ländlichen Kulturein-

richtungen, Landarbeiterwohnungsbau, Gewerbeförderung und Schutz der Klein- und Mittelbetriebe – eingedämmt werden, zum anderen durch die Erhöhung der landwirtschaftlichen Erzeugerpreise und des Lohnniveaus, das demjenigen der Industriearbeiterschaft angeglichen werden sollte. Die Frage, wie dies mit der Konzeption einer auf dem »Leistungsprinzip« beruhenden Wirtschaftspolitik vereinbar sei, ist anscheinend nicht eingehend erörtert worden. Goerdeler, der Autarkievorstellungen energisch bekämpfte und ein ebenso entschiedener Gegner staatlicher Subventionen war, hielt dieses Problem durch die Erhebung von Zöllen zum Schutze der Agrarproduktion automatisch für gelöst, ohne den Widerspruch zu seinen am Vorbild Stresemanns entworfenen Plänen einer engen europäischen wirtschaftlichen Zusammenarbeit zu empfinden[52]. Wie die auch von Popitz geforderte »energische Landvolkpolitik« und die Stabilisierung des Anteils des agrarischen Sektors an der Gesamtwirtschaft im einzelnen zu realisieren waren, blieb strittig; im Rahmen der europäischen Konzeption des Kreisauer Kreises scheint eine von der Weltwirtschaft isolierte europäische Wirtschaftsgemeinschaft angestrebt worden zu sein, deren landwirtschaftliche Gesamtproduktion unter dem rechnerischen Bedarf liegen würde. Damit erschien eine Einschränkung der deutschen Agrarproduktion nicht notwendig.

Der argarpolitischen Gesamtkonzeption des Widerstands entsprach sein Programm einer ebenfalls sozialpolitisch motivierten Raumordnung. Dieses Programm verfolgte negativ die Bekämpfung der Zusammenballung der Bevölkerung in wenigen industriellen Zentren, positiv die Schaffung gesunder Lebensverhältnisse durch Siedlung und Heimstättenbau. »Trotz der Steigerung des Wohlstandes durch die moderne Industriewirtschaft« sei eine Massierung in trostlosen Industriequartieren erfolgt, die ein »gesundes Volksleben« verhindere, betonten die Verfasser einer wirtschaftspolitischen Denkschrift für Kreisau[53]. Die weitgehende Zerstörung der Großstädte und die Abwanderung eines erheblichen Teils der Einwohnerschaft gab die Chance zu umfassender Reform. Sie wurde insbesondere von Schulenburg – auch im Zusammenhang mit seiner Tätigkeit im Reichsministerium des Innern – bewußt angestrebt. Schulenburg hielt es für widersinnig, die zerstörten Großstädte, die sich seit langer Zeit treibhausartig entwickelt und von den gesunden Grundlagen des Lebens gelöst hätten, wieder aufzubauen. Die Aufgabe könne nicht »in einer Restauration der Großstädte bestehen, die körperlich den biologischen Volkstod, geistig jene Vermassungserscheinungen begünstigen, die politisch die Chancen jeglicher Demagogie stärken und kulturell zum fortschreitenden Verfall führen«. Auch Goerdeler lehnte die großstädtische Kultur aus biologischen und geistigen Gründen ab: »Dauernder Aufenthalt in der Großstadt ruiniert die Familie.«[54]

Die Vorstellungen des Widerstandes über die erforderlichen Maßnahmen

waren nicht originell, vielfach nicht ausgereift und häufig nur unter der
Voraussetzung einer unbeschränkten Eingriffsbefugnis des Staates –
wenn überhaupt – realisierbar, enthalten aber eine Reihe erwägenswer-
ter Überlegungen. Das gilt für Schulenburgs Idee, Städteringe und
Trabantenstädte zu gründen, für Goerdelers Vorschlag, die Verwal-
tungsspitzen in Mittel- und Kleinstädte zu legen, um damit eine dezen-
tralisierende Strukturänderung anzubahnen. Aus praktischen Gründen
widersprach Goerdeler dem Gedanken, die Großstädte nur in Teilen
neu aufzubauen, da die riesigen Investitionen im Kanalisations- und
Energieversorgungsnetz trotz der Zerstörungen ausgenützt werden
müßten, forderte aber eine Auflockerung der Bebauung, die Beseitigung von Slums und die Errichtung gesunder Mietwohnungen. Indessen
stimmten Schulenburg, Goerdeler und Popitz in der Auffassung überein, daß das Städtewachstum durch ein Ansiedlungsverbot für indu-
strielle Unternehmungen in Städten bestimmter Größe (die Zahlen
variieren zwischen 100000 und 400000 Einwohner) verhindert werden
sollte. Sinnvolle und praktische Ideen vermischten sich mit Realitätsferne; die Vorstellung, den Urbanisierungsprozeß von über einem Jahrhundert durch staatlichen Dirigismus rückgängig machen zu können, verriet
unzureichende Kenntnis der Bedingungen der modernen industriellen
Produktion, abstrahierte völlig von den Interessen der davon Betroffenen und atmete eine zutiefst paternalistische Gesinnung. Schulenburg
dachte an die Zerlegung von Großbetrieben, Goerdeler an eine Ge-
nehmigungspflicht von Betrieben mit mehr als 100 Beschäftigten. Beiden schwebte eine »Umbildung der deutschen Industriegebiete in die
Lebensformen Württembergs« vor; Schulenburg hatte dieses Ziel im
Ostpreußenplan und auch in seiner schlesischen Zeit praktisch zu verwirklichen versucht und hatte auch im Ruhrgebiet erfolgreiche raum-
politische Maßnahmen veranlaßt[55].
Zu den auf dem Wege staatlicher Gesetzgebung und Verwaltung angestrebten strukturverbessernden Maßnahmen sollte eine umfangreiche
Siedlungs-, Heimstätten- und soziale Wohnungspolitik treten, die sowohl von Kreisau als auch von der Gruppe um Goerdeler gefordert
wurde und sich auch in dem von Bergstraesser für Leuschner ausgearbeiteten Programm einer Neuordnung findet. Schulenburg erblickte im
Bau von Klein- und Arbeitersiedlungen, in der Schaffung von »Eigen-
heimen« und der Bereitstellung von Gartenland eine »der wichtigsten
wirtschaftlichen und nationalen Notwendigkeiten«; Goerdeler, dem dies
am meisten am Herzen lag, versprach sich von einem neuen Verhältnis
des Menschen zur Natur eine Hebung der sittlichen und gemeinschafts-
fördernden Kräfte. Dieses Programm entsprach der auch von der
NSDAP 1933 und 1935 vertretenen Raumordnungspolitik, die jedoch
über Ansätze nicht hinauskam und der forcierten Wiederaufrüstung zum

Opfer fiel. Statt der Siedlungspolitik und des Housingprogramms konzentrierte man sich auf den Bau von billigen Arbeiterwohnungen und Reichsautobahnen; Goerdelers Bemerkung, daß die für den Autobahnbau bereitgestellten Mittel besser für das Siedlungsprogramm verwandt würden, steht in diesem Zusammenhang.

Die Gesamtheit der skizzierten strukturpolitischen Vorschläge entspricht dem Gedanken, die negativen Auswüchse der modernen Industriegesellschaft einzudämmen, einerseits durch die Stärkung des vom städtischen Leben bewußt isolierten Landes, andererseits durch die weitgehende Auflösung von Ballungszentren und die Verlagerung von Industrie und gewerblicher Wirtschaft in bislang ganz überwiegend agrarische Bezirke. Das Bestreben, anonyme Apparate und Massenbetriebe auch im industriellen Sektor so weit wie möglich zu vermeiden, führte konsequent zu einer aktiven Mittelstandspolitik. Goerdeler machte wiederholt auf die schädlichen Folgen der Schließung von Einzelhandelsbetrieben im Kriege aufmerksam und betonte, der »Mittelstand« sei das natürliche Reservoir für die Führungsschicht und daher das Wertvollste, was ein Volk besitze[56]. Goerdelers betont bürgerlich-liberale Vorstellungen trafen sich mit Moltkes Konzeption der »kleinen, überschaubaren Gemeinschaften« und der Schaffung einer breiten Schicht wirtschaftlich gesicherter Individuen. Auch Moltke erwog Maßnahmen zum Schutze des kleinen Unternehmertums und der Handwerkerschaft, ganz in Analogie zu dem agrarpolitischen Programm, das die Schaffung einer breiten, selbständigen bäuerlichen Schicht anstrebte. In der Tat setzte die von Goerdeler, Schulenburg und den Kreisauern zum tragenden Verfassungsprinzip ausersehene Selbstverwaltung die Neubildung eines breiten Honoratiorentums voraus.

Es ist bemerkenswert, daß mit der Erörterung der Fragen der Raumordnung und des Wiederaufbaus die Gruppen des Widerstandes eine dringende Problematik anzufassen bestrebt waren, die auf nationalsozialistischer Seite kaum ernsthaft erwogen worden ist. Für die Konzeptionslosigkeit der nationalsozialistischen Innenpolitik ist es bezeichnend, daß Schulenburgs Denkschrift die Grundlage eines Fragenkatalogs bildete, welcher Popitz und Goerdeler im Gefängnis zur ausführlichen Beantwortung vorgelegt wurde. Es ist wahrscheinlich, daß im Reichsministerium des Innern erhebliches sachliches Interesse daran bestanden hat. Sowohl Staatssekretär Stuckart wie sein Vertreter, Ministerialdirektor Ehrensberger, standen seit Jahren in engstem Kontakt zu Schulenburg, und es spricht vieles dafür, daß auch Himmler die Vorschläge des Widerstandes zu verwerten gedachte. Die innere Krise des nationalsozialistischen Systems wird durch die Tatsache augenscheinlich beleuchtet, daß es sich seine politischen Pläne von seinen erklärtesten Widersachern ausarbeiten ließ.

Wirtschafts- und Sozialpolitik

In der Kritik an der sozialen Wirklichkeit der Industriegesellschaft ergab
sich – wie in der Regel in krisenhaften Übergangsstadien – beträchtliche
Übereinstimmung zwischen den einzelnen politischen Richtungen. Im
Kreisauer Programm verknüpfte sich, wie schon aus den bisherigen
Erörterungen hervorgeht, konservativer Reformwille mit sozialistischen
Gedankengängen. Delp brachte die angestrebte Symbiose im Begriff
des »personalen Sozialismus« zum Ausdruck. Die Kritik an der Massen-
gesellschaft wurde von liberaler wie etatistischer Seite geteilt; die weit-
gehende Übereinstimmung der Zielsetzungen Goerdelers mit denen
Schulenburgs belegt dies ebenso wie die gemeinsame Frontstellung von
Popitz, Hassell und den Kreisauern gegen einen wirtschaftspolitischen
Liberalismus im herkömmlichen Sinne. Die entscheidende Differenz lag
dort, wo man die nachteiligen Folgen der Industriegesellschaft auf den
Liberalismus zurückführte und sogar planwirtschaftliche Methoden als
indirekte Konsequenz des Liberalismus, als Versuch interpretierte, der
durch den Privatkapitalismus hervorgerufenen Wirtschaftsanarchie zu
entrinnen. – In Kreisau zog man diese Konsequenz, indem man den
Liberalismus für den Durchbruch »rein materialistischer Nutzvorstellungen« verantwortlich machte. Das grundsätzliche Recht der Intervention
des Staates in die Wirtschaft war für Moltke selbstverständlich; es
erschien als Frage der Zweckmäßigkeit, ob der Staat den Weg wirtschaftlicher Freiheit oder wirtschaftlicher Gebundenheit ging. Man war
sich einig, daß »eine Wiederherstellung der bisherigen Ungebundenheit
der Wirtschaft oder gar eine völlige Ungebundenheit im Sinne extremer
Wirtschaftstheorien« schlechthin undenkbar sei, und lehnte die völlige
Freiheit des einzelnen auf wirtschaftlichem Gebiet schon deshalb ab,
weil sie mit »den organischen Großaufgaben der Zukunft« unvereinbar
schien[57]. Zugleich aber erklärte man sich gegen jede Form »kollektivisti-
scher« Wirtschaft, da sie »die lebendigen Kräfte der Persönlichkeit«
zerstöre. Grundsätzlich suchte man nach einem Konstruktionsprinzip
der Wirtschaft, das zwischen der Scylla des laissez faire und der Charyb-
dis der Planwirtschaft zu neuen Gestaltungen führte, die, wie es in einer
Denkschrift von Schmölders hieß, an die »über den materiellen Nutzvorstellungen gelegene Schicht der Persönlichkeit und des sozialen
Bewußtseins« anknüpften. Schmölders schwebte ein »System des sozialen Aufstiegs« vor, das die »Leistung zum Gradmesser der gesellschaftlichen Stellung und zur Legitimation für eine verantwortliche Mitwirkung
an der politischen Willensbildung« erhob, eine Konstruktion, die, wie zu
zeigen sein wird, Vorstellungen Moltkes aufnahm, freilich einen praktisch schwer zu realisierenden Unterschied zwischen »Erwerbstrieb« und
»sozialem Geltungstrieb« machte.

Es lag im Sinne der Kreisauer Grundsätze, wirtschaftliche Machtstellungen einzelner oder von Gruppen zu verhindern und zu vermeiden, daß die staatliche Wirtschaftspolitik in den Dienst wirtschaftlicher Sonderinteressen trat. Jede Form des Lobbyismus wurde daher abgelehnt. Dem Staat sollten zur Durchsetzung der strukturverändernden Pläne, insbesondere für die angestrebte umfassende Raumordnung[57a], erhebliche Machtmittel zur Verfügung stehen, auch wenn er seine Zwecke vorwiegend auf dem Wege indirekter Beeinflussung des Wirtschaftslebens durch konjunktur- und steuerpolitische Maßnahmen durchsetzen sollte. Das entsprach durchaus den Auffassungen Goerdelers. »Die allgemeine Wirtschaftspolitik«, hatte er in »Das Ziel« ausgeführt, »muß darauf gerichtet sein, Kartelle, Syndikate, Konzerne, Truste usw. so stark wie möglich zurückzudrängen und wieder in selbständige Unternehmungen zu zerlegen, um der schöpferischen Einzelpersönlichkeit und ihrem Verantwortungsbewußtsein Raum zu gewinnen.«[58] Goerdeler war nicht minder als die Kreisauer entschlossen, unberechtigte und nicht auf wirklicher Leistung beruhende Gewinne, die auf Kosten der Volkswirtschaft gehen oder die Interessen der Gesamtheit schädigen, zu verhindern. Trotz seiner Beziehungen zu Bosch stand Goerdeler dem Großunternehmertum äußerst kritisch gegenüber; wiederholt wies er auf dessen Neigung hin, in Krisenperioden nach Staatshilfe zu rufen und sich der wirtschaftlichen Gesamtverantwortung zu entziehen. Niemand urteilte schärfer über die Allmacht und Charakterlosigkeit der Generaldirektoren, die Goerdeler als Schicht der Manager in einen gewissen Gegensatz zu den Kapitalbesitzern stellte, und es ist typisch für ihn, daß er den anonymen Kapitalgesellschaften mit äußerstem Mißtrauen entgegenstand und für sie das Mitbestimmungsrecht der Arbeitnehmer ausdrücklich forderte.

»Eigentum ist der Auftrag des Ganzen« – diese Formulierung Schulenburgs konnte Goerdeler voll unterschreiben, und die soziale Verpflichtung des Eigentums war ihm selbstverständlich. »Wir sind entschlossen, jeder Form des Kapitalismus jede Möglichkeit zu nehmen, zu Monopolen, zu politischen oder sonstigen betriebsfremden Zwecken mißbraucht zu werden«, hieß es in der 1944 vorbereiteten Rundfunkansprache. Insoweit hielt Goerdeler staatlichen Eingriff für berechtigt und notwendig, aber er war der Überzeugung, daß der Staat der Wirtschaft durch klare und zurückhaltende Finanzpolitik mit gutem Beispiel voranzugehen habe. Er hielt das normale finanz- und steuerpolitische Instrumentarium für ausreichend, um die Grundsätze einer geordneten Konkurrenzwirtschaft zu realisieren, lehnte aber im übrigen staatliche Wirtschaftslenkung ab. *Die* Wirtschaft werde wachsen und gedeihen, »in der der Staat oder ein anderer Zusammenschluß dem Einzelnen möglichst viel Risiken läßt und möglichst wenig Risiken wegnimmt«. Da aber auch

Goerdeler nur an einen allmählichen Abbau der nationalsozialistischen
Planwirtschaft dachte, kann von grundlegenden Unterschieden zur
Kreisauer Konzeption nicht gesprochen werden. Hier wie dort wollte
man eine auf dem Leistungsprinzip aufgebaute Wirtschaft, Teilsoziali-
sierung und Beschränkung der staatlichen Eingriffe auf indirekte Mittel[59]. Auch hinsichtlich der Kartell- und Monopolaufsicht bestand keine
Differenz; beide Seiten leugneten die positiven Aufgaben der Kartelle
nicht.

1943 kam es jedoch, wie Hassell und Gerstenmaier berichten[60], auch in
dieser Frage zu scharfen Auseinandersetzungen zwischen Goerdeler
und den Kreisauern, die Hassell in gewisser Verkehrung der Fronten zu
der Bemerkung veranlaßte, Goerdeler sei »doch eine Art Reaktionär«.
Von den wirtschaftlichen Zielsetzungen her, in denen sich Goerdeler
von nationalökonomischen Beratern des Kreisauer Kreises – Schmölders, Blessing, Abs, v. Trotha – nicht grundlegend unterschied, war die
Schärfe der sich auftuenden Spannungen nicht zu erklären, eher schon
terminologisch. Goerdelers Vorstellung, daß sich der Staat den seiner
Ansicht nach »naturgesetzlichen« (liberalen) Grundsätzen des Wirtschaftslebens zu beugen habe, und Moltkes Ansicht, daß der Staat der
»Herr der Wirtschaft« sei, standen in deutlichem Kontrast zueinander,
obwohl sie in der Anwendung zu wenig verschiedenen Ergebnissen
führten. Denn wenn Popitz und Hassell in dieser Auseinandersetzung
vermittelnd fungierten und im ganzen den Kreisauer Standpunkt unterstützten, so war das ein unnatürliches Bündnis; für sie und für Schulenburg war ein weitreichender Staatssozialismus aus ihrem pointiert etatistischen Denken heraus selbstverständlich, bedeutete aber eine extrem
autoritäre Lösung.

Der Ausgleich wurde dadurch erschwert, daß Goerdelers Gesprächspartner kaum Erfahrungen in einer nicht dirigistisch geprägten Wirtschaft hatten sammeln können und daher die Eingriffsmöglichkeiten
staatlicher Wirtschaftsführung in einem auf individueller Initiative beruhenden System – und dies wollten beide Seiten – weit überschätzten.
Das deutet auf einen Grundwiderspruch der Kreisauer Pläne, der darin
lag, daß sie weitgehende Beschränkung der staatlichen Agenden auf
politischem und sozialem Gebiet mit denkbar größten staatlichen Kompetenzen in wirtschaftspolitischer Hinsicht verknüpften. In der Frage
der Raumordnung, der strukturverbessernden Maßnahmen, der Dezentralisation der Industrie und nicht zuletzt der Agrarpolitik, die auch
Goerdeler bewußt vom freien Spiel der Kräfte ausnahm, bestand keine
wesentliche Differenz. Gerstenmaier hat berichtet, daß Goerdelers
»pädagogisierende Verschleierung des Gegensatzes« provozierend gewirkt habe[61]; indessen war Goerdeler eine zu offene Natur, um prinzipielle Gegensätze taktisch zu überspielen; in seinen Augen gab es sie

entweder nicht, oder sie beruhten auf mangelnder Sachkenntnis bei seinen Partnern.

Die Gegensätze zwischen Goerdeler und den Repräsentanten von Kreisau waren hingegen im Bereich der materiellen Sozialpolitik auch sachlich nicht überbrückbar. Goerdeler wandte sich gegen den Begriff »Sozialpolitik« und wollte ihn durch »Ausgleichspolitik« ersetzt wissen; darin kam seine Neigung, soziale Konflikte zu harmonisieren, klar zum Ausdruck. Er hielt die bestehende Sozialgesetzgebung für ausreichend, sah die eigentlichen sozialpolitischen Aufgaben in strukturverbessernden Maßnahmen und wandte sich gegen eine zu weitgefaßte Versicherungsgesetzgebung, da sie den individuellen Leistungswillen lähme und zu einem falschen Sekuritätsdenken führe. Goerdeler, in diesen Fragen extrem dogmatisch eingestellt, blieb im wesentlichen bei seinen 1932 vertretenen Vorstellungen, die weitgehend mit der Brüningschen Politik übereinstimmten[62]. Er vertrat einen mit seinen sonstigen Auffassungen nicht leicht zu vereinbarenden patriarchalischen Herr-im-Haus-Standpunkt, in dem jedes Verständnis für die Grundlagen des Klassenkonfliktes fehlte. Sozialpolitik war in Goerdelers Augen sittlich geforderter »Härteausgleich«, nicht bewußte Neuordnung des Verhältnisses von Kapital und Arbeit. Für die Überwindung der Wirtschaftskrise wußte er kein anderes Mittel als Verlängerung der Arbeitszeit bei gleichbleibender Entlohnung, und für die politische Naivität dieser Vorstellung ist bezeichnend, daß er den als notwendig empfundenen sozialen Wohnungsbau durch Senkung der Bauarbeiterlöhne in Gang bringen wollte[63].

Wie stark Goerdeler an der dogmatischen Überzeugung festhielt, daß die Arbeitslosigkeit, die er in gewissem Umfang für unvermeidlich hielt, nur durch Lohnabbau und Erhöhung der Arbeitszeit bekämpft werden könne, geht aus der vernichtenden Kritik hervor, die er in den »Gedanken eines zum Tode Verurteilten« am New Deal, am Beveridge-Plan und an der »marxistischen Theorie« des Achtstundentages übte. Von dem Gedanken, daß die Arbeiterschaft für die Arbeitslosenunterstützung selbst aufzukommen habe, ließ er sich nur teilweise abbringen, und er entwarf ein kompliziertes, aber gegenüber der bestehenden Regelung rückschrittliches System, bei dem der Staat auf Kosten der Versicherungsnehmer und Berufsgruppen weitgehend entlastet war. Diese, wie Ritter gezeigt hat, schon in der Situation von 1932 politisch irrealen Vorstellungen[64] erklären Goerdelers Gewerkschaftsfreundlichkeit; schon damals wünschte er die Bildung von Arbeitsgemeinschaften aller Gewerkschaften für die verschiedenen Berufsgruppen oder als Alternative auf Zwangsmitgliedschaft beruhende Arbeiterberufskammern mit Selbstverwaltungsbefugnissen, denen er die Sozialversicherung einschließlich der Arbeitslosenfürsorge überweisen und sie dadurch veranlassen wollte, »die Last des Staates bewußt mitzutragen«[65].

Goerdeler gab damit, wie Ritter bemerkt[66], auch den Grundgedanken der Bismarckschen Sozialpolitik preis und verharrte bei der Vorstellung, daß sozialer Aufstieg 'in der modernen Industriegesellschaft für die Arbeiterschaft prinzipiell möglich sei, wenn auch vielleicht nicht im Verlauf einer Generation. Er erblickte das Heilmittel, wie seine »Wirtschaftsfibel« zeigt, in größerer wirtschaftlicher Bildung der Massen; in dieser Vorstellung berührte er sich mit Leuschner, der den tiefsten Grund für die klassenmäßige Abkapselung der Arbeiterschaft in ihrer mangelnden Bildung erblickte, und dies entsprach den Auffassungen Haubachs, Reichweins und Jakob Kaisers. Gleichwohl war das Bündnis zwischen Leuschner und Goerdeler nur ein Bündnis auf Zeit; Leuschner erwartete, ebenso wie die Kreisauer, das Übergangskabinett werde sich rasch verbrauchen und einer »zweiten Welle« Raum geben, die den Sozialisten entscheidenden Einfluß verschaffen würde. Denn in der Versicherungsfrage, in Goerdelers Forderung nach Leistungslöhnen, d. h. Akkordlöhnen, in der Arbeitszeitfrage und in der Lohnpolitik war ein Kompromiß politisch undenkbar.

Yorck reagierte auf die sozialpolitischen Vorstellungen Goerdelers mit dem Vorwurf, er sei ein »Reaktionär«. Goerdeler wiederum konnte die Kreisauer als »Salonbolschewisten« bezeichnen. Die Kreisauer Vorschläge einer Gewinn- und Wertzuwachsbeteiligung der Arbeitnehmer in den Betrieben erschienen Goerdeler absurd, weil sie seinem Grundprinzip einer Festlegung der Verantwortung für die Wirtschaftsführung entgegenliefen. Den Gedanken der Teilverstaatlichung nahm er zurückhaltend auf und akzeptierte ihn im wesentlichen nur für die Energiewirtschaft, zumal er glaubte, diese größtenteils der kommunalen Selbstverwaltung unterstellen zu können. Sympathischer war ihm Leuschners Vorschlag, gewerkschaftseigene Betriebe zu gründen – hier blieb das Vorbild der Produktivassoziationen wirksam –; sie sollten aber unter den gleichen Konkurrenzbedingungen wie die Privatwirtschaft arbeiten[67]. Gleichzeitig aber wandte sich Goerdeler gegen eine »ungebührliche Rente« des Kapitals und übte schärfste Kritik an der Haltung der Schwerindustrie vor 1933. Er war ein Mann der »bürgerlichen Mitte«, und er gehört zu den wenigen, die sich zur Politik und zur Persönlichkeit Stresemanns, dessen liberale Konzeption ganz die seine war, auch später bekannt haben. Was ihn von diesem trennte und ganz an die Seite Brünings rückt, war der »unpolitische«, ganz von den sachlichen Erfordernissen der finanziellen Sanierung ausgehende Charakter seiner Konzeptionen. Hierin berührten sich die auseinandertretenden Standpunkte des Widerstands: Während Goerdeler den Antagonismus politisch-sozialer Interessen im Grunde nicht zu erkennen vermochte und von der Vorstellung einer »konfliktfreien« Ordnung bestimmt blieb, dachte man in Kreisau an eine gesellschaftliche Neuordnung, die auf der Bindung, nicht auf der Freisetzung der antagonistischen gesellschaftlichen Interessen beruhte.

Gemeinschaft, Führergedanke und »neue« Elite

Die für die innere Entwicklung Deutschlands charakteristische Verschränkung von Staat und Gesellschaft, die nach 1918 das Einleben des demokratisch-parlamentarischen Systems verhinderte und die durch die nationalsozialistische Revolution unter dem Schlagwort der »Volksgemeinschaft« überwunden schien, ist für das Denken des Widerstands in doppelter Hinsicht entscheidend gewesen. Einerseits hat die Illusion, eine Identität von öffentlichem Handeln und antagonistischen gesellschaftlichen Interessen herbeiführen zu können, die im Staatsdenken der Weimarer Zeit fortgeführt wurde und in den irrationalistischen Konstruktionen Carl Schmitts kulminierte, die Verschwörer vielfach auf autoritäre Lösungsversuche zurückgeworfen. Andererseits empfanden sie – wenn auch häufig unklar – die Notwendigkeit, den beklagten Dualismus von Staat und Gesellschaft politisch und sozial zu überwinden. Symptomatisch dafür, wenn auch theoretisch unbefriedigend, war der von Beck und Goerdeler unternommene Versuch, eine Theorie der »totalen Politik« zu entwickeln, die Staatsräson und Sittlichkeit, wirtschaftliche Interessen und seelische Bedürfnisse »harmonisch« vereinte. In dem Grundsatz der »Einheit von Partei und Staat« erblickte die konservative Opposition ursprünglich die ersehnte Auflösung des Dualismus, um jedoch allzubald feststellen zu müssen, daß, wie Goerdeler formulierte, der Gegensatz von Staat und Parteienherrschaft durch den noch weniger kontrollierbaren Gegensatz von Staat und NSDAP abgelöst worden war[68].

Wie stark die Idee von der Rückgewinnung der Einheit im politischen wie im gesellschaftlichen Bereich das Denken und das Handeln der Mehrheit der Verschwörer bestimmt hat, zeigt sich noch bei den Vernehmungen durch die Gestapo, in denen immer wieder als Motiv zum Widerstand angeführt wird, daß Hitler und die nationalsozialistische Führungsgruppe das Prinzip der »Volksgemeinschaft« durchbrochen hätten. Dieser, schon vor 1933 nicht nur von der politischen Rechten benutzte Begriff wurde auch von Hitlers konservativen Gegnern aufgenommen. In einer 1934 an Hitler gerichteten Denkschrift forderte Goerdeler, »eine echte, klare Volksgemeinschaft herzustellen«, in »Das Ziel« sprach er vom »klassengelösten Gefühl der Volksgemeinschaft«. Die politische Zielsetzung, die sich hier terminologisch kundtut, knüpft an die bekannte Unterscheidung zwischen Gesellschaft und Gemeinschaft bei Tönnies an. Es ist charakteristisch, daß der Begriff »Gesellschaft« nur vereinzelt, vor allem bei Trott, auftaucht[69].

Der Begriff der »neuen Gemeinschaft«, der sich in Goerdelers Denkschrift »Praktische Maßnahmen zur Umgestaltung Europas« findet, wird
unterschiedlich von allen Gruppen des Widerstands gebraucht. Schulenburg wollte Bolschewismus und »parasitären Kapitalismus« in einer
»neuen Gemeinschaftsordnung« überwunden sehen; das Offizierskorps
charakterisierte er als eine »in sich ruhende, distanzierte und daher
echte Gemeinschaft«, die die geistige und sittliche Kraft besitze, um die
Masse einheitlich zu lenken und dem gestaltlosen Gesetz der Masse zu
entziehen. Diese Entgegensetzung von organischer »Gemeinschaft« und
amorpher »Massengesellschaft«, die sich aus Schulenburgs preußisch-
sozialistischer Vorstellungswelt ohne weiteres ergab, entsprach dem
Denken des gesamten Widerstandes. Steltzer definierte Politik als »Gemeinschaftsarbeit«, Gerstenmaier sprach von den »naturhaften Gemein-
schaftsgebilden«, Yorck und Moltke suchten nach der »richtigen Gemeinschaft im Staat« (eine Formulierung, die das dualistische Problem
deutlich macht), Leber gebrauchte die Wendung »neue deutsche Gemeinschaft«. Reichhold sah im Sieg des totalitären Staates geradezu die
Revolution der »Gemeinschaft« gegen die Klasse und folgerte daraus,
daß die Antwort der Arbeiterbewegung nicht mehr eine »klassenpolitische« sein könne, sondern daß die Arbeiterbewegung sich als gleichberechtigter Teil eines gemeinschaftlichen Ganzen begreifen müsse[70].
Im Gemeinschaftsbegriff lag die Vorstellung von einer natürlichen,
stufenhaften Ordnung, die die freie und in sich ruhende Persönlichkeit
voraussetzte. Das völlige Aufgehen des einzelnen in die Gemeinschaft,
wie es der totalitäre Staat verlangte, wurde, ebenso wie eine auf geistige
und weltanschauliche Uniformierung gerichtete Erziehung, entschieden
abgelehnt[71]. Der Gedanke an eine auf geschichtlicher Überlieferung
beruhende, vorgegebene Einheit einer organisch gegliederten Gesellschaft, der dieser Begriffsbildung zugrunde lag, lief auf eine entschiedene Ablehnung der Klassengegensätze, zugleich aber auch jedes gesellschaftlichen Pluralismus hinaus. Die Vorstellung, daß es möglich sein
müsse, mittels sinnvoller sozialer und politischer Gliederung divergierende Interessen im politischen Raum »harmonisch« auszugleichen und
zugleich den Dualismus von Staat und Gesellschaft aufzulösen, wurde
von Yorck in wenig präziser Übernahme kantianischer Auffassungen
folgendermaßen formuliert: »Die richtige Gemeinschaft im Staat ist
erreicht, wenn die Einsicht in die inhaltliche Aufgabe so stark und
gleichmäßig ist, daß man der Besinnung auf die Ethik lediglich zur
Korrektur bedarf.«[72]
Gemeinschaft bedarf der Führung – ganz konsequent nahm die Frage
der Führungsauslese und Elitenbildung einen zentralen Platz im oppositionellen Denken ein. »Das deutsche Problem«, erklärte Steltzer 1944,
»ist ausschließlich eine Führungsfrage«, die nationalsozialistische Kata-

strophe sei dem Mangel an einer verantwortlichen Führungsschicht zuzuschreiben. Die Erfahrungen der Weimarer Republik, zugleich der in den zwanziger Jahren überall auftauchende Gedanke des Führertums wirkten hier nach, und das galt gerade für die Sozialisten. Mierendorff hatte sich 1930 »gegen ein System der Formaldemokratie« gewandt, »das der Interessenpolitik organisierter Machtgruppen Tür und Tor öffnet und dadurch weder eine starke Staatsführung noch eine wirkliche demokratische Selbst- und Mitregierung des Volkes ermöglicht«. Haubach meinte: »Unsere Bewegung muß begreifen lernen, daß Zeremonie, Befehl und straffe Führung keineswegs undemokratisch sind.« Leber verlangte von der »staatsmännischen Führerpersönlichkeit« Ethos und inneren Glauben, die nach seiner Überzeugung die Wurzeln wirklicher Autorität waren. Er zitierte Max Webers Wort von der alten Sozialdemokratie, es sei nicht ein Funken katilinarischen Machtwillens in ihr zu finden[73].

In der Diagnose, daß der Mangel an Führerpersönlichkeiten und Führungswille den Niedergang Deutschlands verursacht hatte, waren sich die Mitglieder der Opposition einig. Becks Studie über Ludendorff galt im Grunde diesem Problem. Goerdelers historisches Lieblingsthema war das Versagen der politischen Führung des Reiches seit dem Abgang Bismarcks. Schulenburg schloß sich der NSDAP an, weil er im »Parteienbetrieb« das Gegenteil eines wahrhaften politischen Führertums – in Otto Strasser sah er es verkörpert – wahrzunehmen glaubte. Steltzer sprach ausdrücklich vom Versagen »der alten Führungsschicht« einschließlich der Militärs und führte das auf dieselben Ursachen zurück, die auch zur »Vermassung« beigetragen hatten. Goerdeler erklärte »die Zersetzung der politischen Führung aus der Totalität heraus in die Improvisation auf räumlichen und sachlichen Teilgebieten« mit der mangelnden Festlegung der Verantwortlichkeiten in der Bismarckschen Reichsverfassung und mit der unzureichenden Führungsgewalt der Regierung in der Weimarer Republik. Er war Anhänger des Präsidialsystems und war von Brüning zu dessen Nachfolger im Reichskanzleramt vorgeschlagen worden. Als Berater Hindenburgs hatte er sich für ein befristetes Ermächtigungsgesetz eingesetzt, und noch 1941 betonte er den »gesunden Gedanken einer für kurze Zeiträume erforderlichen diktatorischen Durchsetzung der Vernunft«[74].

Im Grunde reichte diese Kritik am Versagen der Weimarer Kabinette tiefer, und Goerdeler repräsentierte darin die übergroße Mehrheit der Verschwörer. Er machte das parlamentarische Prinzip und die Demokratie, wie er sie verstand, für den Niedergang politischen Führertums verantwortlich. 1932 wandte er sich gegen die »dauernde Beunruhigung der Reichspolitik durch die Landesparlamente«, verlangte für den Reichspräsidenten »und seine Minister« die Gleichschaltung Preußens und erklärte, die ursprüngliche Funktion der Parlamente sei »Beaufsichtigung« gewesen. Die Demokratie, meinte er abwertend, sei »Herrschaft der Masse«, England stelle in Wahrheit keine Demokratie dar, da das Wahlrecht es möglich mache, daß eine Minderheit das Kabinett stellt. Zur gleichen Zeit aber sprach er davon, daß auch in England große Führerpersönlichkeiten selten würden, und begründete dies mit der »Demokratisierung« des Staatswesens, die »eine gewichtige Minderung des Verantwortungsbewußtseins, eine Steigerung persönlicher Eitelkeit und ein Wachsen des Bedürfnisses nach gegenwärtiger Popularität« mit sich bringe[75]. Führung beruhte für ihn auf »Vertrauen«. Aus der Sicht des erfolgreichen Oberbürgermeisters legte er sich nicht die Frage vor, wie »Vertrauen« entsteht; jedenfalls aber zweifelte er daran, daß Wahlen diesem förderlich seien. »Wir brauchen den beruhigenden Ballast einer von Wahlen unabhängigen Staatsspitze«, hieß es in einer Denkschrift »Aufgaben der deutschen Zukunft«[76].

Goerdeler legte sich trotz seiner Beschäftigung mit den Führungsproblemen der wilhelminischen Epoche nicht die Frage vor, wie denn ein System beschaffen sein müsse, in dem die fähigen und verantwortungsvollen Persönlichkeiten in die entscheidenden Positionen gelangten. Er war in dieser Beziehung kein Sonderfall. Max Webers Arbeiten über die Notwendigkeit parlamentarischer Führungsauslese waren – mit Ausnahme Lebers – nicht zur Kenntnis der Männer gelangt, die sich um eine neue deutsche Verfassung bemühten. »Man muß nur die richtigen Leute an die Spitze stellen« – diese hilflose Antwort auf das zentrale Problem des modernen Verfassungsstaates war für die vorherrschende Mentalität bezeichnend. Für Schulenburg, Hassell und Popitz lag die natürliche Führung beim hohen Beamtentum. Schulenburg, ein Vorkämpfer gegen den Bürokratismus – er wie Popitz und Goerdeler begrüßten das Berufsbeamtengesetz vom 7. April 1933 –, dachte wenigstens zeitweise daran, das Beamtentum zur Stätte bewußter Führungsauslese zu machen und es nach dem Bild des »Stoßtruppführers des Weltkrieges« umzuprägen. Die in nahezu allen Verfassungsplänen vorgesehene Ausnahme der Beamtenschaft vom passiven Wahlrecht, die in Kreisau recht widersinnig auf die politischen, also gerade auf die Wahlbeamten, eingeschränkt wurde, spiegelt die Aversion gegen eine im Sinne des parlamentarischen Systems politisierte Beamtenschaft wider. Nicht nur das nationalsozialistische Parteibuchbeamtentum, sondern das Parteibuchbeamtentum jeder Richtung sollte vermieden, politischen Organisationen die Möglichkeit der Ämterpatronage entzogen werden. Goerdeler hielt an seiner schon 1932 aufgestellten Forderung fest, das Beamtentum, »ähnlich wie es in der Reichswehr geschehen ist, stärker zu entpolitisieren«[77].

Die Qualifikation, die man von der Führungsschicht verlangte, bestand in durchaus unpolitischer sachlicher und charakterlicher Leistungsfähigkeit. Bezeichnend dafür waren die theoretischen Erörterungen zwischen Moltke und Yorck über die Frage, wie ein »Staatsmann« – der Ausdruck Politiker tauchte nicht auf – beschaffen sein müsse. Goerdeler modifizierte dieses Schema nicht, wenn er in erster Linie den erfolgreichen Kommunalpolitiker zu Führungsaufgaben heranziehen wollte. Nach seiner Vorstellung, aber auch nach den Auffassungen Steltzers und zahlreicher anderer, war die Kommunalpolitik der Bereich der Sachentscheidungen, und sie sollte nach Möglichkeit von dem verwirrenden und schädlichen Einfluß prestigebedürftiger politischer Parteien befreit sein. Diese ganz auf die Brüningsche Politik der »Sachlichkeit« und die Reminiszenz an den Freiherrn vom Stein, von der noch zu sprechen ist, ausgerichtete Konzeption war überdies widersprüchlich, da sowohl der kommunale wie der staatliche Beamte zwar vom Parteienbetrieb unabhängig sein sollte, aber doch von ihm politische Qualifikationen – Ansehen, Vertrauen, Führungsbegabung und kritisches politisches Urteil – verlangt wurden. In der Tat fehlte Goerdeler ein tieferes Verständnis für die mit dem kommunalen Sektor nicht vergleichbare Funktionsweise staatlicher Zentralverwaltungen und damit für den Unterschied zwischen bürokratischer Verwaltung und politischer Führung. Das zeigen die Auseinandersetzungen bei seinem Eintritt ins zweite Preiskommissariat, seine Forderung nach Zusammenlegung von Ministerien, seine Kritik an der Spezialisierung der Verwaltung und sein Arnold Köttgen entlehnter Vorschlag, ständige (Fach-)Staatssekretäre bei wechselnden persönlichen Staatssekretären der Minister einzuführen.

Dem Verfassungsdenken des Widerstands – wiederum mit der Ausnahme Lebers – war die Auffassung eigentümlich, daß die plebiszitäre Komponente im modernen Verfassungsstaat eine Verfallserscheinung darstelle und – wie das Beispiel Hitlers zu beweisen schien – zu einer »Herrschaft der Minderwertigen« führe[78]. Daß dies nicht nur für das nationalsozialistische System, sondern für jede Form parlamentarischer Führungsauslese galt, geht schon aus der Verwendung dieses von Edgar Jung zur Parole gegen die Weimarer Republik erhobenen Schlagwortes hervor. Über die positive Lösung des Problems der Elitenbildung kam es indessen zu erheblichen grundsätzlichen Differenzen. Der Kreis um Popitz und um Hassell zweifelte nicht an der Mission der alten Oberschicht, aus der diese Gruppe kam, und auch Goerdeler, der weit weniger aristokratisch dachte, stimmte in die wiederholten Klagen Hassells ein, daß die nationalsozialistische Propaganda Adel und Oberschicht geradezu mit Haß verfolge. Popitz' 1934 in einem Vortrag vor der Mittwochsgesellschaft geäußerte Meinung, daß es gelte, eine Herrenschicht zu etablieren, die in den Aussagen vor der Gestapo bekundete Kritik an der »Hetze« gegen Adel und Intelligenz und doch wohl auch Stauffenbergs Auffassung, daß man die geschichtlichen Leistungen des

Adels berücksichtigen müsse, enthielten eine unübersehbare Tendenz zur Restauration einer sozial und politisch depossedierten Führungsschicht. Der »rote Graf« Schulenburg bildete da keine Ausnahme; noch 1941 sprach er vom »Daseinsrecht« des Adels als staatstragende Schicht, und er blieb ein Anhänger historisch gewachsener Eliten, auch für den Fall, daß sie durch einen neuen Gutsbesitz künstlich geschaffen wurden[79]. Allerdings bekannte man sich zum Prinzip offener Elitenbildung, was immer das in der Praxis heißen mochte. Darin unterschied man sich nicht vom Hauptstrom neokonservativen Denkens, ob man dabei an Edgar Jung, an Arthur Mahraun oder Hans Zehrer erinnert: bei allen lenkte die Zurückweisung des Gleichheitspostulats in berufs- oder geburtsständische Formen zurück.

Die Kreisauer standen in diametralem Gegensatz dazu und betonten, daß die alte Oberschicht gänzlich versagt habe. Sie lehnten deshalb auch die Aufnahme von Popitz in ein künftiges Kabinett entschieden ab. Gleichwohl dachten Moltke und Yorck ausgeprägt aristokratisch, und es war bezeichnend, daß Yorck zu Alexander Graf Stauffenberg von einer historischen Schuld der Elite sprach, die soziale Frage ignoriert zu haben[80]. Sie waren Gegner erworbener Rechte und näherten sich der Idee einer »offenen Elite«, die auf geistigen, nicht auf sozialen Grundlagen ruhen sollte. Dietrich Bonhoeffer hat die Konzeption und das Selbstverständnis von Kreisau mit folgender Formulierung treffend beschrieben: »Mitten in einer sehr weitgehenden Angleichung der materiellen und ideellen Lebensbedingungen unter den Menschen könnte das heute quer durch alle sozialen Schichten hindurchgehende Qualitätsgefühl für die menschlichen Werte der Gerechtigkeit, der Leistung und der Tapferkeit eine neue Auslese von solchen Menschen schaffen, denen auch das Recht auf starke Führung zugebilligt wird.« Er fügte mit leichtem Mißklang hinzu, daß man in »Erkenntnis einer geschichtlichen Gerechtigkeit« auf die Privilegien »gelassen« verzichten könne[81].

Es ist nicht zu bestreiten, daß die Neuordnungspläne von Kreisau da ihre wunde Stelle haben, wo es um die institutionelle Realisierung solcher Auffassungen geht. Sie enthalten in starkem Maße sozialutopische Elemente. Yorck und Moltke träumten von einer globalen Elite, von einem Zustand, »bei dem Parteiungen und Entzweiungen unter den Menschen des Erdballs nur sekundäre Bedeutung haben, weil die in einer Partei zusammengefaßten Menschen« von der Gebundenheit aller an die gleichen Werte durchdrungen seien und »auch Feinde in den wesentlichsten Punkten übereinstimmen«[82]. Diese psychologisch nur aus der totalen geistigen Isolierung illegaler, von der Außenwelt abgeschnittener Zirkel erklärbare Vorstellung hat gleichwohl das Kreisauer Denken ganz wesentlich bestimmt. Die Klage Steltzers, daß die geistige Elite sich verliere und zu einer Gesellschaft verflacht sei, »deren Zerstörung wir jetzt erleben«, sowie seine Hoffnung auf eine sich über die ganze Welt erstreckende Schicht von Persönlichkeiten, die von »einer neuen ganzheitlichen Schau der Welt und des Menschen durchdrungen sind«, entspricht dieser Mentalität, und sie wird bestätigt durch Bonhoeffers Wort von der »Geburtsstunde einer neuen adligen Haltung, die einen Kreis von Menschen aus allen bisherigen Gesellschaftsschichten verbindet«[83].

Die Kreisauer Pläne für eine neue Elite waren trotz ihrer stark sozialutopischen Prägung Bestandteil einer politischen Gesamtkonzeption. Sie entsprachen zunächst dem Selbstverständnis des Kreises, der sich dem Ausland gegenüber als Elite zu legitimieren versuchte und beabsichtigte, im Falle des Umsturzes die Verantwortung zu übernehmen. Dabei war – obwohl es auch in Kreisau Überlegungen über die personelle Zusammensetzung einer eventuellen Regierung gab – nicht an ein reguläres Kabinett, sondern an eine treuhandschaftliche Wahrnehmung der Staatsgewalt gedacht, die in den Begriffen »Reichs-« und »Landesverweser« zum Ausdruck kommt. Über das Verhältnis dieser Elite zur politischen Führung wird in den Verfassungsplänen nichts ausgesagt; fraglos war die Aufgabe der Elite, das politische und soziale Leben geistig und religiös zu durchdringen, das Gewissen der Nation darzustellen. Um so weniger wollte und sollte sie sich dem Verdacht aussetzen, politische Führungsposten zu erstreben[84].

Ganz in gleicher Richtung lag die Anregung Haubachs, einen Ältestenrat aus Persönlichkeiten zu schaffen, die dem politischen Leben nicht oder nicht mehr angehörten, und diesen Rat über die saubere Führung der öffentlichen Angelegenheiten wachen zu lassen. Hielschers Idee, der Regierung einen »Bund der Bünde«, einen Ältestenrat der Einsichtigen an die Seite zu stellen, steht in Parallele dazu. Das deutet darauf hin, wie stark die im Grunde apolitische Tendenz der Jugendbewegung nachwirkte. Nach dem Bericht Fahrners soll auch im Stauffenbergschen Kreise davon die Rede gewesen sein, »daß die führend Tätigen bei ihrem Erwägen und Handeln der Teilnahme von nicht Amtsgebundenen, von unabhängigen Geistern bedürften, wie frühere einsichtige Regierende sie auf mancherlei Art um sich versammelt haben«[85]. Wenn auch Stauffenberg selbst realistischer gedacht haben dürfte, so geht daraus doch hervor, daß das gerade im Kreis Stefan Georges lebendige deutsche Trauma gegenüber dem »politischen Geschäft« und die Sehnsucht nach »überpolitischer« Staatsweisheit, die eine Flucht vor den interessenpolitischen Konflikten der pluralistischen Gesellschaft darstellten, auf den Widerstand nicht ohne Einfluß blieben.

Die sozialutopische Färbung dieses Elitebegriffs beruhte zugleich auf der starken religiösen Ausrichtung Kreisaus. Er setzte ein allgemeines christliches Erwachen, das dem nationalen Erwachen der europäischen

Völker zu Beginn des 19. Jahrhunderts an die Seite gestellt werden
konnte, voraus, und verlangte einen Menschen, der sich transzendenta-
ler Bindungen wieder bewußt wurde, bedeutete also die Rückkehr zu
einem Menschenbild, das nach Ansicht des Kreises in Europa vor der
Auflösung der abendländischen Gemeinschaft durch Säkularisation,
Individualismus, modernen Staatsgedanken und Aushöhlung der alteu-
ropäischen Ökonomik durch Liberalismus und Kapitalismus bestanden
hatte. Die durch Bonhoeffer, Schönfeld, Gerstenmaier und Trott vermittelten Kontakte zu den Weltkirchenorganisationen und der Vorschlag
Reichweins und Poelchaus, eine »Deutsche Christengemeinschaft« zur
Überwindung des konfessionellen Gegensatzes zu schaffen, stehen in
diesem ideellen Zusammenhang. Steltzers Bestreben, den Begriff der
»Brüderlichkeit« mit konkretem politischen Inhalt zu füllen, deutet auf
die doppelte Funktion der Elite hin, geistig tragende, institutionell nicht
gebundene Gemeinschaft und zugleich prägende Kraft in der praktischen politischen Willensbildung zu sein. Dahinter stand das Theorem
einer alle interessen- und richtungspolitischen Divergenzen integrieren-
den ganzheitlichen Sinngebung gesellschaftlicher Ordnung, das sowohl
der deutschen idealistischen Tradition wie der katholischen Naturrechtslehre entstammte.
Durch Moltkes Programm der »kleinen Gemeinschaften« sollten diese
Elitevorstellungen in die Wirklichkeit umgesetzt werden. Auch außerhalb des Verwaltungssektors sollte eine möglichst große Zahl sich spontan bildender Gemeinschaften elitebildend wirken. Diese »kleinen,
überschaubaren« Gemeinschaften sollten aus den »naturhaft gegebenen
Bindungen des Einzelnen« erwachsen, anknüpfen an Familie, Gemeinde, Heimat, an Beruf und Betrieb, nicht den Charakter »mechanischer,
künstlicher« Bildung tragen, nicht von oben herab deklarierte »Organisation«, sondern im Sinne der Subsidiarität von unten her sich zusam-
menfindende Gruppen sein. Sie sollten durch den Willen zu öffentlicher
Mitverantwortung geprägt sein, jede in ihrem begrenzten Tätigkeitsfeld
dem gemeinen Wohl dienen. Moltke dachte ursprünglich an eine politische Privilegierung der »kleinen Gemeinschaften« und der ihnen angehörigen Personen, und er erwog, das aktive und passive Wahlrecht und
die Zulassung zu öffentlichen Ämtern von der Ausübung gewisser
gemeinschaftsfördernder Tätigkeiten abhängig zu machen – z. B. in
Arbeitslagern, sozialen Einrichtungen, Gemeinde- und Kirchenverwal-
tungen, Genossenschaften, Studiengruppen, Universitäts- und Schulver-
einen. Vereins- und Versammlungsfreiheit sollte es außerhalb der Betätigung in den kleinen Gemeinschaften zunächst nicht geben.
Moltke verkannte die praktischen Schwierigkeiten nicht, die der Realisierung dieser Idee entgegenstanden. Welche Arten von Gemeinschaften anzuerkennen seien und durch welche staatliche Stelle die Anerken-

nung ausgesprochen werden sollte, erwies sich als ein unlösbares Problem, zumal Moltke ins Auge faßte, sie mit umfangreichen Rechten, sowohl der Erhebung von Abgaben als auch mit Polizei- und Aufsichtsfunktionen, ja sogar mit Zwangsgewalt gegenüber den Mitgliedern auszustatten. Auch der Gedanke, den Mitgliedern der Gemeinschaften auf Grund ihrer Verdienste für das öffentliche Wohl politische Vorrechte und »besondere Vorteile bei der Willensbildung der übergeordneten Organe« einzuräumen, scheiterte an dem inneren Widerspruch, daß jeglicher Verfahrensmodus den spontanen Charakter der »kleinen Gemeinschaften« aufhob und sie zu institutionalisierten Trägern politischer Willensbildung machte. Daß diese Überlegungen Moltkes gleichwohl keinen peripheren Charakter trugen, geht aus der Tatsache hervor, daß Goerdeler – gewissermaßen um »gleichzuziehen« – diesen Gedanken seinerseits aufnahm: »Wie bei den Vertreterwahlen irgendeines Betriebes müssen Gruppen, die sich durch hervorragende Bewährung und Leistung auszeichnen, mit einem qualifizierten Stimmrecht hervorgehoben werden.« Er fügte aber hinzu, daß dies nicht zu »Vorrechten des Vermögens, der Schulbildung, der Examina« führen dürfe und daß allein das Bewährungs- und Leistungsprinzip die Grundlage der Privilegierung darstellen dürfe[86].

Das Charakteristische an derlei Vorschlägen war nicht nur die implizierte Ablehnung der egalitären Gesellschaft, sondern es war vor allem der Widerspruch zwischen dem Gedanken der »offenen Elite« und ihrer institutionellen Sanktionierung. Es lag auf der Hand, daß das »Bewährungs- und Leistungsprinzip« alsbald durch traditionale und soziale Legitimationsquellen ersetzt werden würde. Auch wenn Moltke das im Grunde nicht wollte, mußte eine solche Konzeption zu Mißverständnissen führen, und es ist daher verständlich, daß der Sozialist Maass den Eindruck gewann, die »Grafengruppe« und insbesondere Moltke beabsichtigten, »die Wiederherstellung und Erhaltung der Vorrechte einer bestimmten gesellschaftlich umgrenzten Gruppe von Personen« zu betreiben[87]. Eine Bevorrechtigung der sozial durchaus differenziert gedachten Elite war nicht nur sachlich undurchführbar, sondern prinzipiell fragwürdig, weil sie den Staat, der sich doch organisch auf diesen subsidiär mit Hoheitsrechten ausgestatteten Gruppen aufbauen sollte, wieder als Regulativ brauchte, ganz abgesehen von dem Gedanken, die Bereitschaft der Bürger, gemeinschaftlich und gemeinnützig tätig zu werden, durch Verfassungsvorschriften zu erzwingen.

Gleichwohl hat Moltkes Konzeption etwas Bestechendes. Sie verknüpfte sich mit dem Gedanken, die europäischen Nationalstaaten durch eine Fülle kleinerer territorialer Einheiten, teilweise multinationalen Charakters, zu ersetzen. Europa sollte sich in einen Bund »historisch gewordener Selbstverwaltungskörper« verwandeln, damit das Hegemonieproblem, das den Frieden Europas durch die Jahrhunderte gestört hatte, entfalle. Die daraus sich ergebende Aufteilung des deutschen Nationalstaates traf jedoch in Kreisau auf Widerspruch, vor allem bei Delp, Gerstenmaier, Steltzer und van Husen. Daß darum gerungen worden war, zeigt noch die Formulierung in den »Grundsätzen«: »Das Reich *bleibt* die oberste Führungsmacht des deutschen Volkes«[88]. Es fällt auf, daß in Moltkes Plan Föderalismus und Selbstverwaltungsprinzip zur Deckung gebracht wurden, wie in Kreisau überhaupt der Unterschied zwischen Selbstverwaltung und demokratischer politischer Willensbildung verwischt wurde. Diese Vorschläge liefen einerseits auf eine weitgehende Aushöhlung der gesamtstaatlichen Kompetenzen hinaus, ganz im Sinne der sozialistischen Idee von einer sich selbst verwaltenden Gesellschaft; andererseits stellten sie innerhalb einer grundsätzlich organizistischen Auffassung den fortgeschrittensten Versuch dar, die pluralistischen Kräfte der Gesellschaft institutionell in den Stufenbau des Gemeinwesens zu binden und sie damit aus einer die bestehende Ordnung gefährdenden Potenz in eine stabilisierende Größe zu verwandeln. Moltkes Konzeption war in gewisser Hinsicht eine konservative Spielart des Rätegedankens, eine Verknüpfung von direkter Demokratie und elitärem Prinzip. Die Reminiszenz an die Tradition eines selbstbewußten preußischen Adels, der sich dem Staate gegenüber als ebenbürtig, ja als sein wirklicher Träger fühlte, und der antiliberale Grundzug der romantischen Staatslehre hatten dabei Pate gestanden.

Moltke verwahrte sich gegen das Mißverständnis, damit werde eine »Atomisierung« des politischen Körpers angestrebt, und er wandte sich nachdrücklich dagegen, »die Zentralgewalt in ihren eigenen Bezirken zu schwächen«, etwa im Bereich wirtschaftlicher Planung. Damit aber scheiterte seine Konzeption an demselben Dilemma, das der Sozialismus nicht zu lösen vermocht hatte: an dem Widerspruch zwischen politischer Selbstverwaltung und wirtschaftlicher Zentralisation. Moltke hoffte freilich, durch Dezentralisierung und Selbstverwaltung auf der einen, autochthone Elitebildung auf der anderen Seite der verderblichen Allmacht des Staates entgegenzuwirken, dessen illegitime Versittlichung ihm als das Grundübel der deutschen politischen Tradition erschien. »Ist der Staat eine moralische Persönlichkeit, so ist man meines Erachtens auf dem Wege, der über Hegel zur Vergötterung des Staates führt.« Moltke hielt es daher für außerordentlich gefährlich, dem Staat eine »religiöse Erklärung und einen religiösen Unterbau« zu geben, und wollte diesen seinem Wesen nach als amoralische Institution betrachtet wissen, damit »keiner den Versuch macht, sich hinter dem Staat zu verstecken«[89]. Konsequent forderte er die vollständige Trennung von Kirche und Staat, wie er denn auch versucht hat, Kardinal Faulhaber davon zu überzeugen, daß das Konkordat von 1933 rückgängig gemacht werden müsse[90].

Moltkes Zurückweisung von jeder Form einer Anerkennung des Staates als Selbstzweck, die nicht zuletzt der für ihn durch seine berufliche Stellung begünstigten Einsicht entsprang, daß die Verwirklichung der nationalsozialistischen Terrorbefehle in der angemaßten Legalität staatlichen Handelns ihre Grundlage hatte, erinnert an Radbruchs Wort von der »Lebenslüge des Obrigkeitsstaates«. Moltke unterschied sich in der Abwendung vom lutherischen Staatsbegriff grundsätzlich von Goerdeler, der zwar auch vom »Gift der Staatsvergottung« sprach, welche das deutsche Volk ergriffen habe, aber die in Kreisau bestrittene liberale Staatstradition nie in Zweifel zog. Er sah im Staat eine von Gott gesetzte Ordnung, betonte aber zugleich: »Der Staat ist kein Selbstzweck, sondern nur Mittel, Ordnung des Lebens und Wohlfahrt der Bürger zu ermöglichen.«[91] Trotz seiner gelegentlich autoritär-patriarchalischen Neigungen war seine Position eine grundsätzlich andere als die von Hassell, Popitz, Schulenburg und Beck. Diese verharrten im Bannkreis staatlich-autoritären Denkens, wie es Hassells Formulierung vom »staatsbewußten Deutschland«, Schulenburgs Wort vom »Fortbestehen der preußischen Forderung an das Reich« nahelegten und wie es in Popitz' Überzeugung zum Ausdruck kam, daß der deutsche Staat ein »Vollstaat« sein müsse, der »alle Wesenselemente des staatlichen Lebens fest in der Hand hält«[92].

Der unterschiedlichen Einstellung zum Staat entsprach die Vorstellung, die bei den hier angeführten drei Typen oppositionellen Denkens von der Beschaffenheit der Führungsschicht nach einem vollzogenen Umsturz bestand. Während die Gruppe Hassell, Popitz, Beck und Schulenburg an der bestehenden »staatstragenden« Elite festhielt und während Goerdeler die gesellschaftliche und staatliche Ordnung einer in der sachbezogenen kommunalen und öffentlich-rechtlichen Selbstverwaltung geschulten Schicht von bewährten Staatsbürgern übertragen wollte, dachte der Kreisauer Kreis an eine aus allen sozialen Strata neu gebildete geistige Aristokratie, die durch gemeinsame grundsätzliche Werthaltungen verbunden sein sollte. – Der Staatsbegriff und das damit zusammenhängende Bild von der zu politischer Herrschaft qualifizierten Elite haben die verfassungspolitischen Entwürfe und Zielsetzungen der einzelnen Gruppen entscheidend bestimmt. Im Bestreben, die Massengesellschaft durch eine Form der »Gemeinschaft« zu ersetzen, deren soziale Rangordnung die »Persönlichkeitswerte« zum Ausdruck bringt, richteten sie sich gegen eine plebiszitäre politische Willensbildung, an deren Stelle ein institutionell unterschiedlich kanalisiertes System der Elitenbildung treten sollte, wobei sich spezifisch reaktionäre von konservativen Grundeinstellungen abheben.

Vom nationalsozialistischen Führerstaat
zur faschistisch-autoritären Monarchie

Daß die Verfassungsvorschläge des deutschen Widerstandes auf einer entschiedenen Ablehnung des Weimarer »Systems« beruhen, weist auf die gänzliche Diskreditierung hin, die die erste deutsche Republik erfahren hat. Das als »westlich« empfundene parlamentarische System schien durch die Entwicklung widerlegt zu sein, die plebiszitäre Tendenz des »Parteienstaates« direkt in die Diktatur geführt zu haben. Die verfassungspolitischen Entwürfe des Widerstandes griffen daher auf die Traditionen des 19. Jahrhunderts zurück, vor allem auf das organizistisch und völkisch umgedeutete Staatsdenken Steins, und sie unterscheiden sich durch die unterschiedliche Betonung der staatlichen, der liberalen und der konservativen Bestandteile der von den preußischen Reformen ausgehenden historischen Tradition. Im zeitlichen Ablauf gingen die restaurativ-autoritären Pläne voran; die Grundvorstellungen der hinter diesen stehenden Gruppen erfuhren jedoch keine wesentliche Änderung, auch wenn zwischen den einzelnen Richtungen des Widerstandes äußere Kompromisse zustande kamen.

Der im Sommer 1938 ausgearbeitete Verfassungsplan von Oster, Schulenburg und Heinz sah die Restauration eines »deutschen Königtums« vor, verband völkisch-nationale Zielsetzungen mit einem preußisch-deutschen Sozialismus und fiel zweifellos noch hinter Friedrich Naumanns Konzeption eines »demokratischen Kaisertums« zurück. Auch das Ende 1939 von Erich Kordt und Hasso v. Etzdorf ausgearbeitete verfassungspolitische Programm trug extrem autoritäre Züge. Es forderte einen »staatlichen Aufbau, der Anständigkeit, Sauberkeit und den eigentlichen preußischen Traditionen entspricht«, sah eine »Beteiligung des Volkes an der öffentlichen Willensbildung« vor, »wie sie dem freien deutschen Mann zukommt«, und erstrebte einen »gerechten und wahrhaftigen deutschen (preußischen) Sozialismus« sowie eine »christlich-sittliche Erneuerung«. Mittels einer Habeas-corpus-Akte sollte der Rechtsstaat gesichert werden. Das Problem der effektiven Kontrolle der Staatsmacht wurde bezeichnenderweise nicht aufgeworfen[93].

Diese Vorschläge werden wenig später ergänzt durch eine Denkschrift aus dem Kreis der Abwehr, die sich mit der nach dem Umsturz zu schaffenden politischen Ordnung auseinandersetzt[94]. Etscheid spricht darin von dem Bedürfnis »nach wahrer Autorität«, das im Volk an die Stelle des von Hitler verlangten »blinden Gehorsams« getreten sei, und gibt der Überzeugung Ausdruck, daß »die verbliebenen Schichten des Bürgertums«, aber auch »die gesamte, früher nicht kommunistisch organisierte Arbeiter- und Angestelltenschaft« selbst harte und vielleicht unerwartete Entschlüsse in Kauf nehmen werde, wenn Sicherheit geschaffen sei, »daß unser Volk nicht zusammen mit 180 Millionen Bolschewiken in den Schmelztiegel weiterer politischer und sozialer Experimente geworfen wird«. In den Massen setze sich das Bewußtsein durch, daß das nationalsozialistische System Schiffbruch erlitten habe, nachdem es bisher aus der Einsicht heraus ertragen worden sei, »daß die Liquidierung des nach dem Weltkrieg erfolgten Zusammenbruchs nur durch eine sehr aktive Sammlung und straffe Organisation möglich erschien, wobei andere Politiker, Parteien und Bewegungen versagt haben«. Es bestehe ein »dumpfes Gefühl dafür, daß die demokratisch-parlamentarischen Einrichtungen anderer Länder für das deutsche Volk kein geeignetes Regierungssystem darstellten«, andererseits sei »die absolute Diktatur eines Einzelnen oder eines engen, in sich völlig abgeschlossenen Kreises« nicht imstande, die inneren und die äußeren Probleme zu lösen. »Hieraus hat sich zwangsläufig die Erkenntnis von der Notwendigkeit staatserhaltender, konservativer Einrichtungen und Methoden entwickelt, die oft sehr drastisch in Gesprächen mit der Forderung nach dem dicken, aber gerechten Knüppel Friedrich Wilhelms zum Ausdruck kommt.«

Diese, mit einer fragwürdigen Analyse der Masseneinstellung begründete Forderung nach Restauration veranschaulicht die Befangenheit des Widerstandskreises der Abwehr in klassenbezogenem Denken und seine Gebundenheit an die preußisch-staatliche Tradition, die ein inneres Verhältnis zur Republik ausschloß. Charakteristisch für die politische Gesamthaltung war die betont antikommunistische Einstellung, die die Zustimmung zum Regime Hitlers in den Anfangsjahren erklärt und Etscheid zu der Folgerung veranlaßte, wenn man nur wenige Tage über den »gewaltigen deutschen Propaganda-Apparat« verfüge, würde es leicht sein, dem deutschen Volk klarzumachen, daß es keinen anderen Kurs gäbe »als den einer klaren Kampfstellung gegen den Bolschewismus«. Das entsprach der erwähnten Identifizierung von Nationalsozialismus und Bolschewismus. In Erkenntnis dieser Lage werde das Volk, hieß es in der Denkschrift, bereit sein, »eine strenge, ja unbequeme Autorität«, wenn sie nur Gerechtigkeit und »Sicherheit des Daseins« garantiere, hinzunehmen. Zu dem ständigen Argument der Generalität, insbesondere Halders, daß die Stimmung des Volkes für einen Umsturz nicht reif sei, erklärte sie, gewiß sei »eine breite Volksbewegung einer Revolution ›von oben‹ vorzuziehen«, doch setze das militärische Rückschläge voraus, die die »auf dem Höhepunkt der Macht und des Vertrauens stehende militärische Führung« notwendig belasten und die inneren und äußeren Voraussetzungen eines Umsturzes beeinträchtigen würden. Etscheid vertrat die Ansicht, daß man ohne Rücksicht auf die gegenwärtige Volksmeinung vorgehen müsse. Im allgemeinen werde man »die Bereitschaft der Massen, die Entscheidungen verantwortungsbewußt

Handelnder in solchen außergewöhnlichen Lagen anzuerkennen, und die Möglichkeit, die durch eine propagandistisch geschickt abgefaßte Klarstellung der Motive und Ziele als eine im Interesse und daher im Namen des gesamten Volkes erfolge(nde) Handlung darzustellen«, voraussetzen können. »Die Entschlossenheit der Härte des Eingreifens würde gerade von den Gegnern eines solchen als Beweis für Autoritätsbewußtsein und Führungseigenschaften anerkannt werden.«

Man überspielte damit das Dilemma eines Umsturzversuches. Über die mutmaßliche Haltung des Volkes bestand keine Klarheit, man rechnete aber mit erheblichen Widerständen, die man nur durch ein straffes autoritäres System überwinden zu können glaubte. Nicht anders hat auch Beck später die Auffassung vertreten, daß man »sich nicht zu sehr von der Rücksicht auf die Stimmungen im Volk beeinflussen« lassen dürfe[95]. Es sei daher zweckmäßig, »erhebliche Teile des vom nationalsozialistischen Staat Geschaffenen in den Staatsumbau herüberzunehmen und auf die Dauer zu sichern«. Das entsprach dem im wenig später ausgearbeiteten Verfassungsentwurf Hassells enthaltenen Vorschlag, Einrichtungen der NSDAP, wie die NSV, den Arbeitsdienst, die Deutsche Arbeitsfront und die Organisation der Wirtschaft mindestens im Prinzip beizubehalten. Das bedeutete eine partielle Anerkennung der durch den Nationalsozialismus vollzogenen Gleichschaltung der Gesellschaft; die Bemerkung, daß damit »eine Synthese der bisher auseinandertretenden Kräfte« erreicht werden würde, enthielt darüber hinaus eine grundsätzliche Ablehnung des Interessenpluralismus und des politischen Parteiwesens zugunsten einer vom Staat gestifteten Einheit der gesellschaftlichen Kräfte.

Die Denkschrift begründete die Notwendigkeit einer »konservativeren Staatsführung« auch mit außenpolitischen Rücksichten. Dies ging auf Hassells Anregung zurück, der erfahren zu haben glaubte, daß die englische Politik einem konservativen System positiv gegenübersteht und sich der Errichtung einer konstitutionellen Monarchie geneigt zeige[96]. Der von Hassell, nach Beratung mit Beck, Popitz und Goerdeler, im Januar/Februar 1940 vorgelegte Verfassungsentwurf sah eine monarchische Restauration nicht ausdrücklich vor, doch schon die Übertragung der vollziehenden Gewalt auf einen dreiköpfigen Regentschaftsrat deutete auf eine solche Lösung hin. »Eine Monarchie ist sehr wünschenswert, aber erst ein Problem des zweiten Aktes«, erklärte Hassell Ende Februar. Das ging auf Popitz zurück, der die Frage der Monarchie, wie Hassell bemerkt, »zunächst noch zurückstellen wollte« – übrigens im Gegensatz zu Goerdeler, der auch hier für Offenheit war. Hinter dem Programm standen wahrscheinlich auch Schacht, Oster und Witzleben, die Initiative war von Popitz ausgegangen. Bezeichnend ist, daß Planck als Anhänger Schleichers bei der Generalität auf Ablehnung stieß, während Hassell ihn einbeziehen wollte[97].

Das Programm Hassells sah ausdrücklich vor, daß nur so lange eine Übergangslösung angestrebt werde, »bis es möglich sein wird, ein normales Verfassungsleben wieder aufzubauen«, aber es ist unzweifelhaft, daß damit nicht an eine Wiederherstellung parlamentarisch-demokratischer Institutionen gedacht war. Dem von der Regentschaft einzusetzenden Verfassungsrat war der Rahmen gesteckt, »den deutschen Einheitsstaat nach politischen und wirtschaftlichen Gesichtspunkten unter besonderer Rücksicht auf die historische Überlieferung neu zu gliedern und für das politische Leben des Reichs eine Mitarbeit des Volks und eine Kontrolle des Staatslebens auf der Grundlage der örtlichen und körperschaftlichen Selbstverwaltung sicherzustellen«[98]. Im Zeitalter der Volkssouveränität war die Formulierung »eine Mitarbeit des Volkes« auffällig zurückhaltend. In der Tat war an ein Zentralparlament nicht gedacht; Hassell sprach von »einer Kontrolle des Staatslebens durch irgendein berufsständisch gegründetes Organ« und nannte das intendierte System einen »organischen Rechtsstaat mit Kontrolle«[99].

Über die Genesis des Verfassungsentwurfs besteht hinreichende Klarheit. Er ging vorwiegend auf Hassell und Popitz zurück. Hassell vermerkte: »Popitz und ich immer einig.« Goerdelers Vorschlag, nach dem Umsturz eine Volksabstimmung durchzuführen, wurde von den Partnern energisch abgelehnt. Popitz verlangte insbesondere »sofortige Reichsreform«, also die Verwirklichung seines radikal zentralistischen Programms, das sich in der Anweisung niederschlug, die Reichsstatthalter abzusetzen und die vollziehende Gewalt in den Ländern den Wehrkreisbefehlshabern zu übertragen. Von Hassell stammt der Hinweis auf »die Notwendigkeit des Aufbaus des Staates auf der örtlichen und körperschaftlichen Selbstverwaltung (Filtriersystem)«; er hatte diesen Gedanken wenig vorher in einem Artikel über »Steins organische Staatsgedanken« entwickelt. Die ganze Problematik der Stein-Renaissance im deutschen Widerstand wird darin deutlich. Die Verfassung sollte der Eigentümlichkeit der deutschen Entwicklung Rechnung tragen; in der wenig später von Hassell verfaßten Denkschrift über eine europäische Neuordnung stellte er den Grundsatz auf: »Effektive Kontrolle der Staatsgewalt durch das Volk in einer der betreffenden Nation angemessenen Weise.« Ähnlich verlangte Popitz, daß die »auf der deutschen Überlieferung gegründete ›christliche Sittlichkeit‹ als Leitstern« dienen solle[100].

Im Verfassungsentwurf fällt der Gedanke der Erneuerung des Berufsbeamtentums ins Auge, der gewiß in erster Linie gegen die NSDAP gerichtet war, aber den ursprünglichen Tenor des Berufsbeamtengesetzes, die Zurückdrängung des Einflusses politischer Parteien und die Ablehnung eines politischen Beamtentums, beibehielt. Nicht zufällig war von der Bildung politischer Parteien oder Verbände keine Rede; dagegen kehrte im Zusammenhang mit der Kontrolle des Schrifttums die sattsam bekannte Formulierung »Schutz von Staat und Volk«, mit charakteristischer Akzentveränderung, wieder, und es hieß zum Presserecht, daß nach dem Kriege »neue Bestimmungen auf der Grundlage der Pressefreiheit im Rahmen der Staatssicherheit« ergehen würden. Es kann kein Zweifel sein, daß dieses für den Umsturz Anfang 1940 vorgesehene Programm keine Elemente enthielt, die die Umbildung des Staates in eine Demokratie mit monarchischer Spitze nach englischem Vorbild erlaubten, wie denn auch die Zusicherung künftiger allgemeiner Wahlen fehlte. Der Verfassungsentwurf bedeutete die Abkehr vom parlamentarisch-demokratischen Prinzip und wäre nur durch offene politische Gewaltanwendung durchzusetzen gewesen. Goerdeler war an seiner Ausarbeitung eng beteiligt, aber es wird zu zeigen sein, daß seine Vorstellungen auch bei teilweise gegebener formaler Übereinstimmung in der Intention sich grundsätzlich von denjenigen Hassells und Popitz' unterschieden. Das Programm von Anfang 1940 war keine reale Alternative zu Hitler; es bedeutete die Militärdiktatur im Stil der Illusionen von 1934.

Dieses Urteil gilt auch für die späteren Entwürfe der gleichen Gruppe, insbesondere für das von Popitz ausgearbeitete, auf Unterredungen mit Hassell, Jessen, Planck und Beck zurückgehende »Gesetz über die Wiederherstellung geordneter Verhältnisse im Staats- und Rechtsleben«[101]. Es schließt sich eng an Hassells »Programm« an und geht in der Substanz auf die Beratungen von 1939/40 zurück. Auch hier wurden eine dem Wesen und der Geschichte des deutschen Volkes gemäße Ordnung und die »Mitwirkung aller Schichten des Volkes« an einer endgültigen Verfassung versprochen. Das läßt auf eine berufsständische Vertretung schließen und, im Zusammenhang mit der später auftauchenden Wendung, es müsse »volksnah« regiert werden, auf einen hochkonservativen Charakter des angestrebten Regierungssystems. Im Unterschied zum »Programm« von 1940 enthält es keine ausdrückliche Präjudizierung der künftigen Verfassung, außer in der Zusicherung, daß nach der Festigung der allgemeinen Lebensverhältnisse des deutschen Volkes die »Bildung einer Volksvertretung auf *breiter* Grundlage« (also nicht auf der Grundlage des allgemeinen Wahlrechts) beabsichtigt sei.

Der als »Vorläufiges Staatsgrundgesetz« bezeichnete Entwurf war, wie aus dieser Bestimmung hervorgeht, auf längere Sicht gedacht, also keineswegs als kurzfristige Übergangsregelung für die ersten Monate nach dem Umsturz. Er enthält Maßregeln für die Ernennung *und* Entlassung des Reichskanzlers und sieht vor, daß die Mitglieder des Staatsrats »auf die Dauer von fünf Jahren« ernannt werden. Übergangsregelung ist das Staatsgrundgesetz, das umfangreiche verfassungspolitische Vorentscheidungen faktischer Art enthält, nur in dem Sinne, daß es den Weg zur Restauration der Monarchie offenhält und eine Verfassung in Aussicht stellt. Die darin enthaltenen, an einen Ausnahmezustand erinnernden Bestimmungen stellen auf Jahre hinaus den Normalzustand dar, während die Bedingungen unmittelbar nach dem Umsturz durch ein gleichzeitig zu erlassendes Gesetz über den Ausnahmezustand geregelt werden[102]. Ritter hat den Entwurf mit Recht als absolutistisch bezeichnet[103]; er enthält neben der rücksichtslosen Durchsetzung zentralistischer Grundsätze und einem generellen politischen Vereinigungsverbot die Generalklausel, daß sich jeder Deutsche so zu verhalten habe, »daß das Gemeinwohl nicht beeinträchtigt und die Ehre des deutschen Namens nicht verletzt wird«. Diese Generalklausel steht im Kontext mit der Erwähnung der Notwendigkeit, »Einwirkungen von außen« und »innere Zersetzung« abzuwenden, und dürfte von einem fähigen Juristen, wie es Popitz war, bewußt gewählt worden sein. Die Klausel entwertet die einleitende Zusicherung einer Reihe von Grundrechten, die jedoch die Versammlungsfreiheit, das Brief- und Fernmeldegeheimnis, das Recht auf freie Meinungsäußerung und Pressefreiheit nicht mit umfassen. Im Unterschied zu Hassells »Programm« werden – wie es in bezeichnender Formulierung heißt – Forschung, Lehre und Kunstausübung nur insoweit beschränkt, »als es die Sicherheit nach außen und innen und die gebotene Ehrfurcht vor den geistigen und sittlichen Gütern des Volkes erfordern«. Daß aber nicht nur terminologisch, sondern auch sonst Anleihen beim nationalsozialistischen System gemacht werden, geht etwa daraus hervor, daß die Reinigung des Beamtentums »in sinngemäßer Anwendung des Berufsbeamtengesetzes vom 7. April 1933« zu erfolgen habe. Zwar sollten die auf Adolf Hitler und die NSDAP bezogenen Paragraphen des Deutschen Beamtengesetzes außer Kraft gesetzt, die einschlägigen Bestimmungen über die Behandlung von Juden und die Erbgesundheit aber »bis zur endgültigen Regelung« nur ausgesetzt werden[104].

Das Staatsgrundgesetz gibt dem »Staatsoberhaupt« als Reichsverweser eine uneingeschränkte Macht. Der Reichsverweser bedarf zwar der Gegenzeichnung des Reichskanzlers oder der zuständigen Fachminister, ernennt hingegen den Reichskanzler nach Beratung mit der Reichsregierung, die Minister nach Rücksprache mit dem Reichskanzler. Neben dem Oberbefehl über die bewaffnete Macht obliegt ihm die Entlastung der Regierung in der Finanzpolitik. Er führt den Vorsitz im Staatsrat, dessen Mitglieder von ihm auf Vorschlag des Reichskanzlers ernannt werden. Der Staatsrat muß in der Regel vor der Verabschiedung von Gesetzesvorlagen gehört werden, hat aber kein Beschlußrecht und ähnelt sehr dem vom Reichsinnenminister Frick vorgeschlagenen »Großdeutschen Senat« Das angestrebte System ist demnach eine durch rechtsstaatliche Zusicherungen versüßte Diktatur, ist der »völkische Führerstaat« ohne Hitler. Es ist unbezweifelbar, daß der Entwurf der grundsätzlichen Haltung von Popitz voll entsprach und nicht mit taktischer Anpassung an eine Ausnahmesituation erklärt werden kann. Daß Popitz ein scharfer Gegner des allgemeinen Wahlrechts war, daß er den Parteienstaat aufs entschiedenste bekämpfte, daß er ein bewußter Anhänger der präsidialen Überwindung des parlamentarischen Prinzips gewesen ist und eine zweite Kammer in der Form eines Oberhauses verlangte, rückte ihn schon vor 1933 auf die äußerste politische Rechte.

In diesem Zusammenhang ist es von besonderer Bedeutung, daß Popitz, ebenso wie Carl Schmitt, auf den er sich wiederholt berief, jede Form des Pluralismus oder der »Polykratie«, wie er formulierte, scharf zurückwies. In einem Vortrag vor der Mittwochsgesellschaft im Frühjahr 1933 begrüßte er den Nationalsozialismus als »Überwindung der pluralistischen, materiell interessengebundenen Kräfte« und hoffte auf die Herausbildung einer »auf Verantwortungsbewußtsein und Wissen gegründeten, mit dem Volke verbundenen und ihm dienenden Herrenschicht«[105]. Er war Anhänger einer der deutschen Eigentümlichkeit gemäßen Verfassungsstruktur. Seine von ihm selbst betonte »soziale« Einstellung war im Grunde defensiv, jedenfalls blieb er im Bismarckschen staatspatriarchalischen Irrtum befangen, soziale Fürsorge an die Stelle politischer Gleichberechtigung der Arbeiterschaft setzen zu können. Goerdelers Programm der Einheitsgewerkschaft lehnte er ab, da er darin – übrigens mit gewissem Recht – ein »Machtzentrum ersten Ranges«, einen »Staat im Staate« erblickte. Bis zuletzt hat er über Jessen und Hassell Stauffenberg vor den Plänen Goerdelers gewarnt. Sein Eintreten für die Betriebsgewerkschaften war taktisch bedingt, im Grunde dachte er an berufsständische Lösungen nach dem Vorbild des Dritten Reiches, stand aber dem Kreisauer Programm einer Gewinnbeteiligung der Arbeitnehmer positiv gegenüber. Auch seine Steuerpolitik zielte auf eine Hebung des Lebensstandards der unteren Bevölkerungsschichten[106].

Als Gegner jeder Form des Föderalismus akzeptierte er ein gewisses Ausmaß der Selbstverwaltung, war aber – wie Schulenburg – nicht bereit, dem Programm Goerdelers ganz zu folgen. Es ist bezeichnend, daß es über der von Goerdeler verlangten Abschaffung der Regierungspräsidenten zu einer starken persönlichen Verstimmung zwischen den beiden Männern kam. Es ist gewiß keine Schutzbehauptung gewesen, wenn Popitz vor der Gestapo von der Notwendigkeit eines straffen Einheitsstaates gegenüber »dem Internationalismus und der Verjudung der Systemzeit und gegenüber den unerträglichen Krisen der parlamentarischen Parteien« sprach. Auch in außenpolitischer Beziehung ist seine Vorstellungswelt der nationalsozialistischen vergleichbar. Er sprach von der »Mission« des deutschen Staats im mitteleuropäischen Raum und forderte »ein vom Gemeinschaftsbewußtsein durchdrungenes, national homogenes Volk«[107]. Seine politische Haltung kann daher nicht einfach als »traditionsorientiert« beschrieben werden. Popitz wollte sich zudem, wie Rothfels betont[108] und seine Kontaktaufnahme mit Himmler zeigt, der Prätorianergarde des Dritten Reiches bedienen. Seine Kabinettsfähigkeit wurde daher von Kreisau entschieden bestritten, während Goerdeler, die persönlichen Gegensätze zurückstellend, Popitz seiner sachlichen Qualifikation wegen nach dem Umsturz heranziehen wollte.

Die Verfassungspläne von Popitz, Hassell und Jessen bedeuten keineswegs die »konservative« Rückkehr zum konstitutionell-monarchischen System der Bismarckschen Epoche; sie tragen weitgehend faschistische Züge, sind also nicht eine Wiederaufnahme des Papenschen Programms der Präsidialdiktatur, sondern dessen Fortbildung im Sinne einer völligen Unterordnung der Gesellschaft unter den Staat.

Die Verfassungspläne Carl Goerdelers und des Kreisauer Kreises

Neben den ausgeprägt autoritären Verfassungsplänen von Popitz, Hassell, Jessen und zunächst auch Beck, die die Führungsrolle der bestehenden Oberschicht (soweit sie sich nicht durch ausführende Teilnahme an den Verbrechen des nationalsozialistischen Systems eindeutig kompromittiert hatte) praktisch zementierten und eine demokratische Führungsauslese überhaupt nicht vorsahen, sind die beiden bedeutendsten Verfassungsentwürfe des deutschen Widerstands – der detaillierte Verfassungsplan Goerdelers und die »Grundsätze für die Neuordnung« des Kreisauer Kreises – Ausdruck spezifisch gesellschaftspolitischer Zielsetzungen. Goerdelers Verfassungspläne sind an Hand seiner zahlreichen Denkschriften in ihrer Genesis zu verfolgen; sie variieren im einzelnen und lassen den wechselnden Einfluß der verschiedenen politischen Richtungen im Widerstand erkennen; sie können gleichwohl als einheitliches Modell betrachtet werden, das sich klar von den Vorschlägen Popitz' und Hassells abhebt.

Goerdelers Verfassungsplan, der zuerst in der Ende 1941 verfaßten Denkschrift »Das Ziel« entwickelt worden ist[109], beruht bereits auf Kontakten, die über Hassell mit Trott, Yorck und Moltke bestanden haben, während die engere Verbindung zu Leuschner erst nach der Abfassung der Denkschrift zustande kam. Goerdeler legte sie Anfang 1942 dem Kreis um Hassell vor, fand offensichtlich die Zustimmung Becks (dessen Gedankengänge darin zum Teil verwertet worden sind)[110], aber die entschiedene Ablehnung Hassells und Jessens, die darin den »untauglichen Versuch, eine tatsächliche Entwicklung einfach streichen zu wollen«, und eine Art »Reaktion« erblickten. Das war insofern konsequent, als Goerdeler nicht bereit war, die Einrichtungen des autoritären Führerstaates unbesehen zu übernehmen, und, so wie Hassell, Jessen und Popitz es auffaßten, zu »parlamentarischen« Formen zurückwollte[111]. Bestimmte autoritäre Züge in Goerdelers Verfassungsmodell sind daher auf Anpassung an Vorstellungen dieser Gruppe zurückzuführen, und es ist umgekehrt zu betonen, daß sich Goerdeler in starkem Maße von deren »reaktionärem« Denken gelöst hat.

Die auf den Beratungen der 1. und 2. Kreisauer Tagung[112] beruhenden, von Moltke redigierten »Grundsätze für die Neuordnung« gehen insbesondere auf die Vorstellungen Moltkes, Steltzers, Yorcks, Trotts und Delps zurück. Sie enthalten keinen präzisen Verfassungsentwurf und können unterschiedlich ausgelegt werden, müssen aber auf der Grundlage der bereits skizzierten gesellschaftspolitischen Vorstellungen des Kreises gesehen werden. Sie beruhen wie Goerdelers Plan auf einer Zurückdrängung der egalitären Komponenten des demokratischen Systems, auf einer starken Betonung der Prinzipien der Subsidiarität und der Selbstverwaltung sowie auf der Verlagerung der politischen Willensbildung in den überschaubaren Bereich der lokalen und kommunalen Selbstverwaltung.

Der anti-egalitäre Grundzug der Verfassungsüberlegungen tritt bei den Bestimmungen über Wahlrecht und Wahlverfahren klar hervor. In beiden wird am allgemeinen *aktiven* Wahlrecht festgehalten, das Wahlalter in Kreisau auf 21, bei Goerdeler auf 25 (24) Jahre[113] festgesetzt. Beide Pläne sehen ein zusätzliches Stimmrecht für Familienväter vor. Kreisau forderte eine zusätzliche Stimme für jedes nicht wahlberechtigte Kind, Goerdeler doppeltes Stimmrecht für Familienväter mit mindestens drei ehelichen Kindern. Das entspricht der starken Betonung der Familie als Grundeinheit staatlichen Lebens. Das *passive* Wahlalter wird von Kreisau auf 27, von Goerdeler für die Gemeinde- und Kreistagswahlen auf 30 (28), für die Wahl in den Reichstag auf 35 Jahre festgelegt; in beiden Plänen sind Angehörige der Streitkräfte vom passiven Wahlrecht ausgeschlossen, für die Wahlen in den Landtag und Reichstag auch politische Beamte, bei Goerdeler Beamte überhaupt sowie Geistliche aller Konfessionen, dagegen offensichtlich nicht Beamte der kommunalen Selbstverwaltungskörperschaften. Dies entspricht dem Bestreben, die Politisierung der Beamtenschaft zu vermeiden und keine Repräsentanten zentralistischer Kräfte in die Vertretungskörperschaften aufzunehmen. In Kreisau sind Frauen vom passiven Wahlrecht ausgenommen. Der Vorschlag Schulenburgs, auch das passive Wahlrecht in die Gemeindevertretungen von Besitz und Eheschließung abhängig zu machen, setzte sich nicht durch[114].

In diesen Bestimmungen liegt die Tendenz, den Typus des »Honoratioren«, des unabhängigen, sozial integrierten, angesehenen und um die Gemeinschaft verdienten Bürgers zu begünstigen, wobei für Goerdeler die Grundgedanken der Steinschen Städteordnung, für Kreisau stärker die »kleinen Gemeinschaften« Vorbild sind, obwohl auch vor allem von Steltzer und Delp die Steinsche Selbstverwaltungstradition stark betont wird[115]. Die von Goerdeler angestrebte Bindung des passiven Wahlrechts an die Seßhaftigkeit im Wahlbezirk, die sich gegen die Nominierung »gemeinschaftsfremder« Kandidaten durch überregionale Verbände wendet, wird von Kreisau nicht ausdrücklich erwähnt, doch sollte das geforderte Quorum für die Kandidaturbewerbung denselben Zweck erfüllen. In beiden Fällen geht es darum, daß die sich zur Wahl stellenden Persönlichkeiten den Wählern bekannt sind, wie auch die Wahlbezirke »überschaubare« Einheiten bilden sollen.

Die negativen Erfahrungen, die die Republik mit dem Verhältnis- und Listenwahlrecht gemacht hatte, führten zu dessen einhelliger Ablehnung bei allen Gruppen des Widerstandes. Leber faßte die Argumente dagegen so zusammen: »Es wird seiner eigentlichen Funktion, der Auslese von geeigneten Männern und der Vertrauenskontrolle zwischen Volk und Führung zu dienen, nicht im geringsten gerecht, sondern überträgt einfach die Ochsentour der Parteihierarchie auf die Politik.« Das Verhältniswahlrecht verhinderte die »Bildung großer Weltanschauungsströme« und beförderte die Parteienzersplitterung[116]. Aus den gleichen Erwägungen trat Bergstraesser in einem für Leuschner ausgearbeiteten Verfassungsentwurf für das Persönlichkeitswahlrecht ein [117]. Goerdeler und Steltzer gingen in ihrer Kritik noch weiter: Das Proportionalwahlrecht zwinge die Parteien, Programme und nicht Persönlichkeiten in den Vordergrund zu stellen, und hebe das Verantwortungsbewußtsein der Abgeordneten gegenüber den Wählern auf; Bergstraesser wandte sich gegen die in solchen Äußerungen enthaltene Entwertung des »demokratischen Kompromisses«. Der Widerspruch, der darin lag, daß man einerseits »reine« Weltanschauungsparteien forderte und ihnen andererseits die Ideologisierung der Politik vorwarf, war für die Mentalität Lebers, Goerdelers und Steltzers bezeichnend.

Das von Kreisau nicht ausdrücklich, von Goerdeler entschieden geforderte *relative* Mehrheitswahlrecht sollte den »organischen Zusammenhang« zwischen Wählern und Gewählten gewährleisten und die Bildung kleiner Wahlbezirke ermöglichen. Kreisau sah daher die Aufgliederung der Stadtverordnetenversammlung größerer Kommunen in eine Reihe gleichberechtigter Vertretungskörperschaften vor, aus denen in Großstädten in indirekter Wahl die Stadtverordneten hervorgehen sollten. Es bleibt unklar, wie dies für die Kommunen gedacht war, soweit sie den in Größe von 3 bis 5 Millionen Einwohnern geplanten Ländern nicht gleichgestellt waren. Auch die Frage der Kandidatennominierung wurde im Kreisauer Entwurf nicht geklärt; es war offensichtlich geplant, diese Aufgaben den »kleinen Gemeinschaften« zu übertragen.

Schwierigkeiten dieser Art ergaben sich, weil beide Entwürfe bestrebt waren, zumindest bei den Urwahlen eine Einwirkung politischer Parteien zu unterbinden. Wie Steltzer betonte, setze »korporative Selbstverwaltung eine Sicherung gegen die Herrschaft zentralistischer Parteien« voraus, »die mit Naturnotwendigkeit die politischen Gegensätze bis in das kleinste Dorf hineinträgt und dadurch das Gefühl korporativer Verantwortung *zerstört*«[118]. Das entsprach der Auffassung Goerdelers, der während seiner kommunalpolitischen Tätigkeit die Parteien stets als Störfaktor empfunden hatte[119]. Die von ihm angestrebte Lösung gleicht daher im Prinzip dem Kreisauer Entwurf. Er durchbrach den Grundsatz der kleinen Wahlkreise, indem er ein Viertel der Verordneten von der ganzen Gemeinde, aber nicht nach Listenwahl, sondern nach relativer Mehrheit der meisten Wahlbezirke, das letzte Viertel von den Wirtschaftskammern wählen lassen wollte. Später ging er davon wieder ab und beschränkte die Zahl der in jedem Bezirk aufzustellenden Kandidaten auf vier. Sie sollten durch die Wirtschaftsgruppen, die »Deutsche Gewerkschaft« und die »politischen Bewegungen« nominiert werden. Das unterschied ihn grundsätzlich von Kreisau, wo man die Mitwirkung von »Organisationen«, insbesondere einer zentralistischen Organisation wie der »Deutschen Gewerkschaft«, überhaupt vermeiden wollte. Diese in der Praxis unerträgliche Einschränkung des Nominationsrechts folgte aus der Überlegung, daß das relative Mehrheitswahlrecht ebenso, wie es die Bildung weniger großer Parteien begünstigte, auch deren Existenz voraussetzte. Da indessen die Verbände, denen die Kandidatenaufstellung oblag, im Sinne Goerdelers auf demokratischer Grundlage standen, war dieser Vorschlag im Grunde nichts anderes als die Übertragung der Kreisauer Konzeption in die gesellschaftliche Wirklichkeit; der Privilegierung der kleinen Gemeinschaften entsprach die Privilegierung der berufsständisch konzipierten Verbände; an die Stelle »kleiner« Wahlbezirke traten Verbandswahlen.

Die Kandidaturfrage in den Gemeinde-, für Kreisau auch in den Kreistagswahlen, war deshalb von zentraler Bedeutung, weil für die übergeordneten Vertretungskörperschaften überwiegend indirekte Wahl vorgesehen war. Nach dem Kreisauer Plan wurden die Mitglieder der Landtage oder der ihnen gleichgestellten Stadtversammlungen von den Kreistagen und Stadtverordnetenversammlungen der kreisfreien Städte bzw. deren Untergliederungen gewählt. Aus diesen ging wieder der Reichstag hervor. Goerdelers System war komplizierter; es sah eine dreistufige indirekte Wahl von der Gemeindevertretung zum Kreistag, vom Kreistag zum Landtag (Gautag), vom Landtag zum Reichstag vor. Das bedingte eine regelrechte »Ochsentour« und mußte dazu führen, daß der für repräsentative Funktionen zur Verfügung stehende Personenkreis beschränkt blieb, zumal Goerdeler, um die Auswahl einer führungsfähigen Elite zu gewährleisten, von den Kandidaten für die Landtage eine fünfjährige Tätigkeit als Gemeindeverordnete und Kreistagsmitglieder, von den Kandidaten für den Reichstag eine fünfjährige Tätigkeit in öffentlichen Ehrenämtern verlangte. Dieser Fehler wurde von Kreisau teilweise vermieden, indem die Hälfte der Mitglieder der Landtage nicht einer der wählenden Körperschaften angehören durfte. Das war eine in anderer Hinsicht bedenkliche Bestimmung, da damit in der Praxis die subsidiäre Wahl in Kooptation überging. Für die Wahl zum Reichstag sollte dies nur »vorläufig« gelten, einfach weil man zunächst den Verfassungsaufbau anders nicht verwirklichen konnte. Goerdeler ging einen prinzipiell gleichartigen, technisch verschiedenen Weg, indem er vorsah, daß die Hälfte der Reichstagsabgeordneten in direkter Wahl gewählt werden sollte. Die Beibehaltung der Kandidatennominierung durch vier privilegierte Verbände, die Klausel, daß der Abgeordnete im Wahlbezirk seßhaft und durch öffentliche Tätigkeit ausgewiesen sein müsse, sicherten die Persönlichkeitswahl. Dahinter stand eine etwas stärker zentralistische Denkweise, während Kreisau die föderalistisch eingestellten Landtage bewußt zur »Drehscheibe« machte.

Gleichwohl ist eine weitgehende praktische Übereinstimmung beider Pläne vorhanden. Goerdeler ging von der Konzeption eines Honoratiorenliberalismus aus, Kreisau von einer organizistischen Stufenlehre. Der Sache nach lief das auf dasselbe hinaus. Beide Pläne wollten eine Herrschaft der Berufsparlamentarier vermeiden, die in der örtlichen »Gemeinschaft« verwurzelte Persönlichkeit an die Stelle des »Funktionärs« und Demagogen setzen und strebten eine »harmonische« politische Willensbildung an. Wahlkämpfe im großen Stil gab es nicht. Die Wahl beschränkte sich auf die Auslese vertrauenswürdiger Repräsentanten, die vor der Wahl den Wählern ihr persönliches Programm darlegten, das sich auf in der Gemeinde und im Kreis zu lösende Aufgaben bezog. In beiden Plänen war das Repräsentationsprinzip des klassischen Liberalismus mit einer Art direkter Demokratie auf der untersten Stufe verknüpft, die allerdings bei Goerdeler durch die Bestimmung nahezu illusorisch wurde, daß die Volksvertretungen einschließlich des Landtags nur in bestimmten Abständen einberufen werden sollten. In Gemeinden mit mehr als zwölf Verordneten, in den Kreisen und den Ländern sollten jeweils Hauptausschüsse gewählt werden, die den Exekutivbehörden beratend zur Seite stehen und ihrerseits in gewissen Materien Beschlußrecht haben sollten – praktisch also eine weitere Stufe indirekter Wahl auf allen drei Ebenen. Sie sollten nichtöffentlich tagen, während die Gemeindevertretungen vierteljährlich, die Kreisvertretungen halbjährlich, die Gauvertretungen nur einmal im Jahr zusammentreten und insbesondere über Etatfragen beschließen sollten, mit der Maßgabe, daß mit Ausgaben verknüpfte Vorlagen nur bei gleichzeitigen Deckungsvorlagen angenommen werden konnten. Goerdeler knüpfte hier unmittelbar an die Vorschläge an, die er dem Reichspräsidenten 1932 unterbreitet hatte. Sie entsprachen seiner Abneigung gegenüber großen, notwendig zu parlamentarischen Formen tendierenden Gremien und seiner Gewohnheit, politische Entscheidungen auf dem Wege der Absprache zu erreichen; zugleich kam darin unverkennbar zum Ausdruck, in welch starkem Maße Goerdeler von finanzpolitischen Gesichtspunkten ausging, die ihn in eine Linie mit Brüning stellen und die vorwiegende Prägung seines Verfassungsdenkens vom kommunalpolitischen Bereich verraten[120].

Die bei Goerdeler immer wieder hervortretende gouvernementale Tendenz führte seinen Grundgedanken, das Interesse der Bürger an der Selbstverwaltung zu beleben, ad absurdum. Aus der Sorge, daß mit parlamentarischen Formen sachfremde »demagogische« Elemente die politischen Entscheidungen bestimmen könnten, sah er sich zu Konstruktionen gedrängt, die der Volksvertretung nach vollzogener Wahl der politischen Führung nur noch beratende Funktionen beließen. Er wandte sich gegen »den entfesselten überdemokratischen Parlamentarismus«, in der Sache aber beseitigte er jede Form parlamentarischer Verantwortlichkeit der Regierung und entwarf ein politisches System, wie es den kühnsten Wünschen von Papens entsprochen haben würde: Der Reichskanzler hat zunächst die Richtlinienkompetenz im Kabinett, die Minister sind, in Analogie zur Bismarckschen Reichsverfassung, parlamentarisch nicht verantwortlich; sie und der Reichskanzler müssen aber vom »Generalstatthalter« abberufen werden, wenn der Reichstag mit Zweidrittelmehrheit oder Reichstag und Reichsständehaus zusammen mit einfacher Mehrheit die Abberufung verlangen und gleichzeitig eine neue Regierung vorschlagen. Die Regierung kann jederzeit gesetzesvertretende Verordnungen erlassen, abgesehen von Budget, Finanzgesetzen und Verträgen mit dem Ausland; sie muß diese aufheben oder zurücktreten, wenn beide Häuser es mit Mehrheit, davon eines mit Zweidrittelmehrheit, verlangen.

Das bedeutet die Anwendung des Artikels 48 WRV als Normalzustand, zugleich dessen sinngemäße Übertragung auf die Regierungsbildung, die ganz in den Händen des »Generalstatthalters« liegt. Man hat dieses Verfahren, das dem Parlament die Initiative bei Kanzlerwahl und Regierungsbildung nahm und es nur als konstitutionelle »Bremse« tätig werden ließ, irrtümlich als »konstruktives Mißtrauensvotum« bezeichnet und in Parallele zu Art. 66 GG gestellt. Indessen kann das Parlament den Generalstatthalter nicht zwingen, eine von ihm vorgeschlagene Regierung zu ernennen; wo es kein Vertrauensvotum gibt, gibt es auch kein Mißtrauensvotum. Der praktische Fall, daß das teils aus den Spitzen der Berufsverbände aller Art und Gewerkschafts- und Unternehmervertretern, teils aus vom Generalstatthalter berufenen Notabeln bestehende Reichsständehaus in politisch entscheidenden Fragen sich zum offenen Konflikt mit der Regierung entschließt, ist so unwahrscheinlich, daß das Parlament in jedem Falle einer Zweidrittelmehrheit bedürfte, um ein Regierungsgesetz oder die Regierung zu Fall zu bringen. Die Regierung kann daher grundsätzlich ein Minderheitskabinett sein; die zu seinem Sturze notwendige Zweidrittelmehrheit bedeutet praktisch, daß auch für den vorzuschlagenden neuen Kanzler eine im Sinne der WRV verfassungsändernde Mehrheit vorhanden sein muß, was zusammen mit dem Auflösungsrecht des Generalstatthalters wirksame parlamentarische Opposition ausschließt. Der Reichstag hat kein selbständiges Gesetzgebungsrecht; er bedarf zur Verabschiedung von Gesetzen der Zustimmung des nicht auf Wahlen beruhenden Reichsständehauses. Gesetze mit finanziellen Auswirkungen dürfen nur nach Zustimmung des Kanzlers eingebracht werden. »Der Staatsführer hat es also in der Hand, durch Wechsel der Minister oder Wechsel des Kanzlers ... oder durch erneuten Appell an die beiden Häuser oder durch Neuwahlen« notwendige politische Maßnahmen durchzusetzen[121].

Das Kreisauer System – soweit es der Entwurf erkennen läßt – ist demgegenüber flexibler; die im Prinzip gleichartig bestellte zweite Kammer (Reichsrat) hat keinen Anteil an der Gesetzgebung. Die Kompetenzen des Reichstages sind im Unterschied zu Goerdelers Entwurf nicht beschränkt. Hinsichtlich der Regierungsbildung liegt indessen eine ähnliche Konstruktion vor. Der Reichskanzler – nicht die Minister – wird zwar vom Reichsverweser mit Zustimmung des Reichstages berufen, aber dieser kann den Kanzler aus eigenem Ermessen abberufen, wenn er gleichzeitig einen neuen Kanzler ernennt; der Reichstag hat seinerseits das Recht, mit qualifizierter Mehrheit die Abberufung des Kanzlers zu verlangen, wenn er dem Reichsverweser gleichzeitig die Berufung eines neuen Reichskanzlers vorschlägt. Auch hier ist sinngemäß die Artikel 48 WRV zugrunde liegende Konstruktion, die dem Parlament die Vorhand bei der Gesetzgebung entzieht, auf die Regierungsbildung übertragen – gleichfalls mit dem Nachteil, daß im Konfliktsfalle der Reichsverweser in der Lage ist, mittels des Abberufungsrechtes die Akzeptierung eines ihm genehmen Kanzlers zu erzwingen.

Es mag als nicht angemessen erscheinen, an diese nicht voll ausgereiften und notwendig fragmentarischen Entwürfe die Sonde der Praktizierbarkeit anzulegen; gleichwohl ist es auf Grund eines solchen Verfahrens möglich, die vorliegenden Entwürfe geistesgeschichtlich einzuordnen. Ihre mangelnde Präzision hängt auch damit zusammen, daß auf keiner

Seite klare Vorstellungen von der praktischen Funktion und von der Auswirkung der vorgeschlagenen Verfassungsgrundsätze bestanden haben. Deshalb sind auch Aussagen über die spezifische Form des angestrebten Regierungssystems nur bedingt möglich. Steltzer sprach von einem »modifizierten parlamentarischen System«[122], doch trifft dies auch für den Kreisauer Entwurf nur begrenzt zu. Die Stellung des vom Reichstag auf Vorschlag des Reichsrats auf zwölf Jahre gewählten Reichsverwesers ist so stark, daß zumindest von einer zwischen Parlament und Staatsoberhaupt geteilten Souveränität gesprochen werden muß. Die indirekte Wahl versagt dem Reichstag die Möglichkeit, sich mittels großer Parteien auf die öffentliche Meinung zu stützen, und er hat überdies ein Gegengewicht im Reichsrat, dessen Mitglieder zum größeren Teil vom Reichsverweser berufen werden. Der beim Sturz des Kabinetts Brüning klar erkennbare Nachteil des Präsidialsystems – praktische Abhängigkeit der Regierung vom Staatsoberhaupt – wird dadurch eher verstärkt als verringert. Für ein parlamentarisches Prinzip spricht lediglich die Klausel, daß der Kanzler mit Zustimmung des Parlaments zu ernennen ist; aber die parlamentarische Abhängigkeit der Regierung vom Vertrauen der Mehrheit ist praktisch illusorisch, da das Parlament nur im ausgesprochenen Konfliktsfall mit qualifizierter, also wohl mit einer Zweidrittelmehrheit, den Wechsel im Kanzleramt durchsetzen kann. Diese Verfassungskonstruktion kann daher ebenfalls nicht mit dem »konstruktiven Mißtrauensvotum« in eins gesetzt werden, das lediglich den Sinn hat, negative Oppositionsmehrheiten zu verhindern[123].

In Goerdelers Plan ist das Parlament auf bloße Kontrollfunktionen im Sinne des liberalen Konstitutionalismus eingeschränkt. Ein mit der Regierung konkurrierendes Gesetzgebungsrecht teilt es mit dem wieder größerenteils auf Berufung durch das Staatsoberhaupt zurückgehenden Reichsständehaus, doch dürfen auch hier ausgabenwirksame Gesetze erst nach Zustimmung der Regierung überhaupt eingebracht werden. Goerdeler berief sich darauf, daß er »keine Wiederholung des Bismarckreiches, keine des Weimarer, keine des Dritten Reiches« anstrebe, sondern eine Kombination ihrer Vorzüge. Diese in der Haft 1944 niedergeschriebene Bemerkung antwortet auf die scharfe Kritik, die vor dem Attentat von den verschiedensten Seiten gegen seinen Verfassungsplan geäußert worden war. Durch Hassell und Jessen ließ Popitz bis unmittelbar vor der Durchführung des Attentats vor den Plänen Goerdelers und Becks warnen, so daß Stauffenberg befürchten mußte, es sei eine Wiederkehr der »Systemzeit« beabsichtigt. Wirmer vermittelte, betonte die »neuen, konstruktiven Gedanken« Goerdelers und erklärte ausdrücklich, daß »nach keiner Richtung hin alte Zustände aufgewärmt werden sollten«[124], und doch blieb ein gewisses Mißtrauen Goerdeler gegenüber. Noch rückhaltloser war die Kritik Lebers und des Kreisauer Kreises. Yorck erklärte geradeheraus, daß ein Umsturz unter Beck und Goerdeler ein ausgesprochen reaktionäres Regime herbeiführen werde, das notwendig die Errichtung der alten Parteien und Gewerkschaften bedinge und damit die Verhältnisse von 1932 wiederherstelle. Es fiel das böse Wort von der »Kerenski-Lösung«, das deutlich macht, wie sehr man eine Bolschewisierung Deutschlands im Zuge der Niederlage fürchtete[125]. Die Prognose Yorcks war, wie die Skizze des Verfassungsplans von Goerdeler zeigt, teilweise berechtigt. Zu sehr stand Goerdeler im Banne der politischen Erfahrungen der Ära Brüning und von Papen, und bis zu seinem Tode glaubte er, daß er durch seinen Eintritt in das Kabinett von Papen das Schicksal Deutschlands hätte wenden können[126].

Aber wollte Goerdeler wirklich ein autoritäres System, womöglich nach bulgarischem oder ungarischem Muster? Trotz der Hochschätzung, die er der Persönlichkeit und geschichtlichen Leistung Bismarcks gegenüber empfand, griffen seine Verfassungspläne weiter zurück, hatten sie ihr Vorbild im Denken der preußischen Reformer, wie es von einer überwiegend national eingestellten Historie interpretiert wurde. Der Rückgriff auf die Steinschen Reformen und die deutsche Selbstverwaltungstradition fand in Goerdeler den entschiedensten Vertreter, aber er stand mit diesen Überlegungen nicht allein. Das Bemühen des deutschen Widerstands, eine Verfassungsreform zu schaffen, die der Eigentümlichkeit der deutschen Entwicklung Rechnung trug – die »deutschem Wesen« gemäß war –, und die gleichzeitige Ablehnung der westlichen Verfassungsvorbilder mußte – das Denken der zwanziger Jahre hatte dies vorbereitet – notwendig zu dem Versuch führen, an die Reformvorstellungen Steins und seiner Mitarbeiter anzuknüpfen. Unter den psychologischen Bedingungen, unter denen der Widerstand arbeitete, insbesondere in Anbetracht der »verlorengegangenen Verbindung mit dem Denken und Fühlen der Außenwelt«[127], schien das demokratisch-parlamentarische System historisch vollständig überholt zu sein. So konnte Bonhoeffer in einer an ausländische Kreise gerichteten Denkschrift den Standpunkt vertreten, daß für eine ganze Reihe europäischer Länder, darunter Frankreich und Italien, die Rückkehr zu einem voll ausgebildeten demokratischen Parlamentarismus unmöglich sein würde[128]. Die Erinnerung an die preußische Erhebung war für die Verschwörer ein lebendiges, antreibendes Motiv. Sie zogen aus ungebrochener historischer Kontinuität die Kraft zur Rebellion, und es ging ihnen, wie Trott es ausdrückte, nicht um die Erhaltung des deutschen Heeres und der deutschen Macht, sondern vor allem um die »Bewahrung der geschichtlichen Kontinuität Deutschlands«[129].

Die Berufung auf Stein ist ein genuiner Bestandteil des oppositionellen

Denkens. Während sich Popitz und Hassell an den konservativen Elementen der Steinschen Staatsauffassung orientierten, während Goerdeler den »Liberalismus« Steins betonte, knüpften Steltzer, Delp, Moltke, Trott, Haubach und Mierendorff an die in Steins Reformplänen sichtbar hervortretenden Genossenschaftsgedanken an. Leuschner forderte »Selbstverwaltung auf allen Gebieten des sozialen und wirtschaftlichen Lebens«; er und Leber lasen im Gefängnis die Schriften des Reichsfreiherrn. Auch in der erwähnten Denkschrift Bergstraessers wurde die von Stein ausgehende Tradition der Selbstverwaltung bejaht[130]. Der gemeinsame Ansatz der Reformpläne, der hierin liegt, trug jedoch durchaus unterschiedliche Akzente. Steltzer war der Meinung, daß das, was Stein bei der Städteordnung vorgeschwebt habe – »die Stadtgemeinde als sittliche und geistige Gemeinschaft achtbarer, freier Männer« –, im Zuge der Industrialisierung und Vermassung verlorengegangen sei, und er hielt daher die zielbewußte Neubildung des Gemeinsinns für notwendig. Er zitierte die Auffassung Steins, daß es nicht auf die »Organisation der Verfassung«, sondern auf »die Vervollkommnung des Menschen« ankomme: »Der Charakter des Wollens muß gebildet werden, nicht allein das Wissen.« Selbstverwaltung, definierte Steltzer, sei »Demokratie in den Gebilden, auf denen sich das Staatsleben aufbaut«[131].
Goerdeler war umgekehrt der Auffassung, daß die Selbstverwaltung ungebrochen lebendig geblieben sei, daß sie sich auch im kaiserlichen Deutschland »in einer die ganze Welt in Bewunderung versetzenden Klarheit« gezeigt und sich in der Weimarer Republik »trotz äußerster Demokratisierung des Wahlrechts« und »weitgehender politischer Parteizersetzung« kräftig durchgesetzt habe. Selbstverwaltung war für ihn nicht eine Schöpfung der preußischen Reform, sie habe – und das entsprach den Steinschen Auffassungen – an »die alte germanische Selbstverwaltung« angeknüpft. Selbstverwaltung betrachtete Goerdeler als staatsbildendes Prinzip sui generis, das dem von ihm plebiszitär aufgefaßten demokratischen Gedanken geradezu entgegengesetzt war, und ähnliche Erwägungen finden sich bei Steltzer[132]. »Selbstverwaltung und Demokratie sind also selbständige Organisations- und Wirkungsformen«, heißt es in den Fragment gebliebenen »Gedanken zur Neuordnung der Selbstverwaltung«, »Selbstbewußtsein und Verantwortungsgefühl« sowie »Tradition«, die aller Selbstverwaltung zugrunde lägen, hätten sie in Weimar zum Hindernis der staatlichen Demokratie gemacht: »Demokratien sind bestrebt, die Selbstverwaltung zurückzudrängen, weil die Parteizentralen im Ringen gegeneinander den in praktischer Arbeit ausgleichenden Einfluß der Selbstverwaltung nicht vertragen können.« Goerdeler konnte daher in seinen an Hitler gerichteten Denkschriften die Auffassung vertreten, daß gerade der Führerstaat einer lebendigen Selbstverwaltung bedürfe, wenn er nicht einer

geistigen Abtötung durch das Überhandnehmen rein bürokratischer Elemente erliegen und dem zersetzenden Einfluß einzelner, sich hinter dem Mantel der NSDAP verbergenden Gruppeninteressen zum Opfer fallen wolle. Später meinte er, Staaten ohne Selbstverwaltung wie die USA und die Sowjetunion würden innerer Zersetzung anheimfallen oder doch einer – wie das Beispiel Frankreichs zeige – inneren Ver-ödung[133].

Trotz der gouvernemental gefärbten Terminologie Goerdelers, der die Selbstverwaltung für alle politischen Systeme als Heilmittel pries, hatte sie beim Kreisauer Kreis dieselbe verfassungspolitische Funktion, die egalitären und plebiszitären Tendenzen der modernen Gesellschaft abzufangen und Gemeinsinn an die Stelle des Interessenpartikularismus zu stellen. Moltke betrachtete demgegenüber die Staatsform als sekundär, wenn er auch die Rückkehr zur Monarchie aus guten Gründen für unmöglich hielt. Die Argumente, die von den Kreisauern für die Selbstverwaltung ins Feld geführt wurden, sind dieselben wie bei Goerdeler, nur verstand man dort Selbstverwaltung stärker in genossenschaftlichem Sinn als Zusammenwirken in einer politischen Gemeinschaft, nicht nur als Kontrolle und Ratgeber der Exekutive; die gewählten Beamten als Vollstrecker gemeinschaftlicher Beschlüsse, nicht als Magistrat im herkömmlichen Verstande. Beide Konzeptionen treffen jedoch in dem Bestreben überein, die politische Willensbildung auf den Bereich rationaler Sachentscheidungen einzuengen, den Machtkampf zwischen Gruppen möglichst zu eliminieren und durch ein an das Blocksystem erinnerndes Prinzip anteiliger Repräsentation zu ersetzen. Die von Kreisau und Goerdeler geplante Selbstverwaltung der Wirtschaftsgruppen, die in einen auf indirekter Wahl beruhenden Reichswirtschaftsrat, wie ihn Moellendorf in den zwanziger Jahren angestrebt hatte, einmündete, trug diesem Gedanken Rechnung. Beiderseits war vorgesehen, daß Unternehmer und Arbeitnehmer des betreffenden Berufszweiges in den Wirtschaftskammern paritätisch vertreten waren. Mit einem solchen doppelten Aufbau von politischer und berufsständischer Selbstverwaltung, die wiederum in der zweiten Kammer angestrebt wurde, schien dafür Sorge getragen, daß die divergierenden sozialen Interessen auf der jeweiligen regionalen Stufe zum harmonischen Ausgleich gelangten[134].

Die im Widerstand vorherrschende Mentalität, politische Willensbildung als Teilnahme von Laien an der öffentlichen Verwaltung aufzufassen, kommt in der Identifizierung des Selbstverwaltungsprinzips mit Föderalismus klar zum Ausdruck. Weder bei Goerdeler noch bei Kreisau ist die Frage geklärt, in welchem Umfange die Länder, die als »Selbstverwaltungskörper« bezeichnet werden, eigenstaatlichen Charakter haben sollten. Das gilt gerade für Kreisau, obwohl die Institution

des »Landesverwesers« neben dem »Landeshauptmann« föderalisti-
schen Charakter besitzt. Paradoxerweise war Goerdeler geneigt, den
von ihm bewußt als Selbstverwaltungseinheit konzipierten Ländern
größere Kompetenzen einzuräumen, als das den Kreisauer Plänen entsprach. Der neben dem Landeshauptmann stehende Oberpräsident
sollte nur ein Aufsichts-, kein Weisungsrecht gegenüber den nachgeordneten Behörden haben. Der Kreisauer Plan sah demgegenüber ein
starkes Eingriffsrecht der Zentralgewalt in wirtschafts- und sozialpolitischen sowie in Fragen der Raumordnung vor, welches in der Praxis die
Selbständigkeit der kommunalen und Kreisselbstverwaltung nachhaltig
beschränkt hätte. Dies widersprach der Grundtendenz der Kreisauer
Überlegungen; ursprünglich hatte man offenbar die Finanzhoheit des
Reiches beseitigen wollen, doch ist dies vor allem auf den Rat Schulenburgs hin unterblieben[135].

Goerdelers Konzeption einer starken Regierung bei ausgedehnter und
nicht durch konkurrierende Kompetenzen eingeschränkter Selbstverwaltung machte die Vertreter der Selbstverwaltungskörper, insbesondere die Landeshauptleute, zu einer starken intermediären Führungsschicht im Staate. Das galt für Kreisau keineswegs. Der Landesverweser, vom Landtag auf zwölf Jahre gewählt, zugleich Mitglied des
Reichsrats, hatte das Vorschlagsrecht für die Wahl des Landeshauptmannes und das Aufsichtsrecht über die Landesverwaltung und die
Verantwortung für die Durchsetzung der Reichspolitik. Er bedurfte der
Bestätigung durch den Reichsverweser. Daher war die Stellung des
Landeshauptmannes in der Praxis wesentlich schwächer als bei Goerdeler, während der Landesverweser zum Vertreter der gesamtstaatlichen
Interessen werden mußte. Dieser unbeabsichtigte Konstruktionsfehler
ging indessen auf die Überschätzung des genossenschaftlichen Prinzips
in Kreisau zurück, das nun einmal nicht den Erfordernissen moderner
Staatsverwaltung entsprach. Das hinderte Kreisau daran, einen bundes-
staatlich-föderalistischen Aufbau zu konzipieren, so daß auch hier die
nationalsozialistische Gleichschaltung der Länder als fait accompli angesehen wurde, wie man auch – im Gegensatz zu Goerdeler – an eine
völlige territoriale Neuordnung dachte, die die älteren Länder zerstörte[136].

Parteiwesen, Gewerkschaften und »demokratische« Sammlungsbewegung

Die vom deutschen Widerstand vorgelegten Neuordnungspläne knüpften an die vom Nationalsozialismus geschaffene Lage insoweit an, als sie
die mit dem modernen parlamentarischen System notwendig verbundene verantwortliche Mitwirkung von *Parteien* an der politischen Willens-

bildung nicht angestrebt haben. Eine Sonderstellung nimmt der von Bergstraesser ausgearbeitete Verfassungsplan ein, der aber die Rückkehr zum parlamentarischen System erst für längere Sicht empfahl, vor zu frühzeitigen Wahlen warnte und eine Wiedererweckung des politischen Lebens ebenfalls durch den Aufbau lokaler Selbstverwaltung mit Hilfe der Kirchen und der Gewerkschaften zu erreichen suchte. Auch hier war eine mittels indirekter Wahlen aus den Selbstverwaltungskörpern gebildete zweite Kammer vorgesehen, die ein Gegengewicht gegen die parlamentarische Herrschaft der Parteien darstellen sollte[137]. Alle übrigen Pläne betrachteten politische Parteien ganz vorwiegend als partikulare, die Einheit von Staat und »Gemeinschaft« bedrohende Kräfte ohne innere Verbindung zum Volk und ohne demokratische Legitimation.

Die einem organizistischen oder etatistischen Denken entspringende Ablehnung des Parteiwesens beleuchtet die Bemerkung Steltzers von 1949, die Parteien hätten ihre ideologischen Ausgangspunkte und die Gebundenheit an Teilperspektiven nicht überwunden. Vor dem Zusammentritt des Parlamentarischen Rates hatte er die Übernahme des Kreisauer Systems mit der Begründung empfohlen, daß nur ein solcher Aufbau die Demokratie vor den Machtansprüchen zentralistischer Parteien sichere, »die die Suprematie über den Staat verlangen und dadurch den Aufbau eines gesunden Staates unmöglich machen«. Die sich entwickelnde deutsche Nachkriegsdemokratie nannte er »die verschleierte Form eines neuen Parteitotalitarismus«[138]. Gedanken dieser Art waren repräsentativ für den Widerstand überhaupt, und es ist bemerkenswert, daß der qualitative Unterschied zwischen der NSDAP und den demokratischen Parteien von Weimar nirgends hervorgehoben wird. Auch Goerdeler war ein strikter Gegner des »Parteienstaats« und umschrieb seine Pläne in einem Gespräch mit Kluge mit der Formulierung, es ginge um »einen zusammenfassenden Ausgleich ohne die Bildung von Parteien«[139].

Goerdeler war in dieser Frage unsicher. Mit Recht sah er in der Parteienzersplitterung von Weimar eine entscheidende Ursache der Krise. Die Forderung des Mehrheitswahlrechtes folgte auch für Leber, Leuschner und Kaiser aus den Erfahrungen der Republik. Goerdeler hielt das britische Zweiparteiensystem – das, wie er wußte, gar nicht mehr existierte – für ideal, aber er zweifelte, daß es auf die deutschen Verhältnisse übertragbar sei. Er tastete nach den verschiedensten Lösungen. Ende 1943 schlug er vor, nur die drei stärksten Parteien zuzulassen und die Mandate der schwächeren Gruppen zu streichen. In Analogie zum englischen System dachte er an die Bildung einer konservativen, einer liberalen und einer sozialistischen Partei, während er das Wiedererstehen der Kommunistischen Partei und Parteibildungen auf konfessionell-christlicher Grundlage entschieden zurückwies. Er erwog dies nur widerwillig, aber seine Bulgarienreise 1938 hatte ihn zu der Einsicht geführt, daß ein formelles Parteienverbot wirkungslos war und daß nur ein sorgfältig nach dem Bildungsstand der Bevölkerung aufgebautes Wahlrecht vor Parteienzersplitterung schützte[140].

Hans Peters berichtete, daß auch der Kreisauer Kreis »an eine unmittelbare Beschränkung des Parteiwesens kaum gedacht« habe[141]; aber es kann kein Zweifel sein, daß man dort – jedenfalls zunächst – ganz konsequent jede Form politischer Willensbildung außerhalb des auf den »kleinen Gemeinschaften« aufruhenden Selbstverwaltungssystems ablehnte. Daraus erklärt sich auch die Spannung zu Goerdeler und der Gewerkschaftsgruppe, die mit ihm zusammenarbeitete. In der vermuteten Wiederbelebung der alten, weltanschaulich orientierten Verbände erblickten die Kreisauer eine durchaus rückwärts gewandte Politik. Das veranlaßte Delp, Letterhaus und Groß vor Hermann Kaiser, dem engen Mitarbeiter Goerdelers, zu warnen, da er ein »reaktionäres« Programm vertrete, und ihnen zu empfehlen, statt dessen Verbindung mit Schulenburg und Moltke aufzunehmen[142]. Man hoffte damals – im Sommer 1942 – zu einer grundlegenden Neubildung des politischen Lebens zu gelangen.

Der prinzipielle Gegensatz zwischen beiden Gruppen entzündete sich an der Gewerkschaftsfrage. Die Bestrebungen Leuschners, die Deutsche Arbeitsfront in eine sozialistische Einheitsgewerkschaft umzuwandeln, widersprachen den extrem dezentralistischen Absichten Kreisaus. Moltke und seine Freunde waren nicht gewerkschaftsfeindlich; sie strebten die Bildung von Betriebsgewerkschaften an. Sie sollten jedoch keine reine Arbeitnehmervertretung sein, sondern eine betriebliche »Wirtschaftsgemeinschaft«, der sowohl die Eigentümer des Betriebs wie die Gesamtheit der Belegschaft angehörten. Es war daran gedacht, die Rechte und Pflichten der Betriebsgewerkschaft, darunter die Mitbestimmung von Belegschaftsvertretern in der Betriebsführung, die zuverlässige Information der Belegschaft über Bilanzen und Ertragslage, und die Beteiligung der Arbeitnehmer am Gewinn und Wertzuwachs des Betriebes, vertraglich zu fixieren und der Aufsicht der wirtschaftlichen Selbstverwaltungskörper zu unterstellen. Das war eine praktische Anwendung der Idee der »kleinen Gemeinschaften«. In der Betriebsgewerkschaft war der Klassengegensatz aufgehoben, sie war wirkliche »Betriebsgemeinschaft« auf genossenschaftlicher Grundlage. Dieses utopische, übrigens die Freizügigkeit der Arbeitnehmer technisch einschränkende Projekt, das eine ideologische Ähnlichkeit zur Theorie der nationalsozialistischen Arbeitsverfassung aufweist, fand unter den Sozialisten nur Mierendorffs Zustimmung, während Haubach und Maass – vor allem aber Leuschner – es entschieden ablehnten. Da man auf die gewerkschaftlichen Kräfte nicht verzichten wollte, schloß man einen Kompromiß: die »Deutsche Gewerkschaft« sollte zwar »notwendiges Mittel« zur Verwirklichung des wirtschaftlichen Programms und des in diesem vorausgesetzten Staatsaufbaus sein, aber nur vorübergehend bestehen. »Sie findet ihre Erfüllung in der Durchsetzung dieses Programms und der Überleitung der von ihr wahrgenommenen Aufgaben auf die Organe des Staates und der wirtschaftlichen Selbstverwaltung«, hieß es in den »Grundsätzen für die Neuordnung«. Es ist bezeichnend, daß Moltke die Hoffnung nicht aufgab, diesen Kompromiß rückgängig zu machen, wie van Roon gezeigt hat[143]. Um die Entstehung einer von der Arbeiterschaft getrennten Funktionärsschicht zu verhindern, verlangten Yorck und Moltke, daß die Vertreter der Gewerkschaft mindestens halbtägig ihrer gewöhnlichen Arbeit nachgehen sollten. Dieser für ihr sozialutopisches Denken typische Gedanke fand selbst den Widerstand Mierendorffs, und Trott stellte sich in dieser Frage auf die Seite der Sozialisten[144].

Demgegenüber waren Goerdeler und Leuschner zweifellos realistischer, und es verwundert nicht, daß auch einzelne der Kreisauer Leuschner, der sich von den Beratungen zurückzog, aber zunächst durch Hermann Maass weiter mit dem Kreis in Verbindung blieb, zum Vorwurf machten, allzusehr im »alten« Organisationsdenken befangen zu sein. Leuschner hatte schon früh, in enger Zusammenarbeit mit Kaiser, den Plan verfolgt, eine Einheitsgewerkschaft als Auffangorganisation für den Fall des Zusammenbruchs zu schaffen. Es gelang ihm, Goerdeler davon zu überzeugen, daß es nicht ratsam sei, die Deutsche Arbeitsfront in den neuen Staatsaufbau zu übernehmen; ihr Vermögen sollte an die »Deutsche Gewerkschaft« fallen, die als einzige Vertretung der Arbeitnehmer mit Zwangsmitgliedschaft fungieren und in dem von Goerdeler vorgesehenen Reichsständehaus paritätisch zu den Wirtschaftsverbänden vertreten sein sollte. Leuschner scheint – unter dem Einfluß Goerdelers, aber auch auf Grund der vielfach bezeugten Ansicht, daß die deutsche Arbeiterschaft mit der Institution der »Deutschen Arbeitsfront« zufriedengestellt war – ernsthaft den Gedanken verfolgt zu haben, der Gewerkschaft in der neuen staatlichen Ordnung eine ausschlaggebende Stellung zu verschaffen und auf eine politische Parteibildung zu verzichten. Die »Deutsche Gewerkschaft« sollte, wie Goerdeler erklärt hat, eine »organische Fortsetzung der ebenfalls allumfassenden Arbeitsfront« sein. Zweifellos ist die DAF im Prinzip von seiten der Gewerkschafter als mögliche Lösung des sozialen Problems aufgefaßt worden, und der Entschluß, künftige Richtungsgewerkschaften zu vermeiden, gehört auch in den Zusammenhang mit der allgemein vorhandenen Kritik am politischen Parteiwesen. Leuschner bekannte sich zu dem Grundsatz, daß die Gewerkschaften frei von allen Einflüssen politischer

Gruppen sein müßten. Er übernahm Goerdelers Programm, die Sozialversicherung und Arbeitsvermittlung in gewerkschaftliche Hand zu legen, und erstrebte neben der Sozialisierung der Grundstoff- und Schlüsselindustrien eine selbständige wirtschaftliche Betätigung der Gewerkschaften, die es ihnen ermöglichen sollte, »als Produzent wesentlichen Einfluß auf die Gestaltung der Wirtschaft zu nehmen«[145].

Es leuchtet danach ein, daß Popitz gegen die ungewöhnliche Machtsteigerung, die die Gewerkschaften in Goerdelers Plänen erfuhren, protestierte. Umgekehrt scheint Leuschner die Chancen, die ihm machtpolitisch daraus erwuchsen, überschätzt zu haben. Er lehnte es ab, die Kanzlerschaft nach dem Umsturz zu übernehmen, da sie ihn vom Aufbau der »Deutschen Gewerkschaft« abgehalten hätte, und auch die Vizekanzlerschaft empfand er als schwere Belastung. Leuschner war politischer Praktiker; deshalb ist es schwer möglich, die gesellschaftliche Ordnung, die ihm vorschwebte, zu präzisieren. Von den Ideen Ludwig Reichholds, die im Kreise von Jakob Kaiser und Elfriede Nebgen lebhaft erörtert wurden, zeigte er sich stark beeindruckt. Aus einer erhaltenen Aufzeichnung von 1942 geht hervor, daß er Reichholds unklare Konzeption einer neuen ständischen Ordnung für diskutabel hielt. »Die Arbeiterbewegung«, heißt es da, »repräsentiert den politischen Stand der Arbeiterschaft als einen dem Bauernstand und dem Bürgerstand gleichgeordneten, gleicher Wurzel entstammenden, gleichen Gesetzen unterworfenen und gleiche Rechte ausübenden Stand der europäischen Gesellschaft.«[146] Diese teilweise Reichholds Thesen aufnehmenden Formulierungen gingen in die Richtung eines demokratischen Ständestaates.

Für die Beurteilung der gesellschaftspolitischen Vorstellungen des Widerstandes ist es von Bedeutung, daß die Tendenz zur Überwindung des parlamentarischen Parteienstaates sich nicht auf die im engeren Sinne konservativen Gruppen beschränkte. Neben Leuschner dachten auch Habermann, Wirmer und wohl auch Jakob Kaiser an die Synthese berufsständischer und demokratischer Elemente. Habermann forderte Schulenburg auf, die Leitung einer zu gründenden Bauernpartei zu übernehmen. Neben sie sollten eine bürgerliche und eine Arbeitspartei treten, die nach dem Vorbild der Labourparty nicht marxistisch orientiert sein und wohl auch von der Gewerkschaftsorganisation getragen werden sollte. Auf seiten der christlichen Gewerkschafter lehnte man eine Neubegründung der SPD ab und wandte sich gegen ein Wiedererstehen einer sozialistischen Klassenpartei. Der Kölner Widerstandskreis erwog die Schaffung einer »Partei aller werktätigen Menschen«, Hermes eine breite, christlich orientierte Volkspartei, doch vermengten sich Pläne dieser Art mit der im Verlauf des Krieges von allen Gruppen erörterten Konzeption einer alle sozialen Gruppen umfassenden demokratischen Sammlungsbewegung[147].

Die Hervorhebung des Gewerkschaftsgedankens, zumal sie ihn zu
Rücksichten auf seine christlich eingestellten Partner zwang, führte
Leuschner in einen gewissen, durch die gegenseitige freundschaftliche
Verbundenheit zunächst überdeckten Gegensatz zu den Repräsentanten
der Sozialdemokratie, insbesondere zu Leber und Mierendorff, der an
der Aufstellung des Programms der Einheitsgewerkschaft beteiligt gewesen war. »Ungeklärt blieb die Frage«, hat Maass über den Stand von
Ende 1942 ausgesagt, »ob neben der Gewerkschaft noch eine besondere
politische Organisation gebildet werden sollte. Eine gewisse Einigkeit
wurde nur insofern erzielt, als das frühere Viel-Parteien-System nicht
wiederhergestellt werden sollte, sondern allenfalls *eine* Partei als enge
Auslese der bewußt politischen Elemente gebildet werden sollte.«[148] Die
daraus hervorgehende Zurückhaltung Leuschners gegenüber dem Gedanken, eine von der Gewerkschaft unabhängige Massenpartei zu gründen, wird durch die Denkschrift Bergstraessers bestätigt, der der Gewerkschaft und den Kirchen die führende Rolle nach dem Zusammenbruch zusprach[149].

In dem Gedanken einer breiten demokratischen Volksbewegung, die die
nach dem Umsturz gebildete Regierung tragen sollte, berühren sich die
Pläne des Widerstandes mit der europäischen Resistance, mit dem
Unterschied freilich, daß eine Volksbewegung erst nach vollzogenem
Umsturz gebildet werden konnte. Es spiegelte sich darin das ideologi-
sche Dilemma, daß man die neue Ordnung nicht auf plebiszitärer
Grundlage errichten wollte, gleichwohl – im Gegensatz zu Popitz,
Hassell und Jessen – auf die Mitarbeit der Bevölkerung nicht verzichten
zu können glaubte. Daher zog diese Frage die schwersten inneren
Auseinandersetzungen zwischen den verschiedenen Gruppen des Widerstandes nach sich, die bis an die Grenze des Bruchs führten. Der
Gedanke, an die Stelle der bisherigen Massenparteien eine einzige
demokratische Integrationspartei zu setzen, die alle vorhandenen auf-
bauwilligen Kräfte zusammenfaßte, lag angesichts der fortschreitenden
politischen und sozialen Dekomposition des Dritten Reiches nicht fern,
aber es spielten auch faschistische Vorbilder eine Rolle. Maass brachte
im Kreise Jakob Kaisers die Schrift des Rumänen und Anhängers der
»Eisernen Garde« Mihail Manoilescu über »Die einzige Partei als politische Institution der neuen Regime« zur Sprache, in der das Einparteien-
system als Lösung der Zukunft dargestellt wurde und nach der die im
modernen Massenstaat notwendige Elitebildung einer Staatspartei übertragen werden sollte. Doch fanden diese Erwägungen von Maass wenig
Anklang und zum Teil entschiedenen Widerspruch[150]. Moltkes Gedanke, eine neue politische Elite aus allen sozialen Schichten zu bilden,
konnte sich bei sonst völlig anderen Voraussetzungen mit solchen Vorstellungen treffen. Zweifellos stand Schulenburg solchen Auffassungen

nah; er hatte ursprünglich die NSDAP in einen politischen Orden verwandeln wollen, dessen Funktion in Auslese und Erziehungsgemeinschaft des Führungsnachwuchses bestehen, der aber nicht selbst politische Machtausübung anstreben sollte[151]. Überlegungen dieser Art gab es auch sonst; der sogenannte Eid Stauffenbergs, dessen Entstehung allerdings nicht recht klar ist, geht in diese Richtung[152].

Die vom Irrationalismus der zwanziger Jahre geprägten Vorstellungen traten gegenüber dem Plan einer »überparteilichen Volksbewegung« zurück, einer Sammlungsbewegung, die das Zielbild der »Volksgemeinschaft« in sich aufnahm. Pfingsten 1943 arbeitete Mierendorff zusammen mit Haubach ein Aktionsprogramm der »Sozialistischen Aktion« aus, die als »überparteiliche Volksbewegung zur Rettung Deutschlands« christliche, sozialistische, kommunistische und liberale Kräfte vereinigen sollte. Das Programm enthielt maßvolle sozialistische Zielsetzungen im Sinne von Kreisau, betonte die christlichen Grundlagen der europäischen Kultur, verlangte einen Ausgleich sowohl mit dem Westen wie mit der Sowjetunion und forderte »die Einheitsfront aller Feinde des Nationalsozialismus« im Gegensatz zum »Parteienstreit«. Das Aktionsprogramm, das Mierendorffs Überzeugung widerspiegelte, daß die Zukunft eine Verbindung der beiden Kräfte, die allein gegenüber dem nationalsozialistischen Chaos resistent geblieben seien – Christentum und Sozialismus –, bringen müsse, ging auf Beratungen mit Moltke und Yorck zurück. Yorck verlangte gegenüber Beck und Goerdeler eine breitere Basis für den geplanten Umsturz, eine »Einbeziehung der Sozialdemokratie bis zum linken Flügel«[153].

Für diesen Plan, mit dem der Kreisauer Kreis den entscheidenden Schritt über die Bildung eines »Not- und Auffangprogramms« hinaus zur Gestaltung der politischen Wirklichkeit tat und sich aktiv in die Vorbereitungen der Verschwörung einschaltete, war die Überlegung maßgebend, daß man der kommunistischen Agitation eine wirksame politische Kraft entgegensetzen müsse. In einer im Auftrag Moltkes Ende 1943 in der Türkei verfaßten Denkschrift[154], die für die amerikanische Seite die Ziele der Verschwörung skizzierte, wurde auf die Gefahr eines kommunistisch-bolschewistischen Deutschlands und eines deutschen Nationalbolschewismus hingewiesen. Es bestehe die Gefahr, »daß eine demokratisch eingestellte deutsche Regierung in Gegensatz zu den Arbeitermassen gerät«; es müsse deshalb versucht werden, auch bisher prorussisch gesinnte Kreise zu gewinnen. »Eine solche Regierung müßte, um gegenüber der Arbeiterschaft und ihrer kommunistischen Tendenz nicht von vornherein in aussichtsloser Lage zu sein, innenpolitisch mit einem sehr starken linken Flügel operieren und sich mit Nachdruck auf sozialdemokratische und Gewerkschaftskreise stützen.« Es sei darüber hinaus die Beteiligung persönlich vernünftiger, nicht an Moskau gebundener Kommunisten wünschenswert. Das entsprach insbesondere den Auffassungen Reichweins, der in loser Beziehung zu kommunistischen Gruppen, insbesondere zu Arvid von Harnack und Schulze-Boysen stand. Die durch die Kriegslage verschärfte, zunehmende Besorgnis vor einem kommunistischen Umsturz erhielt durch die Tätigkeit des »Nationalkomitees Freies Deutschland«, deren psychologische Bedeutung für die Verschwörung kaum unterschätzt werden kann, nachdrücklich Bestätigung. Aus den Mitteilungen, die Trott im Frühjahr 1944 an Allen Welsh Dulles gelangen ließ, geht dies mit aller Deutlichkeit hervor. Das Abgleiten zur extremen Linken habe verblüffende Ausmaße angenommen und gewinne ständig an Bedeutung. Trott kam es in dieser Lage vor allem darauf an, alliierte Zusicherungen zu erhalten, die die innenpolitische Stellung der Sozialisten unterstützten. Daraus erklärt sich die Forderung, man solle von westlicher Seite die Arbeiterschaft ermutigen, »die deutsche Arbeiterbewegung nach ihren eigenen Wünschen gestalten, ohne daß kapitalistische Gruppen des Westens mit ihren arbeiterfeindlichen Tendenzen sich einmischen werden«[155]. Das lag ganz auf der Linie der türkischen Denkschrift, zugleich auch der stark antikapitalistischen Haltung Trotts, der ein Jahr zuvor gegenüber Dulles die Möglichkeit einer Ostorientierung damit begründet hatte, daß das deutsche wie das russische Volk »mit der bürgerlichen Ideologie gebrochen« hätten und eine radikale Lösung der sozialen Probleme wünschten, »die über die nationalen Grenzen hinausgeht«. Trotts damalige Hoffnung auf eine innere Auflösung des Bolschewismus und die Rückkehr beider Völker zu den geistigen Traditionen des Christentums war 1944 der klaren Einsicht der kommunistischen Bedrohung gewichen[156].

Goerdeler nahm seinerseits den Gedanken einer »Volksbewegung« auf. Sie sollte »alle Stände, Schichten und Gaue einen« und »die Deutschen von der Sozialdemokratie über das Zentrum bis zu den Deutschnationalen« umfassen. Die Führung dieser »Volksbewegung auf breitester Grundlage« müsse zunächst durch die Regierung erfolgen, später aber unabhängig von ihr sein; die Bewegung sollte in sich oppositionelle Gruppen zulassen, die den Ansatz für künftige Parteibildungen darstellen könnten. Dieser Gedanke führte einen engen Kontakt aller oppositionellen Gruppen herbei und zwang zur Konkretisierung ihrer programmatischen Vorstellungen. Bei der Festlegung der Grundsätze, nach denen die »Volksbewegung« gebildet werden sollte, kam es daher seit dem Frühjahr 1944 zu schweren Konflikten. Aus Trotts Mitteilungen gegenüber Dulles geht hervor, daß die Sozialistengruppen an politischem Gewicht stark gewonnen hatten und in dieser Frage entschiedene Forderungen durchsetzten. Wie Otto John berichtet, dachte Leber an »eine Art neuer Volksfront auf der Grundlage aller überlebenden und lebensfähigen sozialen und demokratischen Kräfte«. Er war nicht bereit, in das Programm der »Volksbewegung« christliche Grundsätze aufzunehmen und legte gegen die von Mierendorff und Reichwein vorgelegte Formulierung: »Die Volksbewegung bekennt sich zur deutschen Kultur und zur christlichen Vergangenheit des deutschen Volkes« stärksten Widerspruch ein. Gegenüber Leuschner und Jakob Kaiser betonte Leber, daß er »nicht zulassen werde, auf Kosten der gewünschten Einigkeit wichtige Grundsätze der alten Sozialdemokratie einfach über Bord gehen zu lassen«, und er wandte sich gegen eine christliche Charakterisierung des zu schaffenden Staates, die vor allem von seiten der christlichen Gewerkschafter gewünscht wurde[157].

Militärischer Staatsstreich und »demokratische« Volkserhebung

Die Konflikte, die seit dem Frühjahr 1944 aufbrachen, erklären sich zum Teil aus der nervösen Überreiztheit der Verschwörer, die mit der Einsicht zusammenhing, daß das Attentat längst überfällig war und möglicherweise schon zu spät kam. Aus solchen Erwägungen heraus traten sowohl Leuschner wie Leber unabhängig voneinander dem Gedanken näher, sich nicht durch eine Teilnahme an einer Regierung Beck-Goerdeler politisch auszuflankieren. Die von der zivilen Verschwörung einstimmig kritisierte Passivität der Generäle, die Leber und Leuschner daran zweifeln ließ, ob es überhaupt zum Umsturz käme, führte zugleich zur Entstehung einer breiten Front gegen Goerdeler, der Leber, Moltke, Yorck, Gerstenmaier, Delp und Haubach auf dem linken, Hassell, Popitz und Jessen auf dem rechten Flügel angehörten. Die Motive waren, von entgegengesetzten Auffassungen her, die gleichen. Die extrem Konservativen vertraten die Auffassung, daß ein bolschewistischer Umsturzversuch angesichts der »vollständig proletarisierten Millionen, die jetzt Zentraleuropa bevölkern«, nur durch straffe autoritäre Führung verhindert werden könne, die sie Goerdeler bei seiner durchaus vermittelnden Art nicht zutrauten, ganz abgesehen davon, daß sie seine Gewerkschaftspläne mißbilligten. Leber, Yorck, Moltke und Trott, der früher schon die Ansicht vertreten hatte, daß bei einem Umsturz »jeder Geruch von Reaktion« vermieden werden müsse, hielten Goerdeler innenpolitisch nicht mehr für tragbar, wozu die nur in sehr begrenztem Umfang zutreffende Unterstellung beitrug, daß er die »große« Wirtschaft repräsentiere. Sie warfen ihm außenpolitisch Illusionismus vor, und das war nur zu berechtigt, da Goerdeler es bis in den Sommer 1944 für durchaus möglich hielt, daß Deutschland ohne wesentliche territoriale Einbußen aus der militärischen Niederlage hervorgehen werde. Während Leber, Yorck und Moltke schon mit der vollständigen Besetzung Deutschlands rechneten und mit die Grenzen von 1937 weit unterschreitenden Gebietsabtretungen sich abzufinden bereit waren, rechnete sich Goerdeler – ähnlich wie die nationalsozialistische Führung – noch erhebliche Chancen aus, den angeblichen Gegensatz der Westmächte zum Bolschewismus ausnutzen zu können. Leber spielte mit dem Gedanken, für den Fall des Zusammenbruchs ein selbständiges Vorgehen der sozialistischen Kräfte vorzubereiten, und er war mit Yorck darin einig, daß man eine nach dem Umsturz gebildete Regierung so weit wie möglich nach links erweitern müßte[158].

Stauffenberg, der immer mehr als Zentrum der Verschwörung anerkannt wurde und damit das Mißtrauen Goerdelers und zunächst auch Leuschners hervorrief, die verhindern wollten, daß die »Generale etwas Politisches unternehmen«, hatte ursprünglich wiederholt betont, daß an die Stelle der nationalsozialistischen eine »mehr zur bürgerlichen Mitte« gerichtete Regierung gestellt werden müsse. Seine ausgeprägt konservative Grundhaltung – in dem uns nicht ganz zuverlässig überlieferten »Eid« war von der »Gleichheitslüge« die Rede – war stark von militärischen Gesichtspunkten beeinflußt. Gegenüber von Hößlin begründete er die Umsturzplanung damit, daß das Offizierkorps bei einem militärischen Zusammenbruch nicht wieder versagen und sich nicht die Initiative aus der Hand nehmen lassen dürfe, wie das 1918 geschehen sei[159]. Mit dieser Konsequenz aus den Vorgängen der Novemberrevolution unterschied er sich klar von der im Offizierkorps üblichen Auffassung; sie enthielt die Überzeugung, daß die Armee politische Verantwortung trage. Im gleichen Zusammenhang bemerkte Stauffenberg, die Wehrmacht sei »in unserem Staat die konservativste Einrichtung, die gleichzeitig im Volk verwurzelt« sei. Diese für ihn charakteristische Äußerung rückt Stauffenberg in die Nähe der konservativ-sozialistischen Auffassungen Trotts, erklärt, daß er die Erhaltung der Armee nicht bloß aus nationalen und machtpolitischen Gesichtspunkten für notwendig hielt, und macht den Hintergrund deutlich, auf dem Stauffenberg sich dazu entschloß, mit den Sozialisten zusammenzuarbeiten. Stauffenbergs eigene Entwürfe, wie alles Material, das über die innenpolitischen Pläne dieser letzten Phase Auskunft gibt, sind anscheinend nicht erhalten; sie riefen zunächst das Mißtrauen von Maass hervor, zumal sie ganz allgemein gehalten waren. Sicherlich war Stauffenbergs Exposé eine stark emotional-idealistisch gefärbte Synthese sozialistischer und konservativer Ideen. Stauffenberg war über die Beratungen der Kreisauer Gruppe informiert, und er näherte sich den Auffassungen Yorcks. Es kann jedoch kein Zweifel sein, daß er eine eigene, wenn auch unklare, politische Linie anstrebte und daher mit seinen Auffassungen stark zurückhielt[160].

Ursprünglich hatte Stauffenberg der Neubildung der Gewerkschaften ablehnend gegenübergestanden, wie er überhaupt als Gegner der Rückkehr zu den Verhältnissen von 1932 betrachtet werden muß. Unter dem Eindruck der von ihm lebhaft empfundenen Bedrohung durch das äußere und innere Vordringen des »Bolschewismus«, aber auch auf Grund der sich zwischen ihm und Leber herstellenden freundschaftlichen Beziehungen, zu denen Lebers positive Haltung zum Wehrwesen gewiß beigetragen hat, ließ Stauffenberg Bedenken in dieser Richtung fallen. Die Reminiszenz an das seiner Ansicht nach zu spät erfolgte Bündnis zwischen Ebert und Groener spielte dabei ebenso mit wie die Einsicht in das Versagen der Obersten Heeresleitung im Ersten Weltkrieg. Die Anregungen Becks, die hier deutlich werden, bildete Stauffenberg eigenständig fort, wie seine Bemerkung zu Fahrner zeigt, daß »bloße« Militärs in der Staatsführung »bei Machterfolgen immer die sozialen Lösungen nicht leisten können und darüber stürzen und die oft gar nicht bemerken, daß sie nur die Reste überkommener Sozialordnungen vernutzen und davon leben«[161]. Aus diesen Überlegungen folgte für ihn die Notwendigkeit, mit der »Linken« zusammenzugehen.

Es spricht alles dafür, daß Stauffenberg die Kontaktaufnahme Reichweins und Lebers mit der Saefkow-Gruppe gutgeheißen hat. Sie erfolgte offensichtlich in der Absicht, vorzufühlen, inwieweit eine Chance bestand, einzelne kommunistische Gruppen zu sich herüberzuziehen. Leber war nach dem ersten Kontakt, der zu seiner Verhaftung führte, höchst mißtrauisch, da ihm die kommunistischen Forderungen – entsprechend der offiziell ausgegebenen Linie – zu gemäßigt erschienen. Die Fühlungnahme mit den Kommunisten hing mit der taktischen Erwägung zusammen, die Agitation des von den Sowjets manipulierten Nationalkomitees abzuwehren. Sowohl Moltke wie Trott befürchteten, daß die im Programm des Nationalkomitees erkennbare Tendenz, nationalistische und bolschewistische Elemente zu verschmelzen, zu einem »deutschen National-Bolschewismus« führen werde. »Unbedingt vermieden werden«, hieß es in der türkischen Denkschrift von Ende 1943, »muß endlich jede Situation, die es ermöglichen würde, eine demokratische deutsche Regierung als unnational oder antinational zu bekämpfen und gegen sie eine Fusion zwischen den nationalen, den kommunistischen und prorussischen Tendenzen zustande zu bringen.«[162] Die Furcht vor einer solchen Kombination, die nach den Erfahrungen der Spätphase der Weimarer Republik nicht unbegründet scheinen mußte und die eine ernsthafte Komponente der stalinistischen Deutschlandpolitik auch nach 1945 gebildet hat, entsprach zugleich der erwähnten Gleichsetzung des Nationalsozialismus und des Bolschewismus im Denken des Widerstandes. Die Verbindungsaufnahme mit kommunistischen Gruppen bedeutete daher das gerade Gegenteil einer Ostorientierung; vielmehr versuchte man, in Unkenntnis der engen Bindung des kommunistischen Widerstands an die Moskauer Zentralleitung, unabhängig denkende

Kommunisten gegen die vom Nationalkomitee proklamierte politische Linie zu gewinnen. Allerdings schien eine solche Politik nur unter der Voraussetzung möglich, daß ein außenpolitischer Konflikt mit Rußland vermieden wurde; dies war in den Denkschriften Trotts, in der von Moltke veranlaßten Aufzeichnung in der Türkei von Ende 1943 und dem Aktionsprogramm Mierendorffs gefordert worden[163]. Damit erklärt sich die angebliche Hinwendung Stauffenbergs zu Rußland als eine in Analogie zum deutsch-russischen Verhältnis der zwanziger Jahre stehende taktische Entscheidung bei grundsätzlicher Ablehnung des Sowjetsystems.

Stauffenberg war schon vor der Verhaftung Lebers geneigt, Leuschner, und da dieser das ablehnte, Leber zum Kanzler zu machen[164]. Das veranlaßte Goerdeler noch im Gefängnis zu scharfer Polemik gegen Stauffenbergs »unklare politische Linie mit Anlehnung an Linkssozialisten und Kommunisten«, Gisevius zu einer durchaus irreführenden Unterrichtung von Dulles über die mit der taktischen Schwenkung Stauffenbergs zusammenhängenden Pläne. In der Tat liefen die Vorgänge in der Opposition im Frühsommer 1944 auf ein grundsätzliches Revirement hinaus. Während Beck und Goerdeler im Grunde einen Regierungswechsel mit anschließenden Reformen anstrebten, über deren Richtung und Umfang sie starke Meinungsverschiedenheiten mit dem Kreis um Popitz, Hassell und Jessen hatten, wollten Stauffenberg, Leber und Trott, und das gilt gewiß auch für Fritz-Dietlof v. d. Schulenburg, zusammen mit dem aktiv gebliebenen Teil des Kreisauer eine revolutionäre Erhebung von Armee und Volk, die nach der Durchführung von *Walküre* und der Vereinigung der politischen Macht mit der militärischen Führung den Umsturz politisch sichern sollte, ein Zusammenwirken der »Revolution von oben« mit der »Revolution von unten«, was von Gisevius ganz irreführend als »Revolution der Arbeiter, Bauern und Soldaten« im kommunistischen Sinne interpretiert wurde[165]. In einer solchen Konzeption hatte die Schaffung einer demokratischen Volksfront Sinn, während eine Verwirklichung der Pläne Goerdelers, der aus der Militärdiktatur heraus Reformen oktroyieren wollte, unbeabsichtigt auf einen zweifelhaften Abklatsch der nationalsozialistischen Staatspartei hinausgelaufen wäre.

Für die unterschiedliche Mentalität der beiden Richtungen ist es symptomatisch, daß sich Goerdeler und Beck historisch am Vorbild der preußischen Reform orientierten, wogegen Leber und Stauffenberg die deutsche Erhebung von 1813 beschworen. Das widerspricht nicht Stauffenbergs Äußerung zu Fahrner, Gneisenaus Organisation des Volksaufstandes könne kein Vorbild für die politische Gegenwart sein, man dürfe solche Kräfte nur entfesseln, wenn »genug starke sittliche Gegenhalte im Staats- und Menschengefüge vorhanden wären«[166]. In der Situation von 1944, in der der Zusammenbruch des Dritten Reiches unmittelbar zur bolschewistischen Diktatur über Mitteleuropa zu führen drohte, waren solche Bedenken nicht mehr gerechtfertigt. Daher war Stauffenberg entschlossen, die Kräfte, die in der Niederlage von 1918 sich erbittert bekämpft und dadurch die außenpolitische Handlungsfreiheit Deutschlands zerstört hatten, gemeinsam zum Erfolg zu führen. Wie stark Stauffenberg von der Situation des Jahres 1918 her dachte, zeigen seine gleichzeitigen Auseinandersetzungen mit Trott über außenpolitische Verhandlungsmöglichkeiten und sein Drängen auf diplomatische Lösungen zur Vermeidung der militärischen Katastrophe[167].

Stauffenberg, Leber, Trott und Schulenburg bildeten in der letzten Phase die innere Führungsgruppe der Verschwörung. Sie fanden sich in einem ausgeprägten nationalen Verantwortungsgefühl, dem Willen zu klarer politischer Führung und Autorität, dem Bewußtsein, daß die Geschichte kein »Zurück« kennt, und sie handelten in eine offene Zukunft hinein, die zu neuen politischen Gestaltungen führen würde. Leber sprach von dem neuen Staat, »für den wir einen neuen positiven Inhalt und eine überzeugende Formulierung finden müssen«, räumte aber zugleich ein, daß er das »positive Ziel«, das dem Nationalsozialismus gegenübergestellt werden müsse, nicht formulieren könne. Nicht anders tastete auch Trott nach einer grundsätzlich neuen sozialen Lösung, die die bisherigen politischen Richtungsschemata überwand. »Die eigene eigentliche Aufgabe zu erkennen«, schrieb er im Februar 1944, »befreit und gibt dem Leben Halt und klare Wahl in mannigfach verwirrten Prinzipien und Werten, die die Horizonte des modernen Weltbürgers erfüllen. Wir sollen in diesem die Last und seelenbedrängende Verengung des vorigen Jahrhunderts abwerfen und durch harte Prüfung und Arbeit ein neues Lebensgebäude errichten. Noch stehen wir in den Anfängen, aber in den Grundrissen von Ruinen zeichnet sich die Aufgabe schwarz und klar ab.«[168] In diesen Vorstellungen, die auch für den aufs engste mit Trott befreundeten Stauffenberg gelten dürfen, lag die Hoffnung, zu einer organischen Gesellschaft zu kommen, die Natürlichkeit und Unmittelbarkeit mit den Gegebenheiten der modernen technisch-industriellen Zivilisation, nationale Überlieferung und europäisches Bewußtsein in einer dauerhaften Synthese vereinigte.

Der »deutsche Weg«

Die gesellschaftspolitischen Vorstellungen des deutschen Widerstandes müssen aus den Voraussetzungen einer Zeit beurteilt werden, die sich als Epoche des Übergangs, der Zerstörung der gewachsenen geschichtlichen Formen begriff und die nach neuen universalen Lösungen suchte, ohne die Bindung an die historische Kontinuität preiszugeben. »Mit dem Januar 1933 ist eine Umwälzung in *Europa* vor sich gegangen«, schrieb Trott im gleichen Jahre, »die nicht unsere Ziele zerstört, wohl aber die Wege verschüttet hat, auf denen wir uns ihnen nähern zu können glaubten. Wir müssen uns neu besinnen.«[169] Trott und seine Freunde sahen in der Machtergreifung des Nationalsozialismus ein Phänomen des Niedergangs der europäischen Völkergemeinschaft seit Versailles. Das nationalsozialistische Regime bildete für sie den Endpunkt einer Entwicklung, die durch die Entstehung der Massengesellschaft und den Verlust der persönlichen Werte wie der sittlichen und christlichen Tradition des abendländischen Europa bestimmt war.

Das Denken des Widerstandes kreiste um eine Lösung der letztlich anthropologisch und religiös verstandenen Krise der europäischen Gesellschaft, die die bisherigen politischen und sozialen Fronten in einer qualitativ höheren Synthese überwand und den abendländischen Menschen wieder in ein ungebrochenes Verhältnis zur geschichtlichen Überlieferung und zu seiner transzendentalen Bestimmung rückte. Alfred Delp legte diese Konzeption in einer umfangreichen Denkschrift »Die dritte Idee« nieder, die nicht erhalten blieb. Gegenüber Kapitalismus und Kommunismus, die aus einem »zu schmalen Ansatz« heraus das Individuum gegen die Gemeinschaft oder die Gemeinschaft gegen das Individuum ausspielten, dachte er an eine soziale Ordnung, die die Einheit von Person und Gesellschaft wiederherstellte[170]. Trotts ebenfalls verlorene Denkschrift »Deutschland zwischen Ost und West« suchte aus einem prinzipiell gleichartigen Ansatz heraus eine Mitte zwischen dem »Realprinzip des Ostens« und dem »Personalprinzip des Westens« zu finden. Die Rußlandromantik der zwanziger Jahre wirkte in diesen Vorstellungen untergründig fort. Im einfachen, personhaften und doch auf die Gemeinschaft bezogenen Leben der russisch-orthodoxen Landbevölkerung, die weder vom »Bolschewismus« noch von der technischen Zivilisation in ihrem Lebensstil angetastet schien, erblickte man den einen Pol, in der westlichen Betonung der Freiheit des Individuums und der Rationalität den anderen Pol; beide galt es in Beziehung zu bringen. Trott sprach von der »Berufung des deutschen Geistes, zwischen Ost und West substantiell zu vermitteln«, und leitete daraus die Unentbehrlichkeit des deutschen Elements für jede zukünftige europäische Friedensregelung ab[171].

Diese tastenden Versuche, zu einer neuen Synthese zu gelangen, sind repräsentativ für das Gesellschaftsbild des Widerstandes, sofern er nicht, wie ein Teil der Offiziere – Oster ist ein Beispiel dafür –, noch in einer ungebrochenen Tradition des kaiserlichen Deutschland verharrte[172]. Goerdeler sprach von einer Lösung zwischen »russischem Bolschewismus und angelsächsischem Kapitalismus«, Schulenburg wollte eine

»neue Gemeinschaftsordnung« als Überwindung von »parasitärem Kapitalismus« und »kollektivistischem Bolschewismus«, Leuschner die
Synthese von Individualismus und Kollektivismus im Begriff der »Person«. Der Versuch, wie Gerstenmaier es formulierte, eine neue soziale
und wirtschaftliche Ordnung zu schaffen, die die alten Parteidoktrinen
transzendierte, führte zwischen westlicher Formaldemokratie und öst-
lichem Totalitarismus, zwischen subjektivem Staats- und objektivem
Volksbegriff, zwischen persönlicher wirtschaftlicher Initiative und sozialistischer Planwirtschaft hindurch[173].

Das gesellschaftspolitische Denken des Widerstandes trägt starke utopische und irrationale Züge und entspricht damit ganz der spezifischen
Erscheinungsform des geistigen und wissenschaftlichen Lebens der Weimarer Zeit. Zahlreiche damals diskutierte Probleme wurden durch das
nationalsozialistische System nach außen hin verdeckt; die zunehmende
Abschließung des Widerstandes vom Ausland, die psychologisch auch
dort eintrat, wo Kontakte weiterhin bestanden haben, führte zu einer
gewissen Introvertiertheit des politischen und sozialen Denkens. Das
gesellschaftliche Modell, das der Opposition, wenn man sie einmal als
Einheit auffaßt, vorschwebte, enthielt durchaus divergierende Auffassungen. Nach außen konnte es in einer ernsthaften Verwirklichung der
vom Nationalsozialismus in Anspruch genommenen, aber moralisch und
politisch pervertierten Grundsätze bestehen, konnte es sich als zeitgemäße Fortbildung der Ideen der preußischen Reformer darstellen, als
durchaus »revolutionärer« Rückgriff auf ein seit der Säkularisierung in
Auflösung befindliches Menschenbild oder als eine Verwirklichung der
konservativ-romantischen Ideen eines »christlichen Staates« – in bestimmten Grundzügen war dieses Bild gleichwohl einheitlich. Es beruhte auf der Ablehnung der plebiszitären und egalitären Tendenzen der
modernen Gesellschaft und auf dem Versuch, den Pluralismus politischer Interessen und sozialer Kräfte in einer organischen Gemeinschaftsordnung abzufangen. Mit der Vorstellung einer »konfliktfreien«
Gesellschaft berührte sich dieses Denken mit der nationalsozialistischen
Volksgemeinschaftsideologie, die gleichfalls an die identitätsphilosophi-
sche Einheit von Volk und Führung, Gesellschaft und Staat, Individuum
und Gemeinschaft anknüpfte. Das galt auch für das agrarpolitische und
mittelständische Programm, wie auch in dem Gedanken einer jedenfalls
in gewissem Umfange institutionalisierten Elitenbildung äußere Gemeinsamkeiten bestanden.

Nach allgemeiner Überzeugung – auch derjenigen der meisten Sozialisten – hatte sich die parlamentarische Demokratie selbst ad absurdum
geführt. Auch ihre Verteidiger – Leber, Bergstraesser und in begrenztem Maße Jakob Kaiser – hielten die Überwindung des Parteienstaates
durch straffe Führung für notwendig. Die vom Widerstand konzipierten

Formen einer neuen Demokratie schränkten die Mitwirkung politischer Parteien und auch die meinungsbildende Funktion der Öffentlichkeit in mehr oder minder starkem Umfang ein. Die durch das Versagen der Republik von Weimar bedingte Einsicht, daß die moderne Demokratie eines Minimums grundsätzlichen Konsenses bedarf, um zu funktionieren, schlug um in die utopische Forderung einer organisch-gemeinschaftlichen Einheit, in der die politische Willensbildung auf den Bereich sachorientierter Entscheidungen eingeschränkt und in indirekt gewählte Vertretungsgremien verlagert war, die nicht auf Grund eines in der breiten Öffentlichkeit ausgetragenen politischen Richtungsstreits, sondern auf Grund der Auswahl angesehener und um das lokale Gemeinwesen verdienter Bürger zustande kamen. Darin lag eine starke Tendenz zur Entpolitisierung, die angesichts der totalen politischen Durchdringung aller Lebensbereiche durch den Nationalsozialismus begreiflich ist, zugleich aber in der traditionellen Politikfremdheit des deutschen Geistes wurzelt und die unzureichende Entwicklung einer an westlichen Vorbildern geschulten Politikwissenschaft in der Weimarer Zeit deutlich hervortreten läßt.

Schon Ranke hatte es abgelehnt, westlichen Verfassungsvorbildern zu folgen, da sie deutschem Wesen nicht gemäß seien. Diese mit deutscher geschichtlicher Sonderart begründete Auffassung, die das Einleben demokratisch-parlamentarischer Verfassungsformen in Deutschland nachhaltig erschwert und wesentlich zu ihrer Heimatlosigkeit in Weimar beigetragen hat, ist zentraler Bestandteil der gesellschaftspolitischen Vorstellungen des Widerstandes vom 20. Juli gewesen. Sie findet sich bei Popitz, Hassell, Goerdeler, Bonhoeffer, Schulenburg, Trott, Delp, Moltke, Leber und Stauffenberg und zeigt die starken traditionalen Bindungen des Widerstandes und die mangelnde Emanzipation der deutschen Gesellschaft aus einer bürgerlich-honoratiorenhaften Sozialverfassung. Die mangelnde Bereitschaft der Alliierten, auf die Kontakte des Widerstandes einzugehen, hat das antiwestliche Trauma noch verstärkt, welches Plessner, Fraenkel und Dahrendorf als eine der Ursachen der deutschen Krise im 20. Jahrhundert beschrieben haben[174]. Einzelne demokratische Gruppen des Widerstands haben sich – auch unter der hermetischen Abschließung Deutschlands nach außen – bewußt von dieser Grundströmung des oppositionellen Denkens des 20. Juli distanziert; schon 1937 analysierte Brill, der Begründer der »Deutschen Volksfront« und Mitverfasser des »Buchenwalder Manifests«, unter dem Begriff der »deutschen Ideologie« die nationalsozialistische Spielart der dem »Volksgemeinschaftsgedanken« zugrunde liegenden und ihn unterstützenden Ideengänge[175].

Der »deutsche Weg« war von Trott und Moltke zugleich als Grundlage eines bewußt europäischen Programms weitergedacht, das aber im

Ausland notwendig auf Mißverständnisse stoßen mußte. Für das Gesellschaftsbild der Opposition war die Betonung der Einheit gegenüber
»pluralistischer Aufsplitterung« spezifisch. Dies entsprach der »seiten-
verkehrten Frontstellung« des Widerstandes, wie sie Dahrendorf zugespitzt skizziert hat; man kämpfte gegen ein Regime, in dem unter dem
Deckmantel der Einheit und Gemeinschaft eine parasitäre Zersetzung
der staatlichen Institutionen in eine verwirrende Fülle miteinander
rivalisierender und einander bekämpfender Organisationen und Cliquen
vor sich ging. Dies bedeutete zugleich die Zurückdrängung und politische Neutralisierung der Funktionseliten. Das Regime wurde daher von
den konservativen Gruppen des Widerstandes durchaus als revolutionär
und geradezu »bolschewistisch« eingeschätzt; es war eine Minderheit,
die ihm nicht nur mit den Mitteln der »Gegenrevolution«, sondern
bewußt mit demokratisch revolutionären Methoden entgegenzutreten
entschlossen war.

Die antipluralistische und antiliberale Grundhaltung hinderte den Widerstand des 20. Juli daran, in seinen gesellschaftspolitischen Vorstellungen die soziale Bedingtheit seines Ausgangspunktes wie seines Selbst-
verständnisses als legitimer Elite zu überwinden und zu einer demokratisch verfaßten offenen Gesellschaft vorzudringen, die eine Erstarrung
der politischen Willensbildung durch eine zu weit gehende institutionelle
Kanalisierung der divergierenden sozialen und politischen Interessen
vermied. Das Verfassungsdenken des deutschen Widerstands hat sich
bei der Wiedererstehung einer deutschen Staatlichkeit nach 1945 in allen
grundsätzlichen Fragen nicht durchgesetzt. Die überlebenden Vertreter
der Opposition sahen sich, obwohl einige von ihnen politische Führungspositionen einnahmen, zunehmend politisch isoliert; die Entwicklung
ging im Grunde über sie hinweg. Gesellschaftsbild und Verfassungspläne
des deutschen Widerstandes, die in so starkem Maße der deutschen
Staatstradition und ihrem spezifisch apragmatischen »Politik«-Verständ-
nis verhaftet waren, sind gleichwohl für charakteristische Elemente des
politischen Denkens im Nachkriegsdeutschland repräsentativ geblieben,
auch wenn sie mit der Gründung der Bundesrepublik langsam zurück-
traten. Ähnliche, vom Modell des »deutschen Wegs« abstammende
Vorstellungen wie der von Erhard vorgelegte Plan der »Formierten
Gesellschaft« zur Lösung der »Gemeinschaftsaufgaben« wirken bis in
die Gegenwart nach. Sie bleiben ebenso verschwommen und weisen
ebendasselbe Mißtrauen, ja eine offene Feindschaft gegen den Pluralismus der gesellschaftlichen Kräfte auf, wie das für das gesellschaftspolitische Programm des Widerstandes gilt. Sie überfordern die politischen
Möglichkeiten, die die parlamentarische Demokratie unter den Bedingungen der technisch-industriellen Arbeitswelt besitzt.

Unzweifelhaft verknüpft sich die Frage nach dem Gesellschaftsbild des deutschen Widerstands eng mit der Frage nach den Motiven, die die Verschwörer bewogen, den radikalen Bruch mit dem nationalsozialistischen Staat zu vollziehen und, wie Stauffenberg es ausdrückte, »mit allen zur Verfügung stehenden Mitteln Hochverrat zu betreiben«. Sie fanden einen Niederschlag in den Plänen zur Neuordnung, aber sie erschöpfen sich darin nicht, und es wäre verfehlt, die Legitimation des Widerstands allein an seinen an eine bestimmte historische Situation gebundenen gesellschafts- und verfassungspolitischen Vorstellungen zu messen. Der deutsche Widerstand kämpfte für die Würde und christliche Bestimmung des Menschen, für Gerechtigkeit und Anstand, für die Freiheit der Person vor politischer Gewalt und sozialem Zwang. Er führte diesen Kampf in einer geistesgeschichtlichen Situation, in der – nicht nur in Deutschland – die parlamentarische Demokratie in einer schweren Krise begriffen schien, die die Rückkehr zur Demokratie fragwürdig machte. Die Vorschläge, die die Opposition erarbeitete, blieben befangen in der Tradition der deutschen idealistischen Philosophie, die, wie Reichwein immer wieder betonte[176], ein unmittelbares Verhältnis zur Politik erschwert hat. Es beleuchtet die deutsche Situation jener Jahre, daß auch die Gegner Hitlers trotz ihres erklärten Wollens aus der Isolierung des deutschen politischen Denkens nicht herauszutreten vermochten. Das Scheitern des Umsturzversuches am 20. Juli 1944 stellte das tragische Mißlingen eines heroischen Unternehmens dar und hieß für Deutschland, daß es den Weg in die vollständige Katastrophe nehmen mußte. Es bedeutete grundsätzlich das Ende jenes »deutschen Weges«. Die deutsche Gesellschaft war, wird man zugespitzt sagen können, kraft ihres herkömmlichen politischen Verhaltens und der Begrenztheit des deutschen politischen Denkens, das wiederum eine verspätete Emanzipation in sozialer Hinsicht widerspiegelt, unfähig, eine den Bedingungen der modernen Industriegesellschaft entsprechende Alternative zur im tiefsten Sinne reaktionären Diktatur Hitlers zu entwickeln. Diese Einsicht macht es einerseits erklärlich, warum der Nationalsozialismus sich, ohne ernstlichen Widerstand zu finden, 1933 in den Besitz der Staatsapparatur setzen konnte. Sie ist andererseits die Voraussetzung dafür, daß Deutschland den Anschluß an die westliche politische und Verfassungstradition auch innerlich findet oder doch finden kann.

Hermann Graml

Die außenpolitischen Vorstellungen
des deutschen Widerstandes

Im Frühjahr 1939 hat Carl Goerdeler eine Denkschrift über »Die
nächsten praktischen Schritte« geschrieben und ihren Sinn in der Forderung zusammengefaßt: »Um die Welt aus dem gegenwärtigen Starr-
krampf zu befreien, muß der Bann der Hitlerschen Ideen durch die
Wucht stärkerer Kräfte durchbrochen werden.«[1] Unter »stärkeren Kräften« verstand er in diesem Memorandum nicht eine dem Nationalsozialismus überlegene gesellschafts- und innenpolitische Konzeption, sondern eine »internationale Friedensordnung«, die für Deutschland wie
für Europa gleichermaßen annehmbar, ja, die so vernünftig und daher
überzeugend und attraktiv sein müsse, daß Hitler, falls er sich, wie zu
erwarten sei, in jene Ordnung nicht einfügen wolle, als »Nationalban-
dit« gebrandmarkt und vom Zorn des deutschen Volkes geradezu hin-
weggefegt werden könne. Einige Jahre später, schon mitten im Kriege,
glaubte Graf Moltke, »daß das Kriegsende eine Chance zur günstigen
Neugestaltung der Welt bietet, wie die Menschheit sie seit dem Zerfall
der mittelalterlichen Kirche noch nicht gehabt hat«[2]. Einem englischen
Bekannten versicherte er, seine Freunde und er selbst seien bereit, den
Siegern zu helfen, auch »den Frieden zu gewinnen«[3]. Gemeinsam ist den
drei Äußerungen die Vorstellung, Gegnerschaft gegen Hitler und das
nationalsozialistische Regime dürfe sich nicht damit begnügen, lediglich
die Liquidierung des Dritten Reiches anzustreben, vielmehr schließe sie
die Pflicht ein, neben dem Wandel der innerdeutschen Verhältnisse
zugleich eine Reform oder sogar revolutionierende Veränderung des
bisherigen Zustandes der internationalen Beziehungen zu versuchen –
eines Zustandes, der nicht wenig zum Aufstieg Hitlers beigetragen und
jedenfalls nicht verhindert habe, daß eine neue Form imperialistischer
Politik Europa und die Welt in eine alle Erfahrung übertreffende Katastrophe stürzte.
Andererseits ist es gerade Goerdeler gewesen, der jeder deutschen
Außenpolitik, von wem immer sie bestimmt sein würde, territoriale
Ziele wies, die zwar nichts mit den eigentlichen Zielen Hitlers zu tun
haben mochten, die aber doch, ganz unabhängig von der Frage nach
ihrer Erreichbarkeit, mit der gleichzeitig proklamierten Versöhnung
zwischen Deutschland und Europa schon damals kaum vereinbar zu sein
schienen. Noch Ende 1944, in Gestapohaft, hat Goerdeler die Auffassung vertreten, Deutschland müsse die Ostgrenze von 1914, dazu Öster-

reich und die Sudetengebiete behalten, Südtirol gewinnen und am europäischen Kolonialbesitz beteiligt werden[4]. Anfang 1940, nach dem militärischen Erfolg der deutschen Armee in Polen, haben in Deutschland andere unbezweifelbare Gegner Hitlers die »großdeutsche Lösung« als unwiderruflich behandelt und sogar von einer »deutschen Führung« Europas gesprochen[5]. Später, nachdem der Kriegsverlauf allen Träumen von deutscher Hegemonie ein Ende gemacht hatte, notierte Ulrich v. Hassell, der Sturz Hitlers werde von Woche zu Woche dringlicher, »um wenigstens das Rudiment des Bismarck-Reiches zu retten«[6].

Forschung und Literatur, die sich mit dem deutschen Widerstand gegen Hitler beschäftigen, und zwar mit den Gruppen, die im Umkreis des 20. Juli 1944 stehen (nur von ihnen kann auch hier die Rede sein, so bedeutsam und notwendig es wäre, das außenpolitische Denken etwa der Roten Kapelle und des Nationalkomitees Freies Deutschland einzubeziehen), leiden noch heute unter der offenkundigen Diskrepanz zwischen den Zeugnissen einer universalen oder doch übernationalen Denkweise und den Manifestationen einer mit diesem Geist anscheinend nicht verbundenen nationalen Interessen- und Machtpolitik; meist bleibt der Widerspruch unaufgelöst. In seinem Kommentar zu einigen Denkschriften Goerdelers und Becks sagt Wilhelm v. Schramm: »Das Hauptziel der deutschen Erneuerung, wie sie Beck und Goerdeler und ihre politischen Freunde auffaßten, war der Zusammenschluß der europäischen Staaten. Er war es seit jenen Jahren, in denen sie auf ihre politischen Reisen gegangen waren: Beck nach Frankreich, um Pétain und Gamelin seine Aufwartung zu machen, und Goerdeler vor allem nach England und Amerika, um dort bleibende Verbindungen zu knüpfen.«[7] George K. Romoser dagegen hat die politische Brauchbarkeit wie die Ernsthaftigkeit der außenpolitischen Entwürfe des Widerstands rundweg bestritten: »... die politischen Hoffnungen der Verschwörer in Hinsicht auf die Außenpolitik waren in hohem Maße unrealistische Phantasien. Diese Bezeichnung kann vor allem auf ihre territorialen Ziele angewandt werden. Viele der Verschwörer waren stark in Anspruch genommen... von Fragen des nationalen Interesses. Man braucht nur die Denkschriften von Carl Goerdeler, Ulrich v. Hassell oder auch Adam v. Trott zu Solz zu lesen, um vage und unrealistische außenpolitische Ansichten zu finden... ... in ihrem Denken wurden häufig bestimmte deutsche Interessen mit der westlichen Welt und der westlichen Tradition gleichgesetzt.«[8]

Der zweite Vorwurf Romosers ist in dieser Form sicherlich zutreffend, besagt jedoch nicht viel, weil der Anspruch auf eine gewisse Übereinstimmung der nationalen Interessen mit allgemeinen Gesichtspunkten jede Außenpolitik kennzeichnet, die mehr ist als simple Räuberei und weniger als reine Utopie, und weil ein Gegensatz zwischen deutschen

und westlichen Interessen nicht von vornherein angenommen werden
kann. Davon abgesehen, auch abgesehen davon, daß Schramms Behauptung falsch ist – das wird noch zu zeigen sein –, repräsentieren diese
beiden extremen Urteile eine in Wissenschaft und Publizistik vorherrschende Neigung, zwischen den zwei Seiten des Widerspruchs und damit
zwischen zwei Möglichkeiten des Irrtums zu wählen. Wer lediglich die
Äußerungen »nationalen« Denkens als beweiskräftig und – nach dem
Muster Bismarcks – jede Bekundung europäischen Denkens als bloße
Kaschierung betrachtet, im übrigen schon den Versuch zur Wahrung der
Interessen des damaligen deutschen Staates als fragwürdig empfindet
und dann die entlarvten Heuchler in die Nähe Hitlers drängt – so hält
Romoser in einem recht derben Mißverständnis Hans Rothfels vor, er
schreibe zwar, die Opposition habe »als europäischer Vortrupp« ge-
kämpft, verschweige aber, »daß die Nazis für sich in Anspruch nahmen,
den gleichen Kampf zu führen«[9] –, der übersieht zwangsläufig, daß auch
die deutsche Widerstandsbewegung eine Entwicklung gekannt hat und
daß ihre inneren Spannungen und Auseinandersetzungen schließlich
Tendenzen freisetzten, die in der Tat den Weg in ein verwandeltes
Europa suchten. Wer andererseits den Widerstandsgruppen, um sie so
weit wie nur irgend möglich von Hitler zu distanzieren, jeden Zusammenhang mit den damals dominierenden Traditionen des außenpolitischen Denkens in Deutschland abspricht, ihre territorialen bzw. machtpolitischen Ansprüche mit einem eiligen Satz über ihren selbstverständ-
lichen Patriotismus abtut und sie in die Welt der EWG, der NATO und
der freundschaftlichen Gespräche westdeutscher Bundeskanzler mit
dem französischen Staatschef zwingt, der ignoriert die Tatsache, daß die
Verschwörer in einem Deutschland lebten, dachten und handelten, das –
ebenso wie das übrige Europa – die totale Niederlage des Deutschen
Reiches zwar bereits kommen sah, sie aber noch nicht erfahren und sich
deshalb noch nicht als reale Basis politischer Überlegungen wie praktischer Politik zu eigen gemacht hatte. Ob man nun Goerdeler als
gemäßigten und vernünftigen Hitler oder als verhinderten Hallstein
interpretiert: In beiden Fällen wird der Widerstand, unter Verabsolutie-
rung bestimmter Momente seiner Geschichte und bestimmter Vorstellungen einiger seiner Glieder, als monolithische und statische Einheit
begriffen, als ein Block, der in das Traditionsfundament der Bundesrepublik passen darf oder nicht. Mit anderen Worten, das Resultat dieses
ebenso unhistorischen wie unpolitischen Verfahrens ist weniger eine
historisch-politische Erkenntnis als ein politisch-moralisches Bekenntnis. Bescheidener, vielleicht aber doch fruchtbarer scheint es zu sein,
wenn wir die außenpolitischen Grundauffassungen der Gegner Hitlers
zu erkennen und zu verstehen suchen, indem wir sie im Zusammenhang
mit jener großen Umwälzung sehen, die aus dem alten Europa der

Nationalstaaten und ihrer Bündnissysteme das – freilich geteilte – neue Europa der Staatengesellschaft gemacht hat, das seine Konflikte nicht mehr durch ein – von den jeweiligen Sicherheitsbedürfnissen erzwungenes – Streben nach der Hegemonie oder durch den Traum vom Reich ersticken, sondern – zumindest experimentell – durch die Anwendung der Formen und Methoden des innerstaatlichen Pluralismus auch auf internationalem Felde regeln will. Fragen wir, welche Vorstellungen der deutsche Widerstand in der doppelten Auseinandersetzung mit Hitler und mit einer Umwälzung entwickelt hat, die nicht allein von den internen europäischen Ereignissen, sondern in fast noch höherem Maße von dem Aufstieg der beiden Weltmächte und von der beginnenden Entkolonialisierung erzwungen wurde! Und fragen wir nach der Relation dieser Vorstellungen nicht so sehr zu Hitler, sondern zu den jeweiligen europäischen Realitäten.

Revision von Versailles und konservatives Großmachtdenken

Die Gruppe der konservativ-nationalen Honoratioren, die zwischen 1938 und 1942 das Erscheinungsbild des potentiell handlungsfähigen Teils der Widerstandsbewegung bestimmte[10] – sie sammelte sich um Generaloberst Beck, Carl Goerdeler, Ulrich v. Hassell, Johannes Popitz und um den Kreis in der Abwehr mit General Oster als Mittelpunkt –, war allerdings auch in ihrem außenpolitischen Denken ursprünglich noch ganz von den Anschauungen des alten, sich als Zentrum der Erde verstehenden Europas geprägt. Die Begriffe intereuropäischer Großmachtpolitik und der Anspruch auf die Verfügungsgewalt über die afro-asiatische Welt waren den Angehörigen dieser Gruppe in Fleisch und Blut übergegangen. Soweit sie ein gesamteuropäisches Zusammengehörigkeitsgefühl ausgebildet hatten, beruhte es eben auf jenem mit den übrigen Völkern Europas geteilten Herrengefühl der »weißen Rasse«. Goerdeler hat diesen Ausdruck nicht nur immer wieder gerne gebraucht, sondern sogar zur Begründung der Notwendigkeit europäischer Allianzen verwendet, ähnlich wie im 19. Jahrhundert das monarchische Prinzip als zusätzlicher Kitt außenpolitischer Bündnisse verwendet wurde[11]. Sie gehörten alle einer Generation und einer Schicht an, die den Vorstoß Deutschlands in die Weltpolitik noch erlebt, mitgemacht und als notwendig empfunden hatte. Hassell z. B., der Schwiegersohn des Schöpfers der deutschen Flotte, des Großadmirals v. Tirpitz, sprach ganz selbstverständlich von der »mit Naturkraft sich entfaltenden Welt- und Wirtschaftsstellung« Deutschlands, »gleichberechtigt und vor allem unabhängig neben den anderen Weltmächten«; und bereits der Vater Hassells hatte sich vom hannoverschen Leutnant zum preußisch-deut-

schen Generalstäbler und schließlich zu einem eifrigen Anwalt der
imperialen Kolonial- und Weltpolitik des wilhelminischen Deutschland
gewandelt[12]. Während des Ersten Weltkrieges sind diese Männer wohl
von den phantastischen und brutalen Herrschaftsträumen der Alldeut-
schen unberührt geblieben; der Gedanke an weit ausgreifende deutsche
Expansionen und Eroberungen auf dem Kontitent – in westlicher oder
östlicher Richtung – ist ihnen, zumal mit der völkisch-biologischen
Komponente der nationalen »Ausräumungen« und Umsiedlungen, damals wie später völlig fremd gewesen. Jedoch hat die Vorstellung eines
wirtschaftlich und auch politisch zusammengeschlossenen Mitteleuropas, wie sie in den ersten drei Jahrzehnten des 20. Jahrhunderts etwa
von Friedrich Naumann, Franz v. Liszt, Wilhelm Schüssler, Hermann
Oncken und Heinrich v. Srbik entwickelt wurde, einen tiefen Einfluß
ausgeübt. Mit anderen Worten, die zentrale Stellung im außenpolitischen Gesamtbild der Angehörigen dieser Gruppe nahm anfänglich
keineswegs Europa ein, sondern das Deutsche Reich Bismarcks, das sie
durch Abrundungen im großdeutschen Sinne – aus der Erbschaft der
sterbenden Donaumonarchie[13] – ergänzen und zum Kern eines festen
mitteleuropäischen Gebildes machen wollten; daneben stand die Kolonialpolitik als Basis und Ausdruck deutscher Weltgeltung. Essenz ihrer
Anschauung war die Verbindung nationalstaatlichen Denkens mit einer
Neigung zu sozusagen vernünftigen und gewissermaßen auch für die
kleinen Nachbarn Deutschlands wohltätigen imperialen Tendenzen
etatistischen Geistes.

Nun hatten sie freilich erlebt, wie der Vorstoß in die Weltpolitik mit einer
schweren militärischen und politischen Niederlage endete, und, anders
als Hitler, war ihnen klargeworden, daß der »Griff nach der Weltmacht«
nicht wiederholt werden konnte, jedenfalls nicht in der gleichen Weise,
wie er zwischen 1914 und 1918 versucht worden war. Deutschland werde
auf die Stellung einer »Welt- und Seemacht ersten Ranges« verzichten
müssen, schrieb Hassell 1939, und an seinem Schwiegervater Tirpitz
bewunderte er vor allem »die Weite und Elastizität des Geistes«, die den
Admiral nach dem Kriege befähigt hätten, die Folgerungen aus der
Niederlage zu ziehen und »das Buch der deutschen Weltpolitik« –
»vorläufig« – zuzuschlagen[14]. Jedoch bedeutete der Einschnitt von 1918
keinen grundsätzlichen Wandel ihrer Vorstellungen. Zeichnete für die
Niederlage nicht die absurde Überspannung der deutschen politischen
Ambitionen verantwortlich? Da sie an dieser Überspannung keinen
Anteil gehabt hatten, schien ihnen das Ergebnis des Krieges die prinzipielle Richtigkeit und Realisierbarkeit ihrer bescheideneren außenpolitischen Konzeption nicht in Frage zu stellen. Einer geduldigen und
vorsichtigen Politik mußte es nach wie vor möglich sein, die »großdeutsche Lösung« zu erreichen und dem großdeutschen Reich sein natür-

liches mitteleuropäisches Vorfeld zu schaffen. Nie haben die Hassell, Beck und Goerdeler das Gefühl verloren, Deutschland gehöre auf Grund seiner wirtschaftlichen, politischen und militärischen Kräfte und Möglichkeiten »eigentlich« noch immer in den Kreis der Großmächte und müsse mindestens auf dem Kontinent seine alte Position zurückgewinnen. So hat Hassell konstatiert, Deutschlands außenpolitische Aufgabe bestehe zunächst und in erster Linie »im Wiederaufbau seiner Stellung als Herzland des europäischen Kontinents«[15], und er ließ nie einen Zweifel daran, daß er darüber hinaus, ganz im Sinne Schüsslers oder Srbiks[16], die Anlieger der Ostsee sowie den Balkan als gegebene Ergänzungen des mitteleuropäischen Einflußbereichs Deutschlands betrachte – allerdings verlangte er, daß der deutsche Einfluß sehr subtil ausgeübt werden müsse[17]. Beck äußerte mitteleuropäische Großraumideen – die auch bei ihm natürlich nicht mit plumpen Herrschaftsansprüchen verwechselt werden dürfen – nicht allein in seinen für Hitler bestimmten Denkschriften; er hat 1937 sogar in seinem Gespräch mit General Gamelin entsprechende Andeutungen gemacht[18]. Charakteristisch für ihre Großraumtheorien ist aber, daß sie keineswegs an eine Einschränkung der Souveränität auch der deutschen Kernmacht dachten, sondern – in der engeren Nachbarschaft – an eine Ausdehnung der deutschen Souveränität und – für die weitere Nachbarschaft – an die Konstruierung feinerer Formen der hegemonialen Führung. Erst recht fühlten sie sich vom Weltkrieg nicht zum Abschied von ihrer nationalen Grundbestimmung genötigt. Ihre Reaktion auf Versailles zeigt das sehr deutlich. Sie lehnten die Pariser Vorortsverträge nicht etwa deshalb ab, weil diese Verträge den Geist eines Nationalismus atmen, der in einem Europa, das der Krieg so tief verändert hatte, keinen Platz mehr haben konnte, sondern allein deshalb, weil ihr deutsches Nationalgefühl verletzt und weil die nationalpolitischen Möglichkeiten Deutschlands beschnitten worden waren. Es ist bezeichnend, daß Goerdeler noch im Kriege, in einem Rückblick auf die Zeit der Weimarer Republik, Locarno nicht so sehr als Beginn einer deutsch-französischen Verständigung charakterisierte, sondern, ganz in den Begriffen des alten europäischen Kräfteparallelogramms denkend, als eine für Deutschland nützliche Machtverlagerung und als ersten Schritt zur Rückkehr in das Konzert der Mächte[19]. Kurz gesagt: Zwischen den beiden Weltkriegen kreiste das außenpolitische Denken dieser Gruppe ausschließlich um die Heilung der dem deutschen Nationalbewußtsein geschlagenen Wunden und um die Restaurierung, Festigung und Verbreiterung der deutschen Basis in Mitteleuropa. Daher läßt sich ihr außenpolitisches Programm in der simplen Formel zusammenfassen: Revision von Versailles – erweitert um den Anspruch auf die deutschen Teile der zerfallenen Donaumonarchie. Goerdeler hat die konkreten Forderungen dieses Programms –

mit dem er zweifellos die nationalen Empfindungen einer klaren Mehrheit der deutschen Bevölkerung und bis zu einem gewissen Grade auch
die nationalen Interessen seines Landes vertrat – in einem Katalog
»deutscher Lebensfragen« aufgezählt: Anschluß Österreichs und der
Sudetengebiete, Beseitigung des »polnischen Korridors« und – zur
sichtbaren Besiegelung der deutschen Gleichberechtigung in der Welt –
Erwerb von Kolonien[20]. Nicht mit europäischen Ideen, sondern mit
jenem Katalog »deutscher Lebensfragen« – als den Zielen einer nichtna-
tionalsozialistischen Regierung – ist er in den Jahren 1937 und 1938 in
England, Belgien, Frankreich und Amerika aufgetreten[21]. Frank und
offen präsentierte er sich der Welt, schlicht die Normalität der damaligen deutschen und im Grunde auch – prinzipiell gesehen – der damaligen europäischen Außenpolitik verkörpernd, als Revisionspolitiker
par excellence.

So hat Trevor-Roper nicht ganz unrecht, wenn er meint: »Diese Männer
hatten... gleichfalls Kriegsziele, oder man sollte wohl sagen: politische
Ziele, die vielleicht nur durch Krieg erreichbar waren, wenngleich sie
hofften, es gebe friedliche Wege... Sie wollten verlorenes Reichsgebiet
wiederbekommen. Ihre territorialen Ansprüche waren jedoch begrenzt... Daher trennten sich in den Jahren 1940/41... auch in
Deutschland die Wege.«[22] Allerdings scheinen hier zwei Feststellungen
etwas ungenau zu sein. Zunächst wird man sagen müssen, daß Ziele, die
nur durch Krieg erreichbar waren, von Männern wie Goerdeler oder
Hassell schließlich aufgegeben worden wären; denn Krieg wollten sie
unter keinen Umständen. Beck ist schon 1938 zu der Auffassung gekommen, daß in Europa Kriege anachronistisch und aus militärischen Gründen eigentlich unmöglich geworden seien[23]; im Laufe der nächsten Jahre
hat er seine Ablehnung des Krieges zu einer Abneigung gesteigert, die
einem skeptischen Pazifismus täuschend ähnlich sieht[24]. Der Kreis um
Goerdeler und Hassell war sich in der Verurteilung des Krieges als
Instrument der revisionistischen Politik mit Beck sicherlich einig –
wenngleich Goerdeler später gelegentlich anders dachte[25] – und hegte
überdies die Befürchtung, der Krieg werde unerwünschte wirtschafts-
und gesellschaftspolitische Prozesse in Gang setzen oder beschleunigen[26]. Vor allem aber zweifelten sie keine Sekunde daran, daß ein Krieg,
den Deutschland vom Zaune breche, nicht zu gewinnen sei. Beck hat
1938 dargelegt, daß Deutschland von niemand bedroht werde, auch
einen Angriff seiner Nachbarn nicht mehr zu fürchten brauche; greife es
jedoch selber an, so werde sich unweigerlich eine übermächtige Koalition zusammenfinden, der es unmöglich gewachsen sein könne[27]. Und
Goerdeler wie Hassell waren überzeugt davon, daß ein verlorener Krieg
nicht nur einen sehr viel härteren Frieden als den von Versailles,
sondern zugleich die am Ende des Weltkrieges gerade noch abgefangene

sozialistische Revolution bedeuten würde. In diesem Sinne war ihr Denken entscheidend von den Ereignissen des Jahres 1918 bestimmt.

Daher ist auch Trevor-Ropers Termin für die Trennung zwischen den Konservativ-Nationalen und Hitler nicht richtig. Die Wege gingen nicht erst auseinander, als Hitler die revisionistische Etappe seiner Außenpolitik abgeschlossen hatte, sondern schon in dem Augenblick, da Hitler revisionistische Politik mit militärischen Mitteln machen wollte, also 1938 in der Sudetenkrise; und zwar gingen die Wege gerade um der revisionistischen Politik willen auseinander. Wenn man einmal davon absieht, daß die ethisch und innenpolitisch begründete Gegnerschaft zu Hitler bereits kräftig genug geworden war, um mit dem drohenden Kriegsausbruch nur noch eines auslösenden Moments zu bedürfen, wenn man außerdem die Befürchtungen vor den wirtschafts- und gesellschaftspolitischen Folgen eines Krieges ausklammert und nur den außenpolitischen Aspekt der Lage betrachtet, so wird klar, daß hier ein weiteres entscheidendes, wenn nicht das entscheidende Motiv der Staatsstreichplanung des Jahres 1938 liegt. Damals sprachen Hassell und Goerdeler häufig von der »verbrecherischen Kriegspolitik« Hitlers; sie meinten damit aber nicht allein die Verwerflichkeit eines Krieges, sondern die Tatsache, daß Hitler, im Vergleich zu 1914, um einen sehr viel bescheideneren Gewinn mit sehr viel höherem Einsatz spiele und wenn schon nicht den Einsatz, so doch den Gewinn endgültig verspielen werde. Es ist keine ironische Arabeske der Geschichte des Widerstands, daß Goerdelers erste Kritik an Hitlers Außenpolitik, Ende 1934, dem Nichtangriffspakt mit Polen galt, von dem der stets mit offenen Karten spielende Goerdeler annahm, er komme schon fast einem Verzicht auf die deutsche Ostgrenze von 1914 gleich[28]. Daß Goerdeler als Verteidiger des außenpolitischen Revisionismus gegen Hitler auftrat, bezeichnet vielmehr eine Grundposition des Widerstands: In wechselnden Situationen und gegen wechselnde Gefährdungen fühlten sich die Beck, Hassell und Goerdeler als Hüter der »wahren nationalen Interessen« Deutschlands, die ein gewissenloser Hasardeur seinem Machtwahn opfere. Wenn Hassell einmal in seinem Tagebuch notierte, jetzt sei der »Punkt ... überschritten, an dem Talleyrand Napoleon verließ«[29], so trifft dieser Vergleich den Nagel auf den Kopf: was die Außenpolitik angeht, so handelte es sich für ihn, wie damals für Talleyrand, einfach um die Entscheidung zwischen einer Person und dem Staat. Während seiner Auslandsreisen hatte Goerdeler nun feststellen können, daß namentlich in England die Neigung zunahm, Versailles zu liquidieren und deutsche Ansprüche zu befriedigen, und daß selbst die Rückgabe von ehemaligen deutschen Kolonien möglich sei; in Belgien hatte er Gespräche über eine Beteiligung Deutschlands an der Erschließung des Kongo geführt[30]. Er kam mit dem Eindruck nach Hause, daß die

Revision von Versailles auf keine unüberwindlichen Hindernisse mehr
stoßen werde, aber selbstverständlich geduldiges Vorgehen voraussetze.
Um so entsetzter war er, als er im Laufe des Jahres 1938 begriff, daß
Hitler, der die Stimmung in England ebenfalls kannte, jedoch andere
Schlüsse aus ihr gezogen hatte, entschlossen war, die Tschechoslowakei
anzugreifen und die Sudetengebiete oder sogar die ganze CSR mit
Waffengewalt zu erobern. Ob er die Mitteilungen über sehr viel weiter
gehende Aggressionspläne, die ihm der Adjutant des »Führers«, Wiedemann, machte, damals schon sehr ernst genommen hat, ist zweifelhaft
und in diesem Zusammenhang irrelevant. Da die Anwendung von
Waffengewalt, wie Goerdeler glaubte, den Krieg mit England und
Frankreich bedeutete, einen Krieg, den Deutschland nicht gewinnen
konnte, war es klar, daß Hitlers Politik den Anschluß der Sudetengebiete, die Beseitigung des Korridors und die Bereinigung der Kolonialfrage
endgültig unmöglich machen mußte. Denn, so sagte Goerdeler mit
bemerkenswerter Aufrichtigkeit zu einem englischen Freund, der ihn im
Auftrage Sir Robert Vansittarts aufgesucht hatte: selbst ein kurzer Krieg
werde die Stimmung in der Welt so gegen Deutschland einnehmen, daß
es auch einer »liberalen und vernünftigen« Regierung nicht mehr gelingen könne, die »deutschen Lebensfragen« zu lösen[31]. Daher, so fügte er
hinzu, müsse der Krieg unter allen Umständen und um jeden Preis
verhindert werden; anschließend entwickelte er einen Putschplan, der
britische Unterstützung voraussetzte. Mit anderen Worten: Der während der Sudetenkrise beabsichtigte Staatsstreich wäre nicht zuletzt ein
Versuch zur Rettung der deutschen Revisionspolitik gewesen.
Goerdelers Kritik an der britischen Appeasement-Politik galt denn auch
nicht den Grundgedanken dieser Politik, sondern der Tatsache, daß sie
von London mit dem falschen Partner gemacht wurde. Und die Alternative, die er der englischen Regierung anbieten ließ, war nicht eine
andere Politik, sondern ein anderer Partner – der freilich im Gegensatz
zu Hitler glaubwürdig sein und sich akzeptabler Methoden bedienen
würde. In den Unterredungen mit britischen Emissären, in denen er
beschwörend auf eine feste Haltung Londons gegenüber Hitler drang,
die Entsendung Lord Runcimans in die Tschechoslowakei kritisierte, die
diplomatische Hilfeleistung Londons für einen Generalsputsch in
Deutschland verlangte[32] und mitteilte, Hitler plane, um einen Vorwand
zur Intervention in der CSR zu schaffen, die Ermordung Konrad Henleins oder Lord Runcimans, in eben diesen Unterredungen schlug er
vor, die Sudetenfrage durch ein Plebiszit – also durch den »Anschluß«
– zu lösen und dann gemeinsam mit einer liberalen deutschen Regierung
die Probleme des Korridors und der Kolonien zu bereinigen; er stellte
also sogar Forderungen, die Hitler nicht mehr oder noch nicht gestellt
hatte[33]. Natürlich bestand Goerdelers Programm nicht nur aus territoria-

len Ansprüchen. Daneben offerierte er den Gedanken einer engen Allianz zwischen Großbritannien, Frankreich und Deutschland – nach der Erfüllung der deutschen Wünsche –, dazu die Rückkehr Deutschland in einen reformierten Völkerbund. Am 4. Dezember 1938, schon nach der Sudetenkrise, faßte er die Ziele und Absichten des »vernünftigen« Deutschland in einem Memorandum für Ashton-Gwatkin vom Foreign Office nochmals zusammen, und wiederum verlangte er die Rückgabe von Kolonien und die Beseitigung des Korridors; werde Deutschland, das im übrigen keine Hegemonie in Osteuropa anstrebe, in diesen Punkten zufriedengestellt, so sei es saturiert und bereit, die Hilfe für Franco abzubrechen und überdies die Westmächte im Mittelmeer gegen Italien und in Ostasien gegen Japan zu unterstützen. Gleichzeitig, so schrieb er, müßten England, Frankreich und Deutschland einen neuen Völkerbund ins Leben rufen; nach der Diskreditierung der bisherigen Organisation sei ein neuer Gründungsakt notwendig geworden[34]. Im März 1939, schon nach der Besetzung Prags, formulierte Goerdeler in einer weiteren Denkschrift das gleiche Programm, ergänzt um die Zusage, eine unter internationaler Kontrolle neutralisierte CSR solle in den vom Münchner Abkommen gezogenen Grenzen wiederhergestellt werden. Auch enthält das Memorandum den Satz: »Die Unabhängigkeit der europäischen Staaten wird garantiert, soweit sie es nicht für gut finden, untereinander Bindungen einzugehen, die ihre Souveränität begrenzen.« Offener Wirtschaftsverkehr wird in Aussicht gestellt, jedoch mit der einschränkenden Bemerkung, wechselseitige Wirtschaftsverträge einzelner Staaten und Staatengruppen dürften natürlich nicht ausgeschlossen werden. Und schließlich heißt es noch, Deutschland müsse es, »im Rahmen des vernünftigen Gleichgewichts«, gestattet sein, den Vorgängen an seiner Ostgrenze jene besondere Aufmerksamkeit entgegenzubringen, die nach den Erfahrungen seiner Geschichte wohlbegründet sei[35].

Wenn Gerhard Ritter solche Vorstellungen mit dem Kommentar versieht, Goerdeler habe sich »das Reich der Zukunft... als echte Friedensmacht erträumt, fest eingefügt in eine europäische Staatengemeinschaft von rein genossenschaftlichem Charakter«[36], so bedarf dieser Satz doch der Modifizierung. Goerdeler schwebte gewiß ein – durch die Erfüllung deutscher Ansprüche – befriedetes, aber keineswegs ein vereinigtes Europa vor. Zwar taucht in einem damaligen Reisebericht Goerdelers einmal der Gedanke an einen europäischen Staatenbund als »Fernziel« auf, was er jedoch seinen englischen Gesprächspartnern konkret anbot, war die Rückkehr eines von Hitler befreiten Berlins zur Politik von Locarno, sofern die seinerzeit offen gebliebenen deutschen Wünsche im Osten befriedigt würden und sofern die Westmächte ihren Einfluß im Völkerbund mit Deutschland teilen wollten. Es handelte sich um eine konsequente Fortsetzung der Politik Stresemanns. Allerdings ist nicht zu verkennen, daß Goerdeler, im Sog der Hitlerschen Coups und beeinflußt von der Kräftesteigerung Deutschlands, allmählich in Horizonten zu denken begann, die noch gar nicht im Blickfeld Stresemanns gelegen hatten. Seine Anspielung auf die zu tolerierenden Begrenzungen der Souveränität europäischer Staaten kann angesichts der damaligen Lage unmöglich als Versuch zur Offenhaltung des Wegs in größere gesamteuropäische Zusammenschlüsse interpretiert werden; Ende März 1939 mußte ein solcher Satz aus deutscher Feder selbstverständlich als Aufforderung zur Anerkennung der deutschen Schutzherrschaft über Prag und Preßburg verstanden werden – und er war wohl auch so gemeint. Ähnlich verhält es sich mit Goerdelers Hinweis auf die »wechselseitigen Wirtschaftsverträge«, die nicht unzulässig sein dürften; Ende März 1939 konnte das nur auf den gerade abgeschlossenen deutsch-rumänischen Wirtschaftsvertrag gemünzt sein, der Europa schockiert hatte und der die Bahn für die wirtschaftliche Vorherrschaft Deutschlands auf dem Balkan ebnen sollte. Hassell charakterisierte das Abkommen, obwohl ihn die Reaktion der Westmächte erschreckt hatte, als »schönen Rahmen«[37]. Mit anderen Worten: Goerdelers Revisionspolitik verwandelte sich allmählich in Großmachtpolitik, nicht ohne erste greifbare Beimischungen eines fürsorglich-patriarchalisch gemeinten mitteleuropäisch-imperialen Denkens – in Ausmaß und Stil wiederum eine bezeichnende Verbindung nationalliberal-großdeutschen und preußisch-etatistischen Geistes.

Man wird aber kaum sagen müssen, daß solche Vorstellungen, hätten sie dem Test der Realität ausgesetzt werden können, nicht in die politische Gedankenwelt des Europas der Jahre 1937, 1938 und 1939 gepaßt hätten. Die kontinentaleuropäischen Staaten hatten nach dem Weltkrieg, trotz ihrer halbherzigen Bekenntnisse zur internationalen Solidarität, zur kollektiven Sicherheit und zum Völkerbund, die Wege der traditionellen Machtpolitik im Grunde nie verlassen. Es muß mit auf das Konto der französischen Außenpolitik geschrieben werden, daß sich das »System von Versailles« nicht zu einer wahren internationalen Ordnung entwickeln konnte. Getrieben von einem Bedürfnis nach außenpolitischer Sekurität, das der Krieg ins Maßlose gesteigert hatte, sorgte Paris dafür, daß hinter der Fassade des Völkerbunds das alte Spiel der kontinentaleuropäischen Allianzen weiterging – nur die Konstellationen hatten sich geändert – und daß jede Revolutionierung der außenpolitischen Begriffe und Methoden blockiert wurde; freilich bedurfte es dazu keiner großen Anstrengungen. Mit Locarno wurde, so richtig und nützlich der Schritt unter den damaligen Umständen war, noch keine grundsätzlich neue Politik eingeleitet; es war mehr ein Zug in jenem Spiel und besagte im Grunde lediglich, daß nun auch Deutschland – mit gewissen Einschränkungen – wieder mitspielen dürfe. Durch den japanischen und italienischen Imperialismus, die beide den Völkerbund völlig ignorierten, und dann durch die Außenpolitik Hitlers ist schließlich auch Großbritannien, das eher aus Bequemlichkeit immerhin Versuche gemacht hatte, am Prinzip der kollektiven Sicherheit festzuhalten, gezwungen worden, die Initiative zur Restaurierung wenigstens des Konzerts der Mächte zu ergreifen – eine Politik, die mit der Konferenz von München ihren Höhepunkt erreichte. Anfang 1939 stand Europa wieder da, wo es bereits 1914 gestanden hatte. Daher unterschieden sich die Grundprinzipien des außenpolitischen Konzepts Goerdelers keineswegs qualitativ von den damals in ganz Europa dominierenden Grundauffassungen. Die Frage lautete nur, ob die Quantität der von Goerdeler vertretenen deutschen Ansprüche für Europa erträglich war. Nach seinen Eindrücken in England und Frankreich gab es für Goerdeler mit Recht keinen Zweifel, daß die Antwort auf diese Frage bejahend ausfallen dürfe; selbst die deutsche Hegemonie in Mitteleuropa und das wirtschaftliche Ausgreifen Deutschlands nach Südosten sind von London nicht nur vorläufig, sondern – wie die Notizen des britischen Außenministers, Lord Halifax, beweisen – als unwiderruflich hingenommen worden. Wäre Goerdeler damals auf Grund eines von fremder Unterstützung unabhängigen Staatsstreichs Reichskanzler geworden, so wäre die Realisierung seines außenpolitischen Programms und auch die Sicherung der Gewinne Hitlers durchaus möglich gewesen, zumal Goerdeler aufrichtig war, wenn er erklärte, nach der Lösung der »deutschen Lebensfragen« sei Deutschland saturiert, und wenn er sich verpflichtete, ein saturiertes Deutschland mit internationalen Garantien an die dann erreichten Grenzen zu binden und in eine »internationale Friedensfront« einzugliedern.

Aber als dauerhafte und progressive Alternative zu Hitler oder auch als Basis für ein Bündnis zwischen der von Goerdeler repräsentierten Widerstandsgruppe und der britischen Regierung – vor dem und zum Sturz Hitlers – waren solche Vorstellungen trotzdem unbrauchbar. Zwar hatte Goerdeler nicht unrecht, wenn er Vansittart im September 1938 mitteilen ließ, Europa stehe an einem »Wendepunkt seiner Geschichte«; man könne wählen: entweder ein neuer Erfolg Hitlers mit weiteren Aggressionen oder aber ein Erfolg der deutschen Opposition mit anschließender Zusammenarbeit der europäischen Großmächte[38]. Doch von der Frage nach den Erfolgsmöglichkeiten der Opposition ganz abgesehen, war Goerdelers Programm allzu einseitig an den deutschen Interessen orientiert, ohne die politischen und diplomatischen Schwierigkeiten oder gar Interessen der übrigen Mächte ernsthaft in Rechnung zu stellen, und allzu wenig von der erkennbaren Politik Hitlers unterschieden; zu Zeiten forderte er von London Anstrengungen, wie hinsichtlich Polens, die Hitler bis dahin noch gar nicht gefordert hatte. Goerdelers Konzept ging nicht zuletzt von den psychologischen Bedürfnissen der innerdeutschen Situation aus, die zu verlangen schienen, Hitlers national- und machtpolitischen Erfolgen die Wirkung zu nehmen, indem man sie selbst einheimste. Auf internationalem Felde war es jedoch kein Gegenmittel, da es – für den nicht eingetretenen Fall, daß London eine Kooperation mit der Opposition ernstlich in Erwägung gezogen hätte – im Grunde nur besagte: gebt das, was ihr Hitler gebt, besser uns; denn wir sind eher zu saturieren. Das aber war keine echte Wahl. Eine Politik der Konzessionen konnte ebensogut mit Hitler gemacht werden, solange die Notwendigkeit eines Krieges mit dem von ihm geführten Deutschland nicht eindeutig bewiesen war. Im übrigen hätte die Realisierung der Vorstellungen Goerdelers für Europa keinen Fortschritt gebracht. Wohl wäre eine Entspannung nicht ausgeblieben, zugleich aber in der Mitte Europas ein konservativ-nationaler Block geschaffen worden, der einem engeren Zusammenschluß des Kontinents im Wege gelegen hätte.

»Das Reich als europäische Ordnungsmacht«

Ein neues Element kam in diese Lage nicht durch Hitlers Angriff auf Polen, sondern durch seinen Pakt mit der Sowjetunion. Die Bedeutung der vorübergehenden deutsch-sowjetischen Verständigung für das damalige Denken und Planen der konservativ-nationalen Opposition kann kaum überschätzt werden. Die Allianz übte auf die Gruppe um Hassell, Goerdeler und Beck eine geradezu elektrisierende Wirkung aus; daß dann im Herbst 1939 wieder energisch an Putschvorbereitungen gearbeitet und eifrig an Verbindungen nach England geknüpft wurde, ist weniger auf Hitlers Absicht zurückzuführen, nach der Niederwerfung Polens nun auch im Westen anzugreifen, sondern vor allem auf die – in dieser Form als bedrohlich und nicht etwa als die auch von der Opposition durchaus gewünschte Normalisierung der deutsch-sowjetischen Beziehungen empfundene – Rückkehr Moskaus in die europäische Politik. In mehreren Denkschriften hat Beck damals die Folgen des »entscheidenden Wendepunkts« skizziert: »Rußland ist . . . wieder dahin zurückgeführt worden, wo es 1914 stand. Es hat die Ostasienfrage, vorläufig wenigstens, liquidiert und ist wieder in Europa mit seinem ganzen Schwergewicht erschienen.«[39] Mutwillig sei der polnische Pufferstaat, der Deutschland »zweifellos gute Dienste geleistet« habe, zerstört worden. Das habe bereits »in Südosteuropa zu für Deutschland, für den jetzigen Krieg und für eine fernere Zukunft sich abzeichnenden ungünstigen Reaktionen geführt. Die Balkanstaaten sind für Deutschland verloren... Mindestens hat Deutschland Finnland moralisch verloren und sich die nordischen Staaten entfremdet. Aber auch für Deutschland noch ungünstigere Entwicklungen im Ostseegebiet sind möglich.«[40] Die strategische Bewegungsfreiheit Deutschlands im Osten sei belastet, und es sei nicht ausgeschlossen, »daß Deutschland in Rußland im weiteren Verlaufe des Krieges eine ernste, unter Umständen eine tödliche Gefahr erwächst«[41]. Auch Hassell konstatierte empört, daß man »außenpolitisch... in selbstverschuldeter, bitterer Not, um aus ihr im Augenblick herauszukommen, alle wichtigsten Positionen aufgeopfert« habe: »Die Ostsee und die Ostgrenze. Ganz zu schweigen von der politisch unsittlichen Preisgabe der baltischen Länder ist nun das Dominium maris baltici schwer gefährdet.«[42] Da er Hitler kannte, fügte er allerdings hinzu: »Es ist sehr gut möglich..., daß Hitler in seinem Innersten sich für später den Angriff auf Sowjetrußland vorbehält. Der frevelhafte Charakter seiner Politik wird dadurch nur noch verstärkt.« Goerdeler, der schon im Frühjahr 1939 vor der Einschaltung Rußlands gewarnt hatte, dachte nicht anders[43]. In einer Denkschrift, die aus dem Kreise um Oster stammt, wurde außerdem darauf hingewiesen, daß »im Süden des deutschen Einflußbereiches... ein russischer Vorstoß nach Rumänien empfindlich, ja letzten Endes vernichtend eine sonst vielleicht zukunftsreiche deutsche Balkanpolitik« störe[44]. Noch wichtiger sei aber, so schrieb Korvettenkapitän Liedig, der Verfasser dieses Memorandums, daß Deutschland durch seine Verbindung mit Rußland »tatsächlich und endgültig zum Todfeind Englands« werde und sich auf »die Trennung... von Europa« hinbewege. Im gleichen Sinne stellte Beck fest, »daß Deutschland noch mehr als bisher allein« stehe und daß »die Gefahr des Zusammenschlusses... gegen Deutschland gewachsen« sei[45]. Wenn man sich vor Augen hält, daß sich Deutschland zu dieser Zeit mit Frankreich und England im Kriegszustand befand und daß man weder mit dem militärischen Erfolg in Frankreich noch mit der Wendung Hitlers gegen Rußland sicher rechnen konnte, so ist in diesen Urteilen die außen- und militärpolitische Lage keineswegs falsch gesehen.

Die Isolierung Deutschlands aber, so glaubte die konservative Opposition, mache das Reich in einem Maße von der Sowjetunion abhängig, daß auch innenpolitische Folgen nicht ausbleiben könnten: das ohnehin als halb-bolschewistisch aufgefaßte NS-Regime müsse in noch rascherem Tempo als bisher der totalen Bolschewisierung zusteuern. Oberstleutnant Groscurth, der Vertrauensmann Osters im OKH, bemerkte damals erste Anzeichen einer solchen Entwicklung, z. B. die bevorstehende Ernennung »politischer Kommissare« in der Armee[46]. Die Nationalsozialisten hätten »verbrannt, was sie angebetet und angebetet, was sie verbrannt haben«, notierte Hassell, und er stimmte mit Goerdeler darin überein, daß auch in diesem Sinne Hitlers Politik mit Rußland

»eine ungeheure Gefahr« bedeute, zumal die NS-Weltanschauung ein »hohles Gebäude« sei, das leicht erschüttert werden könne; sie kamen beide zu dem Schluß: »Das Vorrücken des Bolschewismus auf der ganzen Front und dicht an unserer Grenze zusammen mit den notwendigen sozialistischen Folgen einer Kriegswirtschaft muß auch in Deutschland innerpolitische Folgen gefährlichster Art haben.«[47] Liedig sah Hitler bereits als »Satrap Stalins«, und selbst der Generalquartiermeister Wagner, der seine Vernunft gleichsam wie eine Leuchtpistole benutzte – gelegentlich schoß er eine Leuchtkugel ab und sah die politische Landschaft in ihrer wahren Gestalt; kaum war sie erloschen, stolperte er im Dunkeln wieder bang, aber ohne Wahl seinem Vordermann, dem »Führer«, nach – selbst Wagner schrieb im September 1939, man könne »nur hoffen, daß sich nicht allmählich auch die Weltanschauungen allzu stark einander nähern. Das wäre fatal.«[48]

Doch schienen in der Situation auch positive Möglichkeiten zu liegen. Hassell bemerkte sofort, der deutsch-sowjetische Pakt könne die Neigung der Westmächte verstärken, »ein gesundes kraftvolles Deutschland zu erhalten, freilich nicht mit halb oder dreiviertel bolschewistischer Führung«[49]. Während Hitler die englische Furcht vor dem Bolschewismus, die, wie München gezeigt hatte, ein so handliches Instrument deutscher Außenpolitik sein konnte, durch seine Rußlandpolitik leichtfertig außer Kurs gesetzt habe, sei nun die Opposition in der Lage, ihr eigenes Kalkül auf diese Furcht aufzubauen. Hatte von der Sudetenkrise bis zum Kriegsausbruch gewissermaßen ein Hebel gefehlt, um die britische und ebenso die französische Regierung auf die Geleise der Opposition zu dirigieren, so glaubte man jetzt den Hebel gefunden zu haben. Die »Politiker der Entente« hätten »nach den Erlebnissen in Spanien, Frankreich, Polen und Finnland eine Vorstellung von der akuten Gefahr des Bolschewismus«, sagte eine für das OKH bestimmte Denkschrift Etscheids vom Januar 1940. »Die Notwendigkeit, die Sowjets auf ihrem Vormarsch nach Europa aufzuhalten, besser zurückzudrängen, die Möglichkeit, die Verständigung mit Deutschland mit einem solchen Mandat zu begründen, und die Aussicht, zugleich damit auch die japanischen Hegemonieansprüche in Ostasien zum Schweigen zu bringen, stellen eine großartige Perspektive für einen Ausgleich dar.«[50]

Vor allem aber, folgerte Liedig in seinem Memorandum, werde Großbritannien – und in seinem Gefolge, wie Etscheid sagte, auch Frankreich – bei einer Revision der deutschen Rußlandpolitik »für diese Wendung Deutschlands zurück nach Europa und zur europäischen Völkergemeinschaft einen guten Preis zahlen«[51]. Wenn Deutschland einen »klaren Bruch mit dem Bolschewismus« vollziehe, seine »mobile bewaffnete Macht dem bedrohten Finnland« zur Verfügung stelle und damit ganz

Europa decke, könne es von England natürlich auch etwas verlangen, und zwar die »Stellung als kontinentale Vormacht . . ., die ihm gebührt«, und die Bestätigung »in seinem deutschstämmigen und deutschsprachigen Raum im vollen gegenwärtigen Ausmaß«. Hasso v. Etzdorf und Erich Kordt betonten im Oktober 1939, daß eine Rest-Tschechei und ein Rest-Polen selbstverständlich wiederhergestellt werden müßten; so vermeide man die »Belastung mit fremdem Volkstum«, behalte aber aus geographischen und wirtschaftlichen Gründen trotzdem den entscheidenden Einfluß in diesen Staaten[52]. Erstmals tauchen jetzt Sätze auf, die vom »Auftrag zum Reich der Ordnung und der Völkerbefriedung im europäischen Raum« sprechen[53]. Gewiß wird man manche Formulierung und manche Forderung in diesen Memoranden dem taktischen Zweck zuschreiben dürfen, nämlich der Absicht, den Generälen, die endlich für einen Staatsstreich gewonnen werden sollten, zu zeigen, daß ein Putsch gegen Hitler nicht nur notwendig, sondern auch außenpolitisch gewinnbringend oder doch kostenlos sei; wenn einmal von einem »Äquivalent . . . für die Opfer und Lorbeeren des polnischen Feldzuges« die Rede ist[54], so offensichtlich im Hinblick auf jene Generäle, die Politiker und Diplomaten immer im Verdacht haben, sie würden die Gewinne der Soldaten wieder verspielen. Aber die hinter den berechnenden Argumenten stehenden Vorstellungen sind in ihrem Muster doch unschwer zu erkennen. Und auch der kühlere Hassell hat in einer Erklärung, die er am 23. Februar 1940 einem englischen Gesprächspartner als seriöse Note der deutschen Opposition übergab, Bedingungen genannt, die mit den Zielen der Liedig, Etzdorf und Etscheid praktisch identisch waren[55]. Er sprach ebenfalls davon, daß »ein gesundes, lebenskräftiges Deutschland . . . im Hinblick auf das bolschewistische Rußland ein unentbehrlicher Faktor ist«, und während er auf Grenzrevisionen im Westen verzichtete, stellte er fest, daß die Vereinigung Österreichs und des Sudetenlandes mit dem Reich außerhalb der Erörterung stehen müsse, weil sonst ein »baldiges Wiederaufflammen kriegerischer Auseinandersetzungen« zu befürchten sei. Außerdem forderte er gegenüber Polen die Grenze von 1914, und beziehungsvoll sagte er, der kommende Frieden solle auf dem »Prinzip der Nationalität« aufgebaut werden, »mit gewissen, sich aus der Geschichte ergebenden Modalitäten«. Da er anschließend von der »Wiederherstellung einer tschechischen Republik« handelte und man annehmen darf, daß ein erfahrener Diplomat wie Hassell solche Formulierungen nicht gedankenlos niederschrieb, kann man nur schließen, daß die Opposition London zu verstehen geben wollte, Tschechei und Slowakei müßten getrennt und der deutsche Führungsanspruch in diesem Gebiet – bei formaler Souveränität der beiden Staaten – gewahrt bleiben. In London und Paris habe man ja schließlich auch eingesehen, behauptete Etscheid, »daß die Belastung unreifer Völker und überkonstruierter Staatsgründungen mit Aufgaben aller Art keine stabilen Verhältnisse in Europa verbürgen kann«[56]. Das war keine Rückkehr nach München mehr, wie Etzdorf in seiner Denkschrift angedeutet hatte. Vielmehr hielt die Gruppe um Goerdeler und Hassell jetzt die Sicherung aller Eroberungen Hitlers – mit Ausnahme des Generalgouvernements und der offenen »Schutzherrschaft« in Böhmen – und eine eindeutig hegemoniale Stellung Deutschlands in Mitteleuropa sowohl für wünschenswert wie für möglich – vorausgesetzt, daß Hitler gestürzt würde.

Die Gefahren drängten, und die Chancen lockten zur Aktion. Daß Hitler schon im Herbst 1939 Frankreich angreifen wollte, hat die Aktivität der Opposition vor allem beschleunigt und intensiviert, da der Angriff bei dem erwarteten Festlaufen der Offensive die Gefahren vergrößern und die Chancen verringern mußte. Hassell schrieb nicht nach einer Information über Hitlers Offensivpläne, sondern nach seinem Gespräch mit Goerdeler über die Risiken und Möglichkeiten der Rußlandpolitik des »Führers«: »Die ganze Lage führt zu dem Schluß, daß es hohe Zeit wird, den hinabrollenden Wagen zu bremsen«; bei Halder standen aber wohl militärische Erwägungen im Vordergrund, während bei Oster die Motive doch tiefer lagen[57]. Aber konnte man in dem Wagen, vorausgesetzt, daß es gelang, ihn zu bremsen, tatsächlich sitzen bleiben? Gewiß waren die Pläne der Opposition mit denen Hitlers weder quantitativ noch qualitativ zu vergleichen; obwohl auch die Ansprüche der Repräsentanten des »wahren nationalen Interesses« gewachsen waren, ging die Schere immer weiter auseinander. Doch brauchte die zunehmende Distanz zu Hitler noch keine wirkliche Annäherung an Europa zu bedeuten. Die Spekulation der Opposition auf die britischen und französischen – auch skandinavischen und südosteuropäischen – Besorgnisse über das Vordringen der Sowjetunion war sicherlich nicht ohne Substanz. Tatsächlich zeigten Beauftragte der britischen Regierung, die mit dem Kreis um Beck und Goerdeler Fühlung aufnahmen, ein bemerkenswertes Interesse an der Rückkehr zur Konstellation von München[58]. Aber zwei Dinge hat die Opposition doch wohl überschätzt: nämlich gerade die Furcht Englands vor dem Bolschewismus und der Sowjetunion, zweitens – damit eng zusammenhängend – die Bereitschaft Londons, sich mit der erreichten Stellung Deutschlands abzufinden. Die sozusagen noch unausgesprochene hegemoniale Position, die das Reich mit dem Münchner Abkommen gewonnen hatte, wäre vielleicht selbst jetzt noch hingenommen worden. Ob aber auch das inzwischen entstandene hegemoniale Imperium, das die Hassell und Goerdeler, wenngleich in modifizierter Gestalt, behalten wollten? Zwar blickte der Westen nicht ohne Sorgen auf Moskau, auch im Zusammenhang mit dem sowjetischen Vorgehen gegen Finnland, einstweilen war jedoch das erdrückende deutsche Übergewicht auf dem Kontinent für England und erst recht für Frankreich die realere Bedrohung; es ist bezeichnend, daß die Oppositionellen stets mit Unbehagen an die mutmaßlichen Pariser Reaktionen dachten[59]. Auch eine »liberale und vernünftige« deutsche Regierung hätte wahrscheinlich nicht nur die Rückkehr zur politischen Konstellation von München anbieten müssen – wobei jetzt, in Anbetracht der veränderten Lage, über die damalige Ausschaltung Rußlands hinaus eine deutliche diplomatische, nicht militärische Frontstellung gegen Osten sicher willkommen gewesen wäre –, sondern gleichzeitig die Rückkehr zum territorialen Stand von München. Es charakterisiert die Lage sehr gut, daß Theo Kordt sogleich mit dem Beauftragten Vansittarts, Conwell Evans, aneinandergeriet, als er eine sofortige Räumung Polens – nach gelungenem Staatsstreich – mit Hinweis auf die Sowjetunion ablehnte[60]. Im übrigen waren nicht allein Hitlers damalige Friedensfühler durch die deutsch-sowjetische Teilung Polens belastet. Was meinte die Opposition, wenn sie von der Wiederherstellung Polens sprach, zugleich aber die deutsche Ostgrenze von 1914 verlangte und nicht zu sagen vermochte, wie denn die neue sowjetische Westgrenze wieder nach Osten gedrückt werden sollte? Natürlich hätte sich bei wirklichen Friedensverhandlungen ein Ausgleich finden lassen; eine Regierung Goerdeler hätte manchen deutschen Anspruch, den sie an sich vertrat, bestimmt nicht mit Waffengewalt verteidigen wollen. Im ganzen aber konnten die in den Vorgesprächen präsentierten Grundvorstellungen der konservativ-nationalen Opposition, nicht zuletzt auch nach der deutschen militärischen Demonstration in Polen, für die Westmächte und für ganz Europa keine Dauerlösung der europäischen Probleme darstellen. Hätten London und Paris trotzdem das Angebot Hassells und Goerdelers angenommen, einfach aus Unlust, einen ohnehin nur widerwillig akzeptierten Krieg auch gegen ein wieder zivilisiertes und weiterer Aggressionen abschwörendes Deutschland fortzusetzen, so hätte die durch den folgenden Frieden bestätigte Hegemonie Deutschlands wohl ebensowenig zu einem Zusammenschluß Europas – in einem liberalen und demokratischen Geiste – führen können, wie die Hegemonie Spartas zu einem Zusammenschluß Griechenlands geführt hat.

Der Blitzkrieg in Frankreich machte solchen Überlegungen ein jähes Ende. Es ist bewundernswert, daß sich der Kern der konservativ-nationalen Gruppe auch jetzt nicht an die Seite Hitlers drängen ließ. Wie Hassells Aufzeichnungen vom Sommer 1940 und gleichzeitige Denkschriften Goerdelers beweisen, ist ihre religiös, ethisch und innenpolitisch fundierte Gegnerschaft zum »Führer« und zu seinem Regime nicht einen Augenblick ins Wanken geraten[61]. Und eine NS-Herrschaft über Europa, so schrieb Goerdeler am 1. Juli, sei der beste Nährboden für die

Ausbreitung bolschewistischer Ideen, lebe dieses System doch schon »in Deutschland von finanziellem Wahnsinn, von wirtschaftlichem Zwang, von politischem Terror, von Rechtlosigkeit und Unmoral«[62].

Andererseits hatte Hassell bereits vor dem Kriege einmal gesagt, daß für politisch handelnde Menschen »ein Einstrom der mit Urgewalt aufge- brochenen Zeitgedanken in die eigene Persönlichkeit... unentrinnbar« sein müsse. Der militärische Erfolg in Frankreich war eben doch nicht nur ein Erfolg Hitlers gewesen, sondern zugleich ein Erfolg Deutsch- lands, und kaum ein Deutscher konnte von ihm und von der durch ihn geschaffenen Lage völlig unberührt bleiben, auch dann nicht, wenn er sich über ihn nicht freute, wie Hassell vermerkte[63]. Der Opposition war klar, daß der Sieg, obwohl er die russische Drohung weitgehend besei- tigt hatte, für Hitler politisch wertlos war, weil Deutschland Großbritan- nien nicht schlagen, der »Führer« aber auch nicht Frieden schließen konnte. Mußte das jedoch für ein von Hitler befreites Reich ebenfalls gelten? Unter dem Eindruck einer dem Anschein nach jetzt noch befestigten und erweiterten imperialen Stellung Deutschlands entwik- kelten Goerdeler, Hassell und Popitz ihre Vorstellung von der deutschen Führung im mitteleuropäischen Raum nun zur Vorstellung von einer deutschen Führung in ganz Europa; vor ihnen erstand die verführerische Vision eines Deutschen Reiches mittelalterlichen Umfangs und preu- ßisch-konservativer Prägung.

Schon in der erwähnten Denkschrift vom 1. Juli 1940 hat Goerdeler erstmals von »deutscher Führung« Europas gesprochen[64], und noch vor dem Angriff auf Rußland fand jene Renaissance des Reichsgedankens eindeutigen Ausdruck in einem Vortrag, den Popitz über eben dieses Thema am 11. Dezember 1940 in der Mittwochsgesellschaft hielt[65]. Nachdem er den Universalismus des mittelalterlichen Reichsbegriffs abgelehnt hatte, weil damals der Herrschaftsanspruch zu deutlich ge- stellt und damit der Widerstand aller anderen Staaten provoziert worden sei, nachdem er aber auch eine von »pluralistischen und polykratischen Elementen« zerrissene Föderation abgelehnt hatte – der eine sei »ro- mantische Träumerei«, die andere die »Wirklichkeit eines schwachen Deutschland« –, sagte er: Der moderne und brauchbare Reichsgedanke sei so zu verstehen, daß ein Volk, das in einem Staate politisch geeint sei, über die Grenzen seines eigentlichen Staatsgebietes hinaus auf andere Gebiete und andere Staaten einen »bestimmenden Einfluß« ausübe, der sich dahin steigere, daß es in diesen Gebieten »gewisse Sonderrechte« genieße. So entstehe völkerrechtlich ein »Großraum« und staatsrechtlich ein »Reich«. Allerdings verwarf Popitz die »Aufstel- lung von Sätzen über das Maß des notwendigen Verlustes an Eigenge- staltung«. Die Bildung einer über die deutschen Grenzen hinausgehen- den Einflußsphäre und die Sicherung dieses Einflusses werde man besser dem »historischen Einzelablauf überlassen«; Verträge wirtschaftlicher Art »mit immer weiter gehendem Inhalt« seien die »geeigneten Mittel«. »Voreilige Konstitutionen« jedoch, die den anzugliedernden Staaten »das Maß politischer Machteinbuße« vor Augen führten, wirkten nicht werbend, sondern eher abschreckend.

Hassell, der Popitz' Vortrag immerhin als »glänzend« bezeichnete[66], war, was die politischen Formen der deutschen Führung betraf, doch wesentlich zurückhaltender, und die von Popitz propagierte Heuchelei tauchte bei ihm überhaupt nicht auf. Darin drückte sich nicht nur der Unterschied zwischen dem Verwaltungsbeamten und dem Diplomaten aus, sondern ein Unterschied des Wesens und der Konzeption. Auch er spricht jetzt vom »Abendland unter deutscher Führung«[67] und von »geordneter Kooperation«[68]. Sein »Großraum« greift weit über Mitteleuropa hinaus und bezieht sowohl den Balkan wie – nach dem 22. Juni 1941 – die baltischen Staaten, Finnland und Skandinavien, dazu Belgien und Holland in das deutsche Magnetfeld ein. Aber einen »Verlust an Eigengestaltung«, wie Popitz sich ausdrückte, wollte Hassell von den hier liegenden Staaten nicht verlangen. In mehreren Aufsätzen, die er in jenen Jahren veröffentlichte, hat er ganz im Gegenteil wieder und wieder erklärt, daß ein solcher Großraum nur Bestand haben könne, wenn die Führung durch den Kernstaat nicht als »Knechtschaft« empfunden werde[69], wenn die betreffenden Völker »in der neuen Ordnung ihre volle Rechnung finden« und wenn sie in ihrer politischen Eigenständigkeit wie in ihrem kulturellen »Eigenwesen nicht angetastet werden«[70]. Formeln für eine stärkere Zuordnung nannte er »primitiv«, und nachdrücklich betonte er, im Hinblick auf den Balkan, »daß nur eine solche Gestaltung des Verhältnisses des Südostens zum großdeutschen ›Stammraum‹ wie zum Partner jenseits der Adria für alle Beteiligten auf die Dauer von Segen sein kann, die nicht nur die unmittelbaren deutschen und italienischen Interessen zum Maßstabe nimmt, sondern genauso diejenigen der beteiligten Südostländer«; diese »schwergeplagten Völker« müßten sich im »abendländischen Gesamtkörper« wohl fühlen und überzeugt sein, »ihr wirtschaftliches und soziales Gedeihen in diesem System am besten zu wahren und ihr Eigenleben in ihm sicherzustellen«[71]. Offenbar dachte er sich das von Deutschland geführte Europa als eine Art Kartell, in dem Deutschland die Aktienmehrheit besitzen sollte. Goerdelers Vorstellungen bewegten sich im gleichen Rahmen, doch richtete der alte Nationalliberale jetzt seinen Blick auch auf jene »nationalen« Abrundungen des deutschen Kernstaats, die bis 1940 unerreichbar gewesen waren, nämlich auf Elsaß-Lothringen und allmählich auch auf Südtirol – eine Folge der französischen Niederlage und der immer deutlicher werdenden militärischen Schwäche Italiens[72].

Der Geist, der diese Konzeptionen beherrschte, war – selbst bei Popitz –

mit Theorie und Praxis Hitlerscher Herrschaftsausübung gewiß nicht
identisch, auch nicht mit den Ideen, die radikalere offiziöse nationalsozialistische Reichstheoretiker damals entwickelten. So hat Gerhard Krüger Anfang 1942 in einem Aufsatz energisch die These Srbiks bestritten,
die neue »deutsche Reichsidee« stelle einen »neuen Universalismus«
dar, der sich »mit dem nationalstaatlichen Prinzip« verbinde; das Wesen
des nationalsozialistischen Reiches bestehe vielmehr gerade in der klaren Betonung der deutschen Herrschaft und in der Unterordnung der
nichtdeutschen Reichsteile[73]; und Helmut Rumpf wies damals ebenfalls
auf den bedeutsamen Unterschied zwischen den Begriffen »Führung«
und »Herrschaft« hin, welch letzterer dem Nationalsozialismus eigentümlich sei[74]. Aber die Nähe zu Vorstellungen, wie sie Karl Richard
Ganzer 1941 in seinem Buch *Das Reich als europäische Ordnungsmacht*
präsentiert hatte – das immerhin unter den Auspizien des Reichsinstituts
für Geschichte des neuen Deutschlands erschienen war –, ist doch
unverkennbar; auch Ganzer hatte gesagt, daß die Bereitschaft zur
europäischen Führung gewichtigste Verpflichtung bedeute und daß
Macht nur Schutzbereitschaft heißen könne. Zum Schutz und zur europäischen Führung war die konservativ-nationale Opposition zwar bereit,
auch zur Verbindung des nationalstaatlichen Prinzips mit einem neuen
Universalismus. Aber worin sollte dieser Universalismus bestehen?
Goerdeler, Hassell und auch Beck kamen immer wieder auf die technische und wirtschaftliche Entwicklung zurück, die größere Zusammenschlüsse erfordere. Das war zwar richtig, doch setzte gerade eine
Einigung Europas auf der Basis wirtschaftlicher Interessen den Verzicht
Deutschlands auf eine führende Funktion in ihrem Sinne voraus. Anson-
sten konnten sie bei ihren gesamtpolitischen Grundauffassungen lediglich das nationale Prinzip, also deutsche Führung, und eine konservative
Haltung, also illiberale Ordnung – unter deutschem Vorzeichen – anbieten. Es ist charakteristisch, wie oft sich in den Schriften Goerdelers und
Hassells die Wörter »sittliche Tugend«, »sittliche Kraft«, »Ordnung«,
»einfügen« und »geordnet« wiederholen, wenn sie von dem deutsch
bestimmten Europa sprechen. Ebenso charakteristisch ist die Rolle, die
in diesem Zusammenhang Bismarck in ihren Gedanken zu spielen
beginnt. Das »reine Machtprinzip« und die nackte Gewalt seien nicht
ausreichend, hatte auch Popitz konstatiert[75]; einige Wochen zuvor hatte
sich Albrecht Haushofer in ähnlichem Sinne zu Rudolf Heß geäußert[76].
Was lag näher – noch dazu angesichts des »Führers« –, als sich einen
Mann zu wünschen, der die Kunst der Diplomatie so beherrschte, der
sich so zu mäßigen verstand und der so Vertrauen zu wecken wußte, wie
Bismarck. Daß er den Angehörigen der Opposition plötzlich so deutlich
wurde, weist aber noch auf etwas anderes hin. Im Grunde konnten sie
sich die Einigung Europas nur in ähnlicher Form vorstellen wie die

Einigung des Reiches durch Preußen. Eine Bemerkung Goerdelers zeigt das sehr klar: »Weil Preußen (seine) Stellung nicht mißbrauchte, sondern der Durchsetzung der Kraft immer wieder die Pflege der Seele, die Pflege sittlicher Tugenden und idealer Kräfte folgen ließ, ist es schließlich der Magnet geworden, auf den im Zeitalter einer von der Dampfmaschine diktierten Entwicklung zum Großraum alle anderen deutschen Landesteile zustrebten.«[77] Und wenn sie sich Europa als Kartell mit deutscher Aktienmajorität dachten, so schwebte ihnen ein deutscher Aufsichtsratsvorsitzender und zugleich Generaldirektor vor, der mit den übrigen Aktionären und Direktoren so geschickt und so schonend, aber doch auch so souverän umgehen sollte wie Bismarck mit den Bundesfürsten. Aber Bismarcks Politik stand auf fester Grundlage, auf dem deutschen Nationalstaatsgedanken. In der Situation der vierziger Jahre des 20. Jahrhunderts war, im Hinblick auf Europa, die Rückbesinnung auf Preußens Funktion bei der Reichsgründung jedoch nur ein Symptom für das undeutliche Bewußtsein, daß dem europäischen Führungsanspruch, den man anmeldete, zwar nicht die vorübergehende Machtbasis, die deutsche Armee, wohl aber die ideelle und politische Begründung fehlte, in gleicher Weise fehlte, wie sie im Europa unserer Tage jedem Führungsanspruch eines einzelnen Staates fehlen muß. Die Goerdeler und Hassell wollten nicht mit Gewalt führen, hätten jedoch mit der permanenten Androhung der Gewalt führen müssen. Die Renaissance des Reichsgedankens wäre für Europa unerträglich gewesen. Einzelne Mängel des Konzepts – so wußte man nie recht, was in dem neuen Europa mit Frankreich geschehen solle, und sprach vage davon, daß es nicht »ewig unterworfen bleiben« könne[78] und wieder ein »Faktor« werden müsse[79] – waren angesichts seiner prinzipiellen Irrealität eigentlich ebenso bedeutungslos wie die Tatsache, daß nie die mindeste Chance bestand, auf einer solchen Grundlage mit den Westmächten Frieden zu schließen[80]. Nie war die konservativ-nationale Opposition dem übrigen Europa ferner als zu der Zeit, da sie anfing, in europäischen Gedanken zu denken.

Hitlers Angriff auf Rußland half zwar nicht dem Mangel an einer Begründung des deutschen Führungsanspruchs ab, konnte aber immerhin eine diesem Anspruch günstige Änderung der politischen Atmosphäre in Europa bedeuten. So hat der 22. Juni 1941 auf die konservativ-nationale Opposition – so sehr sie Hitlers Vorgehen aus militärischen und ethischen Gründen ablehnte – noch einmal sichtlich belebend gewirkt. Hitler würde diesen Feldzug nie gewinnen, so rechnete sie, weil Rußland militärisch nicht zu schlagen, Hitler jedoch zu einer die Kriegführung ergänzenden Politik nicht fähig sei. Wenn er aber rechtzeitig gestürzt und ihm der Krieg aus der Hand genommen und in einen wirklichen Befreiungskrieg umgewandelt werden konnte, sahen die

Dinge anders aus. Hassell hatte sich zwar an der Formulierung der
konservativen Reichsideologie eifrig beteiligt – und sie war seine damalige politische Überzeugung –, jedoch an ihre Realisierung bisher nie
geglaubt. Er konnte sich den Wandel der Stimmung, der im Laufe der
Kriegsjahre in England vor sich gegangen war, zu gut vorstellen, als daß
er sich Illusionen über die von London erreichbaren Bedingungen
gemacht hätte; selbst günstige Nachrichten hatten seine Skepsis nicht zu
erschüttern vermocht[81]. Im August 1941 aber schrieb er – in einem
Aufsatz, der sich gegen die These vom »Untergang des Abendlandes«
wandte –, jetzt eröffne sich zum ersten Mal in der neueren Geschichte
»die Möglichkeit für Deutschland, statt des Balancierens zwischen westlicher und östlicher Anlehnung die europäische Führerrolle zu übernehmen«; allerdings nur dann, wenn Deutschland den Fehler Napoleons
vermeide, der den Gedanken einer europäischen Mission, »der ihm
wohl vorschwebte«, dadurch »denaturiert« und »entkräftet« habe, »daß
er den Völkern, die er von britischer Vormundschaft zu erlösen unter-
nahm, statt der Ebenbürtigkeit im freien Verbande die französische
Knechtschaft brachte«[82]. Abgesehen von der couragierten Anspielung
auf Hitlers Ostpolitik, drückte Hassell mit diesen – und ähnlichen –
Sätzen das Gefühl aus, jetzt könne es gelingen, die europäischen Völker
unter der Fahne des Antibolschewismus hinter Deutschland zu sammeln, Rußland in einen schwachen Partner – nämlich mit drastisch
beschnittenen Ansprüchen auf dem Balkan, im Baltikum und in Polen –
zu verwandeln und, auf diese beiden Faktoren gestützt, die Neuordnung
Europas ohne die lästige Rücksichtnahme auf das nun machtlos gewordene England in Angriff zu nehmen. Voraussetzung sei, daß der Feldzug
in Rußland rasch liquidiert werde, was nur dann möglich sei, wenn noch
vor militärischen Rückschlägen eine Politik verfolgt werden könne, die
Rußland zwar zurückdränge, aber nicht »ausbeute« und als politische
Macht ausschalte, wie er sagte, sondern mit der Beseitigung des Bolschewismus lediglich die »geistigen Schranken zwischen Rußland und
Europa« niederreiße[83]. Dazu wiederum war der baldige Sturz Hitlers
Voraussetzung. Hassells Erbitterung über die »hoffnungslosen Feldwe-
bel«, die zum Staatsstreich gegen Hitler unfähigen Generäle, ist auch in
diesem Zusammenhang zu sehen.
Goerdeler sah die vermeintliche Chance ebenfalls. Er neigte zwar stets
zu »nationalen« Abrundungen des deutschen Kernstaats, andererseits
hatte er, in nationalliberalen Anschauungen wurzelnd, von allen Angehörigen dieser Gruppe immer die größte Scheu gezeigt, mit Methoden
direkter Herrschaft oder Patronanz über das Gebiet hinauszugreifen,
das er als deutsch ansah. Der Nationalstaat war ihm noch ein fester
politischer Grundbegriff, und so hatte er den Konflikt zwischen der
Theorie eines deutsch geführten Großraums und der Realität eines

nationalstaatlichen Europas, über den der etatistische Geist der preußischen Konservativen eher hinwegsah, besonders schwer, ja, als fast unlösbar empfunden. Auch war er sich bestimmter zusätzlicher Schwierigkeiten, die der Verwirklichung seines Programms mittlerweile im Wege standen, durchaus bewußt. Europa, so sagte er, sei zwar schon vor dem Kriege zur Zusammenfassung reif gewesen, aber die Hitlersche Gleichschaltung des Kontinents habe es von diesem Ziele wieder abgedrängt, da uns die »Seelen und Geister anderer Völker... heute viel weiter entfremdet« seien als im Ersten Weltkrieg[84]. Jetzt aber, von der Stimmung eines ihm möglich erscheinenden europäischen Kreuzzuges gegen den Bolschewismus beflügelt, glaubte er die Stunde für die Versöhnung zwischen dem »Gedanken der Nationalstaaten und der Notwendigkeit des Großraumes« gekommen. Produkt dieser Überzeugung ist seine große Denkschrift »Das Ziel«, die in dem halben Jahr zwischen Juni 1941 und der Jahreswende 1941/42 entstanden sein muß und die den Höhepunkt der damaligen Wünsche und Hoffnungen der konservativ-nationalen Opposition bezeichnet[85]. Trotz allem, was geschehen sei, meint Goerdeler, sei nun, falls Deutschland »rechtzeitig durch freien Entschluß den falschen politischen Methoden entsagt«, noch Zeit, den Weg zum europäischen Zusammenschluß einzuschlagen. Bei voller Freiheit der »inneren Verhältnisse« der Nationalstaaten müsse man über den Abbau der Zollgrenzen und der Reisebehinderungen »zu Zollbindungen, zu Zusammenschlüssen, zu Währungsregelungen usw.« gelangen; von »ihnen aus wird der Staatenbund mit militärischen Abmachungen entwickelt«. Es sei »nicht zu kühn gesagt, daß bei rechtzeitigem Handeln, d. h. bei Abbruch des Krieges zugunsten eines sinnvollen politischen Systems, der europäische Staatenbund unter deutscher Führung in 10 bis 20 Jahren Tatsache sein wird«. Werde der günstige Zeitpunkt aber verpaßt, so sei »an die deutsche Führung überhaupt auf lange Zeit gar nicht zu denken«.

Daß sich die Konzeption der konservativ-nationalen Opposition seit der Jahreswende 1941/42 zu wandeln beginnt, daß die Forderung nach deutscher Führung Europas zurücktritt und allmählich verschwindet, während die Vorstellung eines europäischen Bundes auf der Basis selbständiger und gleichberechtigter Nationalstaaten bleibt, ist nun keineswegs allein oder auch nur in erster Linie auf die Entwicklung der militärischen Lage zurückzuführen. Es liegt auf der Hand, daß die mit dem Kriegseintritt des kommunistischen Rußland und dann vor allem mit dem Eingreifen Amerikas geschehene endgültige Realisierung der 1917 ja erst angedeutete weltpolitischen Veränderung das politische Denken tief beeinflussen mußte. Die Wiederholung des Jahres 1917 mit jetzt bleibender Wirkung eröffnete sichtbar ideologische, politische und militärische Auseinandersetzungen globalen Ausmaßes, und Europa

wurde sich bewußt, nur ein Kontinent unter mehreren zu sein. Auch die
Opposition spürte die Veränderung. Das Gefühl der europäischen Solidarität nahm zu, während die Streitigkeiten um die Führung in Europa
plötzlich nicht mehr so wichtig erschienen. Hassell erkannte, daß »die
erweiterten Welträume diesen wie allen kontinentaleuropäischen Gegensätzen eine Rolle zweiten Ranges gegenüber den großen Problemen
zuweisen, die sich heute auf dem Erdball ergeben und die eine gemeinsame Front Europas erfordern«[86]. Mit bemerkenswertem Scharfblick
diagnostizierte er sogar einen Prozeß, vor dem viele Europäer noch nach
dem Kriege erst die Augen verschlossen, um sich dann erbittert gegen
ihn zur Wehr zu setzen. Das Zeitalter der Kolonialpolitik, so sagte er,
gehe zu Ende; die »geistige und wirtschaftliche Vorherrschaft des Euro-
päers in aller Welt«, die wie ein »Rocher de bronze« gegründet zu sein
schien, sei gebrochen. Nicht nur in Asien und Amerika, auch in Afrika,
vor allem in Nordafrika, regten sich »nationale und soziale Unabhängig-
keitsbewegungen«, die z. B. in Ägypten, in Algier und Tunis – »wie auch
immer der Kriegsausgang sein mag« – nicht mehr aufgehalten werden
könnten und sollten. Europa müsse ein neues Verhältnis zu diesen
jungen Völkern finden und ihnen das Gefühl geben, »daß der Europäer
sich natürlichen Entwicklungen nicht widersetzt«; es gelte nun, zu
zeigen, »daß ihr wirtschaftliches Wohl im engen Zusammenhang mit
Kontinentaleuropa am stärksten gefördert wird«[87]. Eine solche Einsicht
mußte die Einstellung zu den internen europäischen Problemen nachhaltig verwandeln. Davon abgesehen, drängte sich aber der Opposition
mehr und mehr die Erkenntnis auf, daß der Reichsgedanke von seiner
parasitären Überwucherung, als die sie die nationalsozialistische Herrschaft über Europa betrachtete, allmählich zersetzt, ausgezehrt und
zerstört werde. Wenn im deutschen Machtbereich Tag für Tag unvor-
stellbare Verbrechen im Namen eben des Reiches verübt wurden, das sie
Europa als friedenstiftend und wohltätig zeigen wollte, wie sollte da der
eigene Führungsanspruch noch guten Gewissens vertreten werden? Und
daß die europäischen Völker diesem Anspruch anders als mit leiden-
schaftlichem Widerstand begegnen würden, war angesichts des »Meeres
von Haß«, das die Nationalsozialisten, wie Hassell sagte, entstehen
ließen, wirklich nicht länger zu erwarten. In Hassells Tagebuch ist die
Trauer über das Zerstörungswek der Parasiten – und der Zorn über die
Soldaten, die dem kein Ende machten – eines der hervortretendsten
politischen Gefühle. Nicht zuletzt aber begann um die Jahreswende
1941/42 der ernsthafte Dialog mit einer ganz anderen Gruppe des
Widerstands, dem Kreisauer Kreis, und diese Auseinandersetzung hat
das politische Denken der konservativ-nationalen Opposition, im Verein
mit der allgemeinen Veränderung der politischen Klimas, in wichtigen
Zügen umgeprägt.

Der europäische Internationalismus Kreisaus

An Adam von Trott zu Solz, der später gewissermaßen zum »Außenminister« der Kreisauer wurde, hat ein englischer Freund im August 1938
schreiben können: »Für uns ist der Nationalismus eine Illusion für die
Massen, eine tragische und furchtbare Gewalt; er muß sich eines Tages
in einen Internationalismus verwandeln, wie wir ihn fühlen und leben.«[88] In der Tat unterschied sich diese faszinierende Gruppe höchst
unorthodoxer christlicher Sozialisten, sozialistischer Christen und christ-
lich-sozialistischer Aristokraten, die sich in den ersten Kriegsjahren um
den Grafen Moltke gesammelt hatte, von den konservativ-nationalen
Honoratioren vor allem dadurch, was das außenpolitische Denken
angeht, daß sie nicht mehr an den Nationalismus als bestimmende Kraft
des politischen Handelns gebunden war. Zwar begannen auch die
Leber, Haubach und Mierendorff, die Husen, Yorck und Steltzer in
einem Europa der Großmächte, der Nationalstaaten und der auf den
Selbstbestimmungsanspruch einer Nation gegründeten Staaten, der Se-
kuritätshegemonien, der Paktsysteme und der umstrittenen Grenzen;
ihre politischen Vorstellungen wie vor allem ihre praktische politische
Tätigkeit konnte davon nicht unberührt bleiben. Aber sie betrachteten
ein solchermaßen zerrissenes Europa nicht als das letzte Wort europäischer Politik. Anstatt seine politischen Werte und Begriffe zu akzeptie-
ren oder gar als letzte Glaubenswerte anzunehmen, suchten sie nach
Möglichkeiten, dieses überholte, einer absterbenden Gesellschaft zuge-
hörige System durch eine bessere Ordnung abzulösen. »Europa
krankt ... an einem Zustand, der nicht mehr in die Welt paßt: am
Nationalismus ..., es wird höchste Zeit, daß auch die Politik anfängt,
Schlußfolgerungen zu ziehen und das, was man Nationalismus nennt,
über Bord wirft«, sagte Julius Leber 1928[89].
Auch ihnen war Versailles ein Stein des Anstoßes, und sicherlich nicht
zuletzt deshalb, weil die Pariser Verträge ihrem Patriotismus und ihrem
eigenen Staat Wunden geschlagen hatten. Leber drückte sich 1925 ganz
ähnlich aus, wie es Goerdeler oft getan hat, als er erklärte, nie werde es
»eine deutsche Regierung geben, die den polnischen Korridor freiwillig
und feierlich als ewiges Recht anerkennen kann. Zu schmerzhaft steckt
dieser Pfahl im Fleisch der deutschen Republik. Zu sinnlos zerschneidet
er den deutschen Boden.«[90] Noch schärfer aber kritisierten sie, daß
Versailles ein Produkt des Nationalismus schlechthin sei, gleichgültig
welchem Nationalismus der Vertrag nützte und welchem er schadete;
der Geist von Versailles könne den Zustand Europas nicht bessern,
vielmehr werde er die europäische Krankheit, eben den Nationalismus,
in ein chronisches Leiden verwandeln. So steht im Mittelpunkt ihres
Denkens nicht die Revision, sondern die Überwindung von Versailles.

Und der französischen Hegemonie setzen sie nicht den ausgesprochenen oder stummen Willen zur Restaurierung der deutschen Hegemonie entgegen, dem Vorrücken Polens nicht den Entschluß zur Rückgewinnung tatsächlich oder vermeintlich deutscher Gebiete, sondern die Forderung nach deutsch-französischer und deutsch-polnischer Verständigung. Reichwein und Leber haben in den zwanziger Jahren auf Tagungen, in Vorträgen und Aufsätzen wieder und wieder diese Forderung vertreten[91], und Theo Haubach lehnte bereits 1919 in einem Artikel über die »Grundlagen einer sozialistischen Europapolitik« die Revision des Friedensvertrags praktisch ab, weil, wie er sagte, aus der »Anarchie von Versailles« nicht die Verschiebung von Grenzen, sondern nur eine neue Ordnung Europas auf der Grundlage aufrichtiger Verständigung herausführen könne; notwendige Erleichterungen für Deutschland, so eine Verbindung durch den Korridor, würden dann kein Problem mehr sein. Vor allem aber sei »für uns Sozialisten« die deutsch-französische und die deutsch-polnische Verständigung »mehr als eine augenblickliche Bereinigung von Schwierigkeiten, sie ist das stabile, auf Dauer eingerichtete Fundament des künftigen Europas«[92]. Der Gedanke an einen mitteleuropäischen Großraum, gruppiert um den wieder erweiterten deutschen Nationalstaat, hatte in dieser Vorstellung keinen Platz; er wurde ausdrücklich verworfen. Mit schöner Klarheit hat das einmal, 1938, Hermann Brill zusammengefaßt, der zwar nicht dem Kreisauer Kreis angehörte, aber in einer Programmschrift der sozialistischen Gruppe »Deutsche Volksfront« Ziele formulierte, die sich von den außenpolitischen Zielen der Kreisauer Sozialisten nicht unterschieden. Entweder könne Frankreich über ein atomisiertes Deutschland herrschen – das sei die napoleonische Lösung gewesen –, oder Deutschland könne über Mitteleuropa herrschen, um Frankreich zu schwächen – das sei die Bismarcksche Lösung gewesen. »Beide waren nationalistisch. Beide sind gescheitert... Aber es gibt eine europäische...«[93] Wenn Leber verlangte, die Prinzipien der wirtschaftlichen Zusammenarbeit und der demokratischen Innenpolitik sollten auch die zwischenstaatlichen Beziehungen bestimmen, so lag dem die gleiche Gesinnung zugrunde[94]. Die zentrale Leitidee ist die Rationalisierung der europäischen Außenpolitik, die Verwandlung Europas aus einem Kontinent von Machtstaaten, die einen höchsten sittlichen Wert repräsentieren und daher in ihrem Handeln unverantwortlich sind, in einen Kontinent der pluralistischen Staatengesellschaft, die in der Lage ist, ihre Konflikte in einem rationalen Geiste zu regeln.

Sozialisten ist ein Denken in solchen außenpolitischen Kategorien wesensgemäß, und so haben die Kreisauer Sozialdemokraten, wie Leber und Haubach, den fortschrittlichen europäischen Impuls mit selbstverständlichem Nachdruck in ihrer Gruppe repräsentiert. Aber auch jene

Kreisauer, die nach ihrer Herkunft eigentlich zu den Honoratioren gehörten, waren nicht ohne eigenständige Tradition. Fritz Fischer hat gewiß mit Recht dagegen protestiert, Bethmann Hollwegs Auseinandersetzung mit der Obersten Heeresleitung und mit den übrigen annexionistischen politischen Kräften des deutschen Bürgertums – während des Ersten Weltkriegs – als »Widerstand« in dem uns heute gewohnten Sinne des Wortes zu charakterisieren; zwei so völlig verschiedene Situationen lassen sich nicht mit diesem einen Begriff erfassen[95]. Indes beginnt mit Bethmann Hollweg und seiner Umgebung eine Wendung zur außenpolitischen Vernunft, die ihre Konzeption nicht mehr vom Ausgang des Krieges, sondern vom Krieg selbst ableitet. Ohne den nach Weltpolitik und der führenden Stellung in Mitteleuropa strebenden großdeutschen Nationalismus in seiner dominierenden Position bedrängen zu können, wurde hier doch eine Tradition moderner außenpolitischer Vorstellungen gestiftet, in deren Linie auch die bürgerlichen und aristokratischen Kreisauer standen. Bethmann Hollweg, wie immer er zu Beginn des Krieges beurteilt werden muß, hat seine Erfahrungen als Reichskanzler immerhin in die Erkenntnis umsetzen können, daß eine grundlegende Reform des außenpolitischen Denkens und des Systems der zwischenstaatlichen Beziehungen unumgänglich geworden sei. »Diese ungeheuerlichste aller Revolutionen, die jemals den Erdball erschütterten«, so schrieb er im Januar 1918 an den Prinzen Max von Baden, »kann nicht zu Ende gehen, die Nationen können von allem Furchtbaren, was sie anrichten, vor Gott und der Welt nicht ›entsündigt‹ werden, wenn sich die Menschheit nicht entschlossen von den Zuständen abkehrt, die diesen Krieg heraufbeschworen haben, und an ihrer Stelle etwas Neues zu schaffen trachtet.« Der Imperialismus und Nationalismus, »der während des letzten Menschenalters in der großen Linie die Politik aller Nationen bestimmte, setzte sich Ziele, deren Verfolgung für jede einzelne Nation nur auf Kosten eines allgemeinen Zusammenstoßes möglich war«[96]. Die weiteren Konsequenzen aus dieser Erkenntnis zog dann 1920 Kurt Riezler, der ehemalige Sekretär Bethmanns[97]. Nach einer in ihrer unwiderleglichen Logik gnadenlosen Kritik der Kriegsziele der deutschen »Militärpartei« – die für Europa unerträglich und nur mit brutalster Gewalt zu halten gewesen wären – lehnte er nicht minder scharf die Rückkehr Frankreichs zur Großmachtpolitik und zur »von England geduldeten französischen Vorherrschaft über ein balkanisiertes Europa« ab. Da er den Frieden von Versailles als Ausdruck eben dieser französischen Politik und als Rückfall in die gewissermaßen reaktionäre außenpolitische Begriffswelt der Vorkriegszeit – ganz im Sinne Lebers – ansah, kam er zu dem Schluß, daß es auf die Frage »Was soll werden?« nur eine Antwort geben könne: einen durch die Wirtschaftsunion eingeleiteten europäischen Staatenbund. Es müsse »allgemeine europäische

Überzeugung« werden, daß »die großen europäischen Interessen gemeinsame sind«, und diese Überzeugung wiederum müsse »zu einer
paneuropäischen Gesinnung erstarken«. Gerade dem besiegten
Deutschland sollte die Einsicht leichtfallen, daß die Gesundung Europas
auch seine Gesundung sei. Nachdem sich »unreife Träume grauenhaft
gerächt« hätten, habe »Deutschland... heute und für alle Zeit keine
andere als eine paneuropäische Politik zu betreiben«. Und in manchen
Sätzen klingt auch schon ein Gedanke an, den später vor allem Moltke
weiterentwickelt hat, der Gedanke nämlich, daß die Europäisierung des
Denkens von einer Wandlung des Staatsbegriffs unterstützt werden
müsse. »Alles durch den Staat und alles um des Staates willen, das
Schauspiel einer ungeheuren Leistung – aber dieser Selbstzweck und
diese Leistung gegen sich selber zeugend, ja letzten Endes sich selber
zerstörend.« Der Krieg habe diese »Tragik des Staates« enthüllt.

Offensichtlich haben die Kreisauer »Honoratioren« hier angeknüpft.
Man kann Theodor Steltzer, einen der älteren Angehörigen des Kreises,
gleichsam als Vertreter der »Partei« Bethmanns und Riezlers auffassen.
Steltzer hat als Generalstabsoffizier schon im Herbst 1915 im Stellvertre-
tenden Generalstab einen Vortrag gehalten, in dem er darlegte, daß der
Krieg von Deutschland nicht gewonnen werden könne und politisch
beendet werden müsse; für die Kriegführung empfahl er die strategische
Defensive[98]. In der damaligen Lage und in dieser Umgebung zeugte eine
solche Auffassung und ihre offene Darlegung nicht allein für ein ungewöhnlich couragiertes Denken und für Zivilcourage[99], sondern ebenso
für eine – vielleicht noch unklare – Erkenntnis der größeren politischen
Zusammenhänge. In konsequenter Fortsetzung hat er denn auch nach
dem Kriege die »Überwindung der Gewaltpolitik«, das Ende deutscher
Machtpolitik und die Verständigung mit Frankreich gefordert[100]. Versailles sei kein Grund zur Empörung, so lassen sich seine damaligen
Äußerungen zusammenfassen, weil die Franzosen nur mit der gleichen
Münze bezahlt hätten, die auch wir als Zahlungsmittel zu verwenden
gedachten; doch sei Versailles ein Grund zur geistigen und politischen
Umkehr: Ziel sei die »Genossenschaft freier Völker«. Und es ist bezeichnend, daß Trott, als er sich im Herbst 1939 in den Vereinigten
Staaten aufhielt, vor allem auch mit Riezler in engere Beziehungen
trat[101].

Doch haben die jüngeren Kreisauer nicht einfach angeknüpft, sondern
die bereits begründete Tradition gleichsam mit eigenen Entdeckungen
selbständig fortgesetzt. Rothfels hat darauf hingewiesen, daß an Univer-
sitäten wie Breslau und Königsberg nach dem Kriege in Vorlesungen,
Seminaren und studentischen Vereinigungen grundsätzliche Fragen
erörtert wurden, die sich auf eine Grenzlandzone bezogen, »in der
Deutsche und Nicht-Deutsche in einem solchen Grade miteinander

verschränkt und vermischt waren, daß der westliche Begriff des souveränen Staates und der politische Nationsbegriff des 19. Jahrhunderts zu reaktionären Schatten verblaßten. Man erörterte hier aufs ernsthafteste übernationale und föderalistische Lösungen«[102]. In diesem Boden sind kräftige Wurzeln der Anschauungen Lukascheks und van Husens zu suchen. Vor allem auch Moltke ist von der Beschäftigung mit Minderheitenproblemen, über die er eine Dissertation schreiben wollte, tief beeinflußt worden. Die Minoritätenfrage ist von ihm schon früh als eine keineswegs deutsche, sondern mittel- und osteuropäische Frage erkannt worden; es kennzeichnet seine Haltung, daß er bereits 1928 daran Kritik übte, wie sich die deutschen Minderheiten in Polen von Berlin aus regieren ließen[103]. In einem solchen Geiste konnte auch das deutschpolnische Verhältnis ohne nationalistische Beiklänge beurteilt werden, und van Husen wagte 1930 die Feststellung, das »Bestehen Polens und gute Beziehungen zwischen ihm und Deutschland« seien »eine europäische Notwendigkeit«[104]. Für Trott hingegen sind offenbar seine frühen Berührungen mit sozialistischen Kreisen und seine Erfahrungen während eines längeren Studienaufenthalts in Oxford bestimmend gewesen[105]. Sein schon vorher vorhandenes Interesse an den Problemen des Verhältnisses zwischen staatlicher Souveränität und internationaler Ordnung – seine Dissertation handelte über Hegel in einem entsprechenden Zusammenhang[106] – ist von derartigen Einflüssen entschieden in übernationale Bahnen gelenkt worden, und schon 1931 meinte er, die Nation habe »in der Völkergemeinschaft etwa die Funktion, die die Familie innerhalb des Staates einnimmt«[107]. Einige Jahre später, 1934, schrieb er an seinen Vater, er habe nie aufgehört, in der Richtung weiterzudenken, die er mit seiner Dissertation eingeschlagen habe; er bemühe sich, seine anfänglich »ein wenig allgemeinen Gedanken näher zu bestimmen und vor allem auch mit den englischen Ideen über staatsbürgerliche Gesinnung und den im Interesse aller wünschenswerten Ausbau internationaler Zusammenarbeit zu vergleichen«: davon sei er »in eine so breite Ebene von Erfahrungstatsachen« geführt worden, »daß ich sie zu übersehen nicht die Kraft habe«[108]. So richteten sich seine Vorstellungen mehr und mehr auf eine »Weltlage«, in »der es einmal möglich werden sollte, ein System legaler Völkerverhältnisse zu errichten«; Hegel habe das für eine Utopie gehalten, aber heute sei eine solch skeptische Denkweise wohl »gleichbedeutend damit, daß man das Ausbleiben der sonst notwendigen Selbstvernichtung der Nationen für eine Utopie hält«[109]. Moltke hatte gelernt, mit solcher Selbstverständlichkeit in internationalen Kategorien zu denken, daß er bereits 1935 zu einem Urteil über den politischen Charakter des Ersten Weltkriegs fähig war, das seine Unabhängigkeit von den historisch-politischen Denktraditionen seiner Schicht in schärfstem Lichte zeigt: Die Notwendigkeit und

sogar das schon erkennbare Bestehen einer internationalen Ordnung zu
leugnen, so sagte er, »scheint mir klar dem Augenschein des letzten
Krieges zu widersprechen, der in gewissem Grade ein Sanktionskrieg
alliierter Mächte gegen eine andere Macht war, die – wahrscheinlich auf
Grund falschen Beweismaterials auf seiten der Alliierten – die ungeschriebenen Regeln oder besser die ungeschriebenen Konventionen des
internationalen Verhaltens gebrochen hatte«[110]. Nicht anders als die
Leber, Haubach und Reichwein hatten also auch jene späteren Kreisauer, die dem Bürgertum – im weiteren Sinn des Wortes – angehörten,
schon vor dem Zweiten Weltkrieg Konzeptionen entwickelt, in denen
nicht mehr nationale »Lebensfragen« im Mittelpunkt standen, sondern
eine internationale »Lebensfrage« dominierte: die Entdeckung der
Grundlagen und Methoden rationaler europäischer Kooperation.
Gewiß gab es dabei Unterschiede. Moltke, ohne jede Spur von Nationalismus und auf Grund seiner innen- und gesellschaftspolitischen Vorstellungen zu einer radikalen – und in mancher Hinsicht notwendigen und
nützlichen – Verneinung des bisher in Deutschland herrschenden Staatsbegriffs – des »Idols des Staates« – gekommen, dachte sich Deutschland
in kleine Selbstverwaltungseinheiten aufgelöst und dieses Föderations-
muster auf ganz Europa übertragen; Souveränität sollte nur beim europäischen Gesamtstaat liegen. Daß er dabei in der Theorie nicht allein
zur völligen Aufhebung der Souveränität, sondern zur territorialen
Auflösung, ja Zertrümmerung der europäischen Staaten gelangen mußte, liegt auf der Hand; ebenso evident ist aber, daß derartige Gedanken
eine zwar konsequente, aber doch überraschende Utopie darstellen. Sie
hat später, in der Entstehungszeit des Kreisauer Kreises, noch eine
gewisse Rolle gespielt, sich aber natürlich nicht durchsetzen können.
Trott hingegen war zwar sicherlich kein Nationalist im eigentlichen
Verstande, doch besaß er ein tiefverwurzeltes Nationalgefühl und eine
hohe Vorstellung von dem – geistig wie politisch begriffenen – besonderen Beitrag, den das Wesen und die Kraft seines Volkes und Vaterlandes
zur europäischen Gesamtkultur leisten müsse und könne; er hat diesen
Beitrag als »unentbehrlich« bezeichnet. Damit hing eng zusammen, daß
er auch für die innenpolitische und gesellschaftspolitische Struktur
Deutschlands keineswegs eine einfache Übernahme westlicher – d. h.
angelsächsischer – Prinzipien und Formen wünschte, sondern eine Verbindung zwischen dem »Personalprinzip des Westens« und dem »Realprinzip des Ostens«[111]. Nun glaubte er aber, daß die Zeit uneinge-
schränkter staatlicher Souveränität abgelaufen sei und auch zu Ende
gehen müsse, da die Existenz ungebändigter Staaten notwendig zu
immer neuen Kriegen und zur »Selbstvernichtung der Nationen« führe.
Zu ihrem eigenen Schutz, ja zu ihrer »Selbstbehauptung«, wie er
sagte[112], hätten die Völker und Staaten keine andere Wahl als den

Verzicht auf die volle Souveränität. Andererseits sei die geistige wie politische Eigenständigkeit Deutschlands und seine Mittlerrolle zwischen Ost und West zu sichern; also könne das Land eine staatliche Basis und eine staatliche Abgrenzung nicht entbehren. Aus diesem doppelten Schutzbedürfnis entwickelte er seine Konzeption des aus den bestehenden und in ihrer Souveränität lediglich beschränkten Staaten zusammengesetzten europäischen Bundes, der in solcher Gestalt auch die ihm zugedachte doppelte Schutzfunktion erfüllen könne. Das war, im Hinblick auf die gangbaren Wege zur Verwirklichung, nicht unrealistisch gedacht. Eben weil er sie als »notwendige Einrichtungen« ansah, verstand Trott auch besser als Moltke, daß die Existenz und die Souveränität der Staaten Realitäten sind, die man höchstens benutzen, nicht aber einfach liquidieren kann. »Es hat keinen Zweck zu sagen, die nationale Souveränität sei ein falsches Prinzip… sie ist das einzige Werkzeug, durch das gegenwärtig eine Rückkehr zu einer gewissen internationalen Ordnung zu erreichen ist«, schrieb er im Sommer 1937, und in einem anderen Brief sagte er über dieses ihn sehr beschäftigende Problem: »Doch die Staaten sind nicht bloß Massen wahnsinniger Macht, sondern Instrumente, die, was auch ihre Doktrin sein mag, um der Selbsterhaltung willen ein gewisses Maß von Zusammenarbeit brauchen und ihrem Wesen nach fördern, das nicht möglich wäre, wenn es keine Staaten gäbe.«[113]

Moltkes moralische, geistige und politische Radikalität hat jedoch viele Einzelzüge der Lage und der Entwicklung realistischer gesehen, als das Trott gegeben war, der über die wirklichkeitsnähere Gesamtkonzeption verfügte. Moltke hat während der dreißiger Jahre in Gesprächen mit englischen Politikern stets die Ansicht vertreten, daß Versailles als Ursache der Entstehung, des Erfolgs und der praktischen Außenpolitik des Nationalsozialismus überschätzt werde. Daher, so meinte er 1935 in einem Gespräch mit Lord Lothian, sei jede Appeasementpolitik prinzipiell verfehlt; man tue besser daran, die bestehenden Ansätze und Rudimente internationaler Ordnung zu verteidigen[114]. Er hat nie den Glauben geteilt, Konzessionen, die Hitler gemacht würden, könnten die liberalen Kräfte in Deutschland stärken, weil so Hitler seine Parolen genommen würden, sondern er hat daran festgehalten, daß der »Führer« durch diplomatische Erfolge nur verleitet werde, in sein außenpolitisches Kalkül die Spekulation auf die britische Neutralität in einem europäischen Kriege einzubauen[115]. Schon Anfang 1939 sah er klar, »daß es sich jetzt nicht darum handelt, wie man weitermachen soll, bis die Cäsarenregimes fallen, sondern in Wirklichkeit darum, wie man den Rest Westeuropas davor bewahrt, entweder diesen Regimes zur Beute zu fallen oder selbst solche Regimes zu entwickeln«[116]. Und im Sommer 1940 ist er der auch in seinem Freundeskreis aufgelebten Neigung, den militärischen Erfolg in Frankreich und die dort nun offenbar vorhandene »europäische Bereitschaft auf dem Boden der vollzogenen Tatsachen« politisch zu benützen – im Sinne europäischer Bestrebungen –, energisch entgegengetreten. »Wir würden«, schrieb er damals an den Grafen Yorck, »die geistige Gemeinschaft mit den Besten der anderen Nationen zerstören, falls wir uns dazu hergeben würden, sie mit einem Zustand auszusöhnen, der gerade beseitigt werden muß...«[117] Dabei scheint seine Bemerkung, der »Abrißunternehmer« Hitler habe den »Neubau... durch Beseitigung der Fassade erleichtert«, das Empfinden ausdrücken zu wollen, der Feldzug habe der traditionellen europäischen Großmachtpolitik den letzten Rest an Glaubwürdigkeit genommen, weil der Anspruch der einen Macht mit geradezu beiläufiger Leichtigkeit abgetan wurde, der Triumph der anderen Macht jedoch an dem politischen Verhältnis der beiden Völker im Grunde nichts geändert hatte.

Trott dagegen hat seinen englischen Freunden und Gesprächspartnern wohl eine feste Haltung gegenüber Hitler angeraten, doch scheint er, ähnlich wie Goerdeler, freiwillige britische Konzessionen – auch territorialer Art – an das deutsche Nationalbewußtsein lange Zeit für richtig und für notwendig gehalten zu haben[118]. Und die Vorstellung, ein Deutschland, dessen berechtigte nationale Forderungen erfüllt seien, werde eher zum Aufstand gegen Hitler bereit und in der Lage sein, ist ihm offenbar nicht fremd gewesen. So hat er noch im November 1939, in Amerika, einem amerikanischen Bekannten dessen Überzeugung bestätigt, »wenn sich eine Lösung für Danzig hätte finden lassen, so hätte es keine weitere Aggression gegeben – wegen des Zusammenwachsens der nazifeindlichen Stimmung in Deutschland...«[119]. Daß ihm selbst, und hier liegt ein entscheidender Unterschied zu Goerdeler, territoriale Ziele nicht mehr wichtig waren, zeigt indes sein gleichzeitiges Referat vor dem Yale Club, in dem er eine öffentliche Garantie – durch die Westmächte – lediglich der deutschen Grenzen von 1933 als unentbehrlich bezeichnete, weil sonst die für einen Putsch gebrauchten deutschen Generale abgeschreckt würden [120]. Auch hat er lange gehofft, daß die geistige und politische Krise in Deutschland, mit der die nationalsozialistische Bewegung aufs engste zusammenhänge, Möglichkeiten und Ansätze zu einer sozialistischen Entwicklung schaffen oder vorbereiten werde; die in Gang gekommene Gärung könne vielleicht doch fruchtbar sein. Da er außerdem unbeirrbar an die besonderen Qualitäten des deutschen Wesens glaubte, stellte er in Briefen und Gesprächen mit Angelsachsen wieder und wieder die Forderung, die angelsächsische Welt müsse einerseits ein festes »selbstsicheres Bollwerk gegen den Krieg« errichten – auch durch Aufrüstung –, andererseits aber »eine Haltung der Solidarität mit der verzweifelten Gärung in Deutschland«

an den Tag legen[121]. Für die zunehmende Identifizierung von »national-sozialistisch« und »deutsch« hatte er zwar Verständnis – »ich sehe den Grund, weshalb das geschieht, klar genug« –, lehnte sie jedoch als »grundfalsch« empört ab[122]. Londoner Versuche, ein europäisches Bündnissystem gegen das aggressive Berlin zu organisieren, verurteilte er – als provozierend – ebenfalls[123]. Man wird hier allerdings berücksichtigen müssen, daß Trott eine deutsch-britische Zusammenarbeit – nicht ohne emotionalen Impuls – stets als entscheidende Voraussetzung und entscheidenden Antrieb der europäischen Befriedung und Einigung angesehen hat; daher traf ihn die erneut zunehmende Entfremdung zwischen Deutschland und Großbritannien, zwischen Deutschen und Briten besonders hart, und er setzte sich geradezu verzweifelt gegen sie zur Wehr. Sicher hat ihn auch die allmähliche Wandlung der Einstellung zu ihm selbst, die er bei manchen englischen Freunden beobachten mußte, tief berührt. Zudem ist er 1938 gar nicht in Europa gewesen; das Jahr der aktivsten Appeasementpolitik und der brutalsten außenpolitischen Erpressung Hitlers – das außenpolitische Krisenjahr der Vorkriegszeit schlechthin, in dem sich in England jene Änderung des psychologischen Klimas vollzog, die dann einen härteren Kurs der britischen Deutschlandpolitik erzwang –, dieses Jahr hat er in einer geographischen Distanz zu den Ereignissen verbracht, die ihn die äußerste Anspannung der britischen Konzessionsbereitschaft nicht recht erkennen ließ. Aber wenn sich in seine Äußerungen der Jahre 1938 und 1939 gelegentlich eine kräftige Verärgerung über die moralische und politische Selbstgerechtigkeit der Angelsachsen einschlich, so hat er doch an seiner Vision von der engen deutsch-britischen Freundschaft immer festgehalten, und wenn er gegen die ungerechte Kritik am deutschen Nationalcharakter argumentierte, so bestritt er gleichzeitig ebenso energisch, daß Motive und Argumente seiner Abwehr nationalistischer Natur seien. Nicht weniger klar als Moltke sah er, daß ein System, »welches das ganze übrige Europa bedroht oder tatsächlich beherrscht und nicht von innen heraus geändert werden kann, eindeutig als Zwangsregime betrachtet werden muß, und daß Europa sich selbst aufgäbe, wenn es dies als endgültig hinnähme«[124].

Trott hat denn auch schon 1939 ein klarer umrissenes Europakonzept in seinen Verhandlungen mit anglo-amerikanischen Partnern vertreten. In einer Ende 1939 entstandenen Denkschrift für Lord Halifax warb er um Zusammenarbeit »für eine konstruktive europäische Zukunft«, und es ist bezeichnend, daß er in diesem Memorandum der deutschen Arbeiterklasse eine besondere Eignung zur Politik im gesamteuropäischen Rahmen zuschrieb; einerseits sei sie durch den deutsch-sowjetischen Pakt dem Kommunismus entfremdet, andererseits sei in ihr noch »eine starke Tradition internationaler Zusammenarbeit und rationaler Politik« lebendig[125]. Gleichzeitige Notizen zeigen, wie er sich diese europäische Zukunft vorstellte[126]. Nahe liege »das Beispiel der Vereinigten Staaten Amerikas, die durch eine gemeinsame nationale Grenze, durch Zoll- und Währungsunion prima facie die Möglichkeit innerer gewalttätiger Konflikte ausgeschaltet haben«. Das Problem des »überlegenen deutschen Produktionsapparats« war ihm jedoch durchaus bewußt, und zur Lösung der damit gegebenen Spannung schlug er »großzügig konzipierte gemeinsam-europäische Wirtschaftserschließungsaktionen« vor, die – »etwa im Stil der Völkerbundsanleihen an Griechenland und Österreich« – Afrika, Ostasien und Südamerika »auf der Basis von großen Konsortialgesellschaften ... erschlössen«. Solche Unternehmen würden außerdem »gesinnungswandelnd« wirken und zur Kooperation auf anderen Gebieten führen: Hier ist gleichsam die Entwicklungshilfe späterer Jahrzehnte vorausgedacht und als Motor der europäischen Einigung eingesetzt. Ferner machte er den Vorschlag, einen »gesamteuropäischen staatsbürgerlichen Status« und einen »gemeinsamen höchsten Gerichtshof« zu schaffen; auch gemeinsame europäische Streitkräfte faßte er bereits ins Auge. Dabei ging er schon von der unvermeidlichen deutschen Niederlage aus, und so warnte er nachdrücklich davor, den Krieg mit einem »Über-Versailles« zu beenden; ein harter Friede werde nur die Belebung des deutschen »Verfolgungskomplexes« zur Folge haben, Material für Demagogen liefern und Deutschlands Einbau in ein neues Europa erschweren – es bestehe sogar die Gefahr, daß die Deutschen einer abermaligen Demütigung durch die Alliierten die Flucht in den Bolschewismus oder doch Nationalbolschewismus vorzögen. Daher sei eine rechtzeitige Proklamierung maßvoller Kriegsziele von großer Bedeutung: Die Alliierten müßten den Deutschen »eine faire Grundlage für die nationale Existenz« und die Unantastbarkeit der Grenzen von 1933 zusichern.

Man wird sagen können, daß Trott mit solchen Plänen nicht nur einem Impuls der Vernunft folgte, sondern auch einen durchaus vernünftigen Ansatz zur Konkretisierung des Impulses anbot. Die Frage, ob sein Programm außerdem auch noch realistisch war – von der gewiß unrealistischen europäischen Staatsbürgerschaft und den europäischen Streitkräften einmal abgesehen –, ist allerdings nicht zu beantworten. Es ist sehr wohl möglich, daß seine Ideen – anders als die gleichzeitigen und späteren Vorstellungen der konservativ-nationalen Opposition, die Europa an der Überwindung des geistigen und politischen Status quo gehindert und dann sogar hinter diesen Status quo zurückgedrückt hätten – deshalb in einer gewissen Distanz zur europäischen Realität standen, weil sie dem Status quo allzu weit vorauseilten. Es ist aber ebensogut möglich, daß, den hypothetischen Fall einer neuen deutschen Regierung mit einem derartigen Konzept unterstellt, die Erleichterung über den geschwundenen Druck, der von Deutschland ausgeübt worden war, und die Ablehnung der für den Gang der Dinge mitverantwortlichen bisherigen europäischen Situation schon damals kräftig genug gewesen wären, um eine allgemeine Bewegung zu europäischen Zusammenschlüssen in Gang zu setzen. Moltkes damalige Gedanken, an denen er mindestens bis 1941 festgehalten hat, waren und wären heute noch utopisch. In seiner 1941 entstandenen Denkschrift »Ausgangslage, Ziele und Aufgaben« skizzierte er, seiner Grundvorstellung entsprechend, einen in »kleinere nicht-souveräne Staatsgebilde« aufgelösten europäischen Gesamtstaat, der, von den ideologischen und verfassungsrechtlichen Elementen der Konstruktion ganz abgesehen, keine reale Möglichkeit für Europa darstellte[127]. Jedoch sind an diesen europäischen Planspielen nicht die phantastischen Einzelheiten und auch nicht manche verfehlten Grundrisse entscheidend; derartige Mängel sind solchen Planspielen stets eigentümlich. Entscheidend ist vielmehr die von Trott und Moltke immer wieder formulierte Erkenntnis, daß in Europa das Ende der Gewaltpolitik, des Nationalismus und des Rassegedankens gekommen sei oder herbeigeführt werden müsse, und daß, um den europäischen Zusammenschluß zu ermöglichen, das »Übergewicht der bisherigen großen Staaten Deutschland und Frankreich gebrochen« werden müsse. Den Kern der damaligen europäischen Problematik hatten sie also ganz richtig gesehen, und hätten sie ihre Einsicht in praktische Politik umsetzen können, dann hätte es von der Basis aus, trotz aller Abstriche, die von der Wirklichkeit und damit vor allem vom politischen Willen der übrigen europäischen Staaten erzwungen und mit Recht gefordert worden wären, eine reale Chance für eine zeitgemäße Umwandlung der europäischen Ordnung gegeben. Mindestens aber wäre ein von solchen Gedanken geleitetes Deutschland für Europa wieder erträglich geworden.

Synthese von Reichsgedanken und Europavorstellung

Bis Ende 1941 sind die Kreisauer praktisch ohne Einfluß auf die Gruppe der konservativ-nationalen Oppositionellen geblieben. Als nun aber die Kontakte enger und fester wurden, ist die Wirkung gerade auch der außenpolitischen Kreisauer Vorstellungen unverkennbar. Beck, der zwischen Polen- und Frankreichfeldzug offenbar ebenfalls nicht abgeneigt war, die erreichte hegemoniale Stellung des Reiches für ein nichtnationalsozialistisches Deutschland zu retten, sprach schon im Juni 1942 in der Mittwochsgesellschaft – anderthalb Jahre nach Popitz' Referat über den Reichsgedanken – von »Ländern ..., die sich dem nationalen Staate

als lebendige Glieder nicht einfügen« ließen, und davon, daß Gott die
Völker geschaffen habe, »ohne unter ihnen eine Rangordnung festzuset-
zen, und daß kein Kulturvolk auf sich allein gestellt bleiben kann«; zwar
werde die auch in Zukunft unvermeidliche Konkurrenz der Staaten nach
wie vor zu Streitfragen führen, aber derartige Fragen müßten von
Gremien geschlichtet werden, die als »übergeordnet anerkannt« würden[128]. Vor allem bei Goerdeler ist die Entwicklung deutlich zu erkennen. Hatte er der britischen Regierung im Frühjahr 1941 noch die
Billigung von europäischen Zusammenschlüssen auf regionaler Basis
vorgeschlagen, also praktisch die Anerkennung eines von Deutschland
organisierten Mitteleuropas und damit die Anerkennung der deutschen
Führung des Kontinents[129], so schraubte er seine Ansprüche immer
weiter zurück, bis er schließlich Mitte 1943 schrieb, die europäischen
Völker müßten sich in Freiheit und Selbständigkeit »zu einem ewigen
Friedensbund zusammenfinden, in dem weder Deutschland noch eine
andere Macht Vorherrschaft beansprucht«[130]. Mit charakteristischer Im-
pulsivität steuert er jetzt sogar mit vollen Segeln Kurs auf Europa und
macht sich bereits Gedanken über ein europäisches Wirtschaftsministe-
rium, eine europäische Wehrmacht und ein europäisches Außenministe-
rium. Mit ebenso charakteristischem Optimismus meint er, daß man sich
über »Einzelheiten ... unschwer verständen« werde. Wenn er anschließend fordert, die Nationalstaaten müßten nicht nur erhalten bleiben,
sondern weiterhin »in allen Entschließungen« volle Selbständigkeit haben, so scheint er sich keines Widerspruchs bewußt gewesen zu sein.
Einige Monate vorher hatte er sich in einer für Generäle bestimmten
Denkschrift ganz ähnlich geäußert[131].
Selbstverständlich sind die konservativ-nationalen Honoratioren in der
Auseinandersetzung mit Kreisau nicht völlig umgewandelt worden. Aus
einigen Bemerkungen im Tagebuch Hassells kann man noch heute auf
das etwas unbehagliche Wohlwollen schließen, mit dem er das außenpolitische Pläneschmieden der Jüngeren quittierte, auch auf die Gereizt-
heit, mit der die Hassell und Goerdeler auf die bedenkenlose Zertrümmerung von Werten und Begriffen reagierten, die ihnen im Laufe ihres
Lebens zu Selbstverständlichkeiten geworden waren[132]. So ist es dem
alten Nationalliberalen Goerdeler psychologisch unmöglich gewesen,
den bei ihm aus den nationalen Ansprüchen von 1848 und Bismarck-
scher Staatsgesinnung geformten souveränen deutschen Nationalstaat
preiszugeben, ebenso unmöglich, den Verzicht auf Territorien, die er als
deutsch und als Teile dieses Nationalstaats ansah, etwa freiwillig anzu-
bieten. Man wird wohl annehmen dürfen, daß ein Reichskanzler Goerdeler 1943 oder 1944 Friedensverhandlungen nicht an der einen oder
anderen territorialen Forderung hätte scheitern lassen. In seinen Memoranden aber hat er noch in eben diesen Jahren an all den Ansprüchen,

die er seit eh und je als »deutsche Lebensfragen« bezeichnet hatte, offen
und zäh festgehalten – und das in Denkschriften, in denen er ebenso
aufrichtig versicherte, im europäischen Staatenbund würden »innereu-
ropäische Grenzen eine immer geringere Rolle spielen«[133]. Wenn es je
zu ernsteren Gesprächen zwischen der britischen Regierung und der
deutschen Opposition gekommen wäre, so hätte Churchill solche Sätze
einem Manne niemals geglaubt, der fast noch im selben Atemzuge Polen
Litauen verspricht, um die deutsche Ostgrenze von 1914 verlangen zu
können. Gewiß muß dabei berücksichtigt werden, daß Goerdeler ein
Mann der Vernunft und der Gerechtigkeit war, der bestimmte Grenzen
forderte, weil er sie in der Tat für vernünftig und gerecht hielt. Schließlich darf man nicht vergessen, daß seine Generation bestimmte Auseinandersetzungen, so die zwischen Sudetendeutschen und Tschechen, als
ernste Konflikte erlebt hatte, die unabhängig von Hitler entstanden
waren und daher auch nach seinem Verschwinden der Lösung bedurften. Da eine Lösung, wie sie dann 1945 erfolgte, sein Vorstellungsver-
mögen wohl überstieg – Umsiedlungspläne hat er nur für ausgesprochene Mischgebiete ins Auge gefaßt[134] –, mußte die Frage, so wie er sie sah,
durch eine entsprechende Grenzziehung geklärt werden. In diesem
Sinne sollten seine territorialen Ansprüche, im Hinblick auf die Dauer
der Nachkriegsordnung, auch eine gleichsam heilende Funktion haben.
Daß seine Vernunft und seine Gerechtigkeit aber eine ausschließlich am
deutschen Interesse orientierte Vernunft und Gerechtigkeit waren, daß
er allein deutsche Wunden heilen wollte, ist ihm offenbar nie klar
geworden. Noch in einer Niederschrift, die in der Gestapohaft entstanden ist, hat er nach den Worten »Deutschland bleibt ein Reich« die
territorialen Forderungen dieses Reiches als Rezept zur Befriedung
Europas folgen lassen[135]. Freilich ist ihm auch das zwischen 1939 und
1942 erworbene deutsche Kraftgefühl nie mehr ganz abhanden gekom-
men. Es ist sehr bezeichnend, daß er sich über die deutsch-polnische
Grenze nicht mit Polen verständigen, daß er vielmehr mit der britischen
Regierung eine Verständigung »über« Polen aushandeln will[136]. Und im
Dezember 1942 regelt er in einem Memorandum die Grenzen der
Balkanstaaten zwar unter ausdrücklicher Ablehnung des Wiener
Schiedsspruchs – der eine »Karikatur« geschaffen habe –, aber ganz im
Geiste des Wiener Schiedsspruchs[137].
Auch bei Hassell stand nach wie vor das Reich Bismarcks im Mittel-
punkt des politischen Denkens. Zwar hatte der Kenner des außenpoliti-
schen Geschäfts, anders als Goerdeler, schon früh keine Zweifel mehr,
daß Deutschland – unter welcher Regierung auch immer – mit harten
Friedensbedingungen rechnen müsse[138], doch klammerte er sich lange
an die Hoffnung, es werde doch noch gelingen, »wenigstens das Rudiment des Bismarck-Reiches zu retten«. Europäische Gemeinsamkeiten

standen ihm wohl deutlicher vor Augen, als sie manche seiner Freunde
gesehen haben, aber der in Interessensphären und Einflußzonen denkende Diplomat hat die Möglichkeit einer auf freiwilliger Vereinigung
basierenden politischen Konkretisierung jener Gemeinsamkeiten – wie
sie Moltke und Trott vorschwebte – wohl sehr skeptisch beurteilt.
Zudem war er, stärker als Goerdeler, an der Bewahrung der spezifisch
deutschen innenpolitischen Struktur interessiert, und so griff er den
Gedanken Trotts, das besondere deutsche Wesen und die deutsche
Mittlerrolle zwischen Ost und West bedürften der staatlichen Sicherung,
sofort auf. Hatte er das »Herzland Europas« noch kurz zuvor als
Magneten aufgefaßt, der die in seinem Kraftfeld liegenden Staaten auf
sich zuordne, so schrieb er jetzt Sätze, die auch von Trott stammen
könnten. Deutschland müsse eine »nicht nur politisch, sondern auch
geistig selbständige Existenz« behaupten, um seine verbindende europäische Funktion ausüben zu können; daher dürfe es sich »weder dem
Osten noch dem Westen verschreiben«[139]. Auch in diesem Sinne wollte
er das Reich – sollte es auch Amputationen erleiden müssen – erhalten.

So war denn auch der taktische Kurs, mit dem Goerdeler und Hassell
seit 1942 »das Reich aus dem Zweifrontenkrieg herausmanövrieren«
wollten[140], noch ganz von den Begriffen und Methoden traditioneller
europäischer Staatskunst bestimmt. Sie selbst empfanden die Sowjetunion als die bedrohlichste außenpolitische Gefahr und im Hinblick auf
ihre eigenen Wertvorstellungen – insofern ist natürlich ein modernes
Element im Spiel – sogar als eine tödliche Bedrohung. Hitler hatte diese
Bedrohung schon 1939 durch seinen Pakt mit Moskau mutwillig heraufbeschworen; sie war damals eher latent gewesen, und Hitler war es
durch seinen raschen Erfolg in Frankreich überdies gelungen, sich noch
einmal eine gewisse Entlastung zu verschaffen. Mit seinem Angriff auf
die Sowjetunion aber hatte er, nachdem der Blitzkrieg in Rußland
gescheitert war, die latente Bedrohung in eine akute Gefahr verwandelt.
Nun hatten ja die konservativ-nationalen Oppositionellen schon 1939
bei England das gleiche Sicherheitsbedürfnis gegenüber dem sowjetischen Vordringen vorausgesetzt, das sie selber verspürten, und als
Plattform einer deutsch-britischen Verständigung benützen wollen. Was
lag näher, als anzunehmen, daß jetzt mit jedem militärischen Erfolg der
Sowjetunion das Sicherheitsbedürfnis in London ebenso zunahm wie in
Deutschland? Konnte das christliche und liberal-demokratische England
ein bolschewistisches Deutschland hinnehmen? Mußte nicht britische
Staatsräson die Zerstörung des europäischen Gleichgewichts, die ein
sowjetischer Sieg zur Folge haben würde, verhindern wollen? War also
nicht die Erhaltung eines lebensfähigen und sogar bündnisfähigen
Deutschland ein vitales Interesse Großbritanniens? Mehr denn je? Hier

sollte, nach dem Sturz Hitlers, eine Regierung des vernünftigen und anständigen Deutschland doch ansetzen können. Hassell ist von diesem Gedanken beherrscht, und Goerdeler variiert ihn in seinen Denkschriften, ob sie für britische Leser bestimmt sind oder für deutsche Generäle[141]. Sie erinnern sich an die britische Appeasementpolitik, die auch schon auf die Ausschaltung Rußlands aus Europa abgezielt habe, und sie erinnern sich daran, daß London bereits in den zwanziger Jahren gegen die von Frankreich angestrebte übermäßige Schwächung Deutschlands eingetreten war[142]. Und gerade weil heute die Situation viel gefährlicher und die Niederlage Deutschlands viel folgenreicher sei, müßten auch die Chancen für ein Zusammenspiel größer sein. Zudem seien drei Momente gegeben, die zumindest die taktische Lage verbesserten. Da Frankreich völlig ausgeschaltet sei, brauche England auf Paris keine Rücksicht zu nehmen. Auf die neutralen Staaten hingegen müsse London Rücksicht nehmen, und gerade die Neutralen würden, bei der besonderen Art der sowjetischen Bedrohung, ihren Einfluß für die Erhaltung des Reiches geltend machen[143]. Vor allem aber taucht die 1939 ignorierte Polenfrage im Kalkül auf. Polen, für dessen Existenz England schließlich in den Krieg eingetreten sei, werde sowjetischen Annexionsgelüsten in erster Linie ausgesetzt sein. England könne aber Polen nicht schützen. Zwischen Warschau und Moskau stehe nur die deutsche Armee. Garantiere eine neue deutsche Regierung die polnische Ostgrenze von 1938 und erkläre sie sich bereit, diese Grenze mit Waffengewalt zu verteidigen, so müsse die britische Regierung ein solches Angebot annehmen, schon weil die polnische Exilregierung einen entsprechenden moralischen Druck ausüben würde[144]. So spielt jetzt in Denkschriften Goerdelers, die an Militärs gerichtet sind, die Forderung eine dominierende Rolle, es müsse gegen Hitler gehandelt werden, solange die Armee in der Lage sei, die polnische Ostgrenze zu halten[145]. Es ist schon eine besondere historische Pointe, daß gerade der Staat, um dessentwillen Hitler Deutschland in den Krieg verwickelt hatte, nun der Opposition gewissermaßen als archimedischer Punkt dienen sollte, um dem Reich aus dem Krieg wieder herauszuhelfen. Man könnte auch sagen, daß es sich um eine – ins Positive gewendete – Variante des im Ersten Weltkrieg auf Belgien bezogenen Faustpfand-Gedankens handelt. Das ganze Konzept lief auf ein an London adressiertes Angebot hinaus, zu einer bestimmten Form der gewohnten Gleichgewichtspolitik zurückzukehren und England als »Festlandsdegen« zur Verfügung zu stehen.

Alle Mitteilungen, die von dieser Gruppe des Widerstands nach England gerichtet wurden, sind von dem skizzierten außenpolitischen Rezept bestimmt oder doch inspiriert gewesen. Hassell hat, um dem gesuchten britischen Partner solche Gedanken nahezubringen, sogar eine Art öffentlichen Diskurs begonnen. Im September 1943 war in *Nineteenth Century* ein Aufsatz erschienen, der sehr betont für die Beibehaltung der traditionellen britischen Europapolitik des »Balance of Power« eintrat und die Aufteilung des Kontinents in eine russische und eine anglo-amerikanische Einflußzone ebenso betont ablehnte; statt dessen sei es richtig, zu »Zwischeneuropa« zurückzukehren, worunter der Verfasser des Aufsatzes allerdings den »cordon sanitaire« der Vorkriegszeit verstand. Hassell schrieb eine Replik im Dezemberheft der *Auswärtigen Politik,* in der er zunächst – nach einer ironischen Kritik an der »mitleidigen« Behandlung, die Frankreich in der englischen Zeitschrift erfahren habe – feststellen zu dürfen glaubte, daß »der Verfasser keine Bedenken trägt, wenn auch leise und vorsichtig, so doch immerhin zweimal ausdrücklich mit der Möglichkeit zu spielen..., eine Revision der englischen Politik Deutschland gegenüber vorzunehmen, d. h. also faute de mieux auf ein deutsches Gegengewicht gegen Rußland zurückzukommen«. Hassell kommentierte das mit der Bemerkung, ein »naiver Outsider könnte angesichts dieser Folgerung auf den verwegenen Gedanken kommen, daß von solcher Auffassung der Weg nicht allzu weit zu der Erkenntnis sein sollte, es sei am Ende für ein Gleichgewicht in Europa um einen starken und gesunden Kern des Erdteils, nämlich Deutschland, überhaupt nicht herumzukommen«. Aber auch wenn man sich angesichts der von London tatsächlich betriebenen Politik vor so leichtsinnigem Optimismus hüte, sei doch eine Konsequenz »aus der Einstellung des Aufsatzes zwingend«: Entpuppe sich die »organisierte ›Mittelzone‹ als Utopie, so müßte in einem vollkräftigen Deutschland die einzige Rettung gegenüber einem dem russischen Einfluß mehr und mehr verfallenden Europa erblickt werden«. Mit leiser Drohung fuhr Hassell fort: »Es ist beinahe belustigend festzustellen, und es wäre verlockend, den Gedanken weiterzuverfolgen, daß umgekehrt gegenüber einem alles erdrückenden anglo-amerikanischen Übergewicht für Rußland ebenfalls ein gesundes und starkes Deutschland das einzig wirksame Gegenmittel darstellen müßte.« Dann aber kam er zum Kern der Sache und machte ein förmliches Angebot: »Europäisches Gleichgewicht? Einverstanden!... Wenn es richtig ist – wie es der Verfasser des Aufsatzes ausdrückt –, daß das Ziel der ›neuen‹ Gleichgewichtspolitik sein soll, eine europäische Ordnung zu schaffen, die sich auf ihre eigene innere Stärke stützt, so wäre dagegen nichts zu sagen... [Aber schon] der ›physikalische‹ Gesichtspunkt verlangt, daß für solches Gleichgewicht des Kontinents der Schwerpunkt da gesucht wird, wo er liegt, nämlich in der Mitte. Alles Bemühen, ein Gleichgewicht herzustellen, ohne einen starken und gesunden deutschen Kern, muß scheitern... Das hat nichts mit deutscher Vorherrschaft zu tun, sondern bedeutet nur eine Ordnung, die der Natur der Dinge entspricht und damit dem

Vorteile aller Beteiligten dient. Insofern sind wir mit dem Verfasser ganz einig, wenn er sagt, daß die ›Art des Friedens durch die dauerhaften Gegebenheiten der europäischen Lage bestimmt werden muß‹.« Warum aber, so fragte Hassell am Ende, sei »bei den Verantwortlichen drüben auch nicht das leiseste Anzeichen dafür erkennbar, daß man geneigt wäre, aus der – beim Verfasser des Aufsatzes scheinbar vorhandenen – Erkenntnis der sowjetrussischen Gefahr für die ›Mittelzone‹ und für ganz Europa irgendwelche Folgerungen zu ziehen?«[146]

Friedrich Berber, der Herausgeber der *Auswärtigen Politik,* versah Hassells Aufsatz mit der Vorbemerkung, die Ausführungen hätten zwar schon etwas früher publiziert werden sollen, hätten inzwischen aber sicherlich nicht an »Aktualität« verloren. So konnte Hassells Artikel – in einer offiziösen Zeitschrift veröffentlicht – sogar als eine Art Friedensfühler des Regimes aufgefaßt werden. Hassell hat aber wohl damit gerechnet, daß sein Name solche Mißverständnisse ausschließen werde. Tatsächlich handelte es sich um ein verzweifeltes Konzept, das mit gewissen Hoffnungen Hitlers und seiner Umgebung insofern eine leichte Ähnlichkeit aufweist, als es ebenfalls auf die Spannungen und Interessengegensätze zwischen den Alliierten spekulierte. Der Unterschied bestand aber darin, daß die Verschwörer ein von Hitler bereits befreites und zu einem vernünftigen Frieden bereites Deutschland als Partner anboten. Goerdeler wußte gut genug, daß »es kindlich wäre, davon zu träumen, daß sich beide Mächte (England und Sowjetunion) während des Krieges trennen werden«[147]. Aber wenn jene beiden Voraussetzungen gegeben seien, so rechnete man, würden die durch Hitlers Existenz suspendierten Gesetze europäischer Politik doch wieder in Kraft treten. Natürlich war die Rechnung falsch. Sie kalkulierte weder den politischen Einfluß und die politischen Ziele der Vereinigten Staaten noch die Tatsache ein, daß Hitler den Krieg auch insofern in einen totalen verwandelt hatte, als er das gewiß nicht natürliche Bündnis zwischen dem kommunistischen Rußland und dem kapitalistischen Westen zu einer festen Verbindung zusammengeschweißt hatte, an die sich mindestens im Westen Hoffnungen auf eine umfassende und dauernde Nachkriegsordnung knüpften. Die praktische Konsequenz, es sei »one war«, dem auch »one peace« folgen müsse, hat Allen Dulles, der amerikanische Verbindungsmann zum deutschen Widerstand, seinen deutschen Gesprächspartnern immer wieder vor Augen gehalten[148]. Wer, wie Gisevius, draußen lebte, begriff das auch. In Deutschland selbst aber tauchte vor dem Blick der konservativ-nationalen Opposition von Monat zu Monat drohender das Gespenst des Jahres 1918 auf. Die Erinnerung daran hatte schon während der Sudetenkrise eine wichtige Rolle gespielt; jetzt begann das Gespenst sich in eine Gestalt aus Fleisch und Blut zu verwandeln. Und 1918 hieß nun Über-Versailles, hieß innerer

Umsturz, hieß – zumal mit dem Näherrücken der Roten Armee – Bolschewisierung. Vielleicht konnte all das abgewendet werden, solange noch ein Rest an Handlungsfähigkeit und Kampfkraft gegeben war. In solchen Situationen erscheinen Strohhalme manchmal als recht haltbar. So hielten Goerdeler, Hassell und Beck bis in den Sommer 1944 an ihrem Konzept fest – trotz der Forderung nach »unconditional surrender« –, wenn auch mit zunehmender Einengung des taktischen Spielraums, vom strategischen ganz zu schweigen, desperate Varianten entwickelt wurden. Schließlich diskutierten sie den Gedanken, die Schleusen im Westen einfach zu öffnen, um mit dem so entstehenden Gegendruck den Damm im Osten zu halten. Allerdings haben Beck und Goerdeler schon im Frühjahr 1944 erkannt, daß ohne Moskau keine Rechnung mehr zu machen war. Ihr Vorschlag, den sie damals Dulles übermittelten, lautete auf Sonderverhandlungen mit den Westmächten und gleichzeitiger oder anschließender Besetzung Deutschlands vom Westen her, während die westlichen Alliierten zugleich die Vermittlung zur Sowjetunion übernehmen sollten[149]. In den letzten Tagen vor dem 20. Juli 1944 scheint sich aber die Auffassung durchgesetzt zu haben, daß nach dem Staatsstreich sowohl mit dem Westen wie mit Moskau Unterhandlungen begonnen werden müßten[150].

Ihre Pläne galten also der Rettung des deutschen Staates. Das war normal und ist weder moralisch noch politisch anfechtbar. Es kann keine Pflicht zum politischen Selbstmord postuliert werden, auch dann nicht, wenn auf den Namen eines Volkes schwere Schuld geladen worden ist. Zudem aber hat sich doch eine tiefe Veränderung ihrer Vorstellung von Deutschlands Verhältnis zu den übrigen Staaten und zu Europa vollzogen. Sie haben seit Anfang 1942 nicht allein den vorübergehend gestellten mitteleuropäischen und sogar europäischen Führungsanspruch zurückgenommen; Goerdeler hat sich nicht nur zum – jetzt gleichsam defensiven – Revisionspolitiker großdeutscher Observanz zurückentwickelt, der er in den zwanziger und dreißiger Jahren gewesen war, und Hassell nicht nur zum Verfechter des kleindeutschen Reichsgedankens. Neben dieser Wendung zur Normalität der europäischen Vorkriegspolitik steht ein neuer Gedanke, der in die Zukunft weist. Sie sind jetzt bereit, das gerettete Reich, ob großdeutsch oder kleindeutsch, in eine größere Einheit einzubringen: in die Gesellschaft der europäischen Staaten. So zäh Goerdeler am Reichsbegriff und an den Grenzen von 1914 festgehalten hat, so zäh hat er auch am Gedanken des europäischen Staatenbundes – mit einem ohne Anspruch eingefügten Deutschland – festgehalten, nachdem er ihn einmal ergriffen hatte. Die Wandlung bedeutete also nicht einfach die Rückkehr in eine alte europäische Normalität, sondern zugleich den Eintritt in eine – damals noch schemenhafte – künftige europäische Normalität.

Ist hier der Einfluß Kreisaus entscheidend beteiligt gewesen, so sind andererseits die Kreisauer durch die Berührung mit der konservativ-nationalen Opposition ebenfalls verändert worden. Nach offenbar sehr heftigen Auseinandersetzungen über die Frage, ob der Reichsbegriff beibehalten werden solle[151], haben sich die Vorstellungen der Honoratioren durchgesetzt, gegen den Widerstand der Sozialisten und wohl auch gegen die Überzeugung Moltkes. In den »Grundsätzen für die Neuordnung« vom August 1943 wird in bezeichnender Formulierung gesagt: »Das Reich bleibt die oberste Führungsmacht des deutschen Volkes.«[152] Auch wenn sogleich hinzugefügt wurde, das Reich müsse »in die Lebensgemeinschaft der europäischen Völker« eingegliedert werden, so mußte die Adaption des Reichsbegriffs doch politische Folgen haben. Die Gedankenwelt der Kreisauer ist gleichsam im nationalen Sinne aufgeladen worden. Trott, der zur Sicherung des besonderen deutschen Wesens und der besonderen inneren Struktur Deutschlands ja stets einen harten staatlichen Panzer für notwendig gehalten hat, ist solchen Einflüssen sicher am zugänglichsten gewesen. Es ist charakteristisch, daß er in einer Denkschrift, die offenbar schon recht spät entstanden ist, einen Frieden ohne Gebietsabtretungen und ohne Besetzung Deutschlands gefordert hat[153]. Und noch charakteristischer ist es, daß er, der im Herbst 1939 noch die deutschen Grenzen von 1933 als befriedigend angesehen hatte, in einem Ende April 1942 geschriebenen Memorandum zwar die Wiederherstellung eines freien polnischen und tschechischen Staates als notwendig erklärte, aber »im Rahmen ihrer ethnographischen Grenzen«; er hatte sich also inzwischen den Anspruch Goerdelers auf das Sudetenland und mindestens Teile Westpreußens zu eigen gemacht[154]. Auch er suchte nach Möglichkeiten, nicht nur die staatliche Existenz Deutschlands zu retten, sondern überdies die bedingungslose Kapitulation zu vermeiden, und so hat er sich in den Fragen der außenpolitischen Taktik jener auf den Gegensatz zwischen den Westmächten und der Sowjetunion spekulierenden Linie Hassells und Goerdelers sehr genähert. Wenn er so, wie schon 1939, westliche Gesprächspartner mit der Drohung einer inneren Bolschewisierung und einer allgemeinen politischen Ostorientierung Deutschlands – auch als Folge der Enttäuschung über die harte Haltung der Angelsachsen – von der Notwendigkeit einer gegen Osten gerichteten anglo-amerikanischen Unterstützung der deutschen Opposition überzeugen wollte, hat er offenbar nicht gespürt, daß diese Drohung seine eigene Begründung für die Allianz zwischen Opposition und Westmächten – nämlich die Gemeinsamkeit des geistigen wie politischen Weltbildes – etwas entwerten mußte; wurde sie als nicht ernst gemeint erkannt, mußte sie ihren Eindruck verfehlen, wurde sie aber als real betrachtet, so konnte jene Gemeinsamkeit nicht ganz geglaubt werden. Er selbst hat freilich eine sogenannte »Ostlösung« ebensowenig wie jeder andere Angehörige des um den 20. Juli 1944 gruppierten Widerstands in Erwägung gezogen oder auch nur ziehen können. Bei ihm wie bei Stauffenberg, der mit seinen Anschauungen wohl überhaupt in die Nähe Trotts gehört, und bei allen anderen war trotz des Wunsches, den »deutschen Weg« im Innern zu behaupten und außenpolitisch abzuschirmen, das Gefühl der Verbundenheit mit dem Westen echt – erst recht vor dem Hintergrund der sowjetischen Bedrohung – und die Hoffnung auf eine Wendung der britischen Politik bis zuletzt die Basis der außenpolitischen Pläne. Auch als er im April 1944 in der Schweiz mit Gaevernitz, dem Verbindungsmann zu Dulles, sprach und die bolschewistische Gefahr in grellen Farben an die Wand malte, hat Trott keineswegs, wie Gisevius meinte[155], eine »Ostlösung« der deutschen Widerstandsbewegung angekündigt oder angedroht, sondern offensichtlich nur den »Linksruck« innerhalb des Widerstands – der einer »Ostlösung« gerade vorbeugen sollte – verständlich machen wollen. Auch scheint er mit der Bitte um eine Erklärung der Westmächte, sie würden die Aufnahme sozialistischer Führer in eine künftige deutsche Regierung begrüßen, nochmals den Versuch gemacht zu haben, aus den Westmächten eine Festlegung auf Zusammenarbeit mit einer Widerstandsregierung herauszulocken[156]. Indes war er seit Ende 1942 im Grunde doch überzeugt davon, daß die bedingungslose Kapitulation nicht zu umgehen sei[157], und seine Ambition, Deutschlands territoriale Gewinne zu bewahren, muß er bald wieder aufgegeben haben; offenbar war ihm schließlich klar, daß auch Österreich und sogar Ostpreußen verloren seien[158]. Im übrigen hat er, bei aller Ablehnung von Kollektivschuldparolen, schon 1942 erklärt, er und seine Freunde seien bereit, »den uns zukommenden Anteil Verantwortung und Schuld« zu übernehmen[159]. Vor allem aber haben er und diejenigen Verschwörer, die man der von ihm repräsentierten Richtung zurechnen kann, stets ein Europakonzept vertreten, das – dem Inhalt nach mit seinen Ideen von 1939 weitgehend identisch – zwar mit der Hoffnung auf die Rettung des Reiches zusammenhing, aber von ihr nicht abhängig war.

So wird man die Grenze zu den moralisch, geistig und politisch radikaleren Kreisauern nicht allzu scharf ziehen dürfen. Die eher gesellschaftspolitische Orientierung der Kreisauer Sozialisten ließ sie außenpolitische Krafteinbußen und territoriale Verluste leichter verschmerzen und daher auch früher als unvermeidlich erkennen. Leber, Reichwein und Leuschner haben ebenfalls bis in die Mitte des Krieges gehofft, selbstverständlich gehofft, den territorialen Bestand Deutschlands von 1937 erhalten zu können. Daß die Eroberungen Hitlers nicht erhalten werden durften, stand für sie jedoch außer Frage, und Leber scheint auf Erörterungen über das Sudetenland oder die Ostgrenze von 1914 mit einiger Ungeduld reagiert zu haben[160]. Den völlig in christlichem Geiste wurzelnden Kreisauern ist natürlich auch der 1942 von Bonhoeffer in Schweden ausgesprochene Gedanke leichter gefallen, daß die alle Maßstäbe sprengende Schuld, mit der die Nationalsozialisten Deutschland beladen hatten, »außenpolitische Auswege« nicht mehr zulasse, daß eine Aktion des Widerstands vielmehr ein »Akt der Buße« sein und als solcher deutlich werden müsse[161]. Wer diesen Gedanken nicht fassen konnte und eben nach »außenpolitischen Auswegen« suchte, war dann nicht in der Lage, zu verstehen, daß eine solche Haltung auch den einzig erfolgversprechenden außenpolitischen Ansatzpunkt darstellte. In extremen Situationen kann der völlig unpolitische Gedanke der eigentlich politische Gedanke sein. Jedenfalls war es sowohl Leber wie Moltke schon früh selbstverständlich, daß Deutschland – auch unter einer Regierung des Widerstands – bedingungslos kapitulieren und mit erheblichen territorialen Opfern rechnen müsse. Die Vorstellung der politischen »Wiedergutmachung« war ihnen durchaus geläufig, und der schlesische Rittergutsbesitzer Moltke hat sich schon 1943 – resignierend – mit dem wohl unvermeidlichen Verlust Schlesiens abgefunden[162]. Allerdings bedeutete eine solche Haltung nicht außenpolitische Passivität. Moltke hat zielbewußt den Kontakt zu Widerstandsgruppen in den besetzten Ländern gesucht, als »praktische Europapolitik« verstanden und zugleich in den Dienst eines größeren Konzepts stellen wollen. 1942 schrieb er ja einem englischen Bekannten nicht nur, er und seine Freunde seien bereit, den Siegern zu helfen, den »Frieden zu gewinnen«, vielmehr versicherte er, daß sie auch schon den Krieg gewinnen helfen wollten. Seine Verbindung zur europäischen Résistance scheint im Rahmen dieser Überlegung gestanden zu haben, und Ende 1943 hat er in der Türkei amerikanischen Partnern konkrete Vorschläge gemacht. Die von ihm repräsentierte Gruppe, so sagte er, halte »eine unbezweifelbare militärische Niederlage und Besetzung Deutschlands aus moralischen und politischen Gründen für absolut notwendig«; von dieser Voraussetzung ausgehend, betrachte sie die alliierte Forderung nach bedingungsloser Kapitulation als berechtigt und vorherige Verhandlungen über Friedensbedingungen als unmöglich; die Übereinstimmung mit dem Westen in den geistigen und politischen Grundanschauungen, die sie – gerade auch im Hinblick auf die Zukunft Europas und Deutschlands – als bestehend ansehe, sei eine bessere Garantie künftiger Zusammenarbeit als formelle Zusagen, die unter den gegenwärtigen Umständen nicht gegeben werden könnten. Auf dieser Grundlage schlage sie eine militärische Kooperation »größten Stiles« mit den westlichen Alliierten vor. Falls die Alliierten in der Lage seien, in Frankreich zu landen und mit einer großen, in einem Zug ablaufenden Operation bis Deutschland durchzustoßen und Deutschland zu besetzen, sobald die

sowjetischen Truppen etwa die Linie Tilsit–Lemberg erreicht hätten, sei
die Gruppe willens – vorausgesetzt, daß die Ostfront gehalten werden
könne –, eine solche Operation mit allen Mitteln zu unterstützen, z. B.
durch entsprechendes Verhalten größerer deutscher Truppenteile. Zugleich werde sie eine »provisorische antinazistische Gegenregierung« ins
Leben rufen, die den nicht-militärischen Teil der Zusammenarbeit übernehmen werde. Voraussetzung sei freilich, daß die Operation mit größt-
möglicher Schnelligkeit durchgeführt werde; nur dann könne eine solche
Handlungsweise einer deutschen Gruppe dem deutschen Nationalbewußtsein zugemutet und sogar, angesichts der sowjetischen Bedrohung,
als »kühne patriotische Tat ... vergleichbar der Tauroggener Konven-
tion des Generals Yorck« gerechtfertigt werden. Sowohl die militärische
Kooperation wie die Zusammensetzung der neuen deutschen Regierung
könnten dann schon vorher abgesprochen werden. Planten die Alliierten jedoch einen Angriff, der im langsamen Tempo des italienischen
Feldzuges abrollen werde, müsse die ganze Sache unterbleiben, weil
dann die »deutsche Beihilfe nicht nur nicht kriegsentscheidend wirken ..., sondern außerdem nur zur Bildung einer neuen Dolchstoßlegende führen und die beteiligten deutschen Kreise national aufs
schwerste kompromittieren und für die Zukunft aktionsunfähig machen« würde[163]. Auch dieser Plan stellte einen Rettungsversuch dar,
nämlich vor dem Kommunismus, und abgesehen von seiner militärischen Undurchführbarkeit forderte er von den Angelsachsen eine ähnliche Politik gegenüber Moskau, wie sie auch von Goerdeler und Trott
gefordert wurde; zudem ist die deutsche Voraussetzung, nämlich die
Mitwirkung deutscher, als Kommandeure in Frankreich stehender Offiziere, damals alles andere als gesichert gewesen, wenngleich Stauffenberg gelegentlich ähnliche Überlegungen angestellt hat; es ist nicht
einmal klar, welche Kreisauer den Plan gekannt und gebilligt haben. In
der Einschätzung der eigenen moralischen und politischen Lage aber
und in der Einschätzung der für die deutsche wie europäische Zukunft
daraus folgenden Notwendigkeiten hat Moltke die Realität genau getroffen.
Kreisau hat also eigentlich stets im Europa der Zukunft gelebt. Die
konservativ-nationalen Honoratioren sind gewiß im alten Europa aufge-
brochen. Zunächst Vertreter einer normalen und im Europa der dreißiger Jahre sogar unvermeidlichen nationalen Revisionspolitik, sind sie
nach der Erfüllung ihrer Forderungen – durch Hitler – sogar in eine
Großmachtpolitik zurückgefallen, die Europa noch vertraut war, aber
nicht mehr angemessen gewesen wäre. Ihr Denken kreiste um das
Reich, und ihr Herz hing am Reich. Nicht von Hitler, aber von der
Kraftentfaltung Deutschlands verführt, haben sie das Reich einen Augenblick lang als europäische Führungs- und Ordnungsmacht gesehen,

Deutschland mit Preußen und Europa mit Deutschalnd verwechselnd. Aber noch vor der Peripetie des Krieges sind sie sich der Verführung bewußt geworden, und ihre Tragik liegt darin, daß gerade dann, als sie sich Europa wieder nähern wollten, Europa sich vor ihnen zurückzog, sie aber glaubten, ohne die Hilfe Europas nicht handeln zu können. Das war weder ihre noch Europas Schuld; Hitler hatte den Kontinent und die Welt nicht nur von sich selbst, sondern auch von Deutschland weggestoßen. So haben sie das Reich vor seinem Verderber – dem sie als einem bloßen Parasiten keine wahre Gemeinsamkeit mit dem Reich und mit ihnen selbst zubilligten – nicht retten können. Jeden historischen Sinn muß die Szene im Friedrichsruh Bismarcks bewegen, als Ulrich von Hassell, wenige Tage vor dem 20. Juli 1944, vom Reich Abschied nahm – »dauernd nahe an Tränen beim Gedanken an das zerstörte Werk«. Aber sie hatten ihre Werte und ihre Welt doch schon den Begriffen und Vorstellungen einer neuen Epoche, die sich mit den Kreisauern am kräftigsten meldete, verbinden können. So sind sie am Ende, ob ihr Putsch nun gelang oder scheiterte, für ein neues Deutschland in einem neuen Europa nicht ohne Hoffnung gewesen, und ihre Aktion galt doch auch der Fundierung dieser Hoffnung. Zuletzt hätten sie alle die Worte bejaht, die Trott schon 1939 schrieb: »Europa ist etwas viel Tieferes und noch Lebendigeres als ein ethisches oder ästhetisches Wunschbild, und sein Geist wird nach seiner niederschmetternden Selbstaufgabe um so klarer hervortreten.«[164] Daß ein solcher Geist während der Herrschaft Hitlers in Deutschland lebendig bleiben konnte, und daß schließlich eine Gruppe Patrioten auch in diesem Geiste der Herrschaft Hitlers ein Ende zu machen suchte, hat dem politischen Denken in Deutschland, trotz des Scheiterns der Aktion, einen Impuls gegeben, der nicht mehr verlorengehen darf.

Klemens von Klemperer

Glaube, Religion, Kirche und der deutsche Widerstand gegen den Nationalsozialismus

Für Karola von Kempis (in memoriam)
und Robert M. Haddad

Das Thema »Kirche und Widerstand« ist bisher vorwiegend im Zusammenhang mit dem Kirchenkampf angeschnitten worden, der sich aber, genaugenommen, mit dem Widerstand nur überschneidet, so in den Personen von Dietrich Bonhoeffer und Alfred Delp. Die Behandlung geschah entweder in der Form von Apologetik, die Kreuz und Hakenkreuz als gegebene und wirksame Alternativen im »Kulturkampf« der NS-Zeit gegenüberstellte[1], oder in der Form der Polemik, die sich, in den sechziger Jahren mit soviel Wucht von Böckenförde und dann von Hochhuth ausgelöst[2], auf die Kirchen, besonders die römische Kirche, stürzte, oder endlich, wie im vergangenen Jahrzehnt, in der Form ausgleichender und abwägender Zeitgeschichtsschreibung[3]. Der Akzent in der Argumentation lag jedenfalls durchweg auf dem Institutionellen, das heißt sie befaßte sich vorwiegend mit der Rolle der Kirchen im Dritten Reich.

Im folgenden soll nicht die Debatte über den Kirchenkampf oder über die Stellung der Kirchen zum Nationalsozialismus, das heißt über den Widerstand der Kirchen, weitergeführt werden. Vielmehr gilt die Aufmerksamkeit einem Problem, das wohl weiterreichend ist, sicher auch schwieriger und bisher noch ziemlich unerforscht: nämlich dem der Frömmigkeit, der christlichen Frömmigkeit, im Widerstand, die selbst wiederum ein Kapitel der Frömmigkeit im Dritten Reich, wenn nicht der Frömmigkeit unserer Zeit ist.

Es ist nicht abwegig, hier zu betonen, daß in einem sehr weiten Sinne des Wortes über die Frömmigkeit im Dritten Reich noch viel zu sagen ist, daß wenigstens ein Anschneiden dieses Problems auch für die hier gewählte Fragestellung von Bedeutung ist. Der Nationalsozialismus selbst war ja doch eine pseudo-religiöse Bewegung. Es kam nicht von ungefähr, daß Adolf Hitler von »Gott« oder der »Vorsehung« sprach und sich sogar durch die Identifizierung mit einem »positiven Christentum« im Bereiche des Pseudo-Christlichen – also einer christlichen Häresie – bewegte. Man muß den Nationalsozialismus als eine der mächtigsten Gegenbewegungen der Neuzeit gegen die Säkularisierung verstehen, nämlich gegen die fortschreitende Lösung in Staat und Gesellschaft, in der Seele des modernen Menschen, von metaphysischen Gewißheiten, von Tradition und Religion. In den Jahren nach dem

Ersten Weltkrieg mit all ihren Nöten und Leiden sah der Nationalsozialismus sich berufen, den Verlust von Tradition und Religion durch eine neue Ganzheitsideologie, eine neue Totalität, eine neue Pseudo-Religion wettzumachen. Es ist bisher in der Literatur über den Nationalsozialismus allzu viel von seinem Opportunismus und seiner Ideenlosigkeit geschrieben worden; am Ende war er doch ein Ausdruck der Krise des europäischen Geistes. Seine Weltanschauung, seine Ideologie war, wie Benjamin Disraeli, der große konservative englische Staatsmann, es vor langer Zeit voraussah, eine Antwort auf den Verlust von »traditionary influences« in der Gestalt von »outraged tradition«[4]. Er war also »outraged tradition« sowohl als auch »outraged religion«. Und bei einer Erörterung der Frömmigkeit im zwanzigsten Jahrhundert muß auch dem Nationalsozialismus in all seiner Perversion Raum gegeben werden.

Was nun die Frömmigkeit des Widerstandes angeht, so ist unbestreitbar, daß eine große Anzahl der Angehörigen des Widerstandes unter dem unmittelbaren Eindruck des Nationalsozialismus sich dem Christentum zuwandte. Die meisten, aus welcher Schicht sie auch immer kamen, hatten ihren Ausgangspunkt im, sagen wir, mehr oder weniger Weltlichen, wenn nicht Agnostischen, und rangen sich dann im Laufe der Ereignisse zu einer ausgesprochen christlichen Frömmigkeit durch – und dies nicht nur in den letzten Tagen oder Monaten der Haft. Das gilt für den kommunistischen Einzelgänger Johann Georg Elser und für den Sozialisten Theodor Haubach genauso wie für Männer wie Adam von Trott zu Solz, Graf Helmuth James von Moltke und, als Vertreter der älteren Generation, Carl Goerdeler. Natürlich war eine solche Entwicklung vorwiegend bei protestantischer Herkunft zu verzeichnen, da, wie zu erwarten, besonders in diesen Kreisen die traditionellen Bande sich gelockert hatten und der Säkularisierungsprozeß fortgeschritten war.

Johann Georg Elser, dessen Bürgerbräu-Attentat vom November 1939 Hitler mit Hilfe der »Vorsehung«, wie er glaubte, entging, beschrieb seine Entwicklung folgendermaßen:

»Persönlich, d. h. aus freiem Herzen und in selbstgewählten Worten habe ich nie zu Gott gebetet. Meine Tat bzw. den Wunsch eines Gelingens derselben habe ich nie mit in mein Gebet aufgenommen. Als Kind wurde ich von meinen Eltern gelegentlich sonntags mit in die Kirche genommen, später bin ich manches Mal allein gegangen, aber schließlich immer seltener. Erst im Laufe dieses Jahres ging ich wieder öfter in die Kirche, nämlich bis heute vielleicht seit Jahresbeginn ungefähr 30-mal. Ich bin in letzter Zeit auch öfter werktags in eine katholische Kirche gegangen, wenn gerade keine evangelische Kirche da war, um dort mein Vaterunser zu beten. Es spielt meines Erachtens keine Rolle, ob man dies in einer evangelischen oder katholischen Kirche tut. Ich gebe zu, daß diese häufigen Kirchenbesuche und dieses häufige

Beten insofern mit meiner Tat, die mich innerlich beschäftigte, in Zusammenhang stand, als ich bestimmt nicht soviel gebetet hätte, wenn ich die Tat nicht vorbereitet bzw. geplant hätte. Es ist schon so, daß ich nach einem Gebet immer wieder etwas beruhigter war.«[5]

Theodor Haubach trat, und zwar nicht in letzter Stunde, der evangelischen Kirche bei und empfing das Abendmahl von Eugen Gerstenmaier[6]. Die Familie Goerdeler ging seit Beginn der NS-Herrschaft allsonntäglich in die Kirche, was sie vorher nicht zu tun pflegte[7]. Aber dies sind nur beiläufige Hinweise. Die eigentliche Fragestellung lautet: Welche Formen der Frömmigkeit entwickelten die Männer des Widerstandes im Laufe ihres Kampfes gegen den Nationalsozialismus und inwieweit wurde diese Frömmigkeit für sie richtunggebend?

Wenn hier versuchsweise die Unterscheidung zwischen Glauben und Religion benützt wird, die von Dietrich Bonhoeffer hervorgehoben und in den Mittelpunkt seiner Theologie gestellt worden ist[8], so weil sie vielleicht behilflich sein kann, der Art der Frömmigkeit der Widerständler nachzugehen. Bonhoeffers Mitstreiter sind, wenn sie auch nicht primär theologisch bestimmt waren und wenn sie auch, wie Trott und Stauffenberg, Bonhoeffer nicht persönlich kannten oder ihm, wie Moltke, nicht eng verbunden waren, in ihrem religiösen Suchen doch seine Zeitgenossen, Weggenossen, Leidensgenossen gewesen. Für sie alle stand die Auseinandersetzung mit der Frage der Säkularisierung, aus der Bonhoeffers Unterscheidung zwischen Glauben und Religion erwachsen war, im Mittelpunkt ihres Denkens: d. h. die Entchristianisierung und Rechristianisierung. Dazu kam dann auch die Frage der konkreten Formgebung für ihre Frömmigkeit, ihre Ecclesiologie, die bei allen, selbst bei Bonhoeffer, unvollendet blieb, aber doch in der Betonung des Ökumenischen von wesentlicher Bedeutung wurde. Bonhoeffer schnitt das Problem der Formen der Frömmigkeit in einer modernen säkularisierten Welt an und löste insbesondere hergebrachte konventionelle Begriffe auf. Seine Einsichten mögen hier als Hypothese dazu dienen, der Auseinandersetzung eines Trott oder eines Moltke mit dem Christentum zu folgen. Zumindest stellte Dietrich Bonhoeffer die Frage, auf welche Art man in einer säkularisierten oder, wie er sich ausdrückte, in der »mündig gewordenen« Welt[9], in der Religion im engsten Sinne des Wortes nicht mehr möglich ist, dennoch zum christlichen Glauben finden kann. Für Bonhoeffer gab es kein einfaches Zurück von der Säkularisierung zur Religion, eine Schlußfolgerung, die nicht unbedingt allgemein annehmbar ist. Aber Dietrich Bonhoeffers Frage, welche Arten oder Abarten christlicher Frömmigkeit in einer mündig gewordenen Welt möglich sind, ist von allgemeiner Bedeutung.

Die Fragestellung geht auf William James zurück, den amerikanischen

Philosophen und Psychologen, mit dem sich Dietrich Bonhoeffer während seines amerikanischen Studienjahres (1930/31) gründlich auseinandergesetzt hatte. In den Gifford Lectures in Edinburgh vom Jahre 1901/ 02 befaßt sich James mit »Varieties of Religious Experience«[10] und glaubt grundsätzlich zwischen zwei Formen der Frömmigkeit unterscheiden zu können: jener, die durch Tradition übermittelt wird und von Gewohnheit, »träger Gewohnheit«, geprägt ist, und jener, die einem »akuten Fieber« gleicht[11]. Diese Unterscheidung entwickelt er dann weiter zur Unterscheidung zwischen einer gesunden, harmonischen Frömmigkeit und einer kränkelnden, zerspaltenden.

Solche Unterscheidung kann nicht oder nur in ganz begrenztem Maße als Modell für die Frömmigkeit des Widerstandes dienen, der sich in einer Lage fand, die wohl einzigartig war: in einer mündig gewordenen Welt, unter dem Druck der totalen Macht, die selbst pseudo-religiöse Attribute hatte, suchte er den Weg zu einem Gottesglauben zu bahnen. Wohl sprach Hermann Kaiser, der ja der älteren Generation angehörte (geb. 1885), von der »Religion der Väter«, die dazu diene, »für die einzuschlagende Richtung im persönlichen und allgemeinen Leben Weisungen und Richtpunkte« zu geben[12]. Für die jüngeren war das nicht so einfach. Helmuth von Moltke (1907) war in einem Christian-Science-Haus aufgewachsen und selbst lutheranisch getauft und konfirmiert. Zu Mittag wurde im Berghaus von Kreisau das Tischgebet gesagt – zu Mittag und nicht zu Abend, weil es zu Abend weniger zu essen gab; sonst aber ging Helmuth, auch nachdem er 1929 Herr von Kreisau geworden war, selten in die Kirche[13]. Hans-Bernd von Haeften (1905), der unter den protestantischen Laien des Widerstandes einer der theologisch bestgeschulten war, betonte, daß Luther »keine allgemein gültigen« Antworten geben könne[14]. »Wie ich schon eingangs sagte, muß jeder die Antwort letzten Endes neu für sich selber finden. Und das mag in den seltensten Fällen von heute auf morgen gelingen. In den meisten Fällen mag auch hier… Geduld vonnöten sein… ›Geduld (sagt Paulus) bringet Erfahrung; Erfahrung aber bringet Hoffnung; Hoffnung aber läßt nicht zu Schanden werden‹.«[15]

Auf Denken und Handeln seines Freundes Adam von Trott (1909) übte ohne Zweifel dessen Mutter Eleanore von Trott einen wesentlichen Einfluß aus; sie war eine bedeutende, tief religiöse Frau, für die ihr Glaube zu einem Wegweiser für ihr Handeln wurde. Das war gar nicht so häufig in der Welt des preußischen Adels – Eleanore von Trott war eine geborene von Schweinitz –, in der Glaube und Politik allgemein eher getrennt blieben; es mag ein Vermächtnis ihrer mütterlichen Vorfahren, der amerikanischen Familie Jay, sein, die calvinistisch-hugenottischer Herkunft war. Eleanore von Trott war früh, d. h. in den zwanziger Jahren, in ökumenische Tätigkeit verwickelt, die sie, wie auch den jungen Adam, mit Willem Visser't Hooft zusammenbrachte, und ihre Entrüstung über den Nationalsozialismus verstrickte sie dann in den Kirchenkampf. So schrieb sie 1936 an Adam über die Abkehr von Gott, »die in Rußland und Spanien offenkundig, bei uns noch verschleiert« sei. Sie fuhr fort:

»Ich glaube, daß der Kampf, in dem wir stehen, denkbar ernst ist ... Nur durch Christus . . ., nur dadurch, daß wir Führer bekommen, die in seinem Geist und seiner Kraft wirken, kann es besser werden. Aber wenn es besser werden soll, dann müssen die, die an diese Ideen glauben, sich bis zum letzten dafür einsetzen und das ›dein Wille geschehe‹ nicht wie üblich nur in müder Resignation sagen, sondern mit dem überwältigenden und sieghaften Nachsatz: ›wie im Himmel, also auch auf Erden‹. Dafür lohnt es sich zu kämpfen.

So, lieber Adam, da habe ich Dir gesagt, wie ich über die Dinge denke. Kannst Du mir zustimmen.«[16]

Wir kennen die unmittelbare Erwiderung Adams leider nicht, aber letzten Endes war seine Verstrickung in den Widerstand seine treueste Antwort, schrieb er doch im Jahre 1941 ganz eindeutig an die Mutter, »daß wir von Dir den Sinn eines christlichen Lebens und Glaubens gelernt haben«[17].

Dies bedeutet aber nicht, daß Adams Frömmigkeit »second hand«, das heißt übertragen im Sinne von William James war. Schon als Bube lehnte er sich gegen den unterwürfigen Zug des Christentums auf, gegen die Betonung des Betens anstatt der mutigen Tat[18] – als ob er damals schon Nietzsche gelesen hätte. Und im Sommer 1928 befreundete Adam sich anläßlich einer Reise in die Schweiz mit dem Freund seiner Mutter Visser't Hooft, dem späteren Generalsekretär des provisorischen Ökumenischen Rates der Kirchen. Visser erinnert sich, daß Adam damals in einer »religiösen Krise« gewesen sei: »Die Bibel sage ihm nichts, die Lektüre von Dostojewskis Romanen bedeute augenblicklich für ihn die indirekte Verbindung mit dem Christentum.«[19] Ohne Zweifel war Adam, nach allen Aussagen, ein tief religiöser Mensch, wenn auch kein Kirchengänger und nicht, wie er sich einmal ausdrückte, »im alten christlichen Sinne«. Er schrieb dies im Jahre 1938 von seiner China-Reise; sein Gottesglaube war damals von dem Mysterium des Fernen Ostens genährt[20].

Wie schon angedeutet, müssen wir Trott, Moltke und auch Bonhoeffer als Angehörige ein und derselben Generation sehen, deren grundsätzliches Bewußtsein nach Bonhoeffer das »Unvollendete, Fragmentarische unseres Lebens« war[21], das sie von der Generation der Eltern absetzte. Helmuth von Moltke sprach von der »Sinnlosigkeit alles Handelns«[22]. Adam von Trott sah sich einer »starken Irreführungen, Illusionen und Enttäuschungen ausgesetzten Generation« zugehörig und sich selbst als einen »unsteten Weltwanderer«[23]. In den letzten Monaten vor dem Attentat, als Adam sich eingehend mit seinem Glauben auseinandersetzte, betonte er aber wiederholt, daß es mit der »naiven Frömmigkeit, die dazu oft auf Trägheit (William James!), wenn nicht roher Feigheit beruht«[24], nicht getan sei. Der »christliche Kinderglaube« reiche nicht mehr hin, der »Wucht und Intensität unserer heutigen Probleme« zu genügen[25].

Wenn also die überlieferte Religion, die »Religion der Väter«, die träge Gewohnheit keine Richtlinie gab, was dann? Vom fieberhaften religiösen Erlebnis, wie einer Konversion, war in Widerstandskreisen nicht die Rede. Dietrich Bonhoeffer lehnte für sich den Begriff der Konversion ab; die Klärung seiner theologischen Stellung beruhte auf einer fortschreitenden religiösen Festigung[26]. Helmuth von Moltke sprach wohl von einer »Wandlung«, die während des Krieges in ihm vorgegangen sei; aber es war bei ihm bestimmt keine Frage eines plötzlichen Erwachens, sondern, wie er sich selber ausdrückte, »einer tieferen Erkenntnis christlicher Grundsätze«[27]. Wenn Moltke seinem englischen Freund und Mentor Lionel Curtis von einem »geistigen Erwachen«[28] in Deutschland schrieb, so sah er dies wieder nach dem Wort Bonhoeffers im reifen, mündigen Selbstbewußtsein der Protestanten und Katholiken im Lande begründet.

Adam von Trott hat sich mit der Möglichkeit der Konversion, das heißt einer Konversion zum Katholizismus, auseinandergesetzt. Sein älterer Bruder Werner, ein sehr eigenwilliger, grüblerischer Mensch, der auf seine jüngeren Brüder Adam und Heinrich einen schier erdrückenden Einfluß ausübte, war in seiner unzweideutigen Ablehnung des Nationalsozialismus erst zum Kommunismus übergetreten und 1942, mitten im Kriege, zum Katholizismus; Heinrich folgte ihm darin später. War dieser Schritt für Adam auch verständlich, das heißt, traten die »Bedenken gegen« ihn mehr und mehr zurück, so glaubte er doch ausdrücklich feststellen zu müssen, daß er selbst sich nicht »zu dem gleichen genötigt fühle«[29].

Also weder »träge Gewohnheit« noch »akutes Fieber«. Wir müssen daher die Modelle von William James ergänzen. Grundsätzlich kann man feststellen, daß es sich im Widerstand nicht um mystische, kränkliche, pathologische Menschen – das sind Kategorien des Psychologen William James – handelte, sondern, kurz gesagt, um Menschen, die in einer ungewöhnlichen, pathologischen Welt lebten, in der Welt des Dritten Reiches. Deshalb war die Frömmigkeit des Widerstandes im Dritten Reich eine Frömmigkeit des Leidens und Mitleidens. Hans-Bernd von Haeften sah sich und seine Freunde, »auf ›verlorener‹ Anfangsposition« und in einer »Diaspora«, die er als »Gemeinschicksal der Christenheit in der Welt – heute mehr denn je« verstand[30].

Ist nicht die Notlage – persönliche Not, das heißt Gewalt, Krieg und
Gefängnis – eine fruchtbare Quelle der Frömmigkeit? In normalen
Zeiten haben die Menschen doch eher den Hang, Gott zu vergessen;
und angenommen, alle Zeiten seien »normal«, es gäbe kein Leid, keine
Not, keinen Tod, so hätten wir, brauchten wir keine Frömmigkeit.
Umgekehrt ist dann die Frömmigkeit in der Endlichkeit, im Fragmenta-
rischen des hiesigen Lebens begründet, im Schmerz, im Leiden, in der
Not.
Ein wichtiges Dokument solcher Notlage ist Dietrich Bonhoeffers
»Nach zehn Jahren«, das er zu Weihnachten 1942 für Hans Oster, seinen
Schwager Hans von Dohnanyi und seinen Freund Eberhard Bethge
niederschrieb[31]. Verlorene zehn Jahre? Von christlicher Warte sicher
nicht. »Ich glaube, daß Gott uns in jeder Notlage soviel Widerstands-
kraft geben will, wie wir brauchen.« Im folgenden schrieb er vom Leiden
Christi, das das »Leiden aller Menschen an seinem Leibe« sei und ein
Leiden »in Freiheit, in Einsamkeit, abseits und in Schanden, an Leib
und Geist«[32], beispielhaft für die Christenheit geworden. Und dann der
unvollendete Schlußparagraph:
»Es bleibt ein Erlebnis von unvergleichlichem Wert, daß wir die großen
Ereignisse der Weltgeschichte einmal von unten, aus der Perspektive der
Ausgeschalteten, Beargwöhnten, Schlechtbehandelten, Machtlosen,
Unterdrückten und Verhöhnten, kurz der Leidenden sehen gelernt
haben. Wenn nur in dieser Zeit nicht Bitterkeit oder Neid das Herz
zerfressen hat, daß wir Großes und Kleines, Glück und Unglück, Stärke
und Schwäche mit neuen Augen ansehen, daß unser Blick für Größe,
Menschlichkeit, Recht und Barmherzigkeit klarer, freier, unbestech-
licher geworden ist, ja, daß das persönliche Leiden ein tauglicherer
Schlüssel, ein fruchtbareres Prinzip zur betrachtenden und tätigen Erschließung der Welt ist als persönliches Glück. Es kommt nur darauf an,
daß diese Perspektive von unten nicht zur Parteinahme für die ewig
Unzufriedenen wird, sondern daß wir aus einer höheren Zufriedenheit,
die eigentlich jenseits von unten und oben begründet ist, dem Leben in
allen seinen Dimensionen gerecht werden, und es so bejahen.«[33]
Ähnlich schrieb Adam von Trott an seinen Bruder Heinrich von den
Aufgaben und Opfern in »dunklen Zeiten«[34], an Clarita, seine Frau,
über die »Innigkeit der Gottnähe in dem tieferen Leiden, das man wohl
immer vermuten soll, wo man nicht mehr versteht«; ihre Bedeutung ist
letztlich »Klärung und ›religio‹ der eigenen Position«[35]. Und sein Freund
Haeften verstand »das Erleben der Zeitgeschichte mit ihrem namenlosen Leiden, Grauen und Entsetzen« letzten Endes als eine Bestätigung,
»daß Gott Herr der Geschichte ist« und »daß er in der Geschichte
waltend einen Heilsplan verwirklicht«[36]. Helmuth von Moltkes Bericht
an Lionel Curtis[37] über den »unglaublichen Druck«, über »Tyrannei . . .

Terror... Zerfall aller Werte« und über die »Wiederherstellung des Bildes des Menschen im Herzen unserer Mitbürger« als einer »Frage der Religion« kann auch für sein ganzes Erleben der Not und des Elends im Dritten Reich gelten.

Nun kommen wir zu einer vierten Form der Frömmigkeit, wiederum in Ergänzung der Modelle von William James. Carl Gustav Jung hat sich in seinem Aufsatz über »Das geistige Problem des modernen Menschen«[38] mit der Frage auseinandergesetzt, daß der moderne Mensch, von allen metaphysischen Gewißheiten gelöst, in einer künstlichen Welt rationaler Ideale lebt, der Humanität, des Rechtes, der Rationalität selbst, der materiellen Wohlfahrt, des Fortschrittes – und all dies nicht ungestraft. Denn die Welt des Unterbewußten, des Irrationalen, des Mythos muß sich doch irgendwie durchsetzen, und sie kommt wie ein Naturereignis zum Vorschein. So sprach Jung von einer gnostischen Frömmigkeit, einer gnostischen religiösen Erfahrung[39] ähnlich der Gnostik des zweiten Jahrhunderts nach Christi, die christliches Gedankengut mit Hilfe orientalischer und griechischer Spekulation umzudeuten versuchte. Im zwanzigsten Jahrhundert, in dem die übertragenen Formen religiöser Erfahrung, nämlich besonders des Christentums, in Frage gestellt, wenn nicht im Aussterben begriffen waren, glaubte Jung ebenfalls neue Quellen der Frömmigkeit in der Suche nach neuen metaphysischen Gewißheiten vor allem aus dem Osten entdecken zu können.

Ohne Zweifel war der Nationalsozialismus selbst so eine Art Neo-Gnostik. Er stellte eine Auflehnung gegen die Verweltlichung der modernen Welt dar, gegen den Rationalismus des bürgerlichen Zeitalters, und er suchte in Mysterien Zuflucht, die er nun nicht im Osten fand, sondern im Bodenständigen und Völkischen. Jedenfalls war der Nationalsozialismus, wie schon gesagt, eine pseudo-religiöse, wenn nicht sogar pseudo-christliche Bewegung. Letzteres hat Karl Barth stets betont und Eleanore von Trott in ihrem bedeutenden Brief an ihren Sohn Adam ausdrücken wollen.

Die Frage nun, ob und inwieweit der deutsche Widerstand an dieser gnostischen Form der Frömmigkeit teilnahm, ist wichtig und daher um so heikler. Sicher war die Ausgangssituation mit der des Nationalsozialismus identisch: nämlich die Problematik der Säkularisierung und das damit verbundene Bewußtsein des »Lösens aller Bindungen«[40], wie Trott sich ausdrückte. Was fehle, schrieb Pater Delp, sei »die Kraft zur Einigung der Gegensätze, zur Bindung in eine höhere Einheit, zur schöpferischen Synthese«[41]. An eine wörtlich verstandene Gnostik erinnern die wiederholten Versuche Bonhoeffers, Gandhi zu besuchen, und seine Hoffnung, damit eine Erneuerung des Christentums aus indischer Frömmigkeit zu fördern, ebenso die Fernostreise Adam von Trotts (1937/1938), die ihm unter anderem dazu dienen sollte, die Wirrnis seiner Zeit und das Leid seines Landes von der Perspektive des Ostens überblicken zu können und sich selbst zu finden. Das waren aber die Monate, in denen Adam sich zu dem Entschluß zur konspirativen Tat durchrang. Ferner war gewiß auch die Verbindung des Grafen von Stauffenberg mit Stefan George von dessen Bestreben beeinflußt, die entzauberte Welt neu zu mystifizieren.

Das Suchen nach der neuen Frömmigkeit hing auch mit dem Abstößigen des Nationalsozialismus zusammen. Gerade weil die Ausgangssituation dieselbe und, oberflächlich gesehen, sogar das Glaubensvokabular des Nationalsozialismus und der Widerständler in vieler Beziehung ähnlich war, mußten Grenzen gezogen werden. Besonders die jüngere Generation, die in der Nachkriegszeit vielfach vom Erlebnis der Jugendbewegung geprägt worden war und sich mit Nietzsche oder den verschiedenen Standartenträgern der sogenannten »konservativen Revolution« auseinandergesetzt hatte, war allzu bereit, das bürgerliche Zeitalter abzuschreiben. Adam von Trott sprach in einem Brief an seine englische Freundin Shiela Grant-Duff über die »Überbleibsel bürgerlicher Kultur und Werte des neunzehnten Jahrhunderts«[42]; an seine Frau Clarita schrieb er:

»Wenn heute etwas gefordert ist, so ist es dies Übersichhinauswachsen, was jenes bürgerliche Zeitalter, dem wir noch allzusehr angehören, trotz aller Annehmlichkeiten uns immer versagte, und wovon wir uns jetzt klar und deutlich zu trennen berufen sind.«[43]

Auch Helmuth von Moltke konstatierte am 1. Oktober 1938 in London ein »letztes Aufflackern des Alten« und das beinahe sichere Anbrechen eines »neuen Zeitalters«, dessen die Engländer sich wohl noch nicht völlig bewußt seien, für das aber »wir«, das heißt er und seine Freunde im Widerstand, »viel geschärftere Sinne« hätten[44]. Alles dies klingt ein wenig mysteriös, wird jedoch verständlich im Lichte der Arbeitslagererfahrungen Moltkes und des Einflusses von Eugen Rosenstock-Huessy. Innerhalb des Widerstandes galten Moltke und seine Kreisauer Freunde aber, wie Ulrich von Hassell in seinem Tagebuch niederschrieb, als die »Junioren« im Gegensatz zu den Alten der Gruppe um Beck und Goerdeler[45]. Die Jungen unterschieden sich besonders durch ihre sozialpolitische und kirchliche Orientierung von der Gedankenwelt der Alten, deren Pläne Moltke ja, wie bekannt, abweisend mit einer »Kerenski-Lösung« gleichsetzte[46].

Es ist einmal in der Literatur über den deutschen Widerstand behauptet worden, daß er sich gegen etwas – den Nationalsozialismus – auflehnte, mit dem er in wesentlichen Dingen übereinstimmte; deshalb seine »Politik der Unsicherheit«[47]. Dies ist ein hartes Urteil und auch ein falsches. Sicher sahen besonders die Jungen keinen Weg zurück zum liberalen, parlamentarischen, kapitalistischen System, und sie bemühten sich um eine neue Sozialordnung. Sicher auch standen sie der Wirklichkeit der pluralistischen Gesellschaft und ebenso der modernen Technik skeptisch gegenüber. Das mögen, besonders angesichts der bundesrepublikanischen Wirklichkeit, Schwächen gewesen sein, die, wie Ralf Dahrendorf und Hans Mommsen hervorgehoben haben, dem Widerstand einen Einfluß auf die Ordnung nach dem Zweiten Weltkrieg versperrten[48]. Aber das bedeutet nicht, daß der deutsche Widerstand mit dem Nationalsozialismus, seinem Erzgegner, gleichzusetzen ist. Ganz im Gegenteil. Der gnostische Impuls führte die Nationalsozialisten ins Germanisch-Barbarische und den Widerstand zur Suche nach einem Neuverständnis christlicher Frömmigkeit. »Es ist eine ergreifende und keineswegs anachronistische Vorstellung«, so schrieb Trott im November 1934, »unter den schon hinfälligen neuen Experimenten ein christliches Deutschland wiedererstehen zu sehen.«[49] »Sehr hoffnungsvoll und ermutigend«, bemerkte seine englische Korrespondentin in ihrer Antwort; sie fügte aber skeptisch hinzu: »Doch frage ich mich, was Du unter christlichem Deutschland verstehst?«[50] Ein paar Jahre später legte Adam sich indes ganz unzweideutig fest: »Ich bin zum Schluß gekommen, daß nur eine grundlegende Wiedergeburt christlichen Gesetzes und christlicher Ethik ... die Flut stemmen kann, die alles, was wir schätzen, zu zerstören droht.«[51] Christliche Liebe allein sei der Impuls, der die Welt davor bewahren könne, dem »vollständigen Barbarentum«[52] zu verfallen. Damit sprach Trott für die ältere Generation wie für die eigene, für die Protestanten und für die Katholiken, für die Aristokraten, Bürgerlichen und auch die Sozialisten unter seinen Freunden. Nun wäre es verfehlt, in der Frömmigkeit der Männer des Widerstandes, mit Ausnahme natürlich von Dietrich Bonhoeffer und Alfred Delp, besondere theologische Dimensionen erkennen zu wollen. Sie hat ihren Niederschlag in Briefstellen und Tagebucheintragungen, mehr oder weniger beiläufig, gefunden, in einer Anzahl von Denkschriften, die sich verschiedentlich mit der Frage des Wiederaufbaus auseinandersetzten, oder, wie Dietrich Bonhoeffer es einmal grundlegend formulierte, mit der Frage »des Lebens der Völker im Inneren und Äußeren ... und auf dem Boden des Christentums«[53]. Nicht zuletzt haben wir auch die vielen Aussagen vor dem Volksgerichtshof, letzte stolze Bekenntnisse und Rechtfertigungen der Verurteilten, ferner den oft zitierten Wortwechsel zwischen Helmuth von Moltke und seinem Quäler Roland Freisler, in dem doch der letztere zugeben mußte, Nationalsozialismus und Christentum hätten dies gemein, daß beide »den ganzen Menschen« verlangten. Und Helmuth berichtete ganz stolz darüber an Freya in einem Brief, der, wie gewöhnlich, von dem treuen Gefängnispfarrer Harald Poelchau herausgeschmuggelt wurde. »Ob er sich klar war, was er damit gesagt hat?«[54]

Wenn also diese verschiedenen Äußerungen nicht systematisch und noch weniger theoretisch waren, so waren sie doch Zeugnisse eines gemeinsamen Suchens, eines Wertbewußtseins, »Zeitgefühls«[55], das eben den Widerständlern letztlich ihr Mandat zum oppositionellen Denken und zur oppositionellen Tat gab. Sicherlich findet man in den Reihen des proletarischen Widerstandes kaum eine Bezugnahme auf das Religiöse und eher eine auf die Menschlichkeit[56] – eine Bezugnahme, die auch in Moltke widerklang, als er davon sprach, sein Ziel und das Ziel der Kreisauer sei, das »Bild des Menschen« wiederaufzurichten. Aber schließlich setzte sich im sogenannten bürgerlichen Widerstand doch die Betonung des Christlichen durch. In dieser Beziehung ist schon die Anlehnung der »Laien« an den Theologen Dietrich Bonhoeffer erstaunlich, wenn sie ja auch, und das muß betont werden, spontan und unbewußt war; dafür war sie um so überzeugender. Bonheffer hatte sich, wie auch Karl Barth, ganz bewußt von der »liberalen« Theologie abgesetzt. Sicher hatte seine amerikanische und englische Zeit ihm alle Vorteile des »social engagement« des angelsächsischen Protestantismus im Vergleich zum deutschen Lutherverständnis vor Augen geführt. In seiner »Ethik« führte Bonhoeffer aus, wie unter dem Eindruck der Barbarei die Vernunft, Kultur, Humanität, Toleranz, Selbstbestimmung, alles Konzepte, die bis vor kurzem als Schlachtruf gegen die Kirche, die Christenheit, gegen Christus selbst dienten, nun unter dem Druck der Ereignisse sich dem christlichen Standpunkt annäherten[57]. Und dennoch glaubte er auf die »unerklärliche Zerrissenheit« hinweisen zu müssen, die das »Zusammengehen« der Sphären »einfach unmöglich« mache[58].

»Nicht von der Welt zu Gott, sondern von Gott zur Welt geht der Weg Jesu Christi und daher der Weg allen christlichen Denkens... Daher gibt es auch für die Kirche kein anderes Verhältnis zur Welt als durch Jesus Christus; d. h. nicht von einem Naturrecht, Vernunftrecht, allgemeinen Menschenrecht aus, sondern *allein* vom Evangelium, von Jesus Christus aus ergibt sich das richtige Verhältnis der Kirche zur Welt.«[59]

Ähnlich distanzierte Haeften sich von der billigen Erkenntnis einer immanenten Sinnverwirklichung in der Geschichte, versinnbildlicht in dem Hegelschen Wort, er habe Napoleon und so die »Weltvernunft reiten sehen«, und setzte ihr gegenüber die »Verborgenheit« Gottes[60]. Beide, Trott und Moltke, mußten sich von ihrem angelsächsischen Hintergrund und insbesondere von ihrer positiven Stellung zur Naturrechtslehre absetzen, Trott dazu noch von Hegel, von dem er, wie er selbst zugab, »jahrelang geradezu verhext« war[61]. Adam kam zur Einsicht in die »Gefahr«, das »Christliche« und das »Natürlichste« oder »Allgemeine« »kurzschlüssig zu vermengen oder gar zu verwechseln«[62]. Und sein Freund Helmuth erinnerte während des Krieges, in dem schon

zitierten Brief an Lionel Curtis, an seine frühere Überzeugung, daß Gott nicht notwendig sei, um zum rechten Ziel zu kommen: »Heute weiß ich, daß ich unrecht hatte, ganz und gar unrecht. Sie wissen, daß ich die Nazis vom ersten Tag an bekämpft habe, aber der Grad der Gefährdung und Opferbereitschaft, der heute von uns verlangt wird, setzt mehr als gute ethische Prinzipien voraus.«[63]
Mehr als gute ethische Prinzipien, das heißt Gläubigkeit. Beim Reich Gottes handelt es sich, wie Trott es mit Barthscher und Bonhoefferscher Überzeugungskraft und Schärfe ausdrückte, »nicht um einen Idealzustand, zu dem in stetigem Fortschritt unsere natürliche Welt sich zu entwickeln vermag, sondern um das Hineinwirken in diese einer total anderen Macht«[64].
Carl Goerdeler hat sich in einer seiner Denkschriften aus der Kriegszeit, in der er das Zurückgehen des christlichen Geistes in der modernen Gesellschaft beklagte, auf das Motto »omnia restaurare in Christo« festgelegt[65]. Solch eine Formulierung, das soll hier hervorgehoben werden, war der älteren Generation angemessen. Restauration im strikten Sinne des Wortes gab es jedoch für die jüngere Generation nicht, nicht für Delp, nicht für Bonhoeffer, Moltke, Trott. Für diese war eben die »Rechristianisierung«[66] keine Selbstverständlichkeit, sondern Frage eines inneren Kampfes und der Erneuerung. Mit der Frage, die Dietrich Bonhoeffer in seinem wichtigen Brief an Eberhard Bethge vom 30. April 1944 aufwarf, »was das Christentum oder auch wer Christus heute für uns eigentlich ist«[67], wurde auch von den anderen »Jungen« gerungen. Sie waren eben nicht »letzte Ritter« des »ganzen bisherigen ›Christentums‹«, wie Bonhoeffer sich ausdrückte[68]. Sie gaben zu, wie Adam von Trott, daß es sehr »schwer« sei[69], in der säkularisierten Welt Christ zu sein. Ohne selbst dem liberalen Religionsverständnis zu folgen, ohne sich jeglicher schillernder Ideologie zu verschreiben, waren sie im Sinne Dietrich Bonhoeffers »verantwortliche« Menschen in einer »mündig gewordenen Welt«[70].
Lasset euch nicht mit mancherlei und fremden Lehren umtreiben (heißt es in dem Brief an die Hebräer), denn es ist ein köstlich Ding, daß das Herz fest werde, welches geschieht durch Gnade . . .
Und Gnade hieß bei einem Trott und Moltke und auch bei Delp ein Neuverständnis des Heilsplanes Gottes. Im Keime kam die Frömmigkeit des Widerstandes, und besonders die der jungen Generation, Dietrich Bonhoeffers Einsichten ganz nahe, seinem Schuldbekenntnis für die vergangenen christlichen Generationen, seiner Unterscheidung von Religion, die der Vergangenheit angehöre, und erneutem Glauben in einer »mündig gewordenen Welt«. Im Keime waren damals die Fragen angeschnitten, die später der so umstrittene und doch aufrichtige Hans Küng stellte: »Christ sein« in einer säkularisierten Welt[71].

Zur Ecclesiologie des Widerstandes: Sie war, wie schon angedeutet, noch mehr fragmentarisch als die Dietrich Bonhoeffers, nämlich in ihrer Auffassung von der Stellung und Rolle der Kirche in der neuen Ordnung. Dabei war besonders den Protestanten im Widerstand das Bewußtsein des »Zusammenbrechens der organisierten Kirchen« gemein, wie Bonhoeffer es mit Betonung ausdrückte[72]. Das hing nicht zuletzt auch mit dem Kirchenkampf zusammen und mit der Unfähigkeit der Kirchen, der nationalsozialistischen Pseudo-Religion gegenüber eine geeinigte Front zu bilden. Zu der Frage des Verhältnisses zwischen Staat und Kirche gab es im Widerstand verschiedene Ansichten; so traten Moltke, Haeften und Trott im Gegensatz zu ihren Freunden Peter Yorck und Gerstenmaier für eine Trennung ein[73].

Einer der wichtigsten Aspekte der Ecclesiologie aber war das starke Engagement des Widerstandes für die Ökumene. Namen wie Gerstenmaier, Haeften, Steltzer, Trott, Moltke – allesamt Kreisauer – und selbstverständlich Bonhoeffer sprechen dafür. Auch hier gab es wiederum Unstimmigkeiten, so zwischen der Richtung Hans Schönfeld/Eugen Gerstenmaier, die darauf bestanden, die Verbindung mit dem Genfer Ökumenischen Rat der Kirchen durch das Kirchliche Außenamt des NS-Staates aufrechtzuerhalten, und der Richtung Bonhoeffer, der in dieser Beziehung keiner Argumentation der Akkommodation zugänglich war. Indes muß betont werden, daß die vielen Reisen Bonhoeffers und Trotts nach Genf, Bonhoeffers, Moltkes und Trotts nach Skandinavien und Haeftens nach Rumänien nicht vornehmlich politischen Verhandlungen dienten, sondern ökumenischen Anliegen. Der Aufschrei »Wir brauchen euch« mischte sich mit dem Verlangen, im »feindlichen«, aber freien Ausland Zeugnis dafür abzulegen, daß es ein anderes Deutschland gab. So in der Botschaft Adam von Trotts vom 26. September 1942 an Dr. Harry Johansson, den Direktor des Nordischen Ökumenischen Instituts in Sigtuna, in Trotts ein wenig umständlichem Englisch geschrieben:

»I feel that you have fully understood that we do *not* intend to plead for support or even encouragement from friends on the other side – but that we wish to deposite (sic) our faith in the necessity of some movement springing from solidaric minds in the whole of Chr(istian) Europe to make salvation possible.«[74]

Bonhoeffer wiederum, der Theologe, war bereit, seine Gedanken über die Ökumene zu systematisieren. Sie sollte sich im Kampf mit der falschen Kirche entscheiden und statt eines »nichtsnützigen Vereins« selbst Kirche werden. »Bekenntnis heißt es heute in Deutschland«, so schrieb er von London im April 1934, und »Bekenntnis heißt es heute auch für die Ökumene«[75]. Es war ja keine Frage der Intervention in inner-deutsche Angelegenheiten, sondern, so schrieb er im gleichen

Jahr an Bischof George Bell von Chichester, »ein Mahnen an die ganze Welt, daß es um die Kirche und das Christentum als solches geht«[76]. Es sei Aufgabe der Kirche, der Welt die Bergpredigt zu predigen, »ohne Rücksicht auf die Folgen«[77]. Schweigen »wie ein stummer Hund«, so schrieb Hans-Bernd von Haeften, durfte sie nicht. »Wenn die christlichen Völker so wie heute vom politischen Wahnsinn gepackt werden, dann muß die seelsorgerische Stimme der Kirche auch *öffentlich* ertönen und Zeugnis ablegen *vor aller Welt*.«[78] Mit der Mahnung, daß dies also letztlich die Funktion der Ökumene sei, leistete der deutsche Widerstand Pionierarbeit.

Unter allen Fragen, die die Männer des deutschen Widerstandes im Lichte ihres Glaubens prüften, war bestimmt die des Attentates und Tyrannenmordes die heikelste und wichtigste. Besonders diese Frage mußten sie mit ihrem Glauben abstimmen. Wie zu erwarten ist, kamen sie zu den verschiedensten Folgerungen. Wenn auf der einen Seite Goerdeler sich klar und eindeutig auf das Gebot »du sollst nicht töten«[79] berief, so war seine Argumentation doch auch sehr pragmatisch. Unverbesserlicher Optimist, der er war, hoffte er, Hitler ohne Attentat zu besiegen oder gar zum Rücktritt zu bewegen.

Nicht zuletzt stand er unter dem Eindruck der Notwendigkeit, eine neue Dolchstoßlegende zu vermeiden. Bei Theodor Steltzer und Hans-Bernd von Haeften dagegen waren die Bedenken gegen das Attentat grundsätzlich-religiöser Natur[80].

Auch Bonhoeffer, Stauffenberg, Moltke waren, wenn auch mit unterschiedlicher Intensität und jeder auf seine Art, mit den religiösen Dimensionen der Attentatsfrage befaßt. Stauffenberg und Moltke suchten Rat bei Kirchenfürsten – Stauffenberg bei dem Berliner Bischof Conrad von Preysing[81] und Moltke, der dem letzteren ebenfalls nahestand, bei dem Osloer Bischof Eivind Berggrav. Der Rat Preysings muß positiv ausgefallen sein, wenn wir auch Bestimmtes darüber nicht wissen. Jedenfalls beschäftigte Stauffenberg sich mit der »Theologie des Tyrannenmordes«, wie Beate von Oppen es nennt[82], um seine Mitverschwörer zur Tat bewegen zu können. Der Rat Berggravs lehnte sich an die traditionelle christliche Lehre vom Widerstandsrecht an, indem er die einschränkenden Erwägungen betonte, besonders daß die Attentäter imstande sein müßten, Hitler zu töten und zugleich eine neue Regierung zu bilden, die Frieden schließen könne[83]. Zum gegebenen Zeitpunkt aber, es war im Frühjahr 1942, war es, Berggrav zufolge, dafür zu spät. Moltke hat, wie bekannt, den Rat des Kirchenfürsten im wesentlichen befolgt. Dabei war er davon überzeugt, daß ein auf Tyrannenmord begründetes Regime keine stabile Grundlage hätte und daß zur Ausrottung des Übels mehr erforderlich sei, nämlich eine in den Grundsätzen erneuerte Regierung. Das war auch sein Hauptanliegen bei der Arbeit

mit dem Kreisauer Kreis, und die verschiedenen Äußerungen des Kreises befaßten sich mit den Fragen der »religiös-sittlichen Erneuerung des
Volkes«, des »Neuaufbaus des Abendlandes« und der »friedlichen Zusammenarbeit der Völker«, mit Fragen des Verhältnisses zwischen Staat
und Kirche und der Rolle des »christlichen Staatsmannes«[84]. Die langfristige Sanktion nahm also, besonders bei Moltke, den Platz der Sanktion
des Attentates aufgrund der Gebote des Christentums ein.

Dietrich Bonhoeffers Stellungnahme zur Frage des Attentates braucht
hier nur kurz erwähnt zu werden; Eberhard Bethge hat sich eingehend
darüber ausgesprochen. Dietrichs starke Verstrickung in den »weltlichen
Sektor« hat ihm sicher, wie er selbst zugab, »zu denken« gegeben[85]: die
Mahnung seines Schwagers von Dohnanyi, »wer das Schwert nimmt, der
soll durch das Schwert umkommen«[86], wurde bestimmt nicht leicht
beiseite geschoben. Jedoch entsprang Bonhoeffers positive Einstellung
zum Attentat seinem Verständnis des »verantwortlichen Lebens«, das er
in seiner »Ethik« entwickelte und das, ganz im Sinne Bischof Berggravs,
»nicht nur nach dem guten Willen, sondern auch nach dem guten
Gelingen des Handelns« fragt[87]. Nicht politischer Leichtsinn und nicht
eine Abwendung von seiner Pflicht als gläubiger Christ bewog Dietrich
Bonhoeffer zum Märtyrertum, sondern, ganz im Gegenteil, sein Selbstverständnis als Christ, der in der Welt handeln muß. Und sein Handeln
war eben nicht von ideologischen Motiven bestimmt, denn dies hieße,
die Handlung von der Fügung Gottes abzwingen zu wollen, sondern von
dem Bewußtsein des verantwortlichen Menschen in einer mündig gewordenen Welt, in der Gott Mensch geworden ist und der Mensch sich
der Hand Gottes überläßt und von seiner Gnade abhängt[88]. Letzten
Endes fand Bonhoeffer den Weg ins Martyrium als Sünder, der als
solcher vor Gott steht und sich ihm überläßt. Wenn Bonhoeffer auch im
einzelnen, in seiner Bejahung des Attentates, von vielen seiner Mitverschwörer abwich, so sprach er doch für alle in der Begründung, wie er
sie in seiner »Ethik« gab, das heißt in der Bejahung und Artikulierung
des christlichen Motivs in einer säkularisierten Welt.

Die Frage nach der Frömmigkeit im zwanzigsten Jahrhundert, das heißt
nach dem »Christ sein« in der Sprache von Hans Küng, lag dem hier
vorgelegten Versuch zugrunde. Der deutsche Widerstand hat, wie dargelegt, in der extremen Situation der Unterdrückung eine Antwort darauf
gegeben. Es war keine einheitliche Antwort und sicher nicht eine
theologisch durchdachte. In den geistigen und politischen Unruhen der
dreißiger und vierziger Jahre mußten die Angehörigen des Widerstandes
sich mit dem Problem der Säkularisierung, mit dem Nationalsozialismus,
mit der hergebrachten liberalen Theologie und einem rechten Lutherverständnis und nicht zuletzt mit der Frage auseinandersetzen, inwieweit
ihr Glaube als Rechtfertigung für ihre Tat dienen konnte, als Legitimie

rung dem christlichen Ausland gegenüber und als Fundierung einer neuen Ordnung.

Die Geschichte des deutschen Widerstandes ist gewiß keine Erfolgsgeschichte. Die neue Ordnung, in unzähligen Denkschriften ausgearbeitet, blieb auf dem Papier, und die, die sie planten, endeten, auch wenn sie sich dem Attentat widersetzten, als Opfer des Terrorregimes; so ging Moltke in den Tod nicht wegen seines Anteils am 20. Juli 1944, von dem er sich bis zum Ende absetzte, sondern als Märtyrer der »Rechristianisierung«.

Dem Ausland, auch dem westlichen, bedeutete das ökumenische Gewissen und Drängen der Deutschen wenig. Kirchliche Kreise, Visser't Hooft und der unentwegte Bischof George Bell von Chichester gaben den Deutschen Gehör, ja auch, wie wir jetzt wissen, auf seine vorsichtige und geduldige Art Papst Pius XII. Sonst aber verschlossen sich die verantwortlichen Staatsmänner des Westens den Emissären des deutschen Widerstandes. »Unconditional Surrender«, das Bündnis mit der Sowjetunion, das »nationale Interesse«, wie Anthony Eden es definierte, verboten ihnen, die christliche Ökumene als ein politisches Potential zu berücksichtigen.

Dennoch ist die Frömmigkeit des Widerstandes ein Phänomen von außerordentlicher Bedeutung, und zwar auch abgesehen von der Bewunderung, die wir den Leuten des Widerstandes dafür schulden, daß sie für ihre Überzeugungen, für ihren Patriotismus und ihren neugefundenen Glauben in den Tod gingen, weniger mit Hoffnung auf Erfolg als mit dem Bewußtsein eines Bußganges für das Vaterland, das Schande auf sich geladen hatte. So konnte der Nationalstolz ihnen nicht als Mandat zum Widerstand genügen, wie es bei den nichtdeutschen Widerstandsbewegungen der Fall war. Die Abwendung von der liberalen Theologie und vom konventionellen Lutherverständnis an sich ist wichtig, ebenfalls die freilich meist bewußte Anlehnung vorwiegend der jüngeren Generation an die Gedankengänge Dietrich Bonhoeffers. Von besonderer Bedeutung ist aber die übereinstimmende christliche Ideologiekritik im Widerstande, der so die pseudo-religiöse Ideologie des Nationalsozialismus als Irrweg entlarvte. Schon im Jahre 1932 schrieb der junge Berliner Studentenseelsorger Dietrich Bonhoeffer, daß die Kirche dorthin gehöre, »wo Weltanschauungen am Ende sind und ein Neues, Letztes beginnt«[89]. So stellte der Widerstand christlichen Glauben der Ideologie, das Kreuz dem Hakenkreuz entgegen. Darüber hinaus gab der Widerstand eine positive Antwort auf die Frage, ob es in einer säkularisierten Welt für den christlichen Glauben noch einen Platz gebe. Auch agnostische oder marxistische Historiker werden diese Tatsache beachten müssen.

Als *post scriptum* noch kurz ein Hinweis, der von einem christlich-

orthodoxen Historiker stammt. Wie kommt es, daß die Vertreter des
russischen Widerstandes unserer Zeit, wenn wir ihn so nennen können,
so ein Pasternak, Solzhenitsyn und eine Akhmatova, zu ihrem orthodoxen Glauben, dem einfachen, durch Tradition im Sinne von William
James übermittelten Glauben, zurückfinden, während besonders die
jüngere Generation des deutschen Widerstandes zu neuen Ufern
schwimmen mußte. Hier sei nur angedeutet, daß dieser Unterschied mit
dem Zustand westlicher Christenheit, vor allem des Protestantismus, zu
tun hat. Die Orthodoxie war im Laufe der Jahrhunderte sich selbst treu
geblieben, und so konnte ein Solzhenitsyn zu ihr zurückkehren. Aber in
Deutschland bestand das Problem des Lutherverständnisses, der »Stum-
me-Hund«-Komplex sozusagen, und dann, wie überall im Westen, das
Problem mit der Liberalisierung sowohl des Protestantismus wie des
Katholizismus. So mußten die deutschen Widerständler für ihre Frömmigkeit neue Ufer suchen.

Ihre Suche nach einem neu-alten Glauben spiegelt also die Krise des
westlichen Christentums wider. Ob Protestanten oder Katholiken, ob
Laien oder Theologen, entwickelten sie, jeder auf seine Art, eine
»Theologie der Krisis«, die wiederum in ihrer Erneuerungstendenz die
Vitalität des westlichen Christentums bezeugt.

Günter Plum

Die KPD in der Illegalität

Rechenschaftsbericht einer Bezirksleitung aus dem Jahre 1934

Der hier abgedruckte Brief berichtet über die Situation, über Sachverhalte und Probleme der illegalen KPD am Niederrhein im Jahre 1934. Sein Verfasser, ein unter dem Decknamen »Rudi« arbeitender Funktionär der KPD, trug ihn bei sich, als er am 22. August 1934 in Düsseldorf verhaftet wurde. Im Prozeß gegen ihn und 69 Mitangeklagte fand der Brief als Beweiselement Verwendung.

»Rudi«[1] wurde 1897 in Thüringen geboren, sein Vater war Arbeiter. »R.« war das dritte von sechs Kindern; er besuchte die Volksschule und lernte dann das Handwerk eines Schuhleistenmachers. Im Ersten Weltkrieg war er Soldat, wurde 1916 verwundet und erhielt das EK II. Nach Kriegsende lebte er noch einige Jahre in Thüringen. In dieser Zeit trat er dem Kommunistischen Jugendverband Deutschlands (KJVD) bei. 1922 verzog »R.« nach Nürnberg. Als die KPD 1923 in Bayern verboten wurde, arbeitete er mit einer Gruppe des KJVD illegal weiter und wurde deswegen im März 1924 vom Volksgericht Nürnberg zu drei Monaten Gefängnis verurteilt. 1926 trat »R.« in die KPD ein und betätigte sich vornehmlich im Erwerbslosenausschuß, wo er bald mittlere Funktionen ausübte. 1928 wurde er arbeitslos. 1931 siedelte er in die UdSSR über, da ihm – seinen Angaben im Prozeß zufolge – dort Arbeit angeboten wurde; vom Herbst 1932 an habe er in Moskau neben der Arbeit noch Schulungskurse über Ökonomie besucht. Im Herbst 1933 habe ihn dann die deutsche Abteilung der Komintern gefragt, ob er bereit sei, in Deutschland illegal zu arbeiten. »R.« sagte zu und wurde im November 1933 über Prag nach Berlin geschleust. In den acht Tagen, die er sich in Berlin aufhielt, traf er mehrfach mit Funktionären der Landesleitung zu Besprechungen zusammen[2]. Mit falschen Papieren (Paß und Geburtsurkunden) versehen, reiste er nach Dortmund, wo er einen »höheren Funktionär« traf, der ihn mit einem Angehörigen der Bezirksleitung Niederrhein zusammenbrachte[3]. Dieser schickte »R.« Anfang Dezember 1933 in den gutorganisierten Unterbezirk Solingen; dort sollte er sich sozusagen in die Probleme der Illegalität einarbeiten.
Zunächst leistete er Organisationsarbeit und richtete im Unterbezirk Solingen mehrere Instruktionsgebiete ein. Zu einem nicht genau bekannten Zeitpunkt im Frühjahr 1934 wurde ihm die Leitung dieses Unterbezirks übertragen. Im Sinne der von der Parteiführung gesetzten

taktischen Schwerpunkte bemühte er sich nun in besonderem Maße um die Bildung von Betriebszellen.

Um die Monatswende März/April holte Adolf Rembte, damals Leiter des Bezirks Niederrhein »R.« in die Bezirksleitung. Ab 3. April arbeitete er in Düsseldorf. Als Rembte im Mai 1934 nach Berlin beordert wurde – er sollte in die Landesleitung eintreten[4] –, nahm »R.« bis zu seiner Verhaftung eine führende Rolle in der Bezirksleitung ein. Dem Gericht ist die Position des »Rudi« in der Bezirksleitung Niederrhein nur annähernd bekannt geworden. »Rudi« selbst gab nur zu, mit Fragen der Mitgliederwerbung innerhalb der Organisationsabteilung betraut gewesen zu sein. Zwar deutete eine Zeugenaussage darauf hin, daß er die Organisation geleitet hat; weil aber zum Zeitpunkt des Prozesses weder die Gründe für das Fehlen des Bezirksleiters noch dessen Person bekannt waren – von ihm wußte man nur Decknamen –, stützte sich das Gericht bei der Beweisaufnahme gegen »Rudi« neben zahlreichen Materialien, die in seiner Wohnung gefunden wurden (Druckschriften, Rundschreiben, Kassenabrechnungen u. ä.), insbesondere auf das hier wiedergegebene Dokument. Da dieser Bericht, der für Landesleitung und Zentralkomitee geschrieben wurde, eine alle Aspekte der illegalen Arbeit umfassende Situationsschilderung gebe, könne sein Verfasser nicht behaupten, in untergeordneter Position tätig gewesen zu sein. Das Gericht sei der Überzeugung, daß »Rudi« den Bezirk Niederrhein – unbeschadet formaler Fragen – faktisch verantwortlich geführt habe. »Rudi« wurde zu lebenslänglich Zuchthaus verurteilt[5].

Angesichts seiner Bedeutung für Beweisführung und Strafzumessung wurde der Text dieses Briefes in die Urteilsschrift hineingenommen. Diese Überlieferung ist auch die Vorlage für den Abdruck in dieser Dokumentation, denn das Original existiert mit hoher Wahrscheinlichkeit nicht mehr[6]. Diese Tatsache wirft einige quellenkritische Probleme auf. Daß dieses Dokument seitens der Gestapo gefälscht und als Beweismittel untergeschoben wurde, kann mit einiger Sicherheit außer Betracht bleiben. Laut Urteilstext hat »Rudi« zugegeben, den Brief geschrieben zu haben; wäre dem aber nicht so und gäbe die Urteilsbegründung die Beweisaufnahme nicht richtig wieder, so müßte verwundern, daß Rudi Goguel, der in seinen Erinnerungen einige Fragwürdigkeiten des Prozeßverlaufs schildert, ausgerechnet einen so gravierenden Tatbestand ausläßt. Schließlich läge auch einige Ungereimtheit darin, wenn das Gericht zwar eine Fälschung als Beweismittel akzeptiert hätte, welches die Verhängung der Todesstrafe statt einer extrem hohen Zuchthausstrafe (aufgrund der übrigen Beweismittel)[7] ermöglichte, um dann – unter Hinweis auf Verwundung und EK II – von der Todesstrafe ausdrücklich abzusehen.

Bleibt die Frage der Genauigkeit und Vollständigkeit des Textes. Dazu sind allerdings nur wenige und kaum eindeutige Kriterien zur Hand. Die Vorlage vermerkt z.B. keine Unterschrift, wohl aber die persönliche Anrede, deren Verwendung eigentlich sogar eine Schlußfloskel erwarten läßt. Hier ist der Verdacht berechtigt, daß das Original nicht vollständig wiedergegeben ist; ob allerdings über Schlußfloskel/Unterschrift hinaus auch noch Text weggelassen wurde, bleibt eine offene Frage. Ebensowenig kann überprüft werden, ob Text ohne Kennzeichnung ausgelassen wurde. Allerdings – und hier kann die Frage nach der Genauigkeit der Abschrift einbezogen werden – enthält der Text weder sinnlose Stellen, die aus Lesefehlern oder ungenauer Abschrift resultieren könnten – von einigen grammatikalischen Fehlern abgesehen – noch sind Auslassungen signalisierende Sprünge in der Gedankenführung erkennbar. Das in einem Fall nachweisbare, pedantische Bemühen des Schreibers um genaue Übereinstimmung von Original und Abschrift rechtfertigt darüber hinaus wohl mindestens die Annahme, daß dieser eine wortgetreue Abschrift herstellen wollte[8].

Hier seien – auf Personen und Gegenstand dieser Dokumentation bezogen – einige Überlegungen über den Quellenwert von Prozeßakten solcherart politischer Prozesse angeschlossen. Die von der Gestapo verhafteten Angehörigen von Widerstandsgruppen wußten, was Wahrheit für sie selbst und andere bedeutete; so sagten sie, wenn und solange sie den »verschärfte Vernehmung« geheißenen Folterungen standhielten, Unwahrheiten und halbe Wahrheiten, machten aber da Geständnisse, wo nichts mehr geleugnet werden konnte, oder berichteten durchaus über Fakten und Zusammenhänge, deren Kenntnis keinen Schaden mehr anrichtete. Gerade solche für die – vielleicht Jahre später abrollenden – Prozesse bedeutungslosen Randinformationen bringen der Forschung oft wichtige Erkenntnisse. So sagte ein ab Herbst 1934 im Ruhrgebiet tätiger Instrukteur aus, daß er mit »Rudi« zusammen den Jahreskurs 1933 der Leninschule besucht habe[9]. Auch die Position, die »Rudi« zwischen Mai und August 1934 einnahm, kann anhand späterer Aussagen präzisiert werden: Adolf Rembte hat seinem Organisationsleiter »Rudi« die Leitung des Bezirks Niederrhein sozusagen kommissarisch übertragen. »Rudi« ergänzte die Bezirksleitung durch Ernennung eines Agitpropleiters, »Hans«, der mit ihm zusammen verhaftet und verurteilt wurde. »Rudis« organisatorische Arbeit fand offenbar soviel Anerkennung, daß er Anfang August 1934 als Bezirksleiter in den Bezirk Mittelrhein versetzt wurde. Er hatte seinen Nachfolger eingearbeitet und wurde kurz vor seiner Abreise verhaftet[10]. Unser Dokument war also als Rechenschaftsbericht gedacht. Eine nebensächliche Information aus dem Urteil gegen »Rudi« u. a. liefert schließlich ein Indiz dafür, daß sich eine von »Rudi« geschilderte Episode so abgespielt haben könnte: der Bezirkskassierer »Walter« sei der Gestapo in die

Hände gespielt worden und wieder entkommen[11]. Der Agitpropleiter »Hans« hat nun ausgesagt, daß er zunächst zur Kassenrevision in den Bezirk Niederrhein geschickt wurde. In dieser Funktion traf er im April/Mai mehrfach mit »Walter« zusammen. Ende Mai fuhr er zur Berichterstattung nach Prag; als er Mitte Juni nach Düsseldorf zurückkehrte, traf er »Walter« nicht mehr an, die Kassengeschäfte wurden vom Bezirkstechniker »Georg« und seinem Produktionsleiter »Max« miterledigt. Keine Frage, daß »Walter«, als er von der Gestapo frei kam, sofort abgezogen, wahrscheinlich ins Ausland geschickt worden ist. Die Darstellung in »Rudis« Bericht und die für sich genommen unwichtige Aussage von »Hans« passen zusammen.

In der Zeitspanne, über die der kommissarische Bezirksleiter in seinem Brief berichtet, fanden im Zentralkomitee (ZK) der KPD wie im Exekutivkomitee der Kommunistischen Internationale zum Teil scharfe Auseinandersetzungen über die strategische und taktische Linie im Kampf gegen den Nationalsozialismus statt. Außenpolitische Motive seitens der Sowjetunion[12] sowie kritische Zweifel an Realitätsgehalt und Effektivität der politischen Ziele brachten die Diskussion in Gang.

Das im Dezember 1933 tagende XIII. EKKI-Plenum beharrte auf Analysen, die schon 1928 formuliert worden waren; es setzte der illegalen KPD, illusionären Situationsberichten folgend, politische Ziele und forderte Kampfformen, die von der Durchsetzbarkeit weit entfernt waren. Wilhelm Pieck hatte in seinem Referat behauptet, daß der Einfluß der KPD auf die werktätigen Massen in schnellem Tempo wachse, die Voraussetzungen einer revolutionären Krise zunähmen, daß Deutschland der proletarischen Revolution entgegengehe; ökonomische und politische Streiks wie auch Massendemonstrationen seien daher sinnvolle und notwendige Kampfformen. Das Plenum bestätigte die These, daß die Sozialdemokratie Handlanger des Kapitals sei; auch die Verfolgung ändere nichts an ihrem sozialfaschistischen Charakter. Eine Reorganisation der SPD müsse auf jeden Fall verhindert werden[13].

In einer Entschließung zu den Beschlüssen des XIII. Plenums hat das ZK der KPD am 5. Februar 1934 die Massen-Mobilisierung unter der Führung der KPD zum Kampfziel der illegalen Organisation erklärt. Dazu sollte die Schaffung der Einheitsfront bei scharfer Frontstellung gegen sozialdemokratische Funktionäre dienen; und dazu sollte die Arbeit vor allem in den Großbetrieben forciert werden. Im August 1933 gefaßte Beschlüsse, die zur Gründung von »unabhängigen Klassengewerkschaften« – also zur Fortführung der RGO – aufforderten und die »Arbeit« in DAF und nationalsozialistischer Betriebsorganisation (NSBO) als opportunistisch bezeichneten, wurden bestätigt[14]. Zumindest Teilen der Parteiführung und sicher sehr vielen der illegalen

Kommunisten schien – in Erwartung zunehmender ökonomischer Krisen und darauf folgender antinationalsozialistischer Reaktion der Bevölkerungsmehrheit – der Sturz Hitlers durch revolutionäre Aktion greifbar nahe.

In den folgenden Monaten wurde diese starre Politik von mehreren Seiten aufgeweicht. Die Landesleitung versuchte ihre Wirkung gerade im Hinblick auf die Betriebsarbeit und die Zusammenarbeit mit Sozialdemokraten durch entschärfte Instruktionen abzumildern[15]. Auch im ZK der KPD waren über diese Probleme Richtungsauseinandersetzungen im Gange, die sich in widersprüchlichen Äußerungen niederschlugen[16].

Die gegen die Februar-Beschlüsse argumentierende Richtung wollte die politische Linie der Partei in der Gewerkschaftsfrage, im Hinblick auf die Einheitsfront sowie im Verhalten gegenüber DAF und NSBO ändern. Einheitsfront sollte jetzt nicht mehr nur heißen: Eintritt des einzelnen Sozialdemokraten in die KPD; diese Gruppe forderte zur Zusammenarbeit und Aktionsabsprachen mit sozialdemokratischen Gruppen und Organisationen aller Richtungen unter Einschluß der Funktionäre auf; ähnlich die Forderung, statt einer Fortführung der »unabhängigen«, also rein kommunistischen »Klassengewerkschaften« die »Gewerkschaftseinheit« zu realisieren, und gegenüber DAF und NSBO wollte man die Taktik des »Trojanischen Pferdes« anwenden. Aber weder die Resolution des ZK vom 1. August 1934, die einen ersten Sieg dieser für eine politische Wendung eintretenden Gruppe darstellt, noch deren zuvor erschienene Artikel ließen einen Zweifel daran, daß die Partei – wie es in der Resolution heißt – »den Kurs auf die Vereinigung dieser Gruppen mit der KPD auf der Grundlage des Programms der Kommunistischen Internationale und der Taktik der KPD zu nehmen« habe. Auch geriet der Resolution die Beschreibung der ökonomischen und politischen Krise und Krisenentwicklung so eindringlich, daß diese eigentlich wenige Tage später hätte in Katastrophe und Revolution enden müssen[17].

Für unseren Zusammenhang bemerkenswert ist der Bericht Rudi Goguels über eine Auseinandersetzung mit Adolf Rembte, in der dieser die Februar-Thesen hart vertreten habe[18]. Der Urteilsschrift zufolge, in der diese Episode erwähnt ist, mußte sich Goguel gar den Vorwurf des Opportunismus gefallen lassen, er wurde von Rembte aufgefordert, seine gegenteilige Meinung für eine ausführliche Diskussion schriftlich zu fixieren. Demgegenüber läßt »Rudi« in seinem Bericht teilweise Übereinstimmung mit der veränderten politischen Linie erkennen. Sicher hinsichtlich DAF und NSBO, weniger deutlich gegenüber der SPD, während die Formulierungen zur Betriebsarbeit und Gewerkschaftsfrage mehr der »Klassengewerkschafts«-Politik entsprechen.

Kann man daraus auf Spannungen auch innerhalb der Bezirksleitung Niederrhein schließen? Oder sind die veränderten politischen Ziele erst nach dem Weggang Rembtes und auch dann unvollständig am Niederrhein bekanntgeworden?[19]

In der Organisation spiegelt sich diese politische Orientierung wider. Offensive, auf Gewinnung von Massenanhang gerichtete politische Arbeit und vom Glauben an einen greifbar nahen Sieg getragene Aktion – ob Realität oder Wunschvorstellung – vertrugen nur begrenzten Umbau der Organisation. Ganz abgesehen davon, daß die zentralistisch strukturierte, von einem wenig beweglichen Apparat beherrschte KPD sich nicht von heute auf morgen in eine Organisation eigenverantwortlicher, initiativer Glieder zu verwandeln vermochte, verlangten auch die Ziele nach zentraler Lenkung.

Der Bezirk Niederrhein der KPD zählte mit seinen 15 967 Mitgliedern (Ende 1931) zu den großen und politisch gewichtigen Bezirken, die mehr als 5 % der Gesamtmitgliedschaft stellten[20]. Auch in der Phase des Widerstandes blieb er lange relativ gut organisiert und aktiv[21]. Dem vorgelegten Bericht zufolge hatte er – gemessen am Jahresende 1931 – in der ersten Hälfte des Jahres 1934 noch zwischen 10 und 12 % zahlende Mitglieder. Vergleicht man – soweit angesichts organisatorischer Veränderungen möglich – den Mitgliederstand einer Reihe von Bezirken am Ende der Weimarer Republik mit der Situation 1934, so konnte – von extremen Abweichungen nach oben oder unten abgesehen – die Mehrheit der Bezirke auf 8 bis 15 % ihrer früheren Mitglieder zählen[22]. Der Bezirk Niederrhein behielt auch nach 1933 seinen Charakter als Hochburg der KPD.

Nach dem 30. Januar 1933 wurde der Bezirk in das Instruktionssystem einbezogen. Neben Mittelrhein und Ruhr gehörte er zum Instruktions- oder Oberbezirk West, in dem Paul Bertz als erster Oberberater tätig war. Bertz wurde – etwa im Frühsommer 1934 – durch Fritz Apelt abgelöst[23]. Das Gliederungsschema der Bezirke in Unterbezirke, Ortsgruppen und Zellen oder Betriebszellen blieb zunächst erhalten, jedoch wurden die Gliederungen zum Zwecke der Dezentralisation schrittweise vermehrt und dadurch hinsichtlich Mitgliederzahl und Territorium verkleinert; das innerbezirkliche Instrukteursystem sollte den Informationsfluß in der Hierarchie und die Absicherung der Gliederungen gegeneinander gewährleisten; etliche Verhaftungswellen lassen allerdings in ihrem Ablauf erkennen, daß andere Kontaktstränge (Kassierung, Materiallieferung) den Grad der Sicherung erheblich verminderten. Ob die Umgestaltung oder Dezentralisierung der Zellen zunächst in Fünfer-Gruppen, Ende 1933 in Dreier-, 1935 wieder in Fünfer-Gruppen voll oder nur zum Teil realisiert worden ist, läßt sich weder dem Bericht noch den vorliegenden Prozeßmaterialien entnehmen. In der Literatur scheint dieses Problem mehr von den Deklamationen der Parteiführung als von der Realisierung her gesehen[24].

Daß der Berichterstatter die Betriebsarbeit und im Zusammenhang damit die Einheitsfrontpolitik als schwachen Punkt bezeichnen mußte, ist sicher nicht auf mangelnde Aktivität zurückzuführen. Einerseits konnte sich die neu forcierte Betriebsarbeit weit weniger auf traditionelle Betriebszellen aus der Zeit vor 1933 stützen, als seitens der KPD propagandistisch behauptet[25]; andererseits war noch Mitte 1934 der Prozentsatz der Mitglieder, die in Großbetrieben beschäftigt waren, strukturbedingt und infolge Arbeitslosigkeit gering[26]. Entsprechend blieben die unteren Gliederungen mit dem Schwergewicht in den Wohngebieten verankert[27]. Ähnlich dem Gruppenproblem scheint auch die Technik im Bezirk Niederrhein nicht den Anweisungen entsprechend organisiert gewesen zu sein[28]. Die Eigenständigkeit des technischen Apparates endete mindestens zwischen Bezirks- und Unterbezirksebene; denn der Transport der Materialien wurde zu häufig von Personen bewerkstelligt, die andere Funktionen innehatten[29], während der Bezirkstechniker »Georg« und sein Produktionsleiter »Max« – wie früher geschildert – zeitweilig die Funktion des Bezirkskassierers zusätzlich übernommen hatten.

Wenn »Rudi« in seinem Bericht mehrfach über die zahlenmäßige Schwäche des Parteiapparats und die – zum Teil wohl aus berechtigter Furcht – mangelnde Aktivität und Initiative der unteren Kader klagt, bezeichnet er damit wohl auch die Ursache dafür, daß zahlreiche Funktionen, die nach den Regeln der Illegalität von je einer Person hätten wahrgenommen werden müssen, aus der Not der Realität in »Personalunion« ausgeübt wurden. Allerdings wurden die Personalschwierigkeiten im Bereich der Technik auch durch finanzielle Schwierigkeiten verursacht. Die mit dem illegalen Transport verbundenen Kosten konnten von vielen zur Aktivität bereiten Mitgliedern nicht getragen werden.

Der Bezirk Niederrhein hat – sofern alle Abrechnungen regelmäßig erfolgten – pro Monat rund 1000.– Mark an Mitgliedsbeiträgen eingenommen: Jedes Mitglied zahlte im Monat 50 Pf. Aus der Urteilsschrift gegen Adolf Rembte u. a. ist zu entnehmen, daß die Landesleitung vom ZK monatlich 16 000,– Mark erhielt, wovon an die Bezirke je 100,– Mark weitergegeben wurden[30]. Über diese Beträge hinaus erhielt der Bezirk gelegentlich Mittel für Sonderaufgaben und nahm sicherlich bescheidene Summen aus Schriftenverkauf und zusätzlichen Sammlungen ein. Da er denjenigen Funktionären, die illegal lebten, je 250,– Mark monatlich zu zahlen hatte: soweit erkennbar, waren dies im Frühjahr 1934 mindestens vier Personen[31], wurde der »normale Etat« bereits davon weitgehend aufgezehrt. Kostenverursachende politische Arbeiten mußten daher vornehmlich von den »Hauptamtlichen« oder

den wenigen Mitgliedern mit ausreichendem Verdienst geleistet
werden.

Der Bericht verweist noch auf weitere durch Geldmangel verursachte
Probleme: z. B. für den Ausbau des Instrukteursystems sowohl in den
Unterbezirken wie in den Betrieben und für die finanzielle Sicherung von
Mitgliedern, die in die Illegalität gehen mußten.

Eine zunächst vom Finanziellen ausgehende Kritik an der Situation einiger
Massenorganisationen ist zweifelsohne auch vom Berichterstatter umfassender gemeint; hierin liegt, wenn auch unausgesprochen, der Vorwurf,
daß die Parteiführung versäumte, ihre Ansprüche an die Illegalen am
Möglichen zu messen[32]. »Rudi« ist allerdings zu sehr überzeugter Funktionär der KPD, als daß er über funktionelle Kritik hinauskäme. So *beschreibt*
er den Fehler des Instrukteursystems: als Bestandteil des Apparats zur
Monopolisierung von Informationen zu neigen, aber er will den Fehler
durch mehr Instrukteure wettmachen. Als die Mitglieder und Leitungen in
den Unterbezirken bei dem Versuch, sie zur veränderten Haltung gegenüber der SPD zu bringen, abwinkten, vermochte »Rudi« die Begründung,
hier gebe es ja praktisch keine SPD, nicht als Ausrede zu durchschauen; sie
war für ihn nur falsche Einschätzung einer Realität, die durch »eine
Kampagne . . . zum großen Teil überwunden« wurde. Dem alle Wendungen nachvollziehenden Funktionär blieb unverständlich, daß die jahrelang
eingehämmerten Thesen von der sozial-faschistischen SPD nicht von
heute auf morgen aus dem Gedächtnis gestrichen werden konnten[33].

Der begrenzten, nur systemimmanenten Kritikfähigkeit entsprach ein
Realitätsbewußtsein, in dem Wille oder theoretische Entscheidungen
zum Handeln und der gewünschte Erfolg zusammenfielen. Das klingt
an, wenn auf die Information, daß »fast zu allen größeren Betrieben
Verbindungen bis zu 2 und 3 Mann« bestehen, die Feststellung folgt, es
bedürfe »nur eines kleinen Anstoßes . . . und aus den 2, 3 Mann werden
lebensfähige, arbeitsfähige Zellen«[34]. Und theoretische Entscheidung
steht für Erfolg, wo es im Zusammenhang mit der Kritik am Instruktionssystem heißt: »Um näher an den Arbeiter heranzukommen, haben
wir diesen Zustand beseitigt und denken, Euren Vorschlägen entsprechend . . . einen Instrukteur einzusetzen.«[35] Da nämlich von den kritisierten Instrukteuren für die Unterbezirke der »Zustand«, also die
mangelnde Verbindung zu Betriebsarbeitern weder geändert werden
konnte, noch bei diesen Instrukteuren etwas geändert wurde, konnte die
Beseitigung des Mißstandes nur durch den Beschluß geschehen sein,
Instrukteure in Betrieben einzusetzen.

»Rudi« steht für viele kommunistische Funktionäre, die von der Richtigkeit der Einschätzungen und strategischen Entscheidungen der Partei
mit all ihren Wendungen überzeugt waren, die sich einen Kritik- und
Beurteilungsspielraum höchstens für taktische Detailentscheidungen zu-

maßen. Dennoch ist dieser Bericht über weite Strecken zur Kritik an den Zielen und Methoden des kommunistischen Widerstands geraten.

Im Widerspruch zwischen der Beschreibung bescheidener Erfolge wie schwerer Rückschläge im Bericht und den Verlautbarungen der Parteiführung – seien es die illusionären Bekundungen vom Dezember 1933 über den wachsenden Einfluß der KPD auf die werktätigen Massen, seien es die Forderungen der Resolution vom 1. August 1934 etwa nach Herstellung der Aktionseinheit zwischen Kommunisten und Sozialdemokraten, nach Organisierung von Streiks, von Massendemonstrationen, von Massenselbstschutz – sind die gefährliche Realitätsferne der KPD-Politik und ihre Aussichtslosigkeit scharf herausgehoben. Zwei, drei Verbindungsleute in Großbetrieben mit mehreren Tausend Beschäftigten, 2000 überzeugte und opferbereite Kommunisten unter rund 3,5 Millionen mehr oder weniger angepaßten Einwohnern sprechen nur für die Isolierung der illegalen KPD. Und die Situation in den Unterbezirken wie die Verhaftungswellen, die der Bericht schildert, sind ein Stück Beweis dafür, daß offensive politische Aktivität und konspirative Sicherung der Organisation einander ausschließen. So dokumentiert der Bericht über die Details von Rückschlag und Erfolg hinaus einen Ausschnitt aus dem Selbstzerstörungsprozeß der Kommunistischen Partei.

Werte Freunde!
Anbei übersenden wir Euch einen kurzen Bericht über die Lage und unsere Arbeit im Bezirk.
Der Bezirk ist seit Mitte Mai ohne Bauführer[36]. Es ist ganz selbstverständlich, daß sich dieser Zustand auf die Arbeit hemmend auswirkt, obwohl sich die übrigen Freunde[37] bemühen, den ihnen gestellten Aufgaben gerecht zu werden.
Wir können für den Gesamtbezirk die Feststellung machen, daß eine organisatorische Festigung eingetreten ist. Die schwächsten Punkte unserer Arbeit sind immer noch unsere Betriebsarbeit und konkrete Einheitsfrontpolitik, was ja eng zusammenhängt[38]. Es ist leider nicht möglich, ein Bild über die soziale Zusammensetzung unserer Org. im Bezirk zu geben. Die Zahl der abgerechneten Mitglieder hat sich in den letzten 6 Monaten wie folgt entwickelt[39]:

	Jan.	Febr.,	März,	April,	Mai,	Juni,	Juli
1. D[üsseldorf]	?	480,5	561	323	583	488,5	
2. G[erresheim]	?	76	116	115	134	147	
4. S[olingen]	?	416	221,5	457,5	271,5	333	
5. R[emscheid]	?	108	80	59	104	129,9	
6. L[everkusen]	?	18	32	29	34	52	

	Jan.	Febr.,	März,	April,	Mai,	Juni,	Juli
7. W[uppertal]	?	240,5	257,5	317,5	240	304	
8. Sch[welm]	?	137	100	98	81	?	
9. V[elbert]	?	50	50	35	42	?	
10. H[agen]	?	132	182,5	211	187	143,5	
12.Lü[denscheid]	?	66,5	58	89,5	67	81,5	
13. [M.]Gl[adbach]	?	–	–	55,5	6,5	?	
15. Kr[efeld]	?	–	–	14	72,5	?	

1724,5 1658,5 1804   1822,5 1679   ?

Bei [Unterbezirk Gerresheim und Leverkusen][40] ist eine gesunde Auf-
wärtsentwicklung zu verzeichnen. Es sind aber auch die beiden [Unter-
bezirke], welche bisher am wenigsten unter der Konkurrenz[41] zu leiden
hatten. Zu den einzelnen [Unterbezirken] später.
Es ist leider noch der große Mangel zu verzeichnen, daß wir keine
Zahlen und keinen genauen Überblick über unsere unteren Einheiten im
Betrieb und vor allem in Wohngebieten haben. Obwohl ich anfangs
festgestellt habe, daß wir uns organisatorisch gefestigt haben, muß doch
gesagt werden, daß von einer selbständigen Leitung und einer eigenen
politischen Arbeit unten nicht gesprochen werden kann. Die Leitungen
in fast allen [Unterbezirken] sind äußerst schwach[42] und nur [Unterbe-
zirk Düsseldorf, Solingen, Wuppertal, Hagen] haben bisher auf Ereignisse im eigenen [Unterbezirk] reagiert und eigene Materialien herausgebracht[43]. Wir haben für [Unterbezirk Düsseldorf], [Unterbezirk Wupper-
tal], [Schwelm] und [Velbert] und [Unterbezirk Hagen und Lüdenscheid]
je einen Instrukteur[44] eingesetzt, welche von uns unterhalten werden
müssen. Diese Maßnahme war notwendig, da die meisten [Unterbezir-
ke] einen Mann benötigten, welcher den »Eingeborenen« mit Rat und
Tat zur Seite stand. Gleichzeitig sollte auch dieser Instrukteur den
verlängerten Arm der [Bezirksleitung] darstellen. Aber hierbei ergab
sich ein Fehler, der darin bestand, daß die Verbindung zwischen [Be-
zirksleitung] und Mitgliedschaft, d. h. zu den Leitungen in [Unterbezirk]
und Ort oft ersetzt wurde durch eine Verbindung zwischen [Bezirkslei-
tung] und Instrukteur. Die Folge davon war natürlich, daß die [Bezirkslei-
tung] zu spät oder gar nicht informiert über die Stimmung bei der
Mitgliedschaft und vor allem bei den Arbeitern im Betrieb usw. war. Das
Fehlen eines Bauführers fällt natürlich bei einem solchen Zustand
besonders erschwerend ins Gewicht.
Um näher an die Arbeiter heran zu kommen, haben wir diesen Zustand
beseitigt und denken, Euren Vorschlägen entsprechend[45], vor allem für
die wichtigsten Betriebe einen Instrukteur einzusetzen. Hier muß nur die
Frage der Finanzen noch geklärt werden, welche ja keine untergeordne-

te Rolle spielt. Wir haben die Überzeugung, daß uns diese Maßnahmen in den Betrieben ein ganzes Stück vorwärts bringt. Nun einiges zu den einzelnen Unterbezirken in Frage Betriebsarbeit. Betriebszellen bestehen im

[Unterbezirk Düsseldorf]	bei	Mannesmann, Rheinmetall, Phönix;
[Unterbezirk Solingen]	"	Schlemper, Raspe;
[Unterbezirk Wuppertal]	"	Bemberg, Vorwerk (Gummi), Huppertz (Textil);
[Unterbezirk Hagen]	"	Hasper Stahlwerk, Akku;
[Unterbezirk Leverkusen]	"	I. G. Farben (in den Anfängen);
[Unterbezirk M. Gladbach]	"	Felix Kohn (Textil)[46].

Die Leitungen sind meist sehr schwach; selbständige Arbeit wird wenig oder gar nicht geleistet. Bemberg, Hasper Stahlwerk und Akku haben eigne Materialien herausgebracht. In den meisten Unterbezirken bestehen fast zu allen größeren Betrieben Verbindungen bis zu 2 und 3 Mann gegenwärtig. Es bedarf nur eines kleinen Anstoßes von seiten der entsprechenden [Unterbezirksleitungen] und aus den 2, 3 Mann werden lebensfähige, arbeitsfähige Zellen.

Stand der Leitungen
[Unterbezirk Düsseldorf]. Es werden aus einem [Unterbezirk] drei gemacht, um die Aufgaben besser durchführen zu können. Augenblicklich noch bei der Reorganisation[47]. Die Leitungen sind noch nicht vollständig, arbeiten aber schon teilweise selbständig. Für alle drei [Unterbezirke] ein Instrukteur vorhanden. In Stadtteilen wurden durch Verhaftungen Leitungen immer wieder geschwächt; trotzdem teilweise selbständige Arbeit.
[Unterbezirk Gerresheim] Sehr ausgedehntes Gebiet. Leitung war arbeitsfähig, fehlte aber aktive Zusammenarbeit. Der 2. und 3.[48] Mann sind verhaftet worden. Neubildung ist notwendig.
[Unterbezirk Solingen] Leitung gefestigt, leisten selbständige Arbeit[49]; Ort hat durch Verhaftungen gelitten Ende März, Anfang April, was auch in Mitgliederbewegung zum Ausdruck kommt.
[Unterbezirk Remscheid] Mangel an Funktionären, Leitung schwach, Anfänge selbständiger Arb[eit].
[Unterbezirk Wuppertal] Zum Teil neue Leitung, stark genug, aber unvollständig, arbeitet selbständig. Das gleiche gilt von unten[50], wo überall nur schwache Leitungen sind.
[Unterbezirk Schwelm] Durch dauernde Verhaftung eine Rückentwicklung, wie aus Mitgliederbewegung ersichtlich. Augenblicklich Neubildung der Leitungen.

[Unterbezirk Velbert] Neue Leitungen, unvollständig, auch unten mangelhafte Leitungen.

[Unterbezirk Hagen] Durch Verhaftungen Leitungen zerschlagen, augenblicklich Neubild[un]g.

[Unterbezirk M. Gladbach] Leitung sehr schwach, besteht nur aus 2 Mann, wird jetzt vervollständigt; auch unten schwache Leitung, meist nur ein Mann.

[Unterbezirk Krefeld] Gesamte Leitung wurde verhaftet, augenblicklich überhaupt keine Verbindung mehr. [Unterbezirk] war erst wieder im Aufbau begriffen.

Die Technik[51]

Funktioniert nur in 3 Unterbezirken, wo auch eigene Materialien herausgegeben werden. Der Bezirk hat jetzt seine eigene Technik, während er früher bei [Unterbezirken] herstellen ließ[52]. Aber auch hier ist noch weiterer Ausbau erforderlich.

Die Stimmung der Arbeiterschaft

Eingangs wurde bereits darauf hingewiesen, daß durch mangelnde Verbindung wir auch mangelhaft unterrichtet sind. Festgestellt haben wir, daß z. B. nach dem 30. Juni den Tiraden Hitlers teilweise Glauben geschenkt wurde. Heute kann man gehen und stehen, wo man will, überall trifft man auf Diskussionsgruppen: Am Arbeitsamt, an den Zeitungen, in den Parkanlagen usw. Im allgemeinen gibt man der Hitlerregierung keine lange Lebensdauer mehr[53]. Es herrschen aber noch Unklarheiten über das »Wie« der Beseitigung. Bei Verhaftungen, Entlassungen und Lohnraub im Betrieb wird teilweise vom Streik gesprochen. Es fehlt hier aber die Organisierung und die treibende Kraft. Teilweise wird schon wieder die Frage Bewaffnung gestellt und die »Dinger« in Ordnung gebracht. Das sind natürlich nur Einzelerscheinungen, es handelt sich in allen Fällen um Leute, welche mit uns irgendwie verbunden sind. Und doch ist daraus ersichtlich, daß man weiß, worauf es ankommt; es muß natürlich beobachtet werden, daß keine individuellen Terrorakte gegenwärtig entstehen. Die Begeisterung für den »starken Mann«, welche bei Bauern und Mittelständler Anfang 1933 vorhanden war, ist Anfang 1934 zu einem Haß geworden. Von irgendwelchen Aktionen unter oben genannten Schichten kann wohl nicht gesprochen werden. Schon im Frühjahr ds. Jrs. war eine ungeheure Erregung bei den Milchhändlern in Solingen, welche teilweise zur Verweigerung der Milchabnahme führte. Aus allen Berichten kommt zum Ausdruck, daß die Bauern sowohl als der Mittelstand merken, wohin auf Grund der Zwangsbewirtschaftung von Fett, Eiern, Kartoffeln, Getreide usw. die Reise geht[54]. Es sind sehr oft diese Kreise, welche bei »festlichen

Angelegenheiten« nicht flaggen, deren Söhne nicht mehr zu den Übungsabenden der SA. gehen (Verbindung in Velbert und Leverkusen).

An *Widerstandsaktionen*[55] gegen die faschistische Diktatur kann man immer wieder als primitive Form feststellen, daß die Arbeiter sich weigern, den Beitrag für die »Arbeitsfront« zu zahlen. Diese Maßnahme wird natürlich noch dadurch genährt, daß immer wieder Unterschlagungen von Arbeitsfront – und NSBO –[56] Bonzen und Bönzchen bekannt werden. Es wird aber auch die Methode der passiven Resistenz und des Streiks angewendet. Von letzterer Form waren in letzten Wochen bei uns drei Fälle zu verzeichnen. Es wurde gestreikt bei Wittmann und bei Wibbermann in Hagen und bei Huppert (Textilbetrieb) Wuppertal[57]. Leider fehlen uns bis jetzt noch Einzelheiten.

Arbeit der SPD. SAP.[58] usw. Einheitsfrontpolitik

Festgestellt worden ist, daß die SP im Bezirk in den einzelnen Orten Leserkreise organisiert hat, wo vor allem die »Sozialistische Aktion«[59] gelesen wird. Es geschieht alles streng geheim, der letzte gibt das Material wieder an den Ersten, sodaß nur in den seltensten Fällen etwas herauskommt. Wir haben einzelne Verbindungen zu SPD-Leuten in Düsseldorf, Wuppertal, Lüdenscheid, Schwelm. In Schwelm haben wir auch Verbindung zu einer 10 Mann starken SAP-Gruppe bekommen, welche bereit ist, mit uns zu arbeiten. Von KPO, Trotzkysten [sic][60] usw. hört man hier augenblicklich nichts. Die Tatsache, daß die SPD im Bezirk nicht viel Positionen hat, wirkt sich aus bei ihrer Gewinnung jetzt. Es wird in den meisten Fällen unterschätzt die Notwendigkeit der Gewinnung der SPD-Arbeiter. »Bei uns gab es überhaupt keine SPD«, »wir hatten 42 % aller Stimmen im November 1932«, »die SPD hatte eine Handvoll Leute« (Solingen), so oder ähnlich hört man sprechen. Wir haben eine Kampagne in dieser Beziehung geführt und diese Gedanken sind heute zum großen Teil überwunden.

Propaganda

Wir hatten uns die Aufgabe gestellt, wöchentlich unsere »Freiheit« erscheinen zu lassen und monatlich den »Revolutionär«, unser Funktionärsorgan. Letzteres ist uns bis jetzt gelungen, wir haben zum 1. August eine Sondernummer herausgebracht. Zur Herstellung der »F« fehlt es manchmal an den notwendigen Finanzen, so daß sich die Herstellung verzögert. Die Auflage betrug im Frühjahr noch 2–3000 Exemplare, bei den letzten Nummern haben wir 4–5000 Exemplare hergestellt[61]. Trotz aller Bemühungen ist es bis jetzt noch nicht gelungen, RF., Inprekorr, KI[62] usw. von August zu bekommen. Es ist wohl versprochen worden, es ist aber bei den Versprechungen geblieben. Wir haben das Menschenmögliche getan, um solche Materialien zu bekommen. Unsere Funktionäre benötigen solche Literatur dringend, da sie meist politisch sehr schwach sind, und wir bis jetzt noch wenig besonderes Schulungsmaterial herausgebracht haben.

Wir haben Ende Juni 4 Mann zur »Information« geschickt[63]. Wenn wir dieselben jetzt wiederbekommen, werden sie uns eine gute Hilfe sein.

Von allen Massenorganisationen ist die Arbeit bei Sport und RGO die beste. Die RH-Arbeit geht jetzt auch vorwärts. Es sind schon einige Einheiten geschaffen worden, aber der Mann von der Kulturarbeit kommt nicht vom Fleck. Bei beiden Letztgenannten keine oder mangelhafte Verbindung mit ihrem [Zentralkomitee][64]. Wenn wir den Mann von der Kulturarbeit nicht ab und zu etwas unterstützen, verhungert er hier. Dieser Zustand muß sofort beseitigt werden. Wir verlangen, daß sich die entsprechenden Instanzen oben etwas um ihre Leute kümmern, wir müssen es in Zukunft ablehnen, die Freunde der [Massenorganisationen] zu unterstützen. Wir können dies einfach finanziell nicht tragen.

Größere Verhaftungen wurden vorgenommen für die Berichtszeit in Solingen 80–100 (März, Apr., Mai), Remscheid 20 (März), Düsseldorf 100 (in letzten Monaten), Krefeld 25 (Ende Juni), Schwelm und Hagen (ungefähr je 20 Mann). Man hat jetzt kurz vor dem 1. August »amtsbekannte« Personen festgenommen, sie festgehalten und ohne sie zu verhören wieder freigelassen. Man hat diese Freunde scheinbar festgenommen, um sie vor einer »strafbaren« Handlung zu bewahren. Ein Teil Verhaftungen kommen auf das Konto des O. T.[65]. In Düsseldorf versuchen einige Leute an die Partei heranzukommen, indem sie erklären, sie kommen im Auftrage der Bezirksleitung. Eine Reihe Verhaftungen erfolgten auf folgende Art und Weise: Zu einem [Zellen-Kassierer] kommt ein Mann, der erklärt, er kommt von Heinz aus Wuppertal, sie sollen eine Versammlung machen und eine Parallelleitung schaffen. Unsere Freunde kriechen auf den Leim, machen die Versammlung, welche sie ungestört durchführen können; aber anderntags wird die ganze Meute verhaftet[66].

Die Verhaftung in Krefeld erfolgte durch Verrat (Spitzelei). Der Kass[ierer] von Krefeld (W.)[67] hat unseren [Bezirksleitungs-Kassierer] der Polizei in die Hände gespielt. Er hat scheinbar auch die übrigen 25 auf dem Gewissen. Die Polizei versuchte unseren [Bezirksleitungs-Kassierer] für sich zu gewinnen, er versprach, und sie ließen ihn laufen. Sie waren scheinbar so begeistert, von dem »guten Fang«, den sie schon gemacht hatten (im Geist hatten sie schon die [Bezirksleitung] hinter Schloß und Riegel), daß sie ver»gaßen« [sic], die notwendigen Maßnahmen einzuleiten, um den Vogel nicht entkommen zu lassen – aber er ist entkommen!

Gefährdete Freunde, soweit sie brauchbar sind, werden – soweit dies möglich ist – im Bezirk ausgetauscht. Es erwächst uns hieraus natürlich eine finanzielle Belastung – und es wäre an der Zeit, den Zuschuß der E.-Reichskommission[68] anrollen zu lassen. Freunde, die gefährdet und nicht brauchbar sind, werden abgeschoben[69].

Hermann Graml

Vorhut konservativen Widerstands

Das Ende des Kreises um Edgar Jung

Am 25. April 1938, um 9 Uhr vormittags, barg Oberstrommeister Karl Franz, der sein Amt in dem östlich Wiens an der Donau liegenden Hainburg versah, kurz unterhalb des Ortes die Leiche eines Mannes aus dem Fluß[1]. Die Polizei konnte keine Spuren von Gewaltanwendung feststellen, der ärztliche Befund ergab zweifelsfrei Tod durch Ertrinken. Was gleichwohl für Aufsehen sorgte, waren die Person des Toten und das sofortige unverlangte Eingreifen der Gestapo, die ja in einem Land, das erst wenige Wochen zuvor von deutschen Truppen besetzt worden war und noch immer vom Jubel der Bevölkerung über die Umwandlung der Republik Österreich in die »Ostmark« des Deutschen Reiches widerhallte, keineswegs schon eine selbstverständliche Rolle spielte. Anhand der gesicherten Effekten fiel die Identifizierung der Leiche nicht schwer. Es handelte sich um Wilhelm Emanuel Freiherrn v. Ketteler, am 15. Juni 1906 auf Burg Eringerfeld in Westfalen geboren, seit 1934 Attaché an der Deutschen Botschaft in Wien. Freiherr v. Ketteler war in der Nacht vom 13. zum 14. März 1938 zuletzt lebend gesehen worden. Am Abend des 13. März hatte er in seiner Wohnung (Wien 4, Argentinierstraße 33) mit dem Grafen Kageneck, einem Kollegen, Dr. Roman Hädelmayr, einem österreichischen Freund, und Walter Bochow, einem vertrauten Mitarbeiter, der sich später als Agent der Gestapo entpuppte, die politischen Vorgänge der letzten Tage – seit Mittag des 12. März war die Besetzung Österreichs durch deutsche Truppen im Gange – erörtert. Anschließend, etwa um 21 Uhr, hatte er die in der Nähe der Deutschen Botschaft wohnende Sekretärin des Botschafters aufgesucht, mit der er befreundet war, und sich von ihr gegen Mitternacht verabschiedet. Nachdem die Sekretärin am nächsten Morgen vergeblich versucht hatte, Ketteler, wie vereinbart, telefonisch zu wecken, hatte sich rasch herausgestellt, daß der Attaché gar nicht mehr in die Argentinierstraße zurückgekehrt war. Bis ihn Oberstrommeister Franz aus der Donau holte, blieb er spurlos verschwunden. Jetzt aber intervenierte, kaum war die Identität des Toten ermittelt, die Wiener Gestapo und zog den Fall an sich. Eigenartigerweise wurde sie dann jedoch nicht selbst tätig, sondern gab die beschlagnahmten Effekten wie die Akte an die Berliner Zentrale ab, die zwar weiterhin jede Untersuchung durch die ordentlichen Justizbehörden verhinderte, sich indes bis zum Ende des Dritten Reiches unfähig zeigte, den auf Klarheit drängenden Angehörigen und Freunden Kettelers Ergebnisse eigener Nachforschungen mitzuteilen.

Kettelers Chef, Botschafter Franz v. Papen, der die spannungsvollen Wochen vor dem deutschen Einmarsch, halb abberufen, halb noch im Amt, in Deutschland verbracht hatte, war am 14. März mittags in Wien eingetroffen, um auf Hitlers Weisung beim Einzug des »Führers« in die österreichische Hauptstadt anwesend zu sein, und sogleich nach Ankunft von seiner Sekretärin über Kettelers Verschwinden unterrichtet worden.[2] Papen suchte unverzüglich den ebenfalls bereits nach Wien gekommenen Chef der Sicherheitspolizei und des SD, Reinhard Heydrich, auf und bat ihn, polizeiliche Maßnahmen einzuleiten; Heydrich sagte das bereitwillig zu. »Anschließend«, so schrieb Papen in einer Aufzeichnung vom 5. April 1938,[3] »verständigte ich den Reichsführer SS Himmler sowie den Staatssekretär für Sicherheit in Österreich, SS-Gruppenführer Dr. Kaltenbrunner«; Papen wollte von den beiden geklärt haben, »ob Herr von Ketteler nicht etwa versehentlich verhaftet wurde und in irgendeinem der Wiener Polizeigefängnisse pp. sitze«. Noch am 14. März machte Papen auch Hitler Meldung, der am Nachmittag dieses Tages, nachdem er am Abend zuvor in Linz das Gesetz über die Vereinigung Österreichs mit dem Deutschen Reich unterzeichnet hatte, seinen triumphalen Einzug in Wien hielt. Am 15. März traf Papen abermals mit Heydrich zusammen, der erneut seine volle Unterstützung und laufende Berichterstattung versprach. Ähnlich hilfsbereit gab sich der zweite Mann des Dritten Reiches, Generalfeldmarschall Hermann Göring, mit dem Papen am 20. März über den Fall Ketteler sprechen konnte. Die Idee des Botschafters, aus eigenen Mitteln eine hohe Belohnung für Hinweise auf das Schicksal Kettelers zu stiften, fand Göring freilich nicht gut, wie er in einem Brief vom 21. März sagte. Auch die Sicherheitspolizei vermochte der Aussetzung einer Belohnung keinen Geschmack abzugewinnen, weil nach ihren Feststellungen, so informierte sie den Feldmarschall am 22. März, »noch mit der Möglichkeit gerechnet werden müsse, daß Herr von Ketteler Österreich heimlich verlassen habe. Eine öffentliche Auslobung der Belohnung … erscheine bedenklich, weil hierdurch der Öffentlichkeit bekannt gegeben würde, daß ein engerer Mitarbeiter des Botschafters entweder aus undurchsichtigen Gründen geflohen oder anläßlich der Machtübernahme in Österreich in politische Schwierigkeiten gekommen sei.« Als Ersatz wurde Papen »ein besonders energischer Erlaß an alle Polizeibehörden« offeriert, den der Reichsführer SS und Chef der Deutschen Polizei Heinrich Himmler am 25. März tatsächlich herausgehen ließ: »Mit sofortiger Wirkung weise ich den Chef der Ordnungspolizei und den Chef der Sicherheitspolizei an, eine besonders sorgfältige und umfassende Fahndung nach dem seit Sonntag, den 13. März vermißten

Wilhelm Emanuel Freiherrn von Ketteler einzuleiten. Ich ersuche, daß
die nachgeordneten Dienststellen mit besonderem Nachdruck auf das
vorliegende Fahndungsersuchen hingewiesen werden.« Am 5. April
schließlich, als Papen die Aufzeichnung über seine bisherigen Bemühungen niederschrieb, erhielt er in einer weiteren Unterredung von Göring
die Zusicherung, daß die Polizei instruiert werde, »falls ein Verbrechen
erfolgt sein sollte, dieses restlos aufzuklären und die Täter zu be-
strafen«[4].

All diese Fragen und Antworten, erst recht die Hilfs- und Fahndungs-
versprechen Himmlers und Heydrichs, waren indes bloße Gesten in
einem makabren totalitären Vexierspiel. Papen hatte von Anfang an
gute Gründe für die Überzeugung, bei seinen Gesprächen mit dem
Reichsführer SS und mit dem Chef der Sicherheitspolizei eben jenen
Männern gegenüberzusitzen, die seinen Mitarbeiter in Gewahrsam und
vielleicht schon den Befehl zu dessen Ermordung gegeben hatten.
Beobachtungen seiner Sekretärin, die ihren Freund Ketteler in jener
Nacht bis zur Haustüre begleitet hatte, und der Sekretärin des deutschen
Militärattachés, die damals gerade das Botschaftsgebäude verlassen
hatte, ließen nur den Schluß zu, daß Ketteler von irgendwelchen Schergen des sich nun auch in Österreich etablierenden NS-Regimes festgenommen worden war.[5] Einige Bemerkungen Görings lieferten Papen
eine Art Bestätigung und verhießen im übrigen nichts Gutes für das
endgültige Schicksal des Attachés[6]. Von der vagen Hoffnung abgesehen,
unter Umständen doch zur Rettung Kettelers beitragen zu können,
sollte Papens Aktivität wohl in erster Linie sein eigenes »gutes Gewissen« und seine eigene Unangreifbarkeit demonstrieren.

Einige andere Freunde Kettelers erlangten bereits frühzeitig Gewißheit.[7] Graf Kageneck wandte sich, von Papen über Kettelers Verschwinden informiert, im Frühjahr 1938 an den persönlichen Adjutanten
Hitlers, Hauptmann Wiedemann, den er ganz gut kannte. Wiedemann
reagierte mit den Worten: »Schauerlich! Mordgesellen! Bitte, fragen Sie
mich nicht weiter!« Dann gab er Kageneck den Rat, an seine eigene
Sicherheit zu denken und sofort ins Ausland zu gehen. Karl v. Winkler,
ein in Berlin lebender Gesinnungsgenosse Kettelers, suchte Genaueres
zu erfahren, indem er eine aus gemeinsamen Wiener Studententagen
datierende Beziehung zu einem österreichischen Nationalsozialisten bemühte, der in den Monaten nach dem Anschluß als Referent beim
SD-Unterabschnitt Wien arbeitete. Nachdem der damalige SS-Unter-
sturmführer Dr. Wilhelm Höttl mit Winklers Abgesandtem, Nikolaus
v. Halem, gesprochen hatte, erkundigte er sich tatsächlich, zunächst
vergeblich bei der Gestapo, dann bei einem Hauptabteilungsleiter des
SD-Oberabschnitts Donau, Friedrich Polte. Polte beschied Höttl mit dem
Satz: »Hände weg von Ketteler, der ist inzwischen baden gegangen!«

Eine ähnliche Auskunft bekam Winkler selbst, als er einige Zeit später bei einer Bahnfahrt einen anderen nationalsozialistischen Bekannten aus Österreich traf, SS-Sturmbannführer Josef Trittner, ebenfalls Angehöriger des SD. Auf die Frage nach dem Schicksal Kettelers antwortete Trittner:»Sei froh, daß du damals nicht in Wien warst, sonst wäre es dir vielleicht auch so ergangen wie von Ketteler. Ertrinken kann man auch in einer Badewanne.« Daß Freiherr v. Ketteler, nachdem er einige Wochen offenbar ergebnislose Verhöre erduldet hatte, in der Tat von einem Beauftragten Heydrichs, dem SS-Obersturmbannführer Horst Böhme, in einer Badewanne ertränkt und erst danach in die Donau geworfen worden war, erfuhr dann Dr. Höttl definitiv im Sommer 1944, als er sich in Budapest aufhielt und bei etlichen Gelegenheiten mit dem dortigen Befehlshaber der Sicherheitspolizei und des SD zechte, dem SS-Standartenführer Hans Geschke, der in den letzten Vorkriegsjahren zum engeren Kreis um Heydrich gehört hatte. Walter Schellenberg, zuletzt Chef des SD und im Frühjahr 1938 ebenfalls in Wien aktiv, hat nach dem Krieg Geschkes Bericht bestätigt und dabei – in einer Unterhaltung mit Höttl – erklärt, er habe Böhmes schriftliche Vollzugsmeldung an Heydrich selbst gesehen.

Nun waren im Österreich des Frühjahrs 1938 Verhaftungen keineswegs ungewöhnlich. Von den Fahnen und Blumen kaum verdeckt, mit denen die Mehrheit der Bevölkerung, durch die Erfüllung eines alten Traums des deutschen Nationalismus vorübergehend trunken gemacht, die einmarschierenden deutschen Truppen begrüßte, setzte vielmehr ungesäumt eine gnadenlose Jagd auf Kommunisten und Sozialdemokraten ein, auf Juden und Freimaurer, auf die Repräsentanten und Anhänger des eben gefallenen christlich-autoritären Regimes Kurt v. Schuschniggs. Viele Tausende wanderten in Gefängnisse und Konzentrationslager, Tausende mußten nach Ungarn, Italien und in die Schweiz flüchten.[8] Auch Morde waren an der Tagesordnung. So fiel in Linz Polizeidirektor Dr. Viktor Bentz und in Wien General Zehner nationalsozialistischen Mordkommandos zum Opfer. Heydrich hatte Gestapo, SD und Ordnungspolizei schon Wochen vor dem »Anschluß« systematisch auf eine Aufgabe vorbereitet, die er wohl als eine zeitlich zu raffende und prozedural zu perfektionierende Wiederholung der 1933/34 in Deutschland durchgesetzten nationalsozialistischen Machtübernahme und Machtbefestigung verstand. Die österreichischen Nationalsozialisten unterstützten das, indem sie, nicht ohne zahllose politische und private Rechnungen zu begleichen, mit der nämlichen Brutalität agierten wie fünf Jahre zuvor SA und SS im nunmehr sogenannten »Altreich«. Zur Erledigung spezieller Fälle hatte Heydrich im Februar 1938 aus Sicherheitspolizei und SD eine Sondereinheit aufgestellt, das »Einsatzkommando Österreich«; dieser Keimzelle der 1939 und 1941/42 durch ihre Massenmorde in Polen und Rußland berüchtigt gewordenen »Einsatzgruppen« gehörte neben SD-Agenten wie Böhme und Walter Schellenberg z. B. auch Adolf Eichmann an.[9]

Die Besonderheit des Falles Ketteler liegt, historisch gesehen, darin, daß Heydrich hier den »Anschluß« dazu benutzte, um mit der Festnahme und Ermordung des Attachés die Liquidierung der wohl ersten Widerstandsgruppe fortzusetzen, die sich in Deutschland selbst im konservativen Lager formiert hatte. Dabei handelte es sich nicht einfach um den Abschluß einer bislang noch nicht vollständig erledigten Arbeit. Vielmehr ging es Heydrich nicht zuletzt darum, die evidente Regeneration dieser Gruppe jenseits der Reichsgrenze zu stoppen, zugleich ihrer bereits geschehenen und weiterhin drohenden Ergänzung durch anti- oder doch nicht-nationalsozialistische österreichische Konservative ein Ende zu machen.

Die Ursprünge der Gruppe standen in engstem Zusammenhang mit Entstehung und Scheitern des »Einrahmungs- und Zähmungskonzepts«, d. h. mit dem Versuch hochkonservativer Kräfte, die NS-Bewegung zwar an der Macht im Staat zu beteiligen und mit ihrer Hilfe die politische Eliminierung der Linken zu erreichen, ihr aber – durch entsprechende »Einrahmung« der Nationalsozialisten in der Reichsregierung – die Übernahme der alleinigen Macht zu verwehren und sie – nach gelungener »Zähmung« – auf die Rolle eines gehorsamen Wachhunds ihrer konservativen Herren zu beschränken. Zu den Erfindern und aktiven Vertretern des Konzepts gehörte neben Alfred Hugenberg, dem Führer der Deutschnationalen Volkspartei, Franz v. Papen, der im Januar 1933, nachdem er von Mai bis Mitte November 1932 Reichskanzler gewesen war, auch Reichspräsident v. Hindenburg überzeugen konnte und damit einen entscheidenden Beitrag zur Betrauung Hitlers mit der Regierungsgewalt leistete. Mit dem Amt des Vizekanzlers im Kabinett Hitler belohnt, sammelte Papen in der Vizekanzlei sogleich einen Kreis verläßlicher jüngerer Konservativer um sich, ein Team für die Zähmungsarbeit.[10] Fritz-Günther v. Tschirschky und Graf Kageneck, von Papen als persönliche Referenten verpflichtet, gewannen Friedrich Karl v. Savigny, der für die Beziehungen zur Katholischen Kirche zuständig wurde, dazu Herbert v. Bose und den Freiherrn v. Ketteler, die Verbindung zu Reichswehr, Polizei und Presse zu halten hatten. Als ihren geistigen Führer betrachteten die Angehörigen des Kreises den damals schon sehr bekannten konservativen Publizisten Edgar Jung, der – auf der Basis eines lockeren Engagements – als wichtigster politischer Berater Papens fungierte und die Reden des Vizekanzlers schrieb. Im übrigen hielt sich der Respekt des Teams vor Franz v. Papen in Grenzen. Namentlich Jung sah im Vizekanzler weniger den Chef als ein – vor allem im Hinblick auf seinen großen Einfluß bei Reichspräsident v. Hindenburg – nützliches Werkzeug.

Da die Mitarbeiter Papens die Bewahrung rechtsstaatlicher Verhältnisse von Anfang an als eine der wichtigsten Voraussetzungen des »Zähmungskonzepts« und damit als eine gerade auch ihnen gestellte Aufgabe erkannten, entwickelte sich die Vizekanzlei in den ersten anderthalb Jahren der NS-Herrschaft tatsächlich zu einer »Reichsbeschwerdestelle«, wie sie bald hieß, und vielen, die unter Übergriffen von SA, SS und NSDAP zu leiden hatten, konnte zunächst in der Tat geholfen werden. Anderen freilich nicht, und die Zahl der vergeblichen Bemühungen nahm zu. Wachsende Frustration – ebenso das recht genaue Bild des Geschehens, das die aus allen Teilen Deutschlands einlaufenden Beschwerden vermittelten – nötigte den Kreis um Edgar Jung allmählich zu der Erkenntnis, daß Machtausweitung und Machtbefestigung der NS-Bewegung rapide Fortschritte machten, während der Einfluß der konservativen Partner Hitlers in gleichem Tempo abnahm. Gegen diesen Prozeß blieben die bislang angewandten Methoden offensichtlich gänzlich wirkungslos. Bereits um die Jahreswende 1933/34 stand für das Team in der Vizekanzlei fest, daß das »Zähmungskonzept« eine Schimäre gewesen war.

Solche Einsicht wog um so schwerer, als sich mittlerweile auch das politische Weltbild der Gruppe wesentlich verändert hatte. Anhänger aristokratisch-hierarchischer Normen und Verfechter eines durch die Niederlage im Weltkrieg aufs höchste gereizten Nationalismus, hatten die Angehörigen des Kreises bis 1933 das westeuropäische und angelsächsische Verständnis von Liberalismus und Demokratie ebenso schroff abgelehnt wie den rationalen Humanismus, in dem das westliche Verfassungsdenken verwurzelt ist. Nach ihrer Meinung öffnete der moderne Verfassungsstaat den linken Kräften, ob kommunistisch oder sozialdemokratisch, die Bahn zur völligen Vernichtung einer ungeniert mit Christentum und »Abendland« identifizierten aristokratisch-bürgerlichen Gesellschaft. Eben deshalb hatten sie eine unversöhnliche Feindschaft zu der, wie sie glaubten, nach westlichem Vorbild geformten Weimarer Republik gepflegt und sich zur Allianz mit der NS-Bewegung bereit gefunden. Gerade Jung war 1927 mit dem dann 1929/30 in zweiter und dritter Auflage erschienenen Buch »Die Herrschaft der Minderwertigen« bekannt geworden, einer bitteren Kritik an den Ideen der Französischen Revolution und an allen Erscheinungen seiner Gegenwart, die der Autor auf die Ideale von 1789 zurückführte. Jetzt aber, nach den ersten Erfahrungen mit der Realität eines antiliberalen und antidemokratischen autoritären Regimes, das zudem kräftige Tendenzen zur Ausbildung eines totalitären Systems erkennen ließ, begannen Jung und seine Freunde umzulernen; dabei wurde nun wiederum umgekehrt der Lernprozeß von jenem schon erwähnten Erlebnis der Schwäche und sogar der Ohnmacht beschleunigt, das die Herrschaftsentfaltung einer

totalitären Massenbewegung konservativen Intellektuellen und Bürokraten unweigerlich bescheren mußte. So entdeckten die Referenten der
Vizekanzlei unter dem Eindruck nationalsozialistischer Politik zu ihrer
größten Überraschung, daß zu den Fundamenten ihres eigenen Weltbildes ebenfalls ein Humanismus gehörte, ein christlicher Humanismus
zwar, aber doch ein Humanismus, dem sie die Verwandtschaft mit den
Grundelementen westeuropäischen und angelsächsischen Denkens
ebensowenig abzusprechen vermochten wie die völlige Unvereinbarkeit
mit Theorie und Praxis des Nationalsozialismus. Vor allem konstatierten
sie, wiederum zu ihrer Überraschung, daß Bewahrung und Praktizierung
auch des christlichen Humanismus, nicht anders als die Verwirklichung
des rationalen Humanismus, durchaus der Konkretisierung im politischen Ordnungssystem der Gesellschaft bedurften. Weit über die Sicherung rechtsstaatlicher Prinzipien und Formen hinaus erwiesen sich innenpolitische Pluralität und Bürgerrechte wie etwa die Meinungsfrei-
heit, früher bestenfalls mit ironischer Abneigung behandelt, plötzlich als
unaufgebbare Werte. Edgar Jung, bei dem die Anfänge der Umkehr
bereits vor Hitlers Machtübernahme auszumachen sind, schwor sogar
dem Nationalismus ab. Angesichts der innen- und außenpolitischen
Zielsetzung der NS-Führung, die Deutschland erst von Europa isolieren
und dann zum Versuch der Unterwerfung Europas treiben mußte,
ersetzte Jung deutschen Nationalismus erstaunlich rasch durch eine
europäische Gesinnung, die ihn dazu brachte, Deutschlands Einordnung
in eine partnerschaftlich organisierte europäische Staatengemeinschaft
zu propagieren; bald stützte er sein europäisches Programm auf Argumente, nicht zuletzt wirtschaftliche, die ohne weiteres berechtigen, ihn
als Vorläufer jener »Europäischen Bewegung« zu sehen, die nach dem
Zweiten Weltkrieg so machtvoll antrat.
Nun handelte es sich bei Papens Mitarbeitern um jüngere und aktive,
unerschrockene und auch ehrgeizige Männer, die keineswegs gesonnen
waren, dem Lauf der Dinge resigniert und tatenlos zuzusehen. Aus dem
Scheitern des »Zähmungskonzepts« und aus der Erkenntnis, daß mit
dem Nationalsozialismus eine Kraft vor der Erringung der totalen Macht
stand, die sie jetzt als ihnen feindlich und als für Deutschland wie für
Europa gefährlich begriffen, zogen sie rasch den Schluß, daß eben
stärkere Mittel erforderlich seien. Als Ansporn wirkte auch die Überlegung, daß die NS-Bewegung ohne Unterstützung durch konservative
Gruppen nicht so weit gekommen wäre und daß diese Mitschuld zu-
allererst die konservativen Wegbereiter zu Gegenaktionen und zur
Übernahme der unbezweifelbaren Risiken verpflichte. Wie es Jung
ausdrückte: »Wir sind mit dafür verantwortlich, daß ›dieser Kerl‹ an die
Macht gekommen ist; wir müssen ihn wieder beseitigen.«[11] Bereits kurz
nach der Jahreswende 1933/34 wurde in der Vizekanzlei über einen

Staatsstreich nachgedacht, zumal es in der entstandenen Situation immerhin zwei Elemente gab, die ein aktives Vorgehen gegen Hitler und die NS-Bewegung nicht ganz unrealistisch erscheinen ließen. Da war einmal das besondere Verhältnis Papens zu Hindenburg. Sollte es dem Vizekanzler nicht gelingen, dem Reichspräsidenten das Unheilvolle der am 30. Januar 1933 eingeleiteten Entwicklung verständlich und damit den Entschluß zu einer vorübergehenden Militärdiktatur schmackhaft zu machen? Da war ferner die Furcht großer Teile der Bevölkerung vor der antibürgerlichen SA, die immer unruhiger und ungebärdiger eine offene und brutale Fortsetzung der nationalsozialistischen Revolution forderte, speziell die Sorge der Reichswehr vor dem Anspruch, den die SA-Führung unter Stabschef Ernst Röhm von Monat zu Monat nachdrücklicher auf die Zuständigkeit für alle militärischen Angelegenheiten und auf die Umwandlung der SA in das Volksheer des nationalsozialistischen Deutschland anmeldete.[12] Falls sich Hitler von seinen Freunden in der selbstgeschaffenen Bürgerkriegsarmee nicht trennte – und zunächst war keineswegs klar zu sehen, daß und wie sich Hitler gegen Röhm entscheiden könne –, mußte es, wie man in der Vizekanzlei meinte, möglich werden, die irritiert-gereizte Reichswehr gegen den »Führer« und das Regime zu lenken. War es 1933 nicht einmal sicher, ob die Reichswehr einem Befehl Hindenburgs zur Ausschaltung der Nationalsozialisten und zur Errichtung einer Militärdiktatur überhaupt gehorcht hätte, so ließ sich jetzt auf den Augenblick hoffen, da die Generalität selbst auf einen solchen Befehl dringen würde. Gewiß war die Frage, welche politische Ordnung nach der Militärdiktatur anzustreben sei, für Jung und seine Freunde noch völlig offen; begannen sie einerseits eine monarchistische Restauration ins Auge zu fassen, wobei sie bei ihren Planspielen weniger die diskreditierten und protestantischen Hohenzollern als die katholischen Habsburger favorisierten, so suchte Jung andererseits Kontakt zu jüngeren Sozialdemokraten wie Julius Leber. Gleichwohl nahmen sie seit Frühjahr 1934 die Bearbeitung Hindenburgs in Angriff, zugleich spannen sie erste Fäden zu bestimmten Generälen der Reichswehr.

Hitler machte freilich allen derartigen Plänen ein Ende, als er am 30. Juni 1934 Röhm und zahlreiche andere SA-Führer ermorden ließ. Indem er sich vorerst für die Reichswehr entschied, entzog Hitler der Spekulation seiner konservativen Gegner auf ein Bündnis mit der Generalität jede Grundlage. Anfang August 1934, als Hindenburg starb, stellte sich heraus, daß sich Hitler mit der Ermordung seiner Kampfgefährten auch die Zustimmung der Reichswehr zur sofortigen Usurpierung des Reichspräsidentenamts erkauft hatte. Indem er die ganze Nation vom Alpdruck eines drohenden SA-Staats befreite, brachte er es überdies fertig, seinen bürgerlich-konservativen Feinden die einleuchtendste Begründung für einen Staatsstreich zu nehmen. Gerade das bürgerliche Deutschland atmete ja auf, sah Hitler sein sozusagen plausibles Verbrechen nach und akzeptierte es, daß er dabei Recht und Gesetz erklärtermaßen durch seinen Willen ersetzte. Die Salven der Exekutionskommandos von Dachau und Lichterfelde hatten also den Weg zur Vollendung der Führerverfassung freigeschossen. Für etliche Jahre brauchte Hitler keine Gefahren von rechts mehr zu befürchten. Er hatte es sich sogar erlauben können, die Gunst der Stunde zu nutzen und am 30. Juni neben den Häuptlingen der SA gleich auch noch etliche der bislang sichtbar gewordenen konservativen Widersacher umbringen zu lassen. Mit Recht hatte er kalkuliert, daß ihm das deutsche Bürgertum, erleichtert über die Entmachtung der SA, selbst eine Ausweitung der Aktion verzeihen werde, die noch nicht verstummte Wortführer der eigenen Schicht und potentielle Häupter bürgerlich-konservativer Gruppierungen traf.

Diese Ausweitung der Aktion galt in erster Linie dem Kreis in der Vizekanzlei. Hitler hatte sehr wohl bemerkt, daß sich dort eine Opposition formierte, die ihm gefährlich werden konnte. Auch ohne Blick auf die Mitarbeiter Papens und ihre etwaigen Konspirationen war ihm sicherlich schon geraume Zeit vor dem 30. Juni klar geworden, daß ihn die allgemeine Konstellation eines Tages zur Option gegen die SA und für die Reichswehr zwingen werde. Aber angesichts der Verbindung zwischen Vizekanzler und Reichspräsident, der schließlich Oberbefehlshaber der Streitkräfte war, stellte die Umgebung Papens einen Faktor im innenpolitischen Kräftespiel dar, der nicht unterschätzt und nie aus den Augen gelassen werden durfte. Für den Zeitpunkt des Schlags gegen die SA gewann die Aktivität der Gruppe um Jung sogar erhebliche Bedeutung. Mitte Juni machte nämlich Jung den Fehler, Hitler in aller Öffentlichkeit gleichsam den Fehdehandschuh vor die Füße zu werfen. Wahrscheinlich um Papen definitiv festzulegen und den Denkprozeß Hindenburgs – der schließlich nicht mehr lange leben konnte – zu beschleunigen, schrieb Jung für seinen Chef eine Rede, die, von konservativen Prämissen ausgehend, das NS-Regime und seine Politik nicht etwa in dem einen oder anderen Detail kritisierte, sondern grundsätzlich in Frage stellte, und zwar in oft schneidenden Formulierungen und in durchweg drohendem Ton.[13] Daß eine solche Rede in der Vizekanzlei verfaßt worden war, daß Papen sie am 17. Juni in Marburg tatsächlich hielt und daß sie in ganz Deutschland ein starkes Echo fand, mußte Hitler aufs höchste alarmieren. Die Marburger Rede signalisierte ihm, daß der Dreibund Vizekanzlei – Reichspräsident – Reichswehr, bislang nur eine vage Möglichkeit, vielleicht rasch Wirklichkeit werden würde, falls er die Ansprüche der SA noch länger tolerierte. Knapp zwei Wochen nach dem Alarmsignal handelte er, allerdings auf seine Weise.

Dabei verstand es sich für einen Mann seiner Art von selbst, daß im Schatten der Aktion gegen die SA auch die in der Vizekanzlei sichtbar gewordene Opposition auszutreten war. Wohl blieb Papen selbst unversehrt; die Ermordung des vorübergehend in Hausarrest genommenen Vizekanzlers hätte die nachträgliche Billigung des Blutbads durch Hindenburg gefährdet. Aber neben Gesinnungsgenossen wie Erich Klausener vom Reichsverkehrsministerium und potentiellen Verbündeten wie dem ehemaligen Reichskanzler v. Schleicher fielen Edgar Jung – bereits am 25. Juni verhaftet – und Herbert v. Bose den Kugeln nationalsozialistischer Mordkommandos zum Opfer.[14] Graf Kageneck und Ketteler entgingen dem gleichen Schicksal nur durch den Zufall, daß sie die Vizekanzlei unerkannt verlassen konnten; Tschirschky und Savigny, die beide verhaftet wurden, verdankten ihr Überleben offenbar vor allem dem Mangel an Systematik, mit dem die Schergen des Regimes zu Werke gingen.[15]

Daß sich der eben erst aus der Vizekanzlei entkommene Ketteler nicht versteckte, sondern sogleich den – freilich erfolglosen – Versuch machte, Hindenburg zu erreichen und dem Reichspräsidenten ein ungeschminktes Bild der Vorgänge zu geben,[16] zeigte im übrigen deutlich, daß es die Nationalsozialisten hier in der Tat mit ebenso überzeugten wie entschlossenen Gegnern zu tun hatten. Die Überlebenden der Gruppe dachten denn auch nicht daran, ihre oppositionelle Tätigkeit unter dem Eindruck des 30. Juni 1934 und des Hitler nun zugefallenen Machtgewinns aufzugeben. Als sich Papen bald nach der Röhm-Affäre dazu verstand, trotz der Behandlung, die ihm und seinen Mitarbeitern am 30. Juni zuteil geworden war, das Amt eines Sondergesandten Hitlers in Österreich anzunehmen, folgten ihm, was Papen Hitler abtrotzte, Tschirschky, Graf Kageneck und Freiherr v. Ketteler nach Wien. Nicht zum eigentlichen Personal der Gesandtschaft rechnend, sondern als »Sondermission« dem Gesandten persönlich attachiert, bildeten die drei auch dort, wie zuvor in der Vizekanzlei, ein Team, das unentwegt Verbindungen knüpfte und Pläne schmiedete, alles mit dem Ziel, die Entwicklung in Deutschland zu beeinflussen und das NS-Regime zu stürzen oder doch zu ändern. Doch hatten sie über die Erfahrung des 30. Juni 1934 auch so manche Illusion gerettet. So ist bezeichnend, daß sie in besonders enge Beziehungen zum sogenannten »Spann-Kreis« traten, dessen Häupter in dem Glauben lebten, man brauche der NS-Bewegung nur die richtige Ideologie zu vermitteln, um die Dinge in Deutschland wie in Österreich zum Guten zu wenden.[17] Othmar Spann, Professor für Volkswirtschaft und Philosophie an der Wiener Universität, hatte mit seinem 1921 erschienenen Buch »Der wahre Staat« eine ständestaatliche und eng mit italienischen faschistischen Theorien verwandte Gesellschaftslehre begründet, die zwar schroff antiliberal und antisozialistisch war, der aber, nicht zuletzt auf Grund eines kräftigen christlichen Einschlags, der biologistische Rassismus des Nationalsozialismus völlig fehlte. Gesellschaftsbild und Staatsvorstellung der Spann-Schule fanden, als geistig anspruchsvolle Antwort auf den Marxismus, im deutschen Bürgertum, namentlich in dessen katholischen Teilen, eine stattliche Gefolgschaft, und gewisse Elemente dienten auch zur theoretischen Fundierung der ständestaatlichen Experimente, die Dollfuß und Schuschnigg zwischen 1932 und 1938 in Österreich unternahmen; zeitweilig, d. h. bis 1936/37 Organe des nationalsozialistischen Deutschland intervenierten, konnten sich Schüler Spanns, bei offener Propagierung ihrer Ideen, sogar eine starke Stellung in der Sudetendeutschen Partei Konrad Henleins schaffen.[18] Bis zum März 1938 verloren Spann, seine beiden Söhne Rafael und Adalbert, die sich gleichsam als Apostel des Propheten fühlten, und zahlreiche seiner Anhänger nie die Hoffnung, mit Alfred Rosenberg und selbst mit Hitler um die geistige Führung der NS-Bewegung rivalisieren zu können. Daß Kageneck und Ketteler ausgerechnet hier wichtige Bundesgenossen entdeckt zu haben glaubten, zeigt also, daß das »Zähmungskonzept« – vielleicht weil jetzt der Einfluß Jungs fehlte – doch noch nicht ganz vergessen war.

Die Besetzung Österreichs fegte im März 1938 derartige Träume auf den Abfallhaufen der Geschichte. Ketteler wurde ermordet, und seine deutschen Freunde waren genötigt, sich lange Zeit überaus vorsichtig zu verhalten, zumal die folgenden Jahre im Zeichen weiterer nationalsozialistischer Erfolge standen. Auch Othmar und Rafael Spann sollten ermordet werden. Professor Dr. Alfred Six, Amtschef im SD-Hauptamt und Führer des »Einsatzkommandos Österreich«, hatte dem SS-Hauptsturmführer Werner Göttsch am 12. oder 13. März bereits den entsprechenden Befehl erteilt.[19] Göttsch führte den Befehl zwar nicht aus, weil er gewisse Sympathien für die Lehre Spanns hegte, sorgte aber immerhin dafür, daß Rafael Spann verhaftet und für einige Monate in ein Konzentrationslager verbracht wurde. Othmar Spann kam ebenfalls in – wesentlich längere – Haft und sah sich dann von Heydrich ins südliche Burgenland verbannt. Erst 1942 konnten sich die versprengten Reste der Gruppe in Deutschland und in Österreich wieder zu neuen Zellen des Widerstands vereinigen.

Lothar Gruchmann

Georg Elser

Am 8. November 1939 um 21.20 Uhr wurde der Bürgerbräukeller in München von einer Detonation erschüttert. Ein Teil der Decke und der Galerie stürzte in den Saal, tötete sieben und verletzte über sechzig Menschen, von denen einer später seinen Verletzungen erlag. Der Mann, der die Zeitbombe eingebaut hatte – der schwäbische Tischlergeselle Johann Georg Elser –, war zu dieser Uhrzeit bereits wegen des Versuchs, illegal in die Schweiz zu gelangen, verhaftet. Der Mann aber, dem der Anschlag gegolten hatte – Adolf Hitler –, hatte den Saal zehn Minuten vor der Explosion verlassen, um wegen des ungünstigen Flugwetters mit einem für 21.31 Uhr vorgesehenen Sonderzug nach Berlin zu fahren: dort hatte er für den nächsten Tag eine dringliche Besprechung über den Termin der schon einmal verschobenen Herbstoffensive im Westen angesetzt.

Noch keine fünf Jahre später sollte Hitler das zweite auf ihn verübte Attentat überleben, als der Oberst Claus Schenk Graf von Stauffenberg am 20. Juli 1944 seine Zeitbombe im Führerhauptquartier zündete. Aber außer der gemeinsamen schwäbischen Heimat trennten die beiden Attentäter Welten voneinander: hier der brillante adlige Generalstabsoffizier, der zumindest die patriotischen Anliegen seines Opfers teilte und 1933 auch von der Begeisterungswelle für die »nationale Erhebung« zunächst nicht unberührt geblieben war; dort der schlichte Handwerksgeselle, der sich der Arbeiterschicht zugehörig fühlte und die Nationalsozialisten aus einer traditionell-linksorientierten Einstellung heraus ablehnte, dabei aber auch nach 1933 seine Opposition nicht aus ideologischen Quellen, sondern durch die Beobachtung seiner unmittelbaren sozialen Umwelt speiste. Der Offizier wollte mit seiner Tat den absehbar verlorenen Krieg beenden, nachdem er den verbrecherischen Charakter der nationalsozialistischen Führung durchschaut hatte, die sich an den unterworfenen Völkern verging und das eigene mit sich in den Untergang reißen wollte. Der Handwerker wollte ursprünglich durch seine Tat den Krieg verhindern, als er anläßlich der Sudetenkrise 1938 die Überzeugung gewann, daß die unersättlichen außenpolitischen Forderungen der nationalsozialistischen Führung zum bewaffneten Konflikt führen mußten. Sein unkomplizierter gesunder Menschenverstand täuschte ihn nicht: da sein Vorhaben an den Termin des 8. November gebunden war, holte ihn der Krieg schon acht Wochen vorher ein, und er glaubte nunmehr, ihn durch seine Tat wenigstens beenden zu helfen. Stauffenberg und seine Mitverschwörer in Schlüsselpositionen hatten mit der Verfügung über einen Teil des militärischen Apparates zumindest eine Chance, das Regime zu beseitigen und durch eine Regierung des »Anderen Deutschland« zu ersetzen. Elser hatte diese Chance nicht: er meinte, der verhängnisvollen Entwicklung nur durch die Beseitigung der augenblicklichen »Obersten« entgegenwirken zu können, deren Plätze dann gemäßigtere Männer einnehmen würden. Eine Verschwörung zum Sturz des Regimes zu organisieren, lag außerhalb seiner Möglichkeiten: die einzigen Mittel, die ihm zur Verfügung standen, waren sein handwerkliches Können und seine absolute Verschwiegenheit über das Vorhaben.

Georg Elser wurde am 4. Januar 1903 in Hermaringen, Kreis Heidenheim, als uneheliches Kind geboren. Sein Vater, der ein bescheidenes landwirtschaftliches Anwesen in Königsbronn besaß und einen kleinen Holzhandel betrieb, heiratete die Mutter ein Jahr später und machte den Sohn ehelich. Mit vier jüngeren Geschwistern wuchs Georg im Königsbronner Elternhaus auf, in dem die Kinder schon sehr früh mitarbeiten mußten. Der Vater, der gewohnheitsmäßig dem Alkohol zusprach, geriet nach dem Ersten Weltkrieg in Schulden, die durch wiederholten Verkauf von Land beglichen werden mußten. Die Familie konnte sich aber von den Erträgen der Landwirtschaft, die hauptsächlich von der Mutter besorgt wurde, so weit ernähren, daß die Kinder zwar in sehr bescheidenen Verhältnissen aufwuchsen, aber niemals echte Not litten. In der Volksschule war Georg Elser ein mittelmäßiger Schüler, der es in seinen Lieblingsfächern Rechnen, Zeichnen und Schönschreiben auch zu guten Leistungen brachte. Nach Beendigung der Schulzeit begann er im Herbst 1917 zunächst eine Lehre als Eisendreher im Hüttenwerk von Königsbronn, wechselte jedoch im März 1919 aus gesundheitlichen Gründen ins Schreinerhandwerk über und legte im Frühjahr 1922 als Bester die Gesellenprüfung ab. Er blieb danach noch fast ein Jahr bei seinem Meister in Königsbronn, trat dann aber des besseren Verdienstes wegen in eine Aalener Möbelfabrik ein. Im Herbst 1923 gab er diese Stelle wegen der Geldentwertung auf und half zu Hause bei Feld- und Waldarbeiten. Nach einer abermaligen Beschäftigung als Möbeltischler im benachbarten Heidenheim vom Sommer 1924 bis Anfang 1925 ging Elser auf Wanderschaft: er arbeitete zunächst bei einem Schreinermeister in Bernried bei Tettnang, dann – nach einem einwöchigen Fußmarsch – in Friedrichshafen im Propellerbau der Dornier-Werke und fand schließlich im August 1925 Anstellung in einer Uhrenfabrik in Konstanz, wo er Holzgehäuse für die aus der Schweiz bezogenen Uhrwerke herstellte. Hier arbeitete er mit betriebsbedingten Unterbrechungen, bis die Firma 1929 sämtliche Arbeiter entlassen mußte. Nach einer halbjährigen Tätigkeit bei einer Schreinerei in der Schweiz erhielt er Anfang 1930 wiederum Arbeit in einer Uhrenfabrik in Meersburg, bis ihn auch diese Firma wegen der Wirtschaftskrise im Frühjahr 1932 entlassen mußte. In dieser Krisenzeit hielt er sich zunächst einige Monate in Meersburg durch gelegentliche Reparaturen und Anfertigung von Möbelstücken über Wasser, bis er im August 1932 nach Königsbronn zurückkehrte, um durch seine Mithilfe das durch den Vater weiter verschuldete Anwesen zu retten. Auf dem elterlichen Grundstück richtete er sich eine kleine Werkstatt ein, in der er auf Bestellung Möbel anfertigte. Trotz aller Bemühungen mußte aber das Anwesen bis auf einen Obstgarten Ende 1935 verkauft werden. Elser blieb in Königsbronn, nahm bei einem Schreiner Arbeit und mietete sich ein Zimmer. Im Herbst 1936 kündigte der in seiner Berufsehre empfindliche Elser seine Stelle wieder, da er sich ungerecht entlohnt fühlte und ihn sein Arbeitgeber ständig belehren wollte, ohne seiner Meinung nach größere handwerkliche Fähigkeiten zu besitzen als er. In einer notdürftigen Werkstatt im Keller seiner Wirtin verrichtete er abermals Auftragsarbeiten, bis ihm die Aufrüstungspolitik einen sicheren Arbeitsplatz verschaffte: im Dezember 1936 bekam er eine Stelle in der Armaturenfabrik Waldenmaier in Heidenheim, in der Pulverplatten gepreßt und Geschoßzünder hergestellt wurden. Hier arbeitete er zunächst als Hilfsarbeiter in der Gußputzerei, übernahm aber im Sommer 1937 einen verantwortungsvollen Posten in der Versandabteilung, auf dem er mit der Kontrolle und Verteilung der Materialeingänge betraut wurde. Seit Frühjahr 1937 wohnte er wieder bei seinen Eltern in der Dachkammer eines kleinen Häuschens, das sie sich unterdessen in Königsbronn gekauft hatten. Seine Stelle in der Armaturenfabrik gab er erst im März 1939 auf, als es die Vorbereitung seines Attentats erforderte.

Elser – von kleiner Statur mit dunklem, welligem, ungescheitelt nach hinten gekämmten Haar und blaßgrauen Augen – war ein ruhiger, anspruchsloser und verschlossener Mensch, der sich nur schwer und auch nicht für längere Zeit mit anderen anfreundete. Dennoch war er keineswegs ungesellig, vor allem brachte ihn seine musikalische Begabung mit anderen in Berührung: Schon als Schüler lernte er Flöte und Ziehharmonika; in Konstanz kaufte er sich eine Konzertzither und trat dem dortigen Musik- und Trachtenverein »Oberrheintaler« und 1933 dem Zitherclub von Königsbronn bei. Als für Tanzveranstaltungen ein Streichbaß fehlte, lernte er ohne weiteres auch dieses Instrument spielen. Frauen mochten ihn, von einer seiner Freundinnen hatte er in Konstanz einen Sohn, für den er Alimente zahlte. In seinem Handwerk war Elser geschickt und ehrgeizig: er gab kaum ein Stück aus der Hand, das nicht von anderen anerkannt wurde. Er war als gutmütig und hilfsbereit bekannt, nur wenn er sich ungerecht behandelt fühlte, wurde er starrköpfig; so überwarf er sich mit seiner Verwandtschaft, als sie ihn aus dem elterlichen Haus haben wollte, weil sein verheirateter Bruder seine Kammer brauchte.

Elsers geistige Interessen waren einseitig und begrenzt: regelmäßig las er die Bau- und Möbelschreinerzeitung, Tageszeitungen dagegen nur, wenn sie gerade in Gasthäusern usw. auslagen, Bücher aber überhaupt nie. So waren ihm z. B. auch das Parteiprogramm und die ideologischen Ziele der KPD unbekannt, dennoch wählte er vor 1933 regelmäßig diese Partei, weil sie den Arbeitern mehr Lohn und bessere Wohnungen versprach. Er war weder Mitglied dieser Partei noch sonst für sie tätig. Dagegen gehörte er der Holzarbeitergewerkschaft an, aber auch nur, weil es eben der Verband der Arbeiter seines Berufs war. Im Jahre 1928 oder 1929 überredete ihn ein Kollege, dem »Roten Frontkämpferbund« (RKF) beizutreten, in dem er aber außer der Zahlung der Mitgliedsbeiträge und dem Besuch von drei Versammlungen gleichfalls völlig passiv blieb. Seine Gegnerschaft gegenüber dem Nationalsozialismus – dessen Weltanschauung ihm gleichfalls verschlossen blieb – erwuchs daher nicht aus ideologischer Überzeugung oder organisatorischer Bindung, sondern aus Überlegungen allgemeiner Art. Nach seinen Beobachtungen hatten sich die Verhältnisse der Arbeiterschaft verschlechtert: die Löhne waren niedriger und die Abzüge höher geworden (bis Ende 1938 lagen die Effektivlöhne tatsächlich unter dem Niveau von 1929), der Arbeiter konnte seinen Arbeitsplatz nicht mehr beliebig wechseln, war durch die Hitler-Jugend nicht mehr Herr seiner Kinder, durch das Verbot verschiedener Sekten und den Kirchenkampf in seiner Religionsfreiheit beschränkt usw. Die aus Gesprächen entnommene Unzufriedenheit der Arbeiterschaft mit der Regierung, vor allem aber die erwähnte, aus der Sudetenkrise gewonnene Überzeugung, daß die Führung unvermeidlich auf den Krieg zusteuerte, ließen Elser im Herbst 1938 den Entschluß fassen, sie bei einem ihrer öffentlichen Auftritte zu beseitigen.

Am 8. November 1938 fuhr Elser nach München, um sich den Verlauf der dortigen Traditionsfeier zum Hitlerputsch von 1923 anzusehen. Er kam spät abends nach der alljährlichen Veranstaltung in den Bürgerbräukeller und stellte fest, daß der Saal nach Aufhebung der Absperrung ungehindert betreten werden konnte. Nachdem er am nächsten Vormittag vor dem Bürgerbräu das Eintreffen Hitlers und den Abmarsch des traditionellen Zuges zur Feldherrnhalle beobachtet hatte, fuhr er nach Königsbronn zurück. In der Folgezeit reifte in ihm der Plan, während der Bürgerbräu-Feier im nächsten Jahr die Säule hinter dem Rednerpult, in dessen Nähe auch die Spitzen der NS-Führung sitzen mußten, zu sprengen. Zu diesem Zweck entwendete er im Laufe der folgenden Monate aus seiner Firma 250 Preßstücke Pulver. Im März 1939 kündigte er dort seine Stellung und hielt sich Anfang April abermals einige Tage in München auf, um sich die genauen Maße der Säule zu notieren und von ihr eine Fotografie zu machen. Wenige Tage nach seiner Rückkehr nahm er in Königsbronn eine Hilfsarbeiterstellung in einem Steinbruch an, wo er sich Kenntnisse im Sprengen und zunächst vereinzelt, dann durch nächtliche Einbrüche mit einem Nachschlüssel Sprengpatronen und -kapseln aneignete. Er verwahrte sie in den Geheimfächern eines von ihm verfertigten doppelbödigen Holzkoffers in seinem Zimmer, das er Anfang Mai im benachbarten Schnaitheim gemietet hatte, nachdem ihn die Verwandtschaft endgültig aus dem Elternhaus gedrängt hatte. Mitte Mai verletzte sich Elser durch einen rollenden Stein – möglicherweise mit Absicht – den Fuß und benutzte seinen mehrwöchigen Krankheitsurlaub, um im elterlichen Obstgarten von Königsbronn zu experimentieren und mehrmals die Zündung einer Sprengkapsel durch eine Gewehrpatrone zu erreichen, auf die er mittels einer gespannten Feder einen Nagel aufschlagen ließ. Das Problem der zeitgerechten Zündung durch ein normales Uhrwerk löste Elser zeichnerisch bzw. rechnerisch: die Konstruktion seiner Höllenmaschine war auf dem Papier fertig, als er nach vorausgegangener Kündigung im Steinbruch am 5. August nach München in ein gemietetes Zimmer zog. Durch den Verkauf von Werkstattmaterial und seiner Musikinstrumente betrugen seine Ersparnisse zu dieser Zeit ca. 400 RM.

Elser arbeitete 30 bis 35 Nächte im Bürgerbräukeller. Im dortigen Wirtschaftsraum nahm er sein Abendbrot ein, ging gegen 22 Uhr auf die Galerie des Saales und wartete in einem Abstellraum, bis der Saal zugeschlossen wurde. Dann arbeitete er mehrere Stunden und döste anschließend in seinem Versteck, bis er den wieder geöffneten Saal durch den Hinterausgang verlassen konnte. Von der Holzverschalung der Säule richtete er ein Brett mit Hilfe von Zapfbändern als Tür ein, die die von ihm ausgearbeitete Höhlung im Mauerwerk geschickt verbarg. Den anfallenden Schutt fing er in einem Sack auf, sammelte ihn in einem Karton im Abstellraum und holte ihn mehrmals um die Mittagszeit mit einem Handkoffer ab. Tagsüber baute er an seinem Zündapparat, wobei er einzelne Teilstücke bei verschiedenen Schlossern bearbeiten ließ. Ein Schreiner, dem er hin und wieder half, stellte ihm gelegentlich auch seine Werkstatt zur Verfügung. In einem zur Schalldämpfung mit Kork ausgeschlagenen Kasten baute er sicherheitshalber zwei Uhren ein, die über gleich drei Schlagbolzen drei Sprengkapseln zündeten. Nach Beendigung der vorsichtig ausgeführten und daher langwierigen Maurerarbeiten konnte er Anfang November mit dem Einbau seiner Höllenmaschine beginnen und sie am frühen Morgen des 6. November in Gang setzen. Noch am Vormittag fuhr er zu seiner verheirateten Schwester nach Stuttgart, deutete an, daß er illegal in die Schweiz wolle, und überließ ihr seine Habseligkeiten. In der Annahme, daß er sich vor der

Einberufung zur Wehrmacht drücken wolle, schenkte ihm seine Schwester 30 RM für die Reise, da er nur noch 10 RM besaß. Elsers mangelndes Interesse an politischen Tagesereignissen verhinderte möglicherweise, daß er sein Unternehmen abbrach: es entging ihm völlig, daß Hitler just an diesem 6. November seine Teilnahme an der Traditionsfeier öffentlich absagen und diese Absage erst zwei Tage später widerrufen ließ. Nicht aus diesem Grunde also fuhr Elser am Nachmittag des 7. November nochmals nach München, sondern um – von seinem Perfektionismus getrieben – die Uhrwerke in der Nacht noch ein letztes Mal zu überprüfen. Am Abend des 8. November traf Elser in Konstanz ein, da er noch vor der Explosion die grüne Grenze überschreiten wollte. Er beabsichtigte, in der Schweiz als Schreiner zu arbeiten und erwog, der deutschen Polizei eine genaue Beschreibung seines Apparates und der Tat zukommen zu lassen, um die Verhaftung Unschuldiger zu verhindern. Um einer Auslieferung vorzubeugen, führte er Aufzeichnungen über Munitionsherstellung und Rüstungsfabriken in Deutschland mit sich, die er während seiner Tätigkeit in der Heidenheimer Fabrik zusammengestellt hatte und dem Schweizer militärischen Nachrichtendienst übergeben wollte.

Im Garten des an der Grenze gelegenen Wessenbergschen Erziehungsheimes wurde Elser gegen 20.45 Uhr – als Hitler in München noch sprach – von zwei Zollbeamten gestellt und festgenommen. Außer den erwähnten Notizen fanden sie bei ihm u. a. ein Abzeichen des RKF, das Elser spontan als Erinnerung eingesteckt hatte, eine unbeschriebene Ansichtskarte vom Bürgerbräu-Saal und einige Metallteile von einem Zünder, die er wegzuwerfen vergessen hatte. Die Grenzpolizei verdächtigte ihn der Fahnenflucht; erst nach Eingang der Meldung vom Attentat wurde er der in München gebildeten Sonderkommission überstellt, vor der er angesichts der erdrückenden Verdachtsmomente in der Nacht zum 14. November in Anwesenheit des Chefs des Reichskriminalpolizeiamtes Nebe ein Geständnis ablegte. Da Hitler und Polizeichef Himmler die Alleintäterschaft Elsers nicht wahrhaben wollten, wurde Elser der Gestapo in Berlin übergeben, um die »ausländischen Auftraggeber bzw. Geldgeber« herauszubekommen, als die von der Presse bereits der im Exil lebende Otto Straßer und die beiden Mitarbeiter des britischen Geheimdienstes Captain Best und Major Stevens hingestellt wurden, die am 9. November bei Venlo von der SS aus den Niederlanden gewaltsam verschleppt worden waren. Als auch die »verschärften Vernehmungen« der Gestapo keine Hintermänner zutage förderten, wurde Elser ins KZ Sachsenhausen gebracht, wo er als bevorzugter »Sonderhäftling« im Auftrag der Gestapo seine Höllenmaschine noch einmal nachbaute, die später als Anschauungsmaterial für die Ausbildung der Sicherheitspolizei verwendet wurde. Elser wurde nicht der Justiz zur Aburteilung durch den Volksgerichtshof übergeben, sondern offenbar für einen großen Schauprozeß »konserviert«, in dem nach dem Siege mit Hilfe doch noch beigebrachter »Beweise« oder einem als Kronzeugen präparierten Elser die perfiden Methoden des britischen Geheimdienstes angeprangert werden sollten. Als jedoch der militärische Zusammenbruch herannahte, wurde seine Existenz für das Regime wertlos: am 9. April 1945 wurde Elser auf Weisung aus Berlin im KZ Dachau getötet.

Die Tat des schwäbischen Handwerkers wurde von den unterschiedlichsten Legenden verdunkelt. Während die Nationalsozialisten Elser durch die unbewiesene Behauptung diffamierten, daß er lediglich ein Werkzeug ausländischer Drahtzieher gewesen sei – eine Behauptung, die nach dem Kriege durch ebenso haltlose wie eigensüchtige Erklärungen gewisser deutscher Emigrantenkreise neue Nahrung erhielt –, wurde im Kriege das Gerücht verbreitet und nach 1945 durch Äußerungen von Häftlingen und SS-Bewachern gestützt, daß Elser – als langjähriger KZ-Häftling dazu bestochen oder sogar als SS-Mann dazu befohlen – den Anschlag im Auftrag der NS-Führung durchgeführt habe, die durch ein solches »gestelltes Attentat« den Glauben des deutschen Volkes an die Unverwundbarkeit und Sendung Hitlers stärken wollte. Diese Legenden, die Elser zum bloßen Handlanger anderer herabsetzten und sein Handeln diskreditierten, können von der zeitgeschichtlichen Forschung als widerlegt angesehen werden. Elser war weder ein von krankhafter Ruhmsucht noch von niedrigen Tötungsinstinkten getriebener Krimineller, der von anderen als Werkzeug benutzt wurde. Seine – eigenen Überlegungen entsprungenen – Motive für die Tat berechtigen vielmehr, ihn unter die Männer des deutschen Widerstandes gegen das NS-Regime einzureihen. Elser war auch kein gewissenloser Mensch; er litt darunter, daß er – auch Unbeteiligte – töten mußte. Er betete, daß sein Entschluß richtig sein möge, und rang sich zu der Überzeugung durch, daß sein Unternehmen keine Sünde im Sinne seiner protestantischen Religion darstelle, da er mit ihm noch größeres Blutvergießen verhindern wollte. Das Mißlingen seines Attentats, durch das er nur Menschen traf, auf die er es im Grunde nicht abgesehen hatte, nahm er dann als ein Zeichen, daß sein Handeln unrecht war. Elser hat die auf sich genommene Schuld mit seinem Leben gesühnt. Dem Mann und seiner Tat sollte die Anerkennung nicht versagt werden.

Hans Rothfels

Carl Goerdeler

In den beiden ersten Monaten des Jahres 1945 haben auf Grund der
Verurteilung durch den Volksgerichtshof eine Reihe von Männern den
Tod durch Henkershand erlitten, die aus verschiedenen politischen und
geistigen Lagern stammten, aber gemeinsam als Repräsentanten des am
20. Juli 1944 kulminierenden Widerstands gegen Hitler gelten dürfen.
Neben dem ehemaligen preußischen Finanzminister Popitz und dem
Grafen Moltke, neben den Sozialdemokraten Leber, Schwamb und
Haubach, neben dem früheren württembergischen Staatspräsidenten
Bolz und dem Studienrat Hermann Kaiser befanden sich Persönlichkei-
ten aus der kommunalen Verwaltung unter den Opfern: der frühere
Berliner Bürgermeister Elsass und zwei Brüder Goerdeler. Der jüngere
(Fritz) war zuletzt Stadtkämmerer von Königsberg, der ältere (Carl
Friedrich), 1884 als Sohn eines Amtsrichters in Schneidemühl (West-
preußen) geboren, kann in manchem Betracht als zentrale Figur der
deutschen Opposition gegen Hitler angesehen werden. In der Kommu-
nalverwaltung aufsteigend – zweiter Bürgermeister in Königsberg und
1930 zum Oberbürgermeister in Leipzig gewählt –, zeichnete er sich
durch politisches Verantwortungsbewußtsein und durch persönliche Initiative in hohem Maße aus. Unter Brüning wurde er Preiskommissar.
Wenngleich an seiner von Anfang an bezeugten prinzipiellen Opposition
gegen das 1933 errichtete Regime nicht zu zweifeln ist, so hielt er doch,
gleich anderen unantastbaren Persönlichkeiten, es für seine Pflicht, sich
nicht sofort zurückzuziehen. In dem für seinen Idealismus typischen
Glauben, durch vernünftiges Zureden noch Gutes wirken oder Schlim-
meres verhüten zu können, übernahm er im November 1934 erneut den
Posten des Preiskommissars im Nebenamt und hat ihn bis Juli 1935
innegehabt. Aber er war nicht bereit, seine Prinzipien zu kompromittieren. Als über seinen Kopf hinweg das Denkmal des jüdischen Philosophen Mendelssohn in Leipzig beseitigt wurde, legte er 1937 angesichts
dieser »Kulturschande«, wie er es empfand, sein Amt als Oberbürgermeister unter Protest nieder.
Schon vorher war Goerdeler durch Th. Bäuerle, den Leiter des Stuttgar-
ter Volksbildungswerkes, in Beziehung zu Robert Bosch getreten, der
an vielen Unterstützungsaktionen für Verfolgte teilnahm und einen
Kreis Gleichgesinnter um sich sammelte. Offiziell trat Goerdeler als
»Berater« in den Dienst der Firma, praktisch erhielt er so die Mittel und

vor allem die Deckung, wie sie seine nun einsetzende, weit ausgedehnte Tätigkeit zur Bekämpfung des Regimes erforderte. Seine Beziehungen reichten zu allen nicht-kommunistischen Gruppen der Opposition, und es machte die eine der Besonderheiten seiner Stellung aus, daß er für so viele klassenmäßig und berufsmäßig verschiedene Kreise einen Vereinigungspunkt bildete. Er war in naher Berührung mit der militärischen Führung und mit Männern der Geschäftswelt, mit hohen Beamten im Ruhestand und mit Mitgliedern der Widerstandsgruppe im Auswärtigen Amt, ebenso mit Professoren und Kirchenmännern, insbesondere mit dem Bischof Wurm, mit Sozialisten und Gewerkschaftsführern beider Richtungen, mit Wilhelm Leuschner und Jakob Kaiser, die ihrerseits eine breite Anhängerschaft hinter sich hatten. Goerdeler nahm an ihrer Planung einer »Einheitsgewerkschaft« teil, durch Jahre hin schrieb er an einer »Wirtschaftsfibel«, die den Arbeiter zu verantwortlicher Teilnahme am Betrieb in Stand setzen sollte.

Eine andere Besonderheit seiner Stellung beruht auf seinen Beziehungen zu ausländischen Freunden. Er machte vor dem Krieg zahlreiche Reisen durch fast alle europäischen Länder, durch die Vereinigten Staaten und Kanada; er tat unzweifelhaft alles, was in seiner Macht stand, um das Ausland von der Gefahr, die im Wesen und den Methoden des Naziregimes lag, sowie von der Existenz eines »anderen Deutschland« zu überzeugen. 1937 hinterlegte er bei einem amerikanischen Vertrauensmann ein »politisches Testament«. Es zeigt nicht nur, daß er sehr wohl wußte, auf welchen Abgrund er selbst und das ganze deutsche Volk zutrieben, es zeigt auch, in welchen Handlungen gegen Recht, Moral und Christentum er das Wesen eines Systems erblickte, dem man auch im Ausland noch immer einiges, wie die Beseitigung der Arbeitslosigkeit, gutzuschreiben geneigt war. Lange vor dem Krieg schon – und erst recht für den Fall, daß es zum Kriege kam – war Goerdeler dessen gewiß, daß Hitler Deutschland in eine wirtschaftliche wie politische sowie vor allem in eine moralische Katastrophe hineinführen werde.

Mit dieser Perspektive vor Augen begann und betrieb er eine durch keinerlei Bedenken ablenkbare Agitation. Sie lief nicht unmittelbar auf die Vorbereitung eines Attentats hinaus – religiöse Bedenken gegen den Tyrannenmord bestanden bei Goerdeler bis zuletzt –, sein Ziel war vielmehr eine politische Erhebung, die mehr mit geistigen als mit materiellen Kräften rechnete, ein Staatsstreich, für den allerdings zunächst dem Militär die Aufgabe oblag, die Fesseln des Regimes zu zerbrechen. Es gibt zahlreiche Zeugnisse für die Art, wie Goerdeler hohe Kommandeure anzutreiben suchte, nachdem der Plan, mit dem Beck und Halder den Kriegsausbruch hatten verhindern wollen, zu seiner Enttäuschung fehlgeschlagen war. Er sei nicht mehr in der Lage, schrieb er an Feldmarschall Kluge, den preußischen Militarismus gegenüber seinen Freunden, insbesondere in Süddeutschland, zu verteidigen. Es seien das Männer, »die ein warmes Herz... für den deutschen Soldaten haben, die aber darüber verzweifeln, daß man... von Verbrechen und Narren das Vaterland in den Abgrund führen und die deutsche Jugend... willenlos in Tod und Verstümmelung treiben läßt«. Gegenüber den nur zu nahe liegenden konventionell-militärischen Bedenken betonte er mit aller Schärfe, es komme nicht darauf an, den psychologisch richtigen Zeitpunkt für den Aufstand abzuwarten, sondern ihn herbeizuführen.

Während Goerdeler durch schriftliche Mahnworte und im mündlichen Verkehr unermüdlich zum Handeln, das heißt zum Staatsstreich drängte, war er zugleich auch derjenige, der sich immer wieder mit Plänen und Entwürfen für ein nach-nationalsozialistisches Deutschland beschäftigte. Er hat mehr oder weniger ausführliche Proklamationen, Programme, Denkschriften und Richtlinien niedergelegt. Auch in diesem Betracht ist er eine Mittelpunktsfigur, freilich eine vom Blickpunkt der pluralistischen und parlamentarischen Demokratie von heute nicht unumstrittene. Ohne Frage griff er in seinen Verfassungsplänen auf älteres Gedankengut, auf den Freiherrn vom Stein und die Jungkonservativen der Jahre nach 1920 zurück. Für den Reichstag empfahl er zunächst ein indirektes Wahlverfahren mit der Forderung vorheriger Bewährung der Kandidaten in der lokalen Selbstverwaltung. Auch sonst war er um konservative Gegengewichte gegen den Parteienstaat, der in der Weimarer Zeit so geringe Integrationskraft bewiesen hatte, bemüht wie auch gegen die Massendemokratie mit ihrer von ihm befürchteten Tendenz zum Totalitären. Immerhin sollte nicht übersehen werden, daß Goerdeler die neue Verfassung einem Plebiszit unterbreiten wollte, auch standen die sogenannten Kreisauer um den Grafen Moltke mit ihrer Betonung moralischer Faktoren und der prinzipiellen Orientierung am »Gemeinwohl« – einem von Hitler so mißbrauchten und heute im Zeichen des Interessenpartikularismus fast anachronistisch gewordenen Wort – Goerdelers verfassungspolitischen Gedanken gar nicht so fern. Auch für seine »Demokratie der Zehn Gebote«, wie er bezeichnenderweise sein eigenstes Anliegen formulierte, ließen sich Entsprechungen in anderen Lagern des Widerstandes finden. Eher wird auf gesellschaftspolitischem Gebiet von einer starken Differenz zu sprechen sein. Die Kreisauer neigten bei aller Ablehnung des sowjetischen Beispiels zu einem personalen Sozialismus. Für sie war Goerdeler mit seinem Wunschbild der Rückkehr zu einer interventionsfreien Wirtschaft ein »Reaktionär«. Aber auch Hassell, der planwirtschaftlichem Denken näher stand, charakterisierte Goerdeler paradoxerweise wegen seines Liberalismus mit dem gleichen Wort, das dann in der östlichen Literatur bereitwilligst und sehr vergröbert übernommen worden ist. Man wird dazu bemerken müssen, daß Goerdelers Gedanken durchaus eine Entwicklung durchgemacht haben unter dem Einfluß der befreundeten Gewerkschaftsführer, aber auch der Kreisauer, was übrigens ebenso für seine außenpolitischen Pläne und für seine Europa-Konzeption gilt. Die These von der »Polarisation« des deutschen Widerstandes in zwei Lager sollte daher nicht überspitzt werden. Jakob Kaiser, der die Hinrichtungswelle überlebte und nach 1945 einer der namhaftesten Verteidiger der Demokratie gegen ihre neue Bedrohung von Osten werden sollte, hat noch, während er in diesem Kampf stand, von Goerdeler gesagt, er würde »heute auf der Seite der fortschrittlichen Kräfte des Volkes stehen«. Auch bei den vielerlei Beratungen über eine Interimsregierung kam schließlich eine Liste zustande, die neben Goerdeler als Kanzler, Leuschner als Vizekanzler mit Jakob Kaiser als seinem Vertreter vorsah, dazu Leber in der wichtigen Position des Innenministers und für das Propagandaministerium gleichfalls einen Sozialisten: Haubach – eine Liste also mit erheblichem Linksakzent. Auch hier versagt die Plakatierung nach einem klassenkämpferischen Schema.

Das gilt erst recht, wenn man nach den Grundmotiven fragt, die hinter den politischen Zielen und dem projektierten Gesellschaftsbild standen. Für Goerdeler ging es ganz eindeutig um die Wiederherstellung der Menschenwürde, um die Wiederbelebung jener unveräußerlichen Werte, die für ihn das tiefere Fundament aller Demokratie waren. Und noch ein Grundmotiv wird zum Schluß zu nennen sein, das Goerdeler mit vielen Persönlichkeiten des Widerstands, Laien wie Geistlichen, teilte und das mit am frühesten von den Münchner Studenten der Scholl-Gruppe ausgesprochen worden ist: das Bedürfnis nach Sühne und nach Reinigung des deutschen Namens. So hat Goerdeler selbst eine Bilanz gezogen, wenn er in einem Abschiedsbrief aus dem Gefängnis schrieb: »Die Welt aber bitte ich, unser Märtyrerschicksal als Buße aufzunehmen für das deutsche Volk.«

Hans Kühner-Wolfskehl

Adam von Trott zu Solz

Auf einer Anhöhe hinter Schloß Solz in Kurhessen, nicht weit vom Stammschloß des Hauses Trott zu Solz, Imshausen, steht das in seiner evangelischen Schlichtheit wohl eindrucksvollste Gedenkmal, das für Opfer des deutschen Widerstandes gegen Hitler errichtet worden ist. Über einem Steinblock ragt ein schmuckloses Kreuz in den Himmel. Auf dem Sockel stehen unter dem Namen des am 26. August 1944, wenige Tage nach seinem 35. Geburtstag, gemordeten Dr. Adam von Trott zu Solz die Worte: »Hingerichtet mit den Freunden im Kampfe gegen die Verderber unserer Heimat. Betet für sie, beherzigt ihr Beispiel.« Das eine ist Bitte aus dem Glauben – das andere Forderung an die Deutschen nach politischem Ethos. Die Deutschen werden nicht davon entbunden, Antwort auf diese Blutzeugenschaft zu geben.

Adam von Trott ist 1909 in Potsdam geboren, wo sein Vater August, später preußischer Kultusminister, als Oberpräsident von Brandenburg residierte. Trott wächst auf im weiten geistig-menschlichen Bereich der altpreußisch-strengen Noblesse seines Vaters und dem unabdingbaren Freiheitsbewußtsein seiner halbamerikanischen Mutter Eleonora. Er studiert Jura und erhält ein Rhodes-Stipendium nach Oxford, wo seine lebenslange, durch viel Unverlierbares gekennzeichnete, aber auch mit vielen Enttäuschungen belastete Bindung an die angelsächsische Welt beginnt.

1932 promoviert er über »Hegels Staatsphilosophie und das Internationale Recht«. Auch alle Examina in Oxford besteht er mit Auszeichnung. Politisch vertritt er einen »konservativen Sozialismus«, ist er immer ein »konservativer Revolutionär« geblieben. In Oxford erlebt er den Ausbruch des Hitler-Regimes, nachdem er sich schon vorher gefährlich offen gegen den Nazismus geäußert hatte.

Nach Berlin zurückgekehrt, schließt er sich den Männern der »Neuen Blätter für den Sozialismus« an, für die er schon vorher geschrieben hat: Alfred Loewen, Theodor Haubach, Carlo Mierendorff und Peter Mayer. Hätte er sich zur Emigration entschlossen, so wäre gerade ihm in der englischen Welt eine glänzende Zukunft, etwa als Professor in Oxford, sicher gewesen. Zum Widerstand entschlossen, fordert er jedoch von allen, die nicht unmittelbar an Leib und Leben bedroht sind, wie die Juden, denen er sich lebenslang verbunden weiß, im Lande zu bleiben und dort gegen die Tyrannei zu kämpfen. »Es ist demütigend, Emigrant zu sein«, schreibt er.

Deutschland und Nazismus bleiben für ihn diametrale Gegensätze. Als Patriot will er von Anfang an für ein christliches Deutschland wirken, das demokratischer sein soll als die Republik von Weimar, dazu ein »Volk der Mitte«.

Zur Zeit der Juni-Morde 1934 arbeitet er an einer Auswahl der »Politischen und journalistischen Schriften« von Kleist, die 1935 erscheinen. Seine mutige Hoffnung, Hitler-Deutschland werde sie als Skandal bezeichnen, erfüllt sich so wenig wie die Hoffnung, Hitler werde stürzen wie Robespierre.

Ahnt er in seiner Übersensibilität schon damals Krieg? Er schreibt über den Wahnsinn, »die Welt für die Demokratie sicher zu machen durch einen Bruderkrieg – und hinterher die Welt, oder wohl nur den Besiegten, durch einen brudermörderischen Frieden ebenso sicher für eine Diktatur zu machen«.

Trotts Justiz-Vorgesetzte kennen seine Haltung und lehnen die Beförderung zum Regierungsreferendar ab. Er zieht die berufliche Einschränkung einer opportunistischen Änderung seiner Grundsätze vor. In Berlin knüpft er viele Freundschaften mit Männern, die später sein Schicksal teilen sollten. Eng, wie an eine zweite Mutter, schließt er sich an Julie Braun-Vogelstein an, eine der hervorragenden Persönlichkeiten des jüdischen Geisteslebens, die Witwe Heinrich Brauns, des Patriarchen der deutschen Sozialdemokratie. Er rettet sie in letzter Minute aus Deutschland – sie ist es, die bis zuletzt an seine Sendung glaubt. Trott sucht geradezu Gefährdete, um ihnen helfen zu können. Fern jedem kirchlichen Formalismus lebt er sein evangelisches Christentum für andere. Sein vertrauter Freund wird Willem A. Visser't Hooft.

Erste wichtige Beziehungen knüpft Trott 1937 zu Amerika, ehe er für anderthalb Jahre China bereist und sich dort in die Lehre des Konfuzius versenkt und aus der Ferne Klarheit gewinnt über seinen kommenden Kampf gegen Hitler.

Auf der Heimfahrt erfährt er von den Pogromen des 9. November 1938. Doch je schrecklicher die Ereignisse werden, desto drängender spürt er, daß er in Deutschland selber handeln muß. Sein erster Biograph, der Engländer Christopher Sykes, schreibt: »Das alte Problem blieb bestehen: wie konnte ein patriotischer Deutscher seinem Vaterland dienen, ohne moralisch vor Hitler zu kapitulieren? Diese teuflische Frage hat Adam rund um die Welt verfolgt.«

Trott ist fest davon überzeugt, daß ein Weltkrieg nur vermeidbar wäre, wenn Deutschland und England Frieden hielten – nur weiß man in England längst, daß Friede mit Hitler unmöglich ist. Irrigerweise glaubt Trott auch, die Vermeidung des Krieges sei gleichbedeutend mit dem

Sturz Hitlers. Er unterbreitet in England ein klug durchdachtes Memorandum: »Ostasiatische Möglichkeiten.« Beide Länder, so meint er, haben in Ostasien gemeinsame Interessen und dazu die Möglichkeit, den chinesisch-japanischen Krieg zu beenden, den europäischen unter allen Umständen zu vermeiden, um dann miteinander Neues im Fernen Osten anzubahnen – ohne Hitler. Doch es ist zu spät.

Im Hause seiner englischen Gastgeber, Lord und Lady Astor, begegnet er Politikern, die er von seinen Vorstellungen zu überzeugen sucht. David, der Sohn der Astors, sein bester Freund in England, hat ihn später »den größten meiner Generation, dem ich irgendwo auf der Welt begegnet bin«, genannt.

Ereignisse wie die brutale Vergewaltigung der Tschechoslowakei und die Besetzung Memels sind für Trott lediglich Anlaß, die Verschwörung gegen Hitler voranzutreiben und dabei auf England zu bauen. Tief leidet er unter den sich häufenden Tragödien sowie dem Deutschenhaß, den er, im Gegensatz zum Hitlerhaß, für ungerecht hält. Er trifft Premier Chamberlain, dessen Appeasement-Politik von München in Trümmern liegt, und er führt Unterredungen mit Lord Halifax und Lord Lothian, der ihm persönlich viel geholfen hat. Doch der Lauf des Schicksals ist längst stärker als das Argument. Mancher Freund in England meint, Trott laufe den Realitäten davon und Wunschträumen nach, vor allem jenem, Hitler sei unter den augenblicklichen Machtverhältnissen ausschaltbar. Andere wieder glauben, er spiele ein doppeltes Spiel. Man verlangt von ihm die öffentliche Bekundung seines Antinazismus, ohne zu bedenken, daß dies sein Ende bedeutet hätte.

Kurz vor Kriegsausbruch sagt er zu David Astor: »Warum mögen Sie Hitler nicht? Aus dem gleichen Grunde wie ich, weil er ein fanatischer Nationalist, weil er grausam und schuld an der Ermordung vieler seiner Mitmenschen, – weil er blind vor Haß ist. Ich stimme mit Ihnen in alldem überein. Aber können Sie nicht sehen, daß, wenn wir Krieg bekommen, jeder ein nationalistischer Fanatiker werden wird und Sie und ich unsere Mitmenschen töten werden, vielleicht sogar einander? Wir werden alle die Dinge tun, die wir an den Nazis verdammen, und die Naziregierung wird nicht unterdrückt werden, sondern sich ausbreiten. Ist das wirklich die Lösung?« So sieht seine tiefste Angst aus: Haßblindheit und dadurch ideologische Vernagelung als Tod aller fruchtbaren Politik.

Trott wird als Legationssekretär in das Auswärtige Amt berufen mit der Bezeichnung »Wissenschaftlicher Hilfsarbeiter«; sein Vorgesetzter und Freund wird Hans-Bernd von Haeften, sein späterer Leidensgefährte. Tarnungen aller Art sind geboten. Es gelingt, ihn in die Vereinigten Staaten zu schicken. Seine Vorstellung ist, dort Neutralität zu erreichen und wirksame Unterstützung des deutschen Widerstandes, verbunden mit einer Kriegszielpolitik, die aus Hitlers Untergang Deutschland retten kann. Während der FBI ihn beschattet und in der unverantwortlichsten Formel als »Nazi Master Spy« behandelt, findet er teils zurückhaltendes, teils volles Verständnis bei Exreichskanzler Heinrich Brüning, bei dem Theologen Reinhold Niebuhr, der Trotts »preußischen Idealismus« als unrealistisch bezeichnet, und bei Kurt Riezler, dem einstigen politischen Ratgeber Reichskanzler Bethmann Hollwegs. Trott und seine Freunde, vor allem Paul Scheffer, der vertriebene frühere Chefredakteur des *Berliner Tageblatts,* arbeiten ein Memorandum für das State Department und Roosevelt aus. Dieser scheint es gebilligt zu haben – doch die Situation ist stärker. Ungeschicklichkeiten und Mißverständnisse auf allen Seiten, auch bei Trott selber, lassen nunmehr alle Bemühungen scheitern. »Eine Mauer von Mißtrauen« umgibt Trott nach einem Wort von Hans Rothfels – eine Mauer, die weder Brüning noch Niebuhr, weder Roger Baldwin, das treffliche Haupt der *Union for Civil Liberties,* noch Felix Morley, der Chefredakteur der *Washington Post,* zu durchbrechen vermögen. Auch Außenminister Cordell Hull läßt sich in einer Unterredung nicht überzeugen, obwohl Trott ihm Eindruck macht, und Walter Lippmann von der *New York Harald Tribune* vermag ebenfalls nichts für Trott zu erreichen.

Nur Julie Braun-Vogelstein erfährt von seiner inneren Verzweiflung, aber auch von der Unabdingbarkeit seiner Meinung, er gehöre nach Deutschland. Wirkungslos bleibt eine letzte beschwörende Bitte von Sir Stafford Cripps, nicht zurückzukehren, da sein Leben bedroht sei. Trotts Glaube, die Revolution gegen Hitler stehe bevor, ist nicht zu erschüttern. Ein Freund prophezeit ihm: »Er wird Sie hängen.«

An David Astor schreibt er: »Wir kämpfen nicht im Rahmen einer Verfassung von Einzelinteressen, die für Europa als ganzem notwendig ist, sollen unsere Länder und das, was ihnen bewahrenswert ist, überleben. Ich meine, in dieser Hinsicht stehen wir auf einer gemeinsamen Basis, nicht nur mit verantwortlichen Konservativen und Sozialisten in unserem eigenen Land, sondern auch mit denen anderer am Kriege beteiligter Länder.«

Noch einmal reist Trott nach China und Japan. Als er wieder nach Deutschland kommt, wird ihm angesichts aller bisher mißlungenen Umsturzversuche das Vergebliche der Lage klar: ein deutscher Sieg würde furchtbar für die Welt werden.

»Was Sie auch von mir hören werden, glauben Sie an mich«, hatte er Julie Braun-Vogelstein zum Abschied in New York gesagt.

1942 schließt Trott sich dem Kreisauer Kreis um Helmuth Graf von Moltke als Sachkenner für außenpolitische Fragen an. Es gelingt ihm, eine erstaunliche Fülle von Fäden der Verschwörung aller Richtlinien in die Hand zu bekommen und dabei weiter mit seltenem Mut Juden und alte Sozialdemokraten zu schützen. Fast zwanzig Reisen führen ihn noch in die Schweiz, nach Schweden, den Niederlanden und nach der Türkei. Überall wirkt er für den Umsturz.

Visser t'Hooft überreicht Cripps ein langes Memorandum Trotts mit dem Kernsatz: »Die dringendste und unmittelbare Aufgabe, um eine Katastrophe in Europa abzuwenden, ist der möglichst baldige Sturz des Regimes in Deutschland.« Die Denkschrift, von der Cripps sehr beeindruckt ist, muß als Ideenspiegel des Kreisauer Kreises verstanden werden. Selbst Churchill findet sie »höchst ermutigend«, und David Astor schreibt noch 1956: »Es war ein glänzendes Memorandum, das eines Tages zu den prophetischen Dokumenten gezählt werden wird, denn es zeigt, daß Adam Trott Qualitäten und Format eines großen europäischen Staatsmannes besaß.« Ein Grundgedanke des Memorandums ist die allgemeine Solidarität des Widerstandes in dem von Hitler zertrampelten Europa. Außenminister Anthony Eden glaubt dem Memorandum nicht. Auch er hält Trott für einen Nazi – ungeachtet der Tatsache, daß der berühmte Bischof George Bell von Chichester ihm ausführlich über die Hintergründe des Widerstandes berichtet.

Das verfehlte politische Programm des »unconditional surrender«, die Grundforderung der Alliierten seit Januar 1943, bildet für den Widerstand ein unübersteigbares Hindernis. Trott läßt nicht nach in seinem unbeirrbaren Bemühen – und er scheitert. Das muß zu seinen bittersten Erfahrungen gehört haben. Und zu spät kommt die Genugtuung, daß sich Ende 1943 in England andere Ansichten anbahnen und man einsieht, Trott habe recht gehabt mit seinen Warnungen vor der Forderung »bedingungsloser Kapitulation« und mit seinen Ahnungen der Vorteile, die allein Rußland dadurch gewinnen würde.

»Die menschliche Erfüllung in Adams Leben«, wie seine Witwe, Doktor Clarita von Trott, es nennt, wird seine Freundschaft mit Claus Graf Schenck von Stauffenberg. Im April 1944 noch einmal in der Schweiz, schreibt Trott prophetisch im Namen der Kreisauer, die durch die vorzeitige Verhaftung Moltkes schwer getroffen sind, an den amerikanischen Beauftragten in Bern, Allen Welsh Dulles, seine Befürchtung, daß »die Alliierten den Frieden verlieren können und daß die derzeitige Diktatur in Mitteleuropa mit einer neuen vertauscht werden könnte«. Wie recht sollte er behalten!

Trott weiß, daß er »alle Demütigungen und zuletzt die Niederlage« erleiden und Opfer werden muß; daß die Ehre seines ganzen Volkes für immer vertan ist, wenn nicht einige wenige bereit sind, unter dem Lebensopfer gegen die blutigste Tyrannei der neueren Geschichte sich zu erheben. Ganz zuletzt erfährt er, London wünsche ihn allein zum neuen Unterhändler, und man wolle ihn, von Stockholm aus, zu Churchill bringen unter der Bedingung, daß er in London bleibe. Es ist zu spät. Trotts letzte Denkschrift, »Deutschland zwischen Ost und West«, ist verlorengegangen, nach seinem Zeugnis sein politisches Testament. Eine andere erhaltene Schrift, »Europa zwischen Ost und West«, vermittelt seine Gedanken und könnte sehr wohl von ihm stammen. Letzte Gewißheit fehlt.

Einsamkeit, Schicksalsmystik und eine von Resignation gezeichnete Unabdingbarkeit, der eigenen Aufgabe bis zum letzten geahnten schweren Schritt treu zu bleiben im Blick auf Gott: aus dieser fast schon verklärten Geistigkeit erlebt Trott den Juli 1944, erleidet er die Verhörqualen, den justizmörderischen Prozeß und das uns verhüllte furchtbare Ende. Fünfzehn Jahre zuvor hatte er geschrieben: »Wenn wir schon uns mit einer Epoche abfinden müssen, in der die größte Wahrscheinlichkeit für ein vorzeitiges Lebensende steht, so sollten wir doch wenigstens dafür sorgen, daß es einen Sinn hat, zu sterben – gelebt zu haben.«

Walter Dirks

Alfred Delp

Alfred Delp, Priester der Gesellschaft Jesu, war am Attentat des 20. Juli nicht beteiligt. Freisler selbst hat ihn von dieser Anklage freisprechen müssen. Doch ist er wohl der einzige der katholischen Märtyrer des Widerstandes, der dem Kreis der Attentäter nahestand. Jakob Kaiser und andere, wie Delp in Verbindung mit dem Kreisauer Kreis, haben überlebt.

Der katholische Widerstand hat niemals die Energie und Zähigkeit des protestantischen erreicht, wie er sich als Bekennende Kirche formierte. Die späten Proteste der Bischöfe Galen, Preysing, Faulhaber fanden im Volk Widerhall, erweckten aber keine Bewegung oder Aktion. Einige Arbeiterführer blieben allein. Die aktivsten katholischen Widerständler waren im allgemeinen einsame Gewissenstäter. So ihr unbekanntester und vielleicht in seiner Unscheinbarkeit eindrucksvollster: ein Tiroler Bauer, der den Wehrdienst verweigerte, weil er den Krieg Hitlers als ungerecht erkannt hatte. Als bewußter Pazifist wurde Pater Joseph Metzger hingerichtet, ein Vorkämpfer auch der ökumenischen Bewegung.

Einzelkämpfer waren unter anderem Propst Lichtenberg aus Berlin und Kaplan Wehrle, den ich aus seiner Laienzeit als eher schüchternen Intellektuellen gekannt hatte. Das strahlendste Zeugnis ihres Lebens gaben die jungen Katholiken der »Weißen Rose« und ihr Lehrer Huber. Sie und alle anderen haben nichts mit jenem durchaus geplanten Staatsstreich zu tun, mit dem Versuch, ein anderes Deutschland nicht nur zu proklamieren, sondern zu organisieren. Mit Ausnahme eben von Pater Alfred Delp.

Es bezeichnet den Mann, wie er dazu gekommen ist. Graf Moltke brauchte einen katholischen Soziologen, einen Kenner der katholischen Sozialtradition und der in ihr steckenden Chancen für ein erneuertes Deutschland. Alfred Delp stellte sich auf Wunsch seines Provinzials Pater Rösch zur Verfügung: ein großartiges Beispiel des jesuitischen Gehorsams in seiner höchsten Form, in der das Gewissen nicht preisgegeben wird, sondern sich erfüllt. Alfred Delp hat wohl nicht ganz unrecht, wenn er Freisler unterstellt hat, gerade seine Ordenszugehörigkeit habe ihn gereizt; der Nazi-Fanatiker teilte die vulgären antijesuitischen Affekte, und in diesem besonderen Fall glaubte er ein besonders tückisches und gefährliches Exemplar in seiner Hand zu haben. Viel

Konkretes nachweisen konnte er dem Pater aber nicht. Der verteidigte sich offen und klug, gab nichts und niemanden preis, verabscheute aber auch die Märtyrerpose, sondern hoffte auf den Freispruch und später nach seiner Verurteilung auf die Begnadigung.

Vor dem Ende sah er klar, daß ihn seine Hoffnung getrogen hatte. Er nahm den Tod an, schrieb sein Testament und ging bewußt und klar zum Galgen. Wir wissen das aus Zeugnissen – ganz authentisch aus einem Selbstzeugnis. Es steht uns als dritter Band einer Art Gesamtausgabe der Vorträge, Aufsätze, Ansprachen eines nachdenklichen Arbeiters im Weinberg Gottes zur Verfügung, zusammengestellt von Delps Ordensgenossen Pater Paul Bolkovac; der Band enthält ausschließlich Texte, die zwischen der Verhaftung im Juli 1944 – zehn Tage nach dem Attentat – und der Hinrichtung Anfang Februar 1945 geschrieben sind, acht Wochen bevor ich in Frankfurt die ersten amerikanischen Panzer sah. Man fragt sich erstaunt, wie dieses Buch in wenigen Wochen in der Gefängniszelle geschrieben, vor allem auch, wie es gerettet werden konnte. Aber wer im letzten Kriegswinter Kontakt mit dem evangelischen Gefängnispfarrer Poelchau und Schwester Judith aus der von Pater Metzger gegründeten Genossenschaft der »Christ-Königs-Schwestern« hatte, konnte mitbekommen, daß trotz Tod und Terror der Kontakt der Todeskandidaten mit ihren Freunden nicht abriß. Alfred Delps geistig-geistliche Existenz, auch sonst bedeutend und mindestens respektabel, gipfelt in jenem halben Jahr; seine Nachwirkung konzentriert sich in den Niederschriften dieser Zeit. Es ist wohl legitim, wenn ich mich auf sie beschränke.

Die Texte beginnen am 28. Dezember 1944, also fünf Monate nach seiner Verhaftung. Es blieb dem Gefangenen nur ein guter Monat. Am 7. Januar schließt der erste Teil des Tagebuchs mit den Worten: »Jetzt kommt der Mann mit dem Eisen gleich. Und morgen geht es ins Haus des Schweigens . . . in nomine domini.« Am selben Tag hatte er sich mit der faszinierenden Erscheinung von Leonardo da Vinci befaßt und Goethe als den gedeutet, der Spinoza in wahre erlebte Lyrik umgesetzt habe, als Geist sodann, in dem die Begegnung zwischen der antiken Kultur und dem aufkommenden homo faber, dem werkzeugbauenden technischen Menschen, nicht »innerlich geleistet« sei. »Das letzte Wort«, so schließt Delp, »behält leider der homo faber, auch bei Goethe.«

Wie soll man dieses Interesse an Leonardo und Goethe an diesem todesschwangeren Tag deuten? War es eine Ablenkung? Spielte er den Stoiker? »Impavidum ferient ruinae«? Den Unerschrockenen werden erst die niederstürzenden Mauern vernichten? Dafür sind die Meditationen über das Vaterunser, die langen kulturkritischen Analysen zu substantiell. Es handelt sich wohl mehr um jene subtile Form des christlichen Gleichmutes, von dem die beiden analogen Anekdoten über Luther und den Jesuiten Aloisius von Gonzaga berichten. Gefragt, was er tun würde, wenn in diesem Augenblick die Posaunen des Jüngsten Gerichtes erklängen, soll der Reformator gesagt haben: Ich würde das Apfelbäumchen fertig pflanzen, an dem ich arbeite; und dieser: Ich würde unser Ballspiel zu Ende spielen.

Die langen Texte Delps zeigen einen besinnlichen Theologen, den man etwa zwischen Theodor Haecker und Dietrich Bonhoeffer einordnen könnte: von der hierarchischen Ordnung sowohl der Kirche als auch der humanen Kultur und der Gesellschaft wie jener überzeugt, zugleich aber wie dieser auf der Suche nach der weltlichen Welt, der Gesellschaft, dem konkreten Menschen.

Läßt man alles fort, was nichts mit Delps Engagement und Tod zu tun hat, so ergeben sich im übrigen zwei Schwerpunkte, an denen sich eine Auswahl orientieren kann. Zum Schluß ist es der Mensch und Christ in der Agonie und Zuversicht, der zu zeigen sein wird, Alfred Delp im Angesicht des Todes. Darüber sage ich kein Wort, sein eigenes spricht stärker. Die andere Frage stellt sich dem kritischen Beobachter der Szene von damals und von heute: die Frage nach der Art und Tragfähigkeit der gesellschaftlichen und staatspolitischen Konstruktion, die der Katholik Alfred Delp im Zusammenhang mit den Plänen des Kreisauer Kreises als Zukunftsvision und Aufgabe dem Nationalsozialismus entgegenstellte.

Delp war keineswegs der, den sich Moltke wohl vorgestellt hatte. Nichts von Soziologie, schon gar nichts von konkreter, nichts von der katholischen Sozialtradition. Überlegungen über das physische Existenzminimum und das Zielwort »personaler Sozialismus«, das ist ungefähr alles. Stärker betont wird ein anderes Existenzminimum: »das Minimum von Transzendenz«. Die Frage, wie man das der deutschen Gesellschaft beibringen kann, stellt Delp nicht. Auf die Frage, wer der von einem erneuerten Christentum durchdrungenen Ordnung der Gesellschaft und des Staates Geltung verschaffen könne, gibt Delp eine ebenso elitäre wie vage Antwort. Er bleibt ein Idealist gemäß dem doppelten Sprachgebrauch des Wortes: einer, der die Macht des Ideals überschätzt, und einer, der von der Idee aus argumentiert und postuliert. Bei der Lektüre der Zukunftsentwürfe entdeckt man mit Erstaunen, daß Delp mit dem kommunistischen Teil des Widerstands gar nicht rechnet, wie sich ihm überhaupt die realsoziologische Frage nicht stellt, auf welche Schichten der neue Staat sich stützen soll, wie die Leute aussehen werden, die im personalen Sozialismus doch als Personen und als Sozialisten nun wirklich ihr Leben einzubringen hätten, wie sie aussehen und wie sie leben, was sie denken. Alfred Delp hatte nicht die geringste konkrete Vorstellung von dem, was ein halbes Jahr nach seinem Tode beginnen mußte.

Er war nach seiner Art und Herkunft nicht der Mann der realisierbaren Politik. Das ist wahrhaftig nicht seine Schuld. Aber man muß es sehen, und zwar im Zusammenhang mit den anderen aktiven Widerständlern, mit den meisten Kreisauern, mit Goerdeler, mit Stauffenberg und den Generälen. Sie sind mit ihrem Leben für die Ehre der Nation angetreten; aber wären sie zum Zuge gekommen, so hätten sie sich außerordentlich bescheiden müssen.

Sie waren nobel und großherzig, sogar klug in den Grenzen ihrer Horizonte. Aber die realen Horizonte des geschlagenen deutschen Volkes sahen anders aus. Das eben gilt auch für Alfred Delp. Er war und ist respektabel als nachdenklicher, vornehmer, kritischer, grundsympathischer Jesuit. Als einer, der den Tod auf sich nahm, ist er unserer Bewunderung und Verehrung wert.

Helmut Krausnick

Ludwig Beck

Man sei sich einig darüber, daß alle Fäden bei Beck zusammenlaufen müßten: so schrieb Ulrich von Hassell nach einer Besprechung mit maßgeblichen Angehörigen der Militäropposition gegen Hitler am 24. März 1942 in sein Tagebuch. Und nach einer weiteren Besprechung auch mit führenden nichtmilitärischen Hitlergegnern lautete dieses Fazit vier Tage darauf noch präziser: Beck »als Zentrale konstituiert«. Im Grunde wurde damit aber nur bekräftigt, was praktisch – weit über organisatorische Zwecke hinaus – schon seit über zwei Jahren galt: Der in Protest gegen Hitlers Kriegspolitik 1938 als Generalstabschef des deutschen Heeres zurückgetretene Ludwig Beck war – und blieb mit Goerdeler und später Stauffenberg – eine zentrale Figur der an der Erhebung des 20. Juli 1944 gegen Hitler beteiligten Gruppen von Männern und Frauen aller sozialen Schichten und unterschiedlicher – wenn auch vorwiegend konservativer – politischer Richtung. Im Falle des Gelingens der Aktion sollte Beck Reichsoberhaupt werden. Am Abend ihres Scheiterns setzte er seinem Leben selbst ein Ende.

Ludwig Becks Persönlichkeit war bestimmt durch die glückliche Verbindung von Soldatentum und allgemeiner Geistigkeit, bei ausgeprägter Lauterkeit des Charakters, vornehmer Gesinnung und hohem Verantwortungsgefühl. Innere und äußere Beherrschung, von jeder Starrheit frei, ergaben eine gewinnende Natürlichkeit des Wesens, die bei aller Zurückhaltung im Auftreten weltmännischer Formen nicht entbehrte. Kraft seiner Ausstrahlung echten Menschentums, einer disziplinierten Intelligenz, seelischer Festigkeit und absoluter Vertrauenswürdigkeit wurde Beck wohl der vornehmste Repräsentant des sogenannten anderen Deutschland. Als Soldat war er nach dem Urteil eines Historikers geradezu das Gegenteil des nationalsozialistischen Ideals, nämlich »trotz straffer soldatischer Haltung... mehr ein Mann der Studierstube als der Front, ein Geistesmensch, der neben den Vorzügen auch die Schwächen eines solchen Charakters besaß: sehr gewissenhaft, unbegrenzt fleißig..., jeden Schritt sorgsam erwägend,... aber zaudernd in seinen Entschlüssen...« Hingegen hat einer der besten Strategen des Zweiten Weltkriegs und einstiger Mitarbeiter Becks (Generalfeldmarschall von Manstein) erklärt, bei Beck habe »unter dem Wägen niemals die Kühnheit des Entschlusses gelitten... Er hätte auch im Ernstfall schließlich immer die kühnste Lösung gewählt...«

Auch wer Beck seiner Intelligenz und Charakteranlage nach zum Gegner eines Hitler für vorbestimmt hält, wird über zweierlei sich Rechenschaft geben müssen: zum einen, wie schwer der Weg in den Widerstand,
ja in die Verschwörung, nach seiner Herkunft, seinem Beruf und seinen
staatspolitischen Grundanschauungen für ihn gewesen ist; zum anderen,
inwieweit die Revision dieser Grundanschauungen begrenzt blieb. Beck
entstammte einer alten hessischen Offiziersfamilie. 1880 geboren, mit 19
Jahren Artillerieleutnant, im Ersten Weltkrieg in Generalstäben verwendet, wurde er 1918 Major. Obgleich er längst der Meinung war, daß
die militärisch-politische Lage einen Frieden der *Verständigung* mit den
Gegnern gebot, fällte der Achtunddreißigjährige über den Zusammenbruch vom November 1918 das Urteil, »im schwersten Augenblick des
Krieges« sei »uns die ... von langer Hand ... vorbereitete *Revolution in
den Rücken gefallen«;* er äußerte sich also im *Sinne* der fatalen Legende
vom »Dolchstoß«. Man beachte jedoch, welchen Kontrast zu diesem
Verdikt der fesselnde Vortrag bildet, den Beck 23 Jahre später, 1941, vor
der berühmten Berliner Mittwochsgesellschaft über den *»29. September
1918«* hielt! An diesem Tage nämlich, sagt Beck, sei die *»schon immer«*
problematische *»unumschränkte Autorität«* der Obersten Heeresleitung
unter Hindenburg und Ludendorff schlechterdings *»zum Verhängnis«*
geworden: Denn nachdem Ludendorff trotz des schweren militärischen
Rückschlages vom 18. Juli zunächst volle zehn Wochen »politisch unge-
nützt« verstreichen ließ, habe er jetzt, an jenem 29. September 1918, die
Reichsregierung zu einer überstürzten Bitte um Waffenstillstand an den
Feind genötigt. Dieses Verhalten aber legte – in der nunmehrigen
Rückschau Becks – Ludendorff und Hindenburg »weitgehend die Mitverantwortung *auch für die unausbleiblichen Folgen«* auf, nämlich für
die verheerende psychologische Auswirkung dieses plötzlichen Einge-
ständnisses der drohenden Niederlage auf das »durchaus unvorbereite-
te« deutsche Volk; es war zudem für Beck »ein Gebot der Gerechtigkeit«, wie er sagt, anzuerkennen, daß der damalige neue, später viel
getadelte Reichskanzler Prinz Max von Baden (der dem sofortigen
Waffenstillstandsverlangen der Obersten Heeresleitung widerstrebt hatte) »innen- und außenpolitisch doch wohl an sich richtiger gesehen«
habe. Dies ein Beispiel für die geistige Aufgeschlossenheit Becks, seine
Fähigkeit und Bereitschaft, frühere Urteile und Standpunkte in unbe-
stechlicher Auseinandersetzung mit den Fakten auch noch in höherem
Alter zu revidieren.
Nach 1918 in die Reichswehr übernommen, dürfte Beck der Weimarer
Republik wie der Großteil seiner Kameraden in jener verstandesmäßi-
gen Loyalität gedient haben, die zumeist mit einer autoritär-antiparla-
mentarischen Grundeinstellung verbunden war. Als im Herbst 1930 drei
junge Offiziere seines Regiments wegen hochverräterischer Beziehun-

gen zur nationalsozialistischen Partei vor dem Reichsgericht standen, mißbilligte er als ihr Kommandeur zwar ihr Handeln teils als disziplinlos, teils als »unbesonnen«, brachte aber für die nationalistischen Empfindungen der Beschuldigten viel Verständnis auf. Dem entsprechen Zeugnisse, wonach Beck den Siegeszug der nationalsozialistischen Bewegung ursprünglich begrüßt und mit der Machtübernahme durch Hitler insbesondere die Hoffnung auf Beseitigung des Versailler Vertrages verbunden hat. Die Ereignisse des Sommers 1934 jedoch, zumal Hitlers Mordaktion vom 30. Juni gegen die SA-Führer sowie bloße potentielle Gegner seines Regimes, bahnten bei ihm eine Wendung an. Nur unter schweren Skrupeln soll Beck nach dem Tode Hindenburgs den Eid auf Hitler geleistet haben. Sorge bereitete dem 1935 zum Chef des Generalstabes des Heeres Ernannten namentlich die Bedenkenlosigkeit, mit der Hitler ohne Rücksicht auf den Stand der Wehrkraft in seiner Außenpolitik hohes Risiko einging. Um so größere Bedeutung erlangte für Beck als Vertreter des *Heeres* die Frage, wie die *höchste militärische Leitung* des Reiches zu organisieren sei; er trat in scharfen Gegensatz zu den Exponenten des späteren Oberkommandos der *Gesamt-Wehrmacht,* Keitel und Jodl, die ihre Anpassung an Hitlers Planungen mit dem »Führerprinzip« begründeten. Sicherlich auch im Gedanken an die große Stellung des Generalstabes in der preußisch-deutschen Vergangenheit, vor allem aber aus Sorge vor politischen Abenteuern des Diktators hat Beck unter Berufung auf die dem Heere in einem Kriege zufallende Hauptlast immer wieder verlangt, daß das Oberkommando des Heeres und damit *dessen Generalstab* erster und einziger militärischer Berater der Staatsführung würde und den maßgebenden Einfluß auf die Gesamtkriegführung erhalte, einschließlich ihrer *politischen Grundlagen;* indes vergeblich.

Offensichtlich erkannte Beck – der seit 1935 auch mit Dr. Goerdeler Kontakt hatte – das Maß von Mitverantwortung für die deutsche Entwicklung, das der Wehrmacht unter den gegebenen Verhältnissen faktisch zufiel. Als der Generalstabschef von jener Niederschrift über die berühmte Sitzung des 5. November 1937 Kenntnis erhielt, auf der Hitler seine Politik einer gewaltsamen Erweiterung des deutschen »Lebensraumes« in Europa darlegte und seine Kriegsabsichten enthüllte, war er entsetzt. In einer eingehenden Aufzeichnung unterzog er die Erwägungen und Argumente des Diktators trotz bestimmter Einschränkungen insgesamt einer vernichtenden Kritik. Im Mai 1937 hatte Beck es auch abgelehnt, ein deutsches militärisches Eingreifen in Österreich gegen einen etwaigen Versuch zur Wiedereinsetzung der Habsburger generalstabsmäßig vorzubereiten. Auch das bei dem Einmarsch in Österreich im März 1938 angewendete Maß von Gewalt hat ihm offenbar widerstrebt. Gleichwohl wurde von ihm der Einmarsch nun in wenigen

Stunden improvisiert. Als Vertreter des gerade abwesenden Oberbefehlshabers des Heeres v. Brauchitsch mit dem Auftrag Hitlers jedoch unvermittelt konfrontiert, konnte er sich diesem um so schwerer entziehen, als er infolge der eingetretenen Verbesserung der außenpolitischen Lage nicht mehr wie 1937 ein unkalkulierbares Kriegsrisiko geltend machen konnte. Mit Schärfe sprach Beck bald darauf von der »Behandlung Österreichs nach dem Einmarsch« – durch die Organe des Regimes: »Hinter dem blanken Schild der Wehrmacht folgten die Aasgeier der Partei.« Der gleiche Offizier, der die Freude Becks über den nationalsozialistischen Wahlsieg von 1930 miterlebt hatte, fand ihn jetzt (1938) »zum tief besorgten Gegner der Bewegung gewandelt«.

In den nächsten Monaten trat Beck nun mehr und mehr in offene Opposition zur Staatsführung; denn es wurde immer klarer, daß Hitler zur Zerschlagung der Tschechoslowakei eine baldige militärische Aktion plante. In eindringlichen Denkschriften legte deshalb der Generalstabschef dar, daß ein gewaltsames deutsches Vorgehen zum Eingreifen sowohl Frankreichs als auch Englands, ja schließlich Amerikas führen würde, so daß Deutschland zwar den Feldzug gegen die Tschechoslowakei gewinnen könne, den Krieg jedoch verlieren müsse. Dabei erklärte Beck sich allerdings *nicht grundsätzlich* gegen einen Krieg: er hat auch später an die Möglichkeit, den Krieg als »ein letztes Mittel der Politik« auszuschalten oder gänzlich »abzuschaffen«, nicht geglaubt, hingegen Ludendorffs »Lehre vom totalen Krieg« verworfen. – Mit den extremen Planungen Hitlerscher »Lebensraum«-, sprich: Eroberungspolitik, erneut konfrontiert, räumte Beck es auch als »richtig« ein, daß »Deutschland einen größeren Lebensraum« brauche, »und zwar sowohl in Europa wie auf kolonialem Gebiet«. Was aber blieb von solch prinzipieller Bejahung praktisch übrig, wenn er die diplomatischen, materiellen und ideellen Voraussetzungen für ein deutsches Angriffsunternehmen auf absehbare Zeit sämtlich als denkbar ungünstig beurteilte; wenn er zum »Problem des Raumes« den Standpunkt vertrat, daß angesichts der seit über tausend Jahren stabilisierten »Bevölkerungslage« in Europa »weitgehende Änderungen ohne schwerste ... Erschütterungen kaum noch erreichbar« wären, wenn er vor einer Gefährdung der ethnographischen Homogenität des deutschen Volkes warnte und wenn er schließlich schrieb, daß man, da Frankreich, England und Deutschland nun einmal »zugleich auf der Welt« seien, »doch wohl zunächst alle Möglichkeiten« ausschöpfen müsse, *»sich zu arrangieren«?* Von der Raumpolitik Hitlers trennte Beck eine Kluft. – Allerdings hat er es auch als »richtig« anerkannt, daß die Tschechoslowakei »in ihrer durch das Versailler Diktat erzwungenen Gestaltung für Deutschland unerträglich« sei, »und ein Weg, sie als Gefahrenherd für Deutschland auszuschalten, notfalls auch durch eine kriegerische Lösung gefunden werden« müsse, und daß »verschiedene Gründe für eine baldige gewaltsame Lösung« sprächen... Beck dachte also noch weitgehend in den Kategorien traditioneller Machtpolitik; und er konnte nicht gut verkennen, daß bereits eine Abtrennung der Sudetengebiete von der CSR Deutschland eine hegemoniale Stellung in Mitteleuropa verschaffen würde, wenngleich seine Auffassung von der »Unerträglichkeit« der CSR auf militärstrategischen Erwägungen beruht haben dürfte. Wie dem aber auch sei: vorerst einmal wurden »alle« für eine deutsche *Gewaltaktion* sprechenden Umstände in den Augen Becks schon damit hinfällig, daß die CSR gegebenenfalls mit der Waffenhilfe Frankreichs *und Englands* rechnen durfte, von dem er einige Wochen zuvor sogar gesagt hatte, es würde »uns... *niemals freie Hand* gegen die Tschechoslowakei zugestehen«. Seine immer schärfer werdende Kritik richtete sich darüber hinaus gegen den erkennbar dilettantischen und verantwortungslosen Ansatz der ganzen Kriegsplanung. Geist und Diktion seiner Niederschriften waren nicht die eines Opportunisten. Trotz der beschwörenden Vorstellungen Mansteins, Beck möge die politische Verantwortung dem »Führer« überlassen und sich selbst auf seine militärischen Pflichten beschränken, um so im allgemeinen Interesse Generalstabschef bleiben zu können, wollte er der Abenteuerpolitik Hitlers auch nicht den kleinen Finger reichen.

Obgleich er bereits an Rücktritt dachte, verwendete sich Beck vielmehr – um Reich und Volk vor einer Katastrophe zu bewahren – zunächst einmal noch mit dem größten Nachdruck bei seinem Oberbefehlshaber v. Brauchitsch dafür, durch eine kategorische Drohung der höheren Generalität des Heeres mit ihrem geschlossenen Rücktritt den Diktator zum Verzicht auf seine Kriegspläne zu zwingen. Er begründete diesen für einen Soldaten so außergewöhnlichen Vorschlag am 16. Juli 1938 mit berühmt gewordenen Worten über die Grenzen auch des militärischen Gehorsams in einer außergewöhnlichen Situation. Daß die Stellungnahme der Generale gegebenenfalls wirklich mit ihrem allgemeinen Rücktritt endete, lag natürlich mitnichten im Sinne Becks, der vielmehr ein Scheitern der gedachten Pression – wenn sie nur »hart und brutal genug« erfolge – sozusagen von vornherein ausschloß und durch Informationen über die Halsstarrigkeit Hitlers und eine drohende Ablösung der ganzen höheren Generalität in seinem Vorhaben noch bestärkt wurde. Im übrigen war ihm klar, daß es im Zusammenhang mit dem kollektiven Einspruch der Generale, selbst wenn Hitler zurückwich, zu »erheblichen innerpolitischen Spannungen« kommen würde. Und bemerkenswerterweise hielt Beck es nun – wenn man sich zu jenem »Einspruch *mit allen seinen Folgen*« entschloß – für geboten, in Verbindung damit »zu einer«, wie er sagte, »für die Wiederherstellung geordneter Rechtszustände unausbleiblichen Auseinandersetzung mit der SS und der Bonzokratie«

des Regimes zu schreiten. Es ist vermerkt worden, und man kann es nicht bestreiten, daß erst eine drohende Katastrophe für Volk und Wehrmacht Ludwig Beck – mit anderen Offizieren – in offene Opposition gegen dieses Regime getrieben hat, also nicht schon dessen seit Jahre erlebte frivole Mißachtung von Recht und Menschlichkeit. Dies erklärt sich außer aus dem Wesen und der normalen Aufgabenstellung einer *Armee* auch aus Übereinstimmung mit Hitler im Ziel einer Rückgewinnung der deutschen Großmachtstellung und in der Bekämpfung des Kommunismus. Jedenfalls hätte Beck bis zu dem (im Januar 1938) von der Staatsführung perfide inszenierten Sturz des beliebten Heeres-Oberbefehlshabers v. Fritsch wohl kaum hoffen können, seine Berufsgenossen von der Notwendigkeit einer *Aktion* zur »Wiederherstellung geordneter Rechtszustände« zu überzeugen. Indes wollte er, was über seine persönliche Einstellung in dieser Hinsicht keinen Zweifel läßt, die sich *jetzt* eröffnende *Gelegenheit,* Wandel zu schaffen – eine Gelegenheit, die (nach seinen Worten) »wohl zum letzten Male« vom Schicksal geboten wurde –, auch genutzt sehen. Das Heer, so drängte er Brauchitsch am 29. Juli, müsse sich »nicht nur für einen möglichen Krieg, sondern auch auf eine innere Auseinandersetzung, die sich nur in Berlin abzuspielen« brauche, vorbereiten. Es sei ein entsprechender Auftrag zu erteilen und Witzleben (der Kommandierende General des Berliner Armeekorps und ein entschiedener Gegner Hitlers) mit dem Berliner Polizeipräsidenten Graf Helldorf »zusammenzubringen«. Dies hat mán nicht mit Unrecht den »ersten Keim einer Staatsstreichplanung« genannt. Strittig bleibt in der Forschung, ob und inwieweit das Vorhaben Becks gegen Hitler selbst gerichtet war; denn er betonte Brauchitsch gegenüber, es könne und dürfe »kein Zweifel darüber aufkommen, daß dieser Kampf für den Führer geführt« würde. Sicher ist aber, daß eine Aktion unter Parolen wie: »Friede mit der Kirche!«, »Freie Meinungsäußerung!«, »Wieder Recht im Reich!« im Falle des Gelingens die Hitlerdiktatur in ihrer Substanz getroffen hätte . . . Indes, der Oberbefehlshaber v. Brauchitsch, von dessen Mitgehen – ja Vorangehen – die noch halbwegs legale Einleitung der ganzen Aktion durch kollektive Stellungnahme der Generale abhing, brachte es nicht über sich, den nach militärischem Herkommen so ungewöhnlichen Schritt einer geschlossenen Aufkündigung des Gehorsams ins Werk zu setzen, und Beck trat noch im August 1938 als Generalstabschef zurück.

Mit seinen Planungen im Sommer 1938 – mag man sie auch nicht in allem für realistisch genug halten – war Ludwig Beck gleichsam über den eigenen soldatischen Schatten gesprungen, was man mit Recht eine Voraussetzung für jede Widerstandstat genannt hat. Ungeachtet des »unblutigen« Ausgangs der Sudetenkrise und Hitlers Erfolges von »München« war Beck sich bald nicht mehr darüber im Zweifel, was

Deutschland von seinen damaligen Machthabern drohte: nämlich
»Krieg mit völliger Vernichtung« oder »innerer Untergang durch Herrschaft der Radikalen« – wie er im Februar 1939 einem Vertrauten
erklärte. Obwohl er sich nach der tatsächlichen Entfesselung des Krieges durch Hitler wenig Hoffnung auf einen Umsturzversuch der im Amt
befindlichen Heeresführung machte, stellte ihr Beck die Notwendigkeit
rechtzeitigen Handelns in einer Reihe überaus ernst gehaltener Niederschriften zur Lage eindringlich vor Augen. Er brandmarkte darin auch
die nationalsozialistischen Ausrottungsmaßnahmen gegen führende
Schichten des polnischen Volkes. Im Winter 1939/40 war Beck dann das
anerkannte Haupt einer Gruppe der Opposition, die sich darum bemüht
hat, durch von Papst Pius XII. vermittelte Sondierungen in London
günstige Friedensbedingungen für ein Deutschland »ohne Hitler« anzubahnen. So wollte man die psychologischen Voraussetzungen für ein
Handeln der Generale schaffen und eine verhängnisvolle Ausweitung
des Krieges verhüten. Der Name Beck war für Papst Pius eine Gewähr
für die Ernsthaftigkeit dieser keineswegs erfolglosen Kontaktversuche;
doch der erhoffte Putsch der Heeresführung blieb aus. Vielmehr unter-
warf sich diese zum Entsetzen Becks im Frühjahr 1941 den für den
Rußlandfeldzug von Hitler im Sinne seiner »weltanschaulichen Kriegführung« verlangten verbrecherischen Befehlen und duldete in der
Folge auch die Erschießung Hunderttausender von Juden im besetzten
Gebiet durch Sonderkommandos der SS. »Wir müssen handeln«, so hieß
es in Becks Entwurf eines *Aufrufs* an die Wehrmacht nach einem
gelungenen Umsturz, »weil – und das wiegt am schwersten – in Eurem
Rücken Verbrechen begangen wurden, die den Ehrenschild des deut-
schen Volkes beflecken . . .«
Inzwischen war Beck kraft seiner ganzen Persönlichkeit respektierter
Mittelpunkt eines vielgestaltigen Kreises aktiver Hitlergegner geworden, dem Männer der zivilen Opposition wie Goerdeler, Hassell und
Popitz angehörten, später sich dann jene Gruppe jüngerer Stabsoffiziere
wie Olbricht, Tresckow und Stauffenberg anschloß, die bald eine führende Rolle in der Verschwörung übernahm. Aber auch Vertreter der
Gewerkschaften wie Habermann, Jakob Kaiser und der Sozialdemokrat
Leuschner schenkten Beck ihr Vertrauen, dessen Autorität und Mittler-
schaft sich bei dem Ausgleich von Gegensätzen innerhalb der Opposition bewährten. Was die politischen Grundanschauungen Becks selbst
angeht, so kann man sie seinen verschiedenartigen Reflexionen zumeist
nur indirekt entnehmen. Wenn er im ganzen noch in den Kategorien des
nationalen Machtstaates dachte, so doch mit einem stets wachsenden
Bewußtsein für die Notwendigkeit behutsamer Rücksicht auf die Interessen der großen Nachbarn des in der Mitte Europas liegenden Deutschland wie für die Fragwürdigkeit imperialistischer Ambitionen. Selbst

scharfe Kritiker haben ihm zugebilligt, daß er sich in außenpolitischen Streitfragen »eher dem Gedanken eines Verzichts geöffnet« hätte, als »gefährlich risikohaft« zu handeln. Angesichts der stürmischen Entwicklung der Technik hielt Beck die wirtschaftliche Einigung Europas für nötig, wollte allerdings das »selbständige nationale Eigenleben« unangetastet wissen. Im übrigen ist sein zäher Kampf für den maßgebenden Einfluß des Heeresgeneralstabes auf die Planungen einer zukünftigen Gesamtkriegführung einschließlich ihrer *politischen* Grundlagen offenbar nicht nur seinen aktuellen Erfahrungen und Sorgen im Hitlerstaat entsprungen; es scheint vielmehr, daß ihm auch unter der Voraussetzung normaler Staatsverhältnisse und für Friedenszeiten ein harmonisches *Zusammenwirken* von Staatsmann und künftigem Feldherrn im Dienste der für beide *bestimmenden* Erfordernisse der »*Politik*« als Ideal vorschwebte. Das ließe auf Staatsvorstellungen weitgehend autoritären Charakters schließen. Scheu vor einer einfachen Rückkehr zum parlamentarisch-demokratischen System läßt sich freilich – nach dem ruhmlosen Untergang der Weimarer Republik und der erlebten Lenkbarkeit der Massen durch den großen Demagogen – keineswegs allein bei Beck und den als vorwiegend konservativ geltenden Widerstandsgruppen feststellen. – Man wird im übrigen gut tun, dem möglichen Einfluß der für die Auffassungen der Beteiligten gewiß charakteristischen staats- und gesellschaftspolitischen Zukunftsplanungen auf die tatsächliche deutsche Entwicklung *nach einem Sturz Hitlers* keine zu große Bedeutung beizulegen. Einerseits rechneten selbst maßgebende Exponenten der bürgerlichen Widerstandsgruppen (wie der eingangs erwähnte Ulrich von Hassell) damit, daß sie vielleicht »nur zum Ausfegen benutzt und dann durch andere ersetzt« werden würden – was bemerkenswerterweise ihren Willen zum »Handeln« nicht beirrt hat –, andererseits hätten nach einer *Freisetzung* des deutschen politischen Lebens zweifellos zahlreiche unvorhergesehene Faktoren die Entwicklung mitbestimmt und so manche wohlerwogene Planung der Verschwörer rasch zunichte gemacht. Die entscheidende Voraussetzung für einen neuen Anfang blieb jedoch die freie, verantwortliche Tat im Zeichen auch für die moderne freiheitlich-demokratische Ordnung gültiger Grundwerte. Um diese Tat aber hat sich trotz wachsender Ungunst aller politischen Auspizien Ludwig Beck, mit anderen, unablässig bemüht. Ungeachtet der gegnerischen Forderungen nach bedingungsloser Kapitulation Deutschlands erklärte er laut zuverlässigem Zeugnis schließlich »in voller Ruhe«, es gehe nur noch darum, daß aus dem deutschen Volk selbst heraus die Handlung gegen das verbrecherische System erfolge. *Dessen* Konsequenzen müßten nach allem, was geschehen und was versäumt worden sei, von Deutschland getragen werden. Auch jetzt aber könne eine Aktion immer noch das Schicksal des deutschen Volkes erleichtern.

Hans Mommsen

Fritz-Dietlof Graf von der Schulenburg

Fritz-Dietlof Graf von der Schulenburg wurde am 10. August 1944 im Alter von zweiundvierzig Jahren wegen seiner aktiven Teilnahme an der Verschwörung des 20. Juli hingerichtet. In aller Hast entledigte sich das Regime eines Mannes, der bis dahin auch innerhalb der engeren nationalsozialistischen Führungsgruppe großes Ansehen genossen hatte. Schulenburg, obwohl selbst Oberleutnant der Reserve und aktiver Soldat, war in dem von der nationalsozialistischen Propaganda eilfertig entwickelten Klischee von der reaktionären Generalsrevolte schwer unterzubringen. Wer immer ihn kannte – und die persönlichen Verbindungen Schulenburgs reichten weit über die Ministerialbürokratie und führende Vertreter der Wehrmacht hinaus – wußte sehr wohl, daß jedenfalls bei Schulenburg von Defaitismus, den man den Verschwörern zu unterstellen bestrebt war, nicht die Rede sein konnte.

Mit Schulenburg entpuppte sich eine Persönlichkeit als langjähriger unbeugsamer Gegner des Regimes, die noch vor 1933 zur NSDAP gestoßen war, sich aktiv für die nationalsozialistische Machtergreifung eingesetzt und als Exponent der Partei, nicht der Ministerialbürokratie gegolten hatte. Gegenüber Schulenburg war der landläufig erhobene Vorwurf absurd, aus niedrigen Beweggründen oder wegen beruflicher Zurücksetzung zur Opposition gestoßen zu sein. Dank seiner außergewöhnlichen Begabung hatte Schulenburg eine bemerkenswerte Karriere hinter sich gebracht, und es war kein Zweifel, daß er diese fortsetzen würde. Schon als junger Regierungsassessor hatte er sich im Landkreis Recklinghausen durch Energie und Sachkunde hervorgetan, war 1931 nach Ostpreußen versetzt worden, hatte dort als stellvertretender Landrat fungiert, bis er im Frühjahr 1933 als »politischer Referent« ins Oberpräsidium Königsberg geholt wurde. Auf Schulenburgs Initiative ging es zurück, daß Göring den Gauleiter Erich Koch zum Oberpräsidenten einsetzte. Schulenburg wurde bald gewahr, daß Koch in keiner Weise den Anforderungen gerecht wurde, die er an Inhaber von Führungspositionen im Dritten Reich stellte. Als persönlicher Referent des Oberpräsidenten und als Leiter des »Politischen Amtes« bei der Gauleitung war Schulenburg mit der nationalsozialistischen Ämterpatronage und der um sich greifenden personalpolitischen Korruption des Regimes direkt konfrontiert, die seinen Begriffen von fachlicher Qualifikation der einzustellenden Verwaltungsbeamten strikt zuwiderlief. Schon im

Juli 1933 kritisierte er gegenüber Koch, daß der Nationalsozialismus sich stellenweise weit von dem »preußischen Lebensstil des Kampfes und der Arbeit« entfernt habe, den Schulenburg mit dem Verzicht auf übertriebene äußere Repräsentation und Luxus anstrebte. »Die preußischen Könige«, hielt Schulenburg dem korrupten und prunkgierigen Gauleiter vor, »haben Hofschranzen und Byzantiner, die sich stets um Regierende versammeln, rücksichtslos beiseite geschoben, sind zum Volke gegangen und haben sich von ihm sagen lassen, wo der Schuh drückt.«
Schulenburgs Illusion, Ostpreußen zum Musterland des Dritten Reiches zu machen – der von ihm nachdrücklich unterstützte »Ostpreußenplan«, der eine umfassende Strukturreform vorsah, lag in dieser Richtung –, zerstob jedoch rasch. Noch hoffte er, durch Kritik von innen, durch Mitarbeit im »Königsberger Kreis« der NSDAP, der Korruption begegnen und das System durch die Verdrängung der ersten Führerschicht von innen reformieren zu können.
Nach zahlreichen, zunächst verdeckten Spannungen zu Koch schied Schulenburg aus dem Amt des persönlichen Referenten aus und bewirkte seine Ernennung zum Landrat im Kreis Fischhausen; eine Berufung ins Preußische Innenministerium lehnte er ab. Ende 1937 ging er als Vizepolizeipräsident doch nach Berlin; 1939 wurde er zu Regierungspräsident in Schlesien. Die Militärdienstzeit, die sich anschloß, bestärkte Schulenburg in der Überzeugung, daß alles getan werden müsse, um eine unfähige Führerschaft auszuschalten. Er benützte systematisch seine Verbindungen, um im Offizierskorps Gesinnungsgenossen zu werben. Es war ihm von vornherein klar, daß eine Änderung des Regimes nur von den bestehenden Institutionen her, und hier in erster Linie durch die Armee, denkbar war.
Im Januar 1942 wurde Schulenburg als Abteilungsleiter in das Reichsministerium berufen. Zahlreiche Denkschriften, die Schulenburg zu Fragen der Reichs- und Verwaltungsreform verfaßt hatte, teilweise in Zusammenarbeit mit Staatssekretär Stuckart, fanden lebhaftes Interesse im Reichsministerium des Innern. Obgleich Schulenburg als führender Verwaltungsreformexperte galt, scheiterte seine Versetzung ins Innenministerium, die Schulenburg im Interesse der Widerstandsbewegung anstrebte, am Mißtrauen Heinrich Himmlers, der seit 1943 auch Reichsminister des Innern war. Die Tatsache, daß Schulenburg wiederholt die Übernahme eines hohen SS-Ranges abgelehnt hatte, mag dabei mitgewirkt haben. Es ist bemerkenswert, daß noch Monate nach Schulenburgs Hinrichtung dessen für die Widerstandsbewegung erarbeitete Denkschrift zur Reichsreform den Gegenstand offizieller Erörterungen im Reichsministerium des Innern bildete.
Schulenburg war einer der fähigsten Landräte, über die die preußische Verwaltung verfügte. Führungsbegabung, Kunst der Menschenbehand-

lung, Sinn für das Wesentliche und unerschöpfliche Arbeitskraft zeichneten ihn aus. Breitgestreute Bildungsinteressen, Humor und Lebensfreude machten ihn zum Gegenbild des sich im Geschäftsgang erschöpfenden Bürokraten. Er repräsentierte jenen Typus des altpreußischen höheren Beamten, der eine ausgeprägte Loyalität gegenüber der staatlichen Autorität mit bemerkenswerter Unabhängigkeit des eigenen Urteils und Entschlusses verknüpfte. In einer Reihe von Denkschriften bemühte er sich um den Neuaufbau des Beamtentums, dem er eine eigenständige Aufgabe im nationalsozialistischen Staatswesen zuwies. Der NSDAP wollte er die Aufgabe der politischen Führungsauslese übertragen; sie sollte nicht Partei im herkömmlichen Sinne, sondern politische Eliteorganisation sein. Schulenburg hatte, ganz in Übereinstimmung mit der konservativen Staatstradition, die Einflußnahme der politischen Parteien auf die staatliche Personalpolitik konsequent abgelehnt. Politisch motivierte Ämterbestellungen innerhalb des Dritten Reiches wollte er nur als Übergangsmaßnahme betrachtet wissen. Er setzte sich für die Regeneration eines unabhängigen Beamtenkörpers ein, der nicht als geistlose Maschine und zentralistischer Apparat fungieren, sondern sich durch Fähigkeit zur Kritik, Initiative und verantwortliche Führung auszeichnen sollte.

Schulenburg forderte ein »schöpferisches Beamtentum«, das neben der Armee der eigentliche Vollzieher staatlicher Aufgaben sein sollte. »Wie das Heer«, formulierte Schulenburg, »so hat auch das Beamtentum die Aufgabe, den Nationalsozialismus in die metallisch harte preußische Form zu gießen und die erprobten Grundzüge staatlicher Herrschaft zum Wirken zu bringen ... Das Beamtentum muß die nationalsozialistische Schwungkraft mit der preußisch-staatlichen Erfahrung verbinden.« Schulenburg glaubte, hier beeinflußt von der nationalsozialistischen Propaganda in den Anfangsjahren des Regimes, die preußische Überlieferung mit dem Nationalsozialismus verschmelzen zu können. »Nationalsozialismus und Preußentum sind keine Gegensätze«, so postulierte er. »Der Nationalsozialismus ist die politische Idee unseres Zeitalters, das Preußentum ist das Gesetz unseres staatlichen Lebens.« Diese Sätze Schulenburgs erscheinen schwer verständlich, wenn man sie nicht mit den spezifischen Erwartungen zusammensieht, die er dem Nationalsozialismus entgegenbrachte. Schulenburg war 1931 der NSDAP beigetreten, weil er sich von ihr neben der Lösung der »nationalen« auch die Lösung der »sozialen« Frage erhoffte. Er war ein konsequenter Anhänger des Strasser-Flügels der NSDAP, und als Berater Kochs und als Landrat suchte er die sozialistischen Züge, die er im Programm der NSDAP vorzufinden glaubte, zu praktizieren. »Eigentum ist Auftrag des Ganzen und hat ihm zu dienen«, formulierte er in einem im März 1938 verfaßten Vortrag über »Das preußische Erbe und der nationalsozialistische Staat.« Er stand dabei unter dem Einfluß jenes preußischen Sozialismus, den Oswald Spengler verkündet hatte und den er in der Politik der preußischen Könige repräsentiert sah.

Schon als Regierungsassessor in Recklinghausen hatte er sich den Ruf des »roten« Grafen erworben, und es ist kein Zweifel, daß er in der Lösung der sozialen Probleme der modernen Industriegesellschaft eine der vornehmsten Aufgaben der Staatsverwaltung erblickte. Von diesem Gesichtspunkt her konnte er die Unternehmerschaft wie seine großagrarischen Standeskollegen schärfstens kritisieren; trotz gelegentlicher Lektüre von Karl Marx blieb Schulenburg freilich im Illusionskreis eines herkömmlichen Sozialpaternalismus befangen, der sich mit den neokonservativen Ideen der zwanziger Jahre – der Ablehnung der Großstadt, der Romantisierung des Landlebens und der Kritik der kapitalistischen Industriegesellschaft – aufs engste verknüpfte. Die soziale Frage betrachtete er überwiegend vom Gesichtspunkt staatlicher Fürsorge aus, die dort einzutreten habe, wo die Selbsthilfe versage: »Sozialpolitik«, äußerte er, »ist Fürsorge für Menschen, die nicht in der Lage sind, aus eigener Kraft das Leben zu meistern. Man muß unterscheiden zwischen Menschen, die ihrem Geschick an sich, und solchen, die einzelnen Schicksalsschlägen nicht gewachsen sind. Schicksalsschläge können einen jeden treffen. Das Risiko ist demnach für alle gleich groß. Dem Geschick nicht gewachsen zu sein, ist das Los derer, die nach Anlage oder infolge widriger allgemeiner Lebensverhältnisse die Kraft und den Willen zur Selbsthilfe nicht aufbringen. In einem gesunden Volk darf dies nur ein geringer Bruchteil der Bevölkerung sein. Das Zeitalter der Großindustrie hat diesen Bruchteil zur gewaltigen Mehrheit der industrialisierten Bevölkerung anschwillen lassen.«

Zu einem tieferen Verständnis der sozialdemokratischen Emanzipationsbewegung war Schulenburg von solchen Denkansätzen her schwerlich in der Lage, auch wenn er enge persönliche Beziehungen zu einigen Sozialdemokraten unterhielt und Sinn für die konkreten Nöte und Bedürfnisse der Arbeiterschaft hatte. Auf Arbeiter könne er nicht schießen lassen, hat er in der Recklinghäuser Zeit einmal geäußert. Aber sein sozialer Engagement führte ihn über utopische Lösungsversuche, wie den Gedanken betrieblicher und kommunaler Sozialfürsorge durch die Industrie und die Gemeindeverwaltungen, nicht hinaus. Ihm schwebte eine organisch gewachsene, sozial gestufte, gemeinschaftsbestimmte Gesellschaft vor, in der es einer ausdrücklichen Privilegierung sozialer Eliten nicht bedurfte und in der es Raum für persönliche Bewährung und gesellschaftlichen Aufstieg gab. Insoweit unterschied er sich klar vom altkonservativen Flügel der Verschwörung des 20. Juli, der gerade die pseudosozialistischen Tendenzen des Nationalsozialismus als sozialrevolutionär verurteilte.

Schulenburg teilte die Kritik der politischen Rechten an der Weimarer
Republik in nahezu allen Punkten, aber er unterschied sich von den
Repräsentanten des Papen-Kurses durch eine wesentlich offenere, zu-
kunftsorientierte Einstellung; gerade die undogmatische Art, die ihn
auszeichnete, machte ihn gegenüber bloß reaktionären Positionen im-
mun. Schulenburg war, trotz seiner theoretischen Bemühungen, in
erster Linie praktisch veranlagt, und als Handelnder fügte er sich in die
herkömmlichen Richtungsschemata nur höchst unvollkommen ein. Aus
zutreffender politischer Einschätzung heraus lehnte er eine Restauration
der Hohenzollernmonarchie ab, obwohl sein Bekenntnis zur preußischen Tradition, zum suum cuique, jener Maxime Friedrichs des Großen, und zur staatsbildenden Leistung der Hohenzollern ungebrochen
war. Für ihn war bezeichnend, daß er mit August Winnig, jenem
sozialdemokratischen Renegaten, der als Oberpräsident von Ostpreußen den Kapp-Putsch unterstützt und später den Versuch zur Bildung
einer sozialen Reformpartei unternommen hatte, enge Beziehungen
unterhielt; zugleich haben die verwandten Ideen Ernst Jüngers großen
Eindruck auf ihn gemacht.
Schulenburgs Bekenntnis zum Preußentum schloß den Gedanken des
Rechtsstaats ausdrücklich ein, und dieser verband sich aufs engste mit
seinem sozial-konservativen Programm, das ihn illusionsbefangen zur
NSDAP geführt hatte. Die Wirklichkeit des Regimes, das, statt zu den
Idealen des Preußentums zurückzukehren – zu Einfachheit, Schlichtheit
und Gerechtigkeit dem einfachen Mann gegenüber –, mit denselben
Schindluder trieb, leitete einen Prozeß zunehmender Desillusionierung
ein, der ihn Anfang 1938 unwiderruflich zum erklärten Gegner des
Regimes werden ließ. Im August 1941 bemerkte er in einem Brief, ihm
sei bei der Neufassung seines wiederholt gehaltenen Vortrags über
»Preußentum und Nationalsozialismus« »die Rolle der preußischen Institutionen im kommenden Reich klar geworden, da die Partei dann
ausfällt«.
Hatte er sich ursprünglich für die Verschmelzung von Partei und Staat
ausgesprochen, war er sich nun über die zersetzende Wirkung klar
geworden, die von dem politischen Stil der NSDAP und ihrer Würden-
träger auf das soziale und staatliche Gefüge ausging. Wenig später,
anläßlich eines Ausritts zum Ehrenmal des Generalobersten von Fritsch,
den Hitler im Februar 1938 unter den unwürdigsten Umständen entlassen und der im Polenfeldzug an der Spitze seines Regiments den Tod
gesucht und gefunden hatte, äußerte Schulenburg: ihn ergreife »die
Größe und Tragik dieses Lebens, das als altpreußischen reinen Stils in
diesem Staat keinen Platz mehr fand. Er ist der Zuchtmeister des Heeres
gewesen, und ihm ist es zu verdanken, daß es noch so etwas wie
preußische Züge trägt.« Schulenburg fügte charakteristisch hinzu: »Vor

mir stand heute früh sein Gesicht mit den ernsten und entschiedenen Augen, daran gemahnend, daß über seinen Tod hinaus die preußische Forderung an das Reich bestehenbleibt.« Die vollständige Mißachtung der »preußischen Forderung an das Reich«, die Zerschlagung der Reste preußischer Institutionen in Heer und Verwaltung und die Ersetzung von Recht und Gesetz durch Korruption, Willkür und Gewaltanwendung führten Schulenburg folgerichtig zum Bruch mit dem natinalsozialistischen Regime. In der Vernehmung vor der Gestapo datierte er die Entstehung der Verschwörergruppe des 20. Juli nicht zufällig in die Zeit der Fritsch-Krise: »Die Wurzel der Entwicklung, die am Ende zu dem Unternehmen des 20. Juli führte, liegt m. E. ziemlich weit zurück, und zwar sehe ich ihren Anfang am 4. Februar 1938, verbunden mit dem Ausscheiden von Fritsch aus dem aktiven Heeresdienst.« Das traf zumindest für ihn persönlich zu; seitdem wird er unermüdlich Gesinnungsgenossen für den angestrebten Umsturz werben, wobei er in einem Falle nur knapp der Verhaftung entging.

Schon im Herbst 1938 hatte Schulenburg aktiv an einem freilich schon im Ansatz scheiternden Putschversuch teilgenommen. Fortan war er treibende Kraft des Widerstands. Im Gegensatz zu einer Reihe von Mitverschwörern zweifelte er niemals an der Notwendigkeit eines Attentats gegen Hitler. Er kannte die korrupte und verbrecherische Haltung der nationalsozialistischen Führungsclique zu gut, um einen Sturz des Regimes anders als durch einen gewaltsamen Anschlag auf den Diktator zu erwarten. Das vielbeschworene Eidproblem schien ihm angesichts der Gewissenlosigkeit Hitlers gegenstandslos; es sprach eher für als gegen die Durchführung des Attentats. Konsequent drängte Schulenburg auf einen gewaltsamen Anschlag hin, und er war an der Vorbereitung der zahlreichen mißglückten Attentatsversuche auf Hitler aktiv beteiligt. Das Risiko des Umsturzversuchs war ihm voll bewußt; zwei Tage vor dem 20. Juli gab er dem Attentat 50 Prozent Chancen. Das änderte nichts an der Vorbehaltlosigkeit, mit der er Stauffenbergs Unternehmen »Walküre« unterstützte.

Auch nach dem 20. Juli zweifelte Schulenburg nicht daran, daß der Entschluß zum Attentat richtig gewesen war. Den Schimpftiraden Roland Freislers, des berüchtigten Volksgerichtshofspräsidenten, trat er mit gewohntem Sarkasmus entgegen. Freislers Einschüchterungs- und Diffamierungsversuche wischte er im Schlußwort mit den einfachen Sätzen hinweg: »Wir haben diese Tat auf uns genommen, um Deutschland vor einem namenlosen Elend zu bewahren. Ich bin mir klar, daß ich daraufhin gehängt werde, bereue meine Tat aber nicht und hoffe, daß sie ein anderer, in einem glücklicheren Augenblick, durchführen wird.« Seiner Frau schrieb er zum Abschied: »Was wir getan haben, war

unzulänglich, aber am Ende wird die Geschichte richten und uns freisprechen.« Und mit der Scheu vor zu großen Worten fügte er hinzu: »Du
weißt, daß mich *auch* die Liebe zum Vaterland trieb.«

Als das Regime Schulenburg hinrichten ließ, war der Umfang seiner
konspirativen Tätigkeit noch nicht einmal in Umrissen bekannt. Inmitten der verschiedenen konservativen Widerstandskreise nahm Schulenburg eine eigentümliche Sonderstellung ein. Altersmäßig stand er zwischen den älteren Repräsentanten der Opposition, darunter Witzleben,
Beck, Goerdeler und von Hassell, und der Gruppe überwiegend jüngerer Offiziere in der Umgebung Stauffenbergs. Obwohl eng mit Yorck
befreundet, betrachtete er die Tätigkeit des Kreisauer Kreises zunächst
mit Skepsis. Man könne nicht mit literarischen und theoretischen Debatten Politik machen, hat er wohl geäußert. Schulenburg vermied es auch,
schriftliche Zeugnisse seiner konspirativen Tätigkeit anzufertigen, um
andere nicht zu belasten. Die Aufzeichnungen, die er hinterließ, betreffen durchweg die amtliche Tätigkeit; der private Briefwechsel erwähnt
nahezu nichts von dem, was ihn am meisten beschäftigte. Nachdem das
Scheitern des Umsturzes offenkundig wurde, beseitigte er kaltblütig alle
irgendwie belastenden Unterlagen. Es wird daher kaum möglich sein,
das Ausmaß seiner Tätigkeit im Dienste der Verschwörung exakt zu
bestimmen. Unverkennbar jedoch hat Schulenburg von Anfang an im
Mittelpunkt der Aktion gestanden; immer wieder erscheint er als Mittelsmann, der oppositionelle Persönlichkeiten miteinander in Verbindung brachte oder Gegensätze zwischen den Flügeln beizulegen versuchte. Unter erheblichem persönlichen Risiko knüpfte er Verbindungen nach allen Seiten, und er scheute sich nicht, hohe SS-Offiziere,
darunter den SS-Obergruppenführer Steiner, zu umwerben.

Als Fachmann für die innere Verwaltung legte Schulenburg, der für das
Amt des Staatssekretärs im Reichsministerium des Innern vorgesehen
war, die Grundlagen für die personelle Besetzung der zivilen Verwaltungsorganisation. Vor der Gestapo gelang es ihm, glaubhaft zu machen,
zahlreiche der für die Ämter der Politischen Beauftragten in den Wehrkreisen vorgesehenen Persönlichkeiten seien am Attentat unbeteiligt
und uninformiert gewesen. Tatsächlich aber handelte es sich um eine in
weitem Umfang ausgereifte Personalplanung. Schulenburg hatte die
personell-administrativen Grundlagen für die künftige Übergangsregierung weitgehend selbständig gelegt. Sein Anteil an den Verfassungsplänen der Widerstandsbewegung beschränkte sich hingegen auf die
maßgebliche Mitarbeit an den Entwürfen zur Reichs- und Verwaltungsreform, die trotz der Überformung durch Goerdeler Schulenburgs
Handschrift erkennen lassen. Erst nach dem Tode wurde die Gestapo
gewahr, welch umfassende Rolle Schulenburg beim Aufbau des Widerstandsnetzes gespielt hatte.

Mit der frühzeitigen Hinrichtung Schulenburgs hatte sich die Gestapo eines wichtigen, aber höchst unbequemen Zeugen entledigt. Die Anklagen, die der Angeklagte gegen das Regime schleuderte, vermochte sie nicht zum Schweigen zu bringen. Aus den für den Leiter der Parteikanzlei zusammengestellten Berichten des Chefs der Sicherheitspolizei und des SD über die Vernehmungen zum 20. Juli ziehen sich die Aussagen Schulenburgs wie ein roter Faden hindurch; daß sie noch Monate nach seinem Tode berichtet werden, zeigt, wie stark sie die vernehmenden Gestapo-Beamten beeindruckt haben. In den Verhören ließ Schulenburg, trotz der ungeheuren Nervenbelastung und der befürchteten Sippenhaft der Familie, nicht den leisesten Anflug von Schwäche erkennen. Knapp und präzise formuliert, liefen seine später wiederholt zitierten Aussagen auf eine vernichtende Kritik des Regimes hinaus, und sie traf unwiderlegbar gerade diejenigen, die Schulenburg des nationalen Verrats bezichtigten.

»Aus einem Anhänger der nationalsozialistischen Idee«, gab Schulenburg zu Protokoll, »als der ich noch während der Verbotszeit als preußischer Beamter in die Partei eintrat, wurde ich unter dem Eindruck gewisser Entwicklungszüge, die die nationalsozialistische Politik einschloß, mehr und mehr zu einem Gegner der nationalsozialistischen Politik. Immer schärfer sah ich Züge eines Systems, in dem der uneingeschränkte Machtwille der Maßstab des Handelns war.« Schulenburg wies schneidend auf die Diskrepanz zwischen Idee und Wirklichkeit hin, auf die »Abkehr der ganzen Führerschicht von den Grundsätzen der Einfachheit und Schlichtheit, die sie in der Kampfzeit gepredigt haben«. Wörtlich fuhr Schulenburg fort: »Den Grundsatz ›Gemeinnutz geht vor Eigennutz‹ verrieten die Führenden zum großen Teile selbst, indem sie eigene Interessen voranstellten und eine in diesem Umfange noch nie gekannte Korruption einsetzte. Statt zu einer Stärkung des Landes kam es zu einer Landflucht, die gleichfalls das bisher gekannte Maß überschritt und das Land aufs schwerste gefährdete. Statt einer neuen Rechtsordnung kamen wir zur Rechtlosigkeit und sogar in weitem Umfang zum Verlust der Rechtsgefühle.« Lapidar gelangte er zur Schlußfolgerung: »Ein Regime, das so gegen seine eigenen Ideen handelt, hat sein Lebensrecht verwirkt.«

Schulenburgs schonungslose Kritik der inneren Zustände des Dritten Reiches, seine Hinweise auf die Zerstörung eines verantwortungsbewußten Beamtentums, auf die Atomisierung des Volks zur manipulierten Masse, auf die Beseitigung der religiösen Bindungen, auf die sinn- und ziellose Zentralisierung auf allen Lebensgebieten, die die Spontaneität und Verantwortung des einzelnen zerstöre, beruhten auf genauester Kenntnis der Dinge. Alle noch irgendwie verantwortlichen führenden Nationalsozialisten stimmten in der Diagnose mit Schulenburg überein, nur hatten sie nicht den Mut, die Konsequenzen daraus zu ziehen. Das wenige, das von den Verhören überliefert ist, spiegelt die tiefe Betroffenheit derjenigen wider, die über Schulenburg zu Gericht saßen. Ebenso unabweisbar war Schulenburgs nüchterne Feststellung, daß Korruption, Gewissenlosigkeit und Gewalt zum Wesen des Regimes gehörten, Reformen daher zwecklos waren: »Je mehr ich über die Entwicklung nachdachte«, bemerkte er, »desto klarer wurde mir, daß alle ihre Züge im Grunde eine Wurzel hatten: Gewalt ohne Maß, innen und außen. Anfangs suchte ich noch nach Möglichkeiten, dies Übel im Wege der Reform zu heilen. Allmählich aber kam ich zu der Erkenntnis: eine Reform hilft nicht mehr, da alles ineinander verkettet ist und in Grundtatsachen beruht, die mit dem Charakter des Systems unwandelbar verbunden sind.«

Dieser Analyse hat der Historiker im Grundsatz nichts hinzuzufügen. Schulenburg setzte die Realität des Regimes, der Ansammlung von Rechtlosigkeit, Terror und Bonzentum die Reminiszenzen an die Kampfzeit entgegen, die für ihn konsequent mit den Zielsetzungen der Verschwörung zusammenfielen: »Als Grundlagen für die Ordnung wollten wir heiliges unverbrüchliches Recht schaffen, das dem einzelnen wie jeder Institution eine Freiheitssphäre gewährt, innerhalb deren nach dem Gewissen gehandelt und die Kräfte wahrhaft entfaltet werden können. Wir wollten eine Führerschicht, die das Vorbild in Haltung und Tat ist.«

Hermann Graml

Hans Oster

In den Debatten um die politische Legitimität des deutschen Widerstands gegen Hitler und das NS-Regime, die für die fünfziger Jahre so bezeichnend waren, haben sich an der Person und am Handeln Hans Osters, selbst unter den Verteidigern der Legitimität, die Geister geschieden. Auf der einen Seite konnte nicht bestritten werden, daß Oster, seit Herbst 1933 in der Abwehrabteilung des Reichswehrministeriums tätig und von 1935 bis zum Frühjahr 1943 unter Admiral Canaris als Leiter der Zentralabteilung des militärischen Nachrichtendienstes wie auch als Stabschef des Amtes Ausland/Abwehr fungierend, zu den wichtigsten Figuren des konservativ-national orientierten Widerstands gehörte. Vom September 1938 bis zu seinem Ausscheiden aus dem aktiven Dienst im Frühjahr 1943 finden wir Oster bei allen Putschplänen im Mittelpunkt der organisatorischen Vorbereitung, von Admiral Canaris zunächst kräftig unterstützt, später, als der Abwehrchef allmählich resignierte, immerhin noch gedeckt und abgeschirmt. Ob bei dem ersten ernsthafteren Vorhaben dieser Art während der Sudetenkrise, ob in den Planungen der Widerstandsgruppen zwischen Polen- und Frankreichfeldzug, ob in den Gesprächen und Plänen des Kreises um General Olbricht an der Jahreswende 1942/43 – stets war Oster am Knüpfen des notwendigen Geflechts persönlicher Beziehungen, an theoretischen Aktionsstudien und an der praktischen Vorarbeit für Attentat oder Staatsstreich maßgeblich beteiligt, und zwar mit bewundernswertem Mut, mit eindrucksvoller Energie und mit imponierendem Zielbewußtsein.

Auf der anderen Seite konnte ebensowenig geleugnet werden, daß ausgerechnet diese zentrale Gestalt des konservativ-nationalen Widerstands jene Grenze eindeutig überschritten hatte, die nach den damaligen Gesetzen und nach der national bestimmten Staatsauffassung des deutschen Bürgertums den Hochverrat vom Landesverrat trennte. Daß Oster im Herbst 1939 mit einer auswärtigen Macht, nämlich mit Großbritannien, in Verbindung zu treten und für eine neue deutsche Regierung die britischen Friedensbedingungen zu erkunden suchte, war gewiß politisch zu rechtfertigen und zu der außenpolitischen Absicherung eines Staatsstreichs zu rechnen, wie sie ja auch von anderen Führern des Widerstands immer wieder angestrebt wurde; tatsächlich hat Oster bei seinem Versuch in Übereinstimmung mit Generaloberst Beck gehandelt, dem Haupt der Verschwörung. Daß aber der damalige Oberst

Oster zur gleichen Zeit im Dienste eines noch zu skizzierenden widerstandspolitischen Kalküls sowohl die Regierungen Dänemarks und Norwegens wie die Regierung Hollands vor den jeweils bevorstehenden deutschen Angriffen warnte, und zwar nicht mit vagen Hinweisen, sondern mit genauen Angaben der von Hitler festgesetzten Angriffstermine, schien nicht allein aus allen Traditionen seines Standes und seiner Schicht herauszufallen, sondern überdies dem Geist des doch gerade zur Rettung von Nation und Staat angetretenen konservativ-nationalen Widerstands glatt zu widersprechen und den moralischen Anspruch der Verschwörer zu diskreditieren.

Als nach dem Kriege Ostérs Handlungsweise bekannt wurde, haben selbst manche seiner früheren Freunde mit harten Urteilen nicht gespart und ihn gleichsam aus dem Kreise des honorigen Widerstands verbannen wollen, trotz seiner hervorragenden Rolle bis 1943 und obwohl er schon einen Tag nach dem 20. Juli verhaftet wurde und bis zum 9. April 1945 den ganzen Leidensweg der Verschwörer mitgehen mußte; an diesem Tag starb er nach einem mehr als fragwürdigen SS-Standgerichtsverfahren im KZ Flossenbürg am Galgen. Einige Historiker – so Gerhard Ritter – zeigten sich gleichfalls abgestoßen und haben Oster zu einem Manne gestempelt, der zwar achtenswerten Motiven gefolgt sei, der aber, verführt durch ein Übermaß an Haß, sehr berechtigte politisch-moralische Skrupel verdrängt und zu unvertretbaren Mitteln gegriffen habe. Zeitweise drohte Oster, was nicht ohne Ironie ist, jener Kategorie zugezählt zu werden, in die sich zum Beispiel Harro Schulze-Boysen und die übrigen Mitglieder der »Roten Kapelle« verwiesen sahen, die auf Grund ihrer kommunistischen Überzeugung und auf Grund ihrer nachrichtendienstlichen Tätigkeit für die Sowjetunion lange Jahre gar keinen Platz in der Geschichte des Widerstands erhalten durften.

Sicherlich ist die Verurteilung Osters nie einhellig gewesen, und gerade auch konservative Historiker haben immer wieder Lanzen für ihn und seine Aktion gebrochen. Allerdings gipfelte die Ehrenrettung meist doch nur in der Feststellung, gegen das NS-Regime sei eben jedes Mittel erlaubt gewesen, selbst der Landesverrat, und diese Art der moralischen Rehabilitierung führte erst recht zu einer Verkennung der Motive Osters und seines historischen Ortes. Die überwiegend moralisch argumentierende Rehabilitierung integrierte Oster nämlich mit angestrengter Behutsamkeit in eine Sicht der Dinge, die den Widerstand vornehmlich als moralische Kraft und seine Auseinandersetzung mit dem nationalsozialistischen Staat wesentlich als einen Konflikt zwischen Gut und Böse begriff, den Staatsstreich mithin vor allem als Wiederherstellung einer verletzten Rechtsordnung. Oster selbst erschien in erster Linie als ein zu ungewöhnlicher und sogar äußerster Konsequenz gelangter Repräsentant moralischer Substanz. Eine solche Interpretation des Widerstands wie auch Osters ist aber, wenngleich sie keineswegs als falsch gelten kann, höchst unvollständig. Der Widerstand und seine Angehörigen müssen vielmehr nicht zuletzt als Vertreter politischer Kräfte der deutschen Gesellschaft verstanden werden, die bei ihrer Verschwörung gegen das NS-Regime sehr wohl auch politisch motiviert waren und definierbare politische Ziele im Auge hatte. Gehen wir von einem solchermaßen erweiterten Widerstandsverständnis aus, wird bald deutlich, daß gerade Oster, obschon er an den verfassungs- und gesellschaftspolitischen Zukunftsentwürfen der oppositionellen Gruppen kaum Anteil hatte, zu den eminent politisch denkenden Köpfen des Widerstands gehörte und dabei in einer langen Tradition gerade des preußisch-deutschen Militärs stand, nämlich in der Tradition des politischen Offiziers, die in der neuesten Geschichte etwa von Roon, Graf Waldersee und Schlieffen über Tirpitz und Ludendorff bis zu Seeckt und Schleicher reichte. Dieser Typ des politischen Offiziers hat die Neigung, das Heer oder die Marine mit dem Staat gleichzusetzen und daher eine völlig ungebändigte militärische Interessenpolitik zu verfolgen, stets mit dem Anspruch des Soldaten auf das Amt des Wächters über die rechte politische Ordnung des Staates und der Gesellschaft verbunden, ja verbinden müssen, da eine so umfassend angelegte Ressortpolitik anders gar nicht zu betreiben war. Daß Oster, unter veränderten Umständen und daher in abgewandelter Form, nach der gleichen Grundanschauung handelte, wird klar, wenn wir untersuchen, wie er, noch ehe er zum aktiven Widerstand fand, in Opposition zum NS-Regime geriet.

Oster, Sohn eines sächsischen Pastors und hoch dekorierter Frontoffizier und Generalstäbler des Ersten Weltkriegs, hat seine bestimmenden Eindrücke im wilhelminischen Deutschland empfangen, das er zeit seines Lebens als heile Welt betrachtete. In den Jahren, die er in der kaiserlichen Armee verbrachte, machte er sich den Monarchismus des durchschnittlichen Offiziers zu eigen, der sich in einem persönlich verstandenen Treueverhältnis zum Kaiser manifestierte, ebenso die Auffassung von der Notwendigkeit einer starken und in Staat und Gesellschaft ausschlaggebenden Armee, den Willen zur Bewahrung der aristokratisch-bürgerlichen Gesellschaftsordnung Preußen-Deutschlands und den Glauben an die Bestimmung des Reiches zu einer national fundierten machtvollen Außenpolitik. Der Erste Weltkrieg hat dieses schlichte, jedoch feste Weltbild unversehrt gelassen, und so ist es nicht mehr als selbstverständlich, daß auf Oster der Zusammenbruch 1918 »wie ein Schlag mit dem Hammer auf den Kopf wirkte«. Ohne Verständnis oder gar Zuneigung zu Liberalismus, Parlamentarismus und Demokratie sah er in der Weimarer Republik nur einen »brüchigen Parteienstaat«. Erst »nach schwersten inneren Kämpfen« brachte er es über sich, in der Republik als Offizier zu dienen, und den Gewissenskonflikt, den der Dienst in einem ungeliebten Staat immer wieder erneuerte, hat er lebhaft empfunden; mit dem Rückzug auf »die reine Sachlichkeit des Dienstes« vermochte er sich, im Gegensatz zu manchen Kameraden, nicht zu beruhigen. Um so begieriger griff Oster nach der Vorstellung, die das Heer der Republik, die Reichswehr, nicht allein als Keimzelle der künftigen großen Armee eines aus den Fesseln von Versailles befreiten Deutschland sah, sondern der Reichswehr zugleich die noch wichtigere Funktion zuschrieb, den konservativ-nationalen politischen Traditionen Preußen-Deutschlands als Stätte der Überwinterung und als Basis der Rückkehr zur Herrschaft zu dienen; genau das war gemeint, wenn die Offiziere der Reichswehr davon sprachen, das Heer sei die Verkörperung einer überzeitlichen Staatsidee. Aus diesem Selbstverständnis der Reichswehr ergab sich aber neben jener Distanz zum gegebenen Staat, die an der Labilität der Weimarer Republik so großen Anteil hatte, vor allem auch eine im Vergleich zur kaiserlichen Armee noch erheblich gesteigerte Überschätzung des politischen Ranges, der politischen Aufgabe und des aus beidem folgenden politischen Anspruchs der Armee. Die Überschätzung läßt sich in die simple Maxime zusammenfassen: Was der Reichswehr nützt, nützt Deutschland, was der Reichswehr schadet, schadet auch dem Reich. Als die Personifizierung einer Interessenpolitik, die auf solcher Grundlage kaum noch übergeordnete Gesichtspunkte anerkannte und in der politischen Praxis die Reichswehr naturgemäß als Selbstzweck behandelte, darf General Kurt v. Schleicher gelten, und als Oster in den letzten Jahren vor 1933 in eine gewisse Verbindung zu Soldaten wie Schleicher, Bredow und Hammerstein trat, ist unter dem Einfluß dieser »Realisten« wohl sein Monarchismus etwas blasser geworden, doch hat er damals erst recht gelernt, die Reichswehr als Alpha und Omega jeder Politik anzusehen.

Da er jedenfalls in der Weimarer Republik nie eine Möglichkeit zur Versöhnung zwischen Staat und Armee zu erkennen vermochte, hat Oster, wie viele seiner Kameraden, die Übernahme der Macht durch den Führer der NSDAP, Adolf Hitler, keineswegs als den Beginn der Katastrophe begriffen und keineswegs mit Opposition gegen das neue Regime reagiert. Im Gegenteil hoffte er zunächst, der »Umbruch« werde die »Rückkehr zu früheren Traditionen« erleichtern, und man wird wohl annehmen dürfen, wenngleich keine entsprechende Äußerung Osters überliefert ist, daß er die Beseitigung des parlamentarischen Systems, die Liquidierung der politischen Freiheit und die Unterdrükkung der linken politischen Organisationen als notwendige Schritte auf dem Wege zurück begrüßt hat. Bestimmte Verheißungen der neuen Machthaber, so das Versprechen, eine »starke nationale Politik« verfolgen und die »Wiederaufrüstung« Deutschlands betreiben zu wollen, haben ihn ebenfalls zu der zunächst positiven Einschätzung der national-sozialistischen Machtübernahme als einer »nationalen Erhebung« verleitet. Noch in der Gestapohaft sprach er davon, daß der »Umbruch« von 1933 für Soldaten eine »Erlösung aus den Gewissenskonflikten« bedeuten konnte, »die für sie in der Systemzeit entstanden« waren.

Seine Wendung zur Opposition begann erst am 30. Juni 1934, als Hitler, Göring, Himmler und Heydrich den Stabschef der SA, Ernst Röhm, zahlreiche andere SA-Führer und viele sonstige tatsächliche oder mögliche Gegner des Regimes ohne zwingende Notwendigkeit, ja ohne ernstlichen Anlaß einfach ermorden ließen und sogar manche alte Rechnung mit früheren Feinden und Rivalen beglichen. Es ist aber nun überaus bemerkenswert, welche Richtung Osters Opposition nahm. Sie galt noch nicht dem bestehenden politischen System oder seinem Führer, vielmehr galt sie vorerst fast allein der SS. Oster interpretierte den 30. Juni 1934 – und gerade darin zeigte sich die Sicherheit und Wachheit seines politischen Instinkts – als eine schwere politische Niederlage der Reichswehr. Offensichtlich hatte er dabei nicht so sehr die Beteiligung der Reichswehr an der Säuberungsaktion im Auge, obwohl ihm in seiner Stellung diese Komplizenschaft nicht verborgen bleiben konnte, die ja das Heer fester an das Regime band und damit die politische Aktions-freiheit der Armeeführung einengte. In erster Linie beschwerte ihn die Tatsache, daß die Reichswehr die Ermordung zweier Generale, Schleichers und Bredows, widerspruchslos hinnahm. Daß ein solches Verhalten die politische Position der Reichswehr erschütterte und eine spürbare Machtverschiebung zugunsten der Partei und vor allem zugunsten der SS bedeutete, war ihm durchaus klar, zumal die SS unmittelbar nach dem 30. Juni mit der Aufstellung einer bewaffneten Einheit auch auf dem militärischen Felde als Rivalin aufzutreten begann.

Zwischen 1934 und 1938 hat Oster das fast geräuschlose, aber zielstrebige Vordringen der SS und die Festigung der Macht der Gestapo mit wachsender Sorge verfolgt. Sein Amt in der Abwehr, das ihm vielfältige Beziehungen zuspielte, verschaffte ihm einen einzigartigen Beobachtungsposten; schon damals gehörte er zu den am besten über die inneren Vorgänge unterrichteten Deutschen. Der schleichende Machtverlust des Heeres war ihm daher gegenwärtiger als den meisten seiner Kameraden, die in rein militärischen Stäben dienten oder in den kleinen und mittleren Garnisonstädten noch die erste Geige in der Gesellschaft spielen durften und sich von der rapiden Zunahme der zahlenmäßigen Stärke des Heeres über die tatsächliche Entwicklung täuschen ließen. Oster machte sich jedenfalls nichts vor, und da die laufende Machtexpansion der nationalsozialistischen Organisationen an den Kern seiner politischen Ordnungsvorstellung ging, indem sie etwas zu realisieren drohte, was in der Weimarer Republik noch Theorie geblieben war, nämlich eine effektive politische Kontrolle über die Armee, stand Oster an der Jahreswende 1937/38 bereits in scharfer Opposition zu der entstandenen Form des NS-Regimes und im Grund bereits, ohne daß er das gewußt hätte, auf der Grenze zwischen Opposition und aktivem Widerstand.

Selbstverständlich wäre Oster auf diesem Wege nicht so weit gekommen, wenn er nichts als ein Vertreter des Reichswehrinteresses im Stile Schleichers gewesen wäre. So muß als wichtige Voraussetzung für die Zuspitzung der Opposition Osters sein Monarchismus gelten, der es ihm erlaubte, dem Dritten Reich ebenso die wahre Legitimität abzusprechen wie der Weimarer Republik. Zwar hatte er das Bündnis zwischen konservativen Gruppen und der NS-Bewegung, das die Basis des Dritten Reiches darstellte, gebilligt, aber nur als ein zeitgebundenes Zweckbündnis aufgefaßt, in dem der NS-Bewegung lediglich eine dienende Rolle zukam. Wenn der Partner aus seiner Unterordnung ausbrach, den Staat allzu sehr nach den eigenen Vorstellungen formte und statt der konservativ-nationalen Restauration allen Ernstes eine nationalsozialistische Revolution ansteuerte, dann hielt es Oster durchaus für zulässig, nach Mitteln und Wegen zur Auflösung der Allianz und zur Verhinderung der Revolution zu suchen. Zudem waren neben dieser Voraussetzung jeder konservativen Opposition im Falle Osters unterstützende Faktoren von großer Bedeutung wirksam. Der gläubige Christ Oster ist natürlich auch auf Grund des schon früh einsetzenden Kampfes gegen die Kirchen in eine Gegenposition zur NSDAP und zum Regime geraten, und sein ausgeprägtes Rechtsgefühl lehrte ihn SS und Gestapo auch als die Zerstörer jeder rechtsstaatlichen Sicherheit hassen. Wenn ihn der 30. Juni 1934 empörte, so gewiß nicht zuletzt deshalb, weil ihn die »Methoden einer Räuberbande« entsetzten, wie er sich unerschrocken noch in einem Gestapoverhör ausdrückte.

Indes ist es doch wieder bezeichnend, daß ihn, als er die Grenze zwischen Opposition und aktivem Widerstand endlich überschritt, weder die Kirchenfeindschaft noch der Antisemitismus oder sonst eine ideologisch begründete Handlung des Regimes motivierte. Vielmehr faßte er erstmals eine in der Tat staatsstreichartige Aktion ins Auge, als im Februar 1938 Göring, Hitler, Himmler und Heydrich den Oberbefehlshaber des Heeres, Freiherrn v. Fritsch, durch eine üble Intrige stürzten und im Zuge eines anschließenden größeren Revirements nun auch die Armee praktisch gleichschalteten. Oster erkannte die Tragweite des Vorgangs – abermals reagierte sein politischer Instinkt prompt –, und er forderte sogleich, die ganze Armee müsse zur Restauration ihrer Position »die Sache Fritsch« zu ihrer eigenen machen und den Streich gegen den Oberbefehlshaber gewaltsam abwehren oder vergelten. Bezeichnend ist ferner, daß er zur Wiederherstellung gesunder Verhältnisse selbst jetzt noch einen Schlag des Heeres gegen SS und Gestapo für ausreichend hielt; an einen Putsch gegen Hitler und an die völlige Beseitigung des NS-Systems dachte er noch nicht. Sein damaliges Ziel wird sehr gut durch seine Bemerkung illustriert: »Man muß den ganzen Laden der Gestapo ausheben und besetzen; Hitler hat immer vollzogene Tatsachen anerkannt.«

Daß Oster schon bald einen Schritt weiter ging und die Notwendigkeit eines Staatsstreichs gegen Hitler selbst vertrat, war freilich nicht allein die Folge seiner Erkenntnis, daß Hitler die treibende Kraft hinter den armeefeindlichen Handlungen von Heydrich und Himmler sei. Er kam überdies zu der Überzeugung, daß Hitler im Begriffe sei, sich einer Politik zu verschreiben, die gerade jene Werte zerstören mußte, zu deren Schutz die Armee in Osters Augen berufen und mit Recht privilegiert worden war: nämlich den äußeren Bestand des Reiches und die bestehende Ordnung der deutschen Gesellschaft. Daß in erster Linie Hitler Deutschland in einen Krieg steuerte, der nur mit der deutschen Niederlage und mit dem Untergang des Deutschen Reiches enden konnte, ist Oster während der Sudetenkrise zur Gewißheit geworden, als er zum Zeugen des zähen und schließlich verzweifelten Kampfes wurde, den Generalstabschef Beck gegen die Außenpolitik Hitlers führte. Daß Hitler sich auf die Seite jener Kräfte in der NS-Bewegung geschlagen habe, die auf einen totalen Umsturz der inneren Verhältnisse aus seien, auf eine Art Bolschewisierung Deutschlands, und daß es nach dieser Parteinahme, die den linken Flügel der NS-Bewegung entscheidend verstärke, höchste Zeit sei, die Krise zwischen Restauration und brauner Revolution durch eine Radikalkur zu lösen und sich des Bündnispartners gewaltsam zu entledigen, glaubten Oster und etliche andere Angehörige der konservativ-nationalen Opposition zu erkennen, als Hitler im August 1939 mit der Sowjetunion paktierte. Der deutsch-sowjetische Pakt, der die Antikommunisten in der NSDAP, zum Beispiel Rosenberg, verstörte, löste in den Gruppen der konservativ-nationalen Opposition helles Entsetzen aus. Wie stark gerade auch Oster unter dem Eindruck stand, nun breche, wenn nicht gehandelt werde, die Herrschaft brauner Bolschewiken an, wissen wir nicht nur aus Denkschriften, die Mitarbeiter und Freunde Osters damals verfaßt haben. Als Oster im Herbst 1939 einen Emissär nach Rom schickte, um über den Vatikan mit der britischen Regierung Verbindung aufzunehmen, hat sein Beauftragter, wie wir jetzt aus den Akten des Foreign Office erfahren haben, in seinen Berichten zur inneren Lage Deutschlands vor allem die drohende Bolschewisierung beschworen und ausdrücklich als eines der entscheidenden Motive der von ihm vertretenen Offiziersverschwörung genannt.

Oster sah sich jetzt als Akteur eines Bürgerkriegs, der den Einsatz eines jeden Mittels nicht nur rechtfertige, sondern verlange. Abgesehen davon, daß Oster, eine ebenso energische wie temperamentvolle und verwegene Natur, seit Sommer 1938 bei allen Putschplänen als unermüdlicher und unermüdlich drängender Inspirator und Organisator in Erscheinung trat, fielen ihm nun zur Vorbereitung und Ermöglichung eines Staatsstreichs auch taktische Rezepte ein, die einen geistigen und politischen Wagemut erforderten, wie er nur den entschlossensten Revolutionären und nur den hartnäckigsten Konservativen gegeben ist. Als Hitler schon im Herbst 1939 auch an der Westfront angreifen wollte und damit dem gerade erst reifenden Putschplan der Widerstandsgruppen um Beck, Hassell und Goerdeler zuvorzukommen drohte, hat Oster nicht gezögert, über den ihm befreundeten holländischen Militärattaché in Berlin, Oberst Sas, die holländische Regierung zu warnen. Er verfolgte damit noch nicht den Zweck, die deutsche Offensive scheitern zu lassen. Vielmehr wollte er sichtbare Vorbereitungen der Westmächte provozieren und so einen Aufschub des deutschen Angriffs erreichen. Der Aufschub wiederum sollte den Widerstandsgruppen die zum Abschluß der Putschpläne notwendige Zeit verschaffen.

Daß Oster auch noch seit Mitte November 1939, als mit einem Staatsstreich schon nicht mehr gerechnet werden durfte, fortfuhr, die holländische Regierung über jeden der von Hitler festgesetzten Angriffstermine zu informieren, bis hin zum 10. Mai 1940, daß er in gleicher Weise Dänemark und Norwegen vor dem deutschen Überfall zu warnen suchte, hatte dann aber doch den Zweck, das Unternehmen »Weserübung« und die Offensive im Westen scheitern zu lassen. Gerade weil er die Erkenntnis gewann, daß sich vorerst kein General finden werde, der einen Staatsstreich leiten könnte, richtete er seine Taktik jetzt an der sogenannten »Rückschlagstheorie« aus, einem Kalkül der Verzweiflung, und zwar der Verzweiflung der Konservativen darüber, daß es fast unmöglich geworden war, sich aus dem Bündnis mit den Nationalsozialisten wieder zu befreien. Die Rückschlagstheorie besagte, daß die Generale erst putschen würden, wenn Hitler einen schweren militärischen oder politischen Rückschlag erlitten habe. Traf das zu, so wollte Oster es verantworten, den Rückschlag selbst herbeizuführen. Allerdings ging er bei seiner Kalkulation von der Überzeugung aus, damals von vielen deutschen Militärs geteilt, daß die Offensive ohnehin fehlschlagen werde, jedoch erst spät, nach schwersten Verlusten und nach einer entscheidenden Verschlechterung der militärischen wie der politischen Lage Deutschlands. Werde dann geputscht, müsse auch eine neue Regierung mit einem überaus harten Frieden rechnen. Wenn hingegen größere Erschütterungen der äußeren Position wie der inneren Struktur des Reiches vermieden und die Chancen für einen sozusagen konservativen Frieden gewahrt werden sollten, komme es wesentlich darauf an, daß der Rückschlag möglichst früh erfolge, ehe sich das militärische und politische Kräfteverhältnis merklich verschoben habe. Auch diese Überlegung führte Oster also, da ein früher Rückschlag ohne deutsche Mitwirkung kaum möglich schien, zu der Auffassung, daß er in den Gang der Dinge eingreifen dürfe. Die Verluste eines sofort herbeigeführten Rückschlags schätzte er auf etwa 40 000 Mann, und einen solchen Preis hielt er angesichts der bis zu einem späten Scheitern der Offensive zu erwartenden höheren Verluste und angesichts der auf dem Spiel stehenden Werte für vertretbar. Daß er selbst das Odium des Landesverräters auf sich zu nehmen hatte, schien ihm ebenfalls kein zu hoher Preis zu sein.

Osters Vorhaben ist freilich völlig mißlungen, und zwar schon deshalb, weil die holländische Regierung die allzu oft wiederholten Warnungen schließlich nicht mehr ernst nahm und für den 10. Mai 1940 lediglich, wie schon häufig, erhöhte Aufmerksamkeit anordnete. Aber der Mißerfolg nimmt dem Kalkül und dem Handeln Osters nichts von ihrer moralischen und politischen Verwegenheit. Oberst Sas, der die Motive Osters genau kannte und zumindest die Unbedingtheit eines Mannes respektierte, der zur Rettung oder Wiederherstellung eines konservativen Deutschland einen so hohen Einsatz wagte, hat dem holländischen Oberbefehlshaber General Winkelmann, der meinte, dieser deutsche Offizier sei doch eigentlich »ein erbärmlicher Kerl«, mit Recht geantwortet: Oster ist »ein Charakter, wie ich ihn bisher noch nicht getroffen habe, so mutig und tollkühn wie niemand anders«.

Bodo Scheurig

Henning von Tresckow

Henning von Tresckow, am 10. Januar 1901 geboren, entstammte einer brandenburgisch-preußischen Soldatenfamilie. In Wartenberg, einem schlichten neumärkischen Landsitz, ist er aufgewachsen. Sowenig er später Brandenburg-Preußen mit der Welt verwechselte, ja so bewußt er sich schließlich als Europäer bekannte: die leidenschaftlich geliebte Umwelt seiner Jugend, von der er geformt wurde, gewann und behielt die größte Macht über ihn.

Gerade 17 Jahre alt, wird er, wenige Monate nach dem Not-Abitur, im Juni 1918 zum wohl jüngsten Leutnant des Ersten Garde-Regiments zu Fuß ernannt. Als Zugführer einer Maschinengewehrkompanie kämpft er in den Abwehrschlachten an Maas, Oisne und Aisne, in den Argonnen und an der Champagne-Front. Der junge Soldat zeichnet sich aus; doch kalkulierender Verstand bewahrt ihn und seine Soldaten vor hirnloser Tapferkeit.

Die Reichswehr, die ihn nach dem Kriege übernahm, beengte seinen Drang nach Bildung und Selbständigkeit. Er verließ die Truppe und studierte in Berlin und Kiel bürgerliches und römisches Recht; nebenher hörte er Vorlesungen über Politik, Welthandel und Finanzwirtschaft. Sein Denken schulte sich. Als Bankkaufmann und Börsenmakler kann er beachtliche Erfolge erzielen. 1924 reist er mit Kurt Hesse, einem Militärschriftsteller, über England und Frankreich nach Südamerika.

Wieder in Deutschland, entschloß er sich, zum zweiten Mal Soldat zu werden. Die kaufmännische Tätigkeit befriedigte nicht mehr. Er strebte nach Aufgaben, die nicht an den persönlichen Nutzen gebunden waren. Hindenburgs Fürsprache mußte helfen. Im Januar 1926 heiratete Tresckow Erika von Falkenhayn, Tochter des früheren preußischen Kriegsministers und Chefs der zweiten Obersten Heeresleitung im Weltkrieg. Kurz darauf trug er wieder die feldgraue Uniform eines Leutnants im 9. (Preußischen) Infanterie-Regiment.

Obwohl das Offizierkorps des Regiments vorzüglich war, fiel Henning von Tresckow in dessen Reihen auf. Interessen und Verstandeskraft hoben ihn weit über den Durchschnitt empor. In der Nationalökonomie vervollkommnete er sich. Seine historisch-politische Lektüre blieb stetig und imponierend umfangreich. Hesse, der Reisegefährte nach Südamerika, schreibt:

»Ich erlebte, wie er einmal in einer größeren Gesellschaft den Schlieffen-Plan in seiner Entstehung, ersten Konzeption und schließlichen Abwandlung, für die sein Schöpfer nicht mehr verantwortlich war, darstellte. Dabei kritisierte er scharf den Mangel an Zusammenarbeit zwischen dem Reichskanzler und Chef des Generalstabes, gab aber weniger diesen beiden Persönlichkeiten als dem Kaiser die Schuld, der es im Frieden wie im Krieg an der Koordinierung der politischen und militärischen Stellen habe fehlen lassen. Bei solchen und ähnlichen, von ihm gern angestellten Betrachtungen über die operative Kriegführung konnte man fast den Eindruck einer autodidaktischen Vorbereitung auf die vor ihm liegenden Jahre der Ausbildung zum Generalstabsoffizier gewinnen. So pflichttreu und eifrig er seinen Dienst in der Truppe wahrnahm, so sehr strebte er doch von Anfang an der Verwendung im größeren Verantwortungsbereich zu.«

Wenn auch hoch gewachsen, schlank und ein Mann glänzenden Aussehens, entsprach er kaum dem herkömmlichen Bild des Offiziers. Sein schmaler Kopf, den nur spärliches Haar bedeckte, weiche Gesichtszüge und nachdenklich blickende Augen erinnerten eher an einen Gelehrten. Allein sein strichförmiger Mund und eine Kinnwölbung verrieten Härte, Zähigkeit und Willenskraft, doch die Bestimmtheit seines Wesens war nicht vorgezeichnet, sie blieb – wie die Ruhe und Kaltblütigkeit in entscheidenden Augenblicken – das Ergebnis einer Selbstdisziplin, zu der er sich bewußt erzogen hatte. Manche nannten ihn zunächst »ein wenig überheblich, altklug und ironisch«, aber diese Schwächen bekämpfte er, oder sie waren, insbesondere bei Antipathien, als Abwehr gemeint. Bereits Kameraden gegenüber dämpfte er mit Humor »die eigene, sehr bewußte Überlegenheit«. Im vertrauten Kreis bezauberten sein Frohsinn und seine Herzlichkeit.

Er war ein Mann der Neugierde und vielen ein hervorragender Freund. Seine Beredsamkeit machte ihn nicht selbstgefällig. Er konnte von sich absehen, zuhören und ging auf andere ein. Er wollte lernen und helfen; Meinungen und Sorgen bewegten ihn. Noch nach Wochen war er imstande, ein abgebrochenes Gespräch fortzusetzen. Dann antwortete er auf Fragen, über die er inzwischen nachgedacht hatte. Es war ihm bewußt, daß niemand über sein Können hinaus verpflichtet werden konnte. Auch schien er zunächst entschlossen, nichts allzu schwer zu nehmen. Aber er wollte sich treu bleiben und so leben, daß er stolz sein durfte; er gedachte unter Anspannung aller Kräfte zu leisten, was der Augenblick verlangte, und trachtete aus seinem »Inneren heraus zur Klarheit und zum Glauben zu gelangen, ohne sich durch fortwährendes, überreiztes und doch zweckloses Suchen außerhalb seiner selbst aufzureiben.«

Tresckow wollte, daß die Blutopfer des Volkes im Ersten Weltkrieg politisch »kompensiert« würden; sie verlangten, in seinen Augen, demo-

kratische und mehr noch soziale Reformen. Ein Bericht über ihn
verdeutlicht:
»Seine Ideale wurden eine parlamentarische Monarchie englischen Mu-
sters und eine ausgewogene Gesellschaftsstruktur. Obgleich nicht sozia-
listisch gesinnt, wünschte er den überfällig gewordenen Ausgleich zwischen den Klassen. Führung wollte er an Bildung und Können gebunden
wissen, nicht an Abstammung und Besitz. Reaktionärer Konservatismus
– dies seine Überzeugung auch in adligen Kameradenkreisen – mißver-
stand Traditionen und vor allem Preußen.«
Wie viele Offiziere der Reichswehr enttäuschte, ja erbitterte Tresckow
der Parteienwirrwarr und die Führungsschwäche der Weimarer Republik. Die hochgesteigerte nationale Erregung der beginnenden dreißiger
Jahre ergriff auch ihn. 1929 hielt er im Potsdamer Kasino einen Vortrag,
in dem er Gottfried Feders Thesen zur »Brechung der Zinsknechtschaft«
zustimmte. Ein Jahr später suchte er – wieder nach sicheren Zeugnissen
– das Offizierskorps seines Regiments »nationalsozialistisch zu beeinflussen«. Er traute dem Nationalsozialismus die Kraft zu, Versailles zu
überwinden, die Armee mit dem Staat zu versöhnen und jene »Volksgemeinschaft« zu schaffen, in der morsch gewordene Klassenschranken
fielen. So begrüßte er Hitlers Machtantritt als Ausweg aus einem
unerträglichen Dilemma – hoffend, daß die »nationale Erhebung« Wege
des »Rechts und der Ehre« einschlagen werde.
Der »Tag von Potsdam«, auch Hitlers Lobreden auf die Reichswehr
stützten solche Hoffnungen, doch mit den Morden der Röhm-Affäre,
dem einsetzenden Kirchenkampf und den Nürnberger Gesetzen waren
Tresckows Illusionen zerstoben. Recht und Unrecht hatten, in seiner
Optik, die Plätze gewechselt. Er war nicht nur betroffen, sondern
bäumte sich auf. Schon auf der Kriegsakademie, die er 1936 als Hauptmann und Bester des ganzen Lehrganges verließ, trat er als der zwar
beherrschte, aber entschiedene Wortführer der Anti-Partei hervor.
In der Operationsabteilung des Generalstabes, hatte er den Aufmarsch
gegen die Tschechoslowakei zu bearbeiten. Die unbestechlich-nüchter-
ne Generalstabsarbeit unter Beck offenbarte ihm, daß eine verantwor-
tungsbewußte deutsche Staatsführung, ganz nach seinen eigenen Neigungen, Frieden halten mußte. Um so mehr empörte ihn Hitlers Außenpolitik, bei der Deutschlands »Führer« nicht einmal vor einem Krieg mit
den Westmächten zurückzuschrecken schien. Tresckow wollte kein
Großdeutschland. Weder Österreich noch die Sudetengebiete empfand
er als »Akquisition«. Allenfalls erblickte er in einer maßvollen Revision
der deutschen Ostgrenze eine gewisse Notwendigkeit. Im September
1938 stand er auf seiten derer, die Hitler zu stürzen trachteten.
Die Münchner Konferenz beschwichtigte ihn nicht. Er sprach fortan von
»Wildwestpolitik« des Regimes und gestand im Frühjahr 1939: »Das

alles kann nicht gut gehen. Hitler macht Krieg.« Bereits vor der Münchner Konferenz hatte er, Freunden gegenüber, den Diktator einen »tanzenden Derwisch« genannt, den man totschießen müsse. Jetzt, unmittelbar vor Ausbruch des Krieges, äußerte er zu seinem Vetter Fabian von Schlabrendorff, fortan engster Verbündeter im Widerstand:
»Ich habe, im Rahmen der Mobilmachungspläne, eine Stellung als Divisions-Ia anzutreten. Damit sehe ich Kampf mit Polen und einen Weltkrieg voraus, der, auch gegen Hitlers Absichten, zum Untergang Deutschlands führt. England lenkt nicht mehr ein; England darf auch nicht mehr einlenken. Krieg aber bedeutet Wahnsinn und muß vermieden werden. Der Schlüssel liegt bei Hitler. Er bleibt das Unheil. Ihn haben wir – und zwar durch Tod – zu Fall zu bringen.«
Die einsetzende Siegesserie bis zum Triumph über Frankreich vermochte ihn nicht umzustimmen. Wenngleich als Major und Oberstleutnant nur Randfigur, unterstützte er nach Kräften jene, die den Angriff im Westen zu verhindern suchten. Doch die Heeresführung handelte nicht. Hitler bezwang seine Widersacher und schien recht zu behalten. So spürbar die Erfolge der Panzerwaffe und Luftwaffe auch Tresckow beeindruckten, so wenig übersah er die Sackgasse, in die Hitler politisch geraten war. Im Oktober 1940, während eines Ganges über die herbstlich leuchtenden Champs Elysées, meinte er zu Luise von Benda, Sekretärin im OKH und Jodls späterer Frau:»Wenn Churchill Amerika dazu bringt, in den Krieg einzutreten, werden wir langsam und sicher durch die Materialüberlegenheit erdrückt. Dann wird von uns höchstens das Kurfürstentum Brandenburg übrigbleiben, und ich werde die Leibwache kommandieren.«
1941 Ia des Generalfeldmarschalls Fedor von Bock, ging er daran, die Führungsabteilung der Heeresgruppe Mitte zum Kern einer tatgewillten Verschwörung zu machen. Brauchitsch, Halder, Rundstedt und Manstein, kurz: die führenden Generale hatten ihn enttäuscht. Auch wo er gezwungen blieb, sie weiterhin auf die Seite des Widerstandes zu ziehen, wollte er sie künftig vor vollendete Tatsachen stellen. Es war ihm so sicher wie das Amen in der Kirche, daß der Feldzug gegen die Sowjetunion mißlingen müsse. Die Schwäche und Zersplitterung der Wehrmacht ließen keinen Zweifel. Er betrachtete es als höchste Pflicht, den drohenden Zusammenbruch des Reiches abzuwenden. Entschlossen sammelte er, in geschickter Personalpolitik, gleichgesinnte Offiziere seines Stabes.
Die ungewöhnlichen Siege der Heeresgruppe Mitte in den Kesselschlachten von Bialystok, Minsk, Smolensk und Wjasma – Siege mit Hunderttausenden russischer Gefangener – waren weithin sein Werk. Was Tresckow und dessen Führungsabteilung vorbereiteten, brauchten die Oberbefehlshaber der Heeresgruppe – zunächst Bock, später Kluge

– oft nur mit ihrem Namenszug zu versehen. Stets hat Tresckow, darin innerlich unangefochten, seine vorgeschriebenen Pflichten erfüllt. Militärische und politische Vernunft geboten, die Armee zu erhalten. Nur wenn sie intakt blieb, war sie als Trumpf auszuspielen. Landesverrat schied für Tresckow aus.

Vorbehaltlos machte er dagegen Front nach innen. Hitlers Kommissar-Befehle sabotierte er. Solange er – ließ er alle Kommandeure wissen – Ia der Heeresgruppe sei, würde kein Kommissar erschossen. »Ein Russe, der sich ergibt, gibt sich gefangen, damit er sein Leben behält. Das weiß jeder Soldat.« Ein Judenmassaker bei Borissow, von dem er zu spät erfuhr, konnte er nicht verhindern. Aber er beschwor, innerlich aufs tiefste erregt, seinen Oberbefehlshaber Bock, mit Waffengewalt gegen die SS-Einheiten einzugreifen; Bock wagte wenigstens matte Proteste; weitere Greuel im Hinterland der Heeresgruppe Mitte unterblieben.

Die Wende vor Moskau – von ihm frühzeitig vorausgesagt – bewies Tresckow, daß Stalin sein Volk in der Hand hatte, Amerikas Eintritt in den Krieg, daß der Kampf unwiderruflich verloren war. Im Dezember 1941 erklärte er einem seiner Offiziere: »Ich wünschte, ich könnte dem deutschen Volk einen Film vorführen: Deutschland bei Kriegsende. Dann würde das Volk voller Schrecken erkennen, auf was wir lossteuern. Dann würde das Volk ganz sicher meiner Ansicht sein, daß der Oberste Kriegsherr eher heute als morgen verschwinden müßte. Da wir aber diesen Film nicht vorführen können, wird das deutsche Volk, wann immer wir Hitler beseitigen, totensicher eine Dolchstoßlegende erschaffen. Und wenn wir noch so milde Friedensbedingungen aushandelten – immer würde es heißen: Wenn ihr den geliebten Führer nicht in dem entscheidenden Augenblick kurz vor dem Endsieg umgebracht hättet, wäre es niemals zu solchen Bedingungen gekommen.«

Doch der »Dolchstoß« – wieder eine Legende – erschreckte ihn nicht. 1942, während des Vormarsches mehrerer Armeen des Südflügels auf Stalingrad und den Kaukasus, begann er mit den Vorbereitungen eines Attentats. Er benutzte zusammengerollte Karten, durch die er hindurchschoß, und meinte, daß die Schalldämpfung ausreiche, um einen in der Nähe stehenden Menschen unauffällig zu töten. Er erwog einen Pistolen-Anschlag mehrerer Offiziere, aber im Ergebnis und nach eingehender Erwägung aller Faktoren hielt er Sprengstoff für sicherer.

Sein Ic, Oberst, zuletzt Generalmajor Rudolf Freiherr von Gersdorff, besorgte ihm das Passende: britischen Plastiksprengstoff mit geräuschlos laufenden Zündern. Tresckow und Schlabrendorff erprobten, auf den Dnjepr-Wiesen oder in abgelegenen Bunkern, das erbeutete Material in Serien. Die Wirkung, insbesondere in geschlossenen Räumen, übertraf kühnste Erwartungen. Pünktlich verwüstete jede Detonation mittelgroße Zimmer. Tresckow indes wollte doppelte Sicherheit. Um jeden

Fehlschlag zu vermeiden, entschloß er sich, zwei Sprengkörper zu koppeln.

Ein Sprengstoff-Anschlag verstieß gegen ritterliches Denken und konnte nicht nur Hitler töten. Der Attentäter richtete nicht offen, Auge in Auge, sondern anonym und heimtückisch. Tresckow spürte die Last dieser Problematik, aber er sah keine Alternative. Das Attentat mußte mit den sichersten Mitteln geschehen. Vorwürfe der Art, daß er selbst Konsequenzen scheue, hätte er verachtet. Wer die Hand wider Hitler erhob, haftete mit dem eigenen Leben und dem seiner Familie. Die Tat verantwortete der Täter, und der Täter mußte wissen, daß es galt, ungezählte Menschen und eine Nation zu retten. »Wir dürfen nicht fackeln, nicht straucheln. Das Vorhaben der Befreiung Deutschlands und der Welt von dem größten Verbrecher der Weltgeschichte ist den Tod einiger weniger Unschuldiger wert.«

Auch Tresckow hatte, bevor er seine Zweifel überwand, mit sich zu ringen. Eidbruch widersprach seiner Erziehung und seinem Wesen. Rebellion trennte von Kameraden wie gewohnten Zusammenhalten und verurteilte zu einem Außenseitertum, das gerade Soldaten schwer ertrugen. Noch im Jahre 1943, während eines Ganges am Dnjepr, äußerte er zu Gersdorff: »Ist es nicht eine Ungeheuerlichkeit, daß sich hier zwei hohe Offiziere im Generalstab darüber unterhalten, wie sie ihren Obersten Befehlshaber auf dem besten Wege aus der Welt schaffen können?«

Doch der Eid verlangte wechselseitige Treue. Rief solch ein Eid zudem Gott an, banden sogar besondere Pflichten. Für Tresckow waren selbstverständlich gewährte Loyalitäten mißbraucht und verhöhnt. In seinen Augen hatte Hitler den Eid »tausendfach gebrochen«. Er fühlte, daß der mit Einsicht Begabte und zur Verantwortung Berufene nach höchstem Maß gemessen wurde. Ihn quälten die Blutopfer *aller* Armeen dieses sinnlosen Krieges. Er wußte, daß Hitler, in »missionarischem« Wahn befangen, durch Zureden nicht zu leiten war und dem Reich keine Chance gab. Wie einen tollwütigen Hund, meinte er, müsse man ihn zur Strecke bringen.

Tresckows Kampf um Kluge, den er unablässig auf die Seite der Verschwörung zu ziehen suchte und bei dem allein seine Beredsamkeit verfing, hatte nur zeitweise Erfolg. Dafür traf, noch 1942, im Hauptquartier der Heeresgruppe Mitte mit gefälschten Ausweisen ein anderer Verbündeter ein: Carl Goerdeler. Goerdeler faszinierte. »Im Nu«, berichtet Schlabrendorff, »war der Bund beider Männer geschlossen.« Tresckow hegte keinen politischen Ehrgeiz. Was ihn bewegte, waren Umsturz, Rechtsstaatlichkeit und Frieden. Wohl beharrte er, im Gegensatz zu Goerdeler, auf dem Tod Hitlers. Nur äußerste Gewaltsamkeit, argumentierte er, könne den nötigen »eidfreien Zustand« schaffen.

Doch sonst vertraute er fortan unverbrüchlich dem ehemaligen Oberbürgermeister Leipzigs, für ihn ein Mann ungewöhnlicher Fähigkeiten
und der künftige Kanzler Deutschlands.

Goerdelers Kontakt mit Tresckow band die innerdeutsche Fronde an
jene Gruppe, die als einzige innerhalb der Wehrmacht zu handeln
gewillt war. Die »Initialzündung« schien gewährleistet. Ein Code zwi-
schen den Zentren wurde verabredet. Olbricht, in Berlin Chef des
Allgemeinen Heeresamtes, bereitete den Staatsstreich vor. Canaris,
Oster und die Abwehr vermittelten eine abschließende Besprechung. Im
März 1943 holten Tresckow, Schlabrendorff und Gersdorff zu zwei
Anschlägen auf Hitler aus.

Die Versuche, dramatisch im Ablauf, scheiterten. Die als Kognakfla-
schenpaket getarnte Bombe, die Schlabrendorff einem Begleiter Hitlers
übergeben konnte und die den Diktator nach dessen Besuch bei der
Heeresgruppe auf dem Rückflug töten sollte, detonierte nicht. Gersdorff hatte, während des Heldengedenktages in Berlin, keine Chance,
dem durch die Zeughaus-Ausstellung hastenden Hitler so lange nahe zu
bleiben, bis die in seiner Manteltasche geschärfte Bombe zündete.
Abnorme Zufälle hatten gegen die Verschwörer entschieden.

Tresckow litt unter den mißlungenen Anschlagsversuchen. Er spürte:
die noch aussichtsreichsten politischen Chancen waren vertan. Von nun
an arbeitete die Zeit, und zwar mehr denn je, gegen die Fronde.
Gleichwohl wuchs nur seine Entschlossenheit. Zug um Zug verbreitete
er die Basis der Verschwörung. Erneut halfen ihm, bei den Angespro-
chenen, Ausstrahlung und Überzeugungskraft. Mehrfach fuhr er, Ur-
laube oder dienstliche Anlässe nutzend, nach Berlin, doch die Opposition drohte zu zerfallen. Beck, ihr Oberhaupt, erkrankte; Osters Abwehr geriet mit einer Devisen-Affäre ins Schußfeld der Gestapo; die
Generalität zögerte oder versagte sich; erst im August 1943, nach seiner
Ablösung als Ia der Heeresgruppe Mitte, konnte Tresckow der ratlosen
oder resignierenden Fronde neuen Auftrieb geben.

In mehrwöchiger Arbeit schuf er die Grundlagen des Staatsstreiches.
Zum Hebel wurde »Walküre« – ein Plan, der den Wehrkreiskommandos
bei »inneren Unruhen« befahl, ihre Kräfte in Kampfgruppen und
Alarmeinheiten zusammenzufassen und einzusetzen: ideale Möglichkeiten, die es erlaubten, das Ersatzheer als zunächst ahnungslose Exekutive
der Verschwörung marschieren zu lassen. Tresckow sondierte die Stärke
des Heeres in und um Berlin, er legte Alarmzeiten und Marschwege,
kurz: einen Mobilmachungskalender fest und entwarf Aufrufe, Anweisungen und Befehle. Ordnung, Zügigkeit, aber auch Konsequenz und
Rücksichtslosigkeit waren ihm oberste Gebote. Für die SS sah er
Ultimaten vor. Unterstellte sie sich nicht dem Heer, sollte sie angegrif-
fen und vernichtet werden.

Die unheilvoll gewordene Lage unterstützte ihn. Witzleben, zum Oberbefehlshaber des Heeres ausersehen, unterzeichnete die Hauptbefehle; Kluge bekannte sich endlich zu entschiedenem Handeln; Fellgiebel, Chef des Nachrichtenwesens, versprach Hilfe; Stauffenberg, Olbrichts neuer Chef des Stabes, wollte für einen Attentäter bürgen und den Staatsstreichplan vervollkommnen; zahlreiche weitere Offiziere wurden eingeweiht und gewonnen.

Die meisten Aufrufe und Befehle schrieben Tresckows Frau und Margarethe von Oven mit der Schreibmaschine nieder. Beide trugen Handschuhe, um Fingerabdrücke zu vermeiden. Tresckow zeigte größte Vorsicht. Wände hatten für ihn Ohren, nie benutzte er Post oder Telefon, doch zugleich blieb ihm bewußt, was er insbesondere seinen Helferinnen zumutete. Gegenüber Margarethe von Oven, der eigens aus Lissabon zurückgeholten Jugendfreundin seiner Frau, bekannte er: »Sei Dir ganz im klaren darüber, daß Du nicht nur Dein Leben riskierst. Scheitert das Unternehmen, das wir planen, wird kein Schmutz zu schmutzig sein, um Dich, uns alle zu verunglimpfen und anzuprangern. Aber wir können nicht anders, wenn wir uns je noch selbst achten wollen. Es muß geschehen. Hilf Stauffenberg, wo Du kannst! Niemand übertrifft seinen Einsatz und seine Hingabe. Er ist einer der Besten, die wir haben.«

Noch im Oktober 1943 mußte Tresckow – inzwischen Oberst, am 1. Juni 1944 Generalmajor – an die Ostfront zurück. Seine Stationen: zunächst Kommandeur eines Grenadier-Regiments, später Chef des Stabes der 2. Armee, die im Verband der Heeresgruppe Mitte kämpfte.

Das Abseits dieser Kommandos trennte von den wichtigsten Zentren des Geschehens, die Erfolglosigkeit weiterer Attentatsversuche, zu denen mehrere Offiziere bereit waren, quälte ihn. Er wollte sich unter Vorwänden über Schmundt und Heusinger in Hitlers Nähe versetzen lassen, um selbst eine Anschlagschance zu gewinnen, aber Schmundt und Heusinger lehnten ab; Heusinger, schien es, durchschaute sogar sein Ansinnen. Hitlers Schutz blieb vollkommen, umheimlich und dauerhaft.

Tresckow wurde ungeduldig, zeitweise schroff und herrisch. Offen schmähte er im engsten Kreis die oberste militärische Führung, für die er grenzenlose Verachtung zu fühlen begann. Er erwartete kaum noch, daß eine Verständigung mit den Westmächten möglich sei, in seiner Sicht stets die wünschenswerteste Lösung, und erwog einen Ausgleich mit der Sowjetunion, um die Rote Armee in letzter Stunde von Mitteleuropa fernzuhalten. Die Invasion im Westen, die nach seiner Überzeugung jeden politischen Sinn des Staatsstreiches zunichte machen mußte, überholte auch diese Erwägungen, aber auf Stauffenbergs Frage, ob es noch Sinn habe, die Umsturzpläne zu verwirklichen, teilte er mit: »Das Attentat muß erfolgen, coûte que coûte. Sollte es nicht gelingen, so muß trotzdem in Berlin gehandelt werden. Denn es kommt nicht mehr auf den praktischen Zweck an, sondern darauf, daß die deutsche Widerstandsbewegung vor der Welt und vor der Geschichte den entscheidenden Wurf gewagt hat. Alles andere ist daneben gleichgültig.«

Stauffenberg empfand diese Worte als Ansporn und Bestätigung. Seit dem 1. Juli 1944 Stabschef des Ersatzheeres, war er nun entschlossen, das Attentat zu wagen. Tresckow mahnte zu äußerster Eile. Der Zusammenbruch der Heeresgruppe Mitte, aus dem er – eigenständig handelnd – die 2. Armee rettete, verkündete die endgültige Katastrophe.

Am Nachmittag des 20. Juli erfuhr er vom Fehlschlag des Stauffenberg-Attentats. Zunächst weigerte er sich, der Nachricht zu glauben. Indizien stimmten ihn zuversichtlich. Er wollte sichere Meldungen abwarten und hatte den Nerv, sich schlafen zu legen, doch Schlabrendorff mußte, nach Hitlers Ansprache, in der Nacht melden, daß der Staatsstreich gescheitert sei. Beim Aufbruch am nächsten Morgen sagte ihm Tresckow völlig gelassen: »Jetzt wird die Welt über uns herfallen und uns beschimpfen. Aber ich bin nach wie vor der felsenfesten Überzeugung, daß wir recht gehandelt haben. Ich halte Hitler nicht nur für den Erzfeind Deutschlands, sondern auch für den Erzfeind der Welt. Wenn ich in wenigen Stunden vor den Richterstuhl Gottes treten werde, um Rechenschaft abzulegen über mein Tun und Unterlassen, so glaube ich mit gutem Gewissen das vertreten zu können, was ich im Kampf gegen Hitler getan habe. Wenn einst Gott Abraham verheißen hat, er werde Sodom nicht verderben, wenn auch nur zehn Gerechte darin seien, so hoffe ich, daß Gott auch Deutschland um unsertwillen nicht vernichten wird. Wer in unseren Kreis getreten ist, hat damit das Nessushemd angezogen. Der sittliche Wert eines Menschen beginnt erst dort, wo er bereit ist, für seine Überzeugung sein Leben hinzugeben.«

Am 21. Juli 1944, nach letzten Befehlen an die bedrängten Korps der 2. Armee, nahm sich Henning von Tresckow an der Front das Leben.

Karl Dietrich Bracher

Julius Leber

Unter den Sozialdemokraten, die in der Geschichte des deutschen Widerstands gegen den Nationalsozialismus eine aktive Rolle gespielt haben, verdient Julius Leber den ersten Rang. Sein politisches Wirken und sein persönliches Schicksal, von der ersten Verhaftung schon in der Nacht des 30. Januar 1933 bis zur Hinrichtung am 5. Januar 1945, symbolisieren geradezu beispielhaft die Möglichkeiten und die Grenzen, die einer Opposition aus demokratischer Tradition und Gesinnung gesetzt waren, nachdem der Zusammenbruch der Weimarer Parteien einschließlich der Linken schon seit 1932 die legalen Bastionen eines Widerstands gegen den Nationalsozialismus ausgehöhlt hatte.
Verfolgung und Verhaftung, Flucht und Emigration taten ein übriges, um die Gegenkräfte zu brechen, sie zur wirksamen Vertretung einer demokratischen Alternative gegenüber der totalitären Diktatur unfähig zu machen.
Inmitten dieser bestürzenden Auflösung der Demokratie, die die Eroberung der Macht durch den Nationalsozialismus überhaupt erst ermöglicht hat, gab es viele Beispiele tapferen Widerstands und Opfermuts, und Julius Leber gehört zu ihnen.
Aber so gewiß es vor allem die politische Linke war, von Kommunisten zu Sozialdemokraten und Gewerkschaftern, die diesen Widerstand der ersten Stunde getragen hat – auch diese deutsche Linke war zugleich weithin unfähig, den wahren Charakter der nationalsozialistischen Machtergreifung und des folgenden Regimes zu erkennen. Schuld daran war nicht zuletzt eine marxistisch begründete Faschismustheorie, die Hitler nur als einen deutschen Mussolini und reaktionären Agenten des Monopolkapitals sah und den massenrevolutionären Charakter der NS-Bewegung verkannte. Es kam hinzu, daß die Kommunisten seit Jahren immer wieder die Sozialdemokraten als Hauptfeind, als »Sozialfaschisten« angeprangert und die Weimarer Demokratie oft genug Seite an Seite mit ihren rechtsradikalen Feinden bekämpft hatten.
Dies Mißverständnis, diese Fehleinschätzung des Nationalsozialismus, die auch heute noch oder wieder in der Faschismustheorie der Marxisten und der neuen Linken zu finden ist, läuft mit ihrem Gerede vom »deutschen Faschismus« auf eine Bagatellisierung des Nationalsozialismus hinaus. Die Unterschätzung Hitlers und seiner Bewegung hat das Verhalten und die Widerstandsfähigkeit der Linken vor und nach 1933

weithin beeinträchtigt. Julius Leber gehörte zu den wenigen, die früh
und entschieden solchen Illusionen der marxistischen Faschismustheorie
und dem daraus resultierenden Fehlverhalten der Linken eine schonungslose Kritik linker Politiker in der Weimarer Republik entgegengesetzt hat. Sie findet sich in vielen publizistischen Äußerungen lange vor
1933, und sie ist besonders scharf dann in den Aufzeichnungen formuliert, die Leber während der Untersuchungshaft verfaßt hat: in seinen
»Gedanken zum Verbot der deutschen Sozialdemokratie Juni 1933«.
Wer war dieser Mann, und was hat sein politisches Verhalten damals und
heute zu bedeuten? 1891 als Sohn eines Maurers im Oberelsaß geboren,
war Julius Leber auf entbehrungsreichen Umwegen von der Dorfschule
zum Studium der Volkswirtschaft und Geschichte gelangt. Den Ersten
Weltkrieg – für den früh sozialdemokratisch gesinnten Elsässer auch
politisch besonders einschneidend – hatte er als Reserveleutnant mitgemacht, im Kapp-Putsch von 1920 bewährte er sich unter Lebensgefahr
als einer der wenigen republikanisch gesinnten Offiziere. Im selben Jahr
noch promovierte er zum Dr. rer. pol. und trat dann unmittelbar in die
politische Aktivität ein: als Chefredakteur einer sozialdemokratischen
Zeitung in Lübeck, bald auch als Führer der Lübecker Sozialdemokratie
selbst, die er zu einer der stärksten Bastionen sowohl gegenüber den
Kommunisten wie gegenüber den Rechtsradikalen ausbaute. Als
Schriftsteller, Redner und Organisator wurde er bald eine profilierte
Gestalt der Weimarer Sozialdemokratie; seit 1924 Reichstagsabgeordne-
ter, trat er durch seine selbständigen politischen Auffassungen auch
innerhalb der Partei hervor.
Besonders eindringlich plädierte Leber für ein realistisches, praktisches
Verhältnis der Sozialdemokratie zur Macht; früh hatte er ihre Schwäche
und Ambivalenz zumal in der Wehrfrage, im Verhältnis zum Nationalge-
danken, in der aktiven Beteiligung an der demokratisch-parlamentarischen Machtausübung erkannt. Daher rührten auch die Konflikte, die er
mit seiner Partei hatte, daher die Abstempelung als »Rechter«. Aber
seine Ablehnung eines doktrinären Marxismus war doch nichts anderes
als die Anwendung und Anpassung der praktischen Tradition sozialde-
mokratischer Politik an die Möglichkeiten und Erfordernisse der demokratischen Republik – eine Zielsetzung, die mit mehr Erfolg nach dem
Zweiten Weltkrieg im Weg zum Godesberger Programm und in der
Entwicklung von der Klassen- zur Volkspartei verwirklicht werden
konnte.
Damals war dieser Kampf um eine realistische Praxis der Sozialdemokratie noch weniger aussichtsreich. Politiker wie Ebert, Braun oder
Severing waren eher umstrittene Ausnahmen, und das galt auch für
Julius Lebers Bemühen um eine sozialdemokratische Bejahung und
Gestaltung der Weimarer Republik, um die Festigung ihres Staatsbe-

wußtseins und um eine positive Überwindung zumal der traditionellen Kluft zur Wehrpolitik, die aus unpolitischer Abstinenz oder weltfernem Pazifismus stammte.

Julius Leber als einen rechten Sozialdemokraten abzustempeln, verfehlte damals wie heute die eigentliche Bedeutung seiner Position und seines politischen Wirkens. Er stand in einer Reihe mit jenen jüngeren sozialdemokratischen Politikern, die anstelle erstarrter ideologischer Traditionen praktische Alternativen zur Verteidigung der Republik forderten – und zwar gerade in jenen Bereichen, in denen die Nationalsozialisten mit ihren nationalen und sozialen Parolen so erfolgreich zur Macht drängten, indem sie die emotionalen Bedürfnisse einer Krisengesellschaft berücksichtigten und von dem Vakuum profitierten, das nicht zuletzt durch die Abstinenz, das gestörte Verhältnis der SPD zur Macht entstanden war.

Wir nennen hier nur die Namen Theo Haubach, Carlo Mierendorff, Adolf Reichwein und Kurt Schumacher: es waren in der Tat solche sogenannten rechten Sozialdemokraten, die dann auch im Unterschied sowohl zur etablierten Parteiführung wie zur marxistisch-ideologischen Linken die Erfahrung des Scheiterns von Weimar in ihr Denken und Verhalten aufnahmen und zur Konkretisierung des Widerstands mit den anderen zivilen und militärischen Gruppen kooperierten, bis hin zu der gemeinsamen Anstrengung des militärisch-politischen Putsches vom 20. Juli 1944.

Der wesentliche Ansatzpunkt war mithin, im Unterschied zu einem politisch ineffektiven Festhalten an sozialistisch-doktrinären Positionen, der neuartigen Problematik des Widerstands im totalitären System entsprechend praktische Formen der konspirativen Kooperation über ideologische und klassenpolitische Schranken hinweg zu entwickeln. Denn das erste Ziel konnte nicht die ideologisch oder klassenpolitisch »reine« Revolution, sondern mußte die Überwindung und der Sturz des NS-Regimes sein, und dies konnte nur der vereinten Anstrengung sehr verschiedener Hitlergegner gelingen. Insbesondere bedurfte es dazu auch der Verbindung zu Oppositionellen innerhalb des Systems selbst, auch zu Militärs und Konservativen – und dies in demselben Maße, in dem es klar wurde, daß die von marxistischen Faschismustheoretikern geweissagte revolutionäre Massenbewegung gegen die NS-Diktatur ebenso wie die baldige sozialistische Revolution eine Illusion war. Diese totalitäre Diktatur besaß vielmehr eine Massenbasis und bald auch eine organisatorische Macht, die, wenn überhaupt, nur auf dem Wege eines Staatsstreiches mit militärischer Hilfe zu brechen war.

Das waren die Umstände und Überlegungen, die Männer wie Julius Leber oder Wilhelm Leuschner trotz vieler politischer Differenzen und Bedenken in die volle Zusammenarbeit mit bürgerlichen, konservativen, militärischen Widerstandskreisen führten. Julius Leber hatte hellsichtig und unermüdlich schon in der Weimarer Zeit die Auseinandersetzung mit den Nationalsozialisten, aber auch mit den Linksdoktrinären der eigenen Partei im Sinne eines realistischen Politikverständnisses bestritten. Die Leidenszeit der Verfolgung ab 1933 hat ihn dann Schritt für Schritt in jene Position geführt, die seither so entscheidend zum Neuverständnis des demokratischen Sozialismus und zum Abwerfen von ideologischem Ballast, zur Konzeption der demokratischen Volkspartei und zum Verständnis der militanten Demokratie nach 1945 beigetragen hat.

Schon in der Nacht vom 30. zum 31. Januar 1933 war Leber von Nationalsozialisten zusammengeschlagen und anschließend verhaftet worden. Vorübergehend freigelassen, lehnte er es ab, zu fliehen. Erneut festgenommen wurde er von der SA am 23. März 1933 beim Betreten des Reichstages – unmittelbar vor jener berüchtigten Verabschiedung des Ermächtigungsgesetzes, bei der die SPD-Fraktion ihre letzte tapfere Opposition gegen das neue Regime demonstrierte. Nach Jahren im Konzentrationslager, doch ungebrochen kam er 1937 in eine von der Gestapo überwachte »Freiheit«. Unterhalt und Tarnung bot eine Tätigkeit als Kohlenhändler in Berlin; dort verbrachte er nun die Jahre der Konspiration. Seine bisherige Tätigkeit, sein Hintergrund als Arbeiterkind wie als Offizier, Akademiker und Schriftsteller ermöglichten ihm die Anknüpfung und Konkretisierung jener Kontakte, die ihn schließlich ins Zentrum der Verschwörung mit dem einen und einzigen vordringlichen Ziel führten. Wie er es formulierte: »Um zum Umsturz zu kommen, würde ich mit dem Teufel paktieren. Was danach kommt, regelt sich von selbst, wenn von uns der Wille zur Verantwortung, zur Gestaltung als zwingende Lebensbedingung empfunden wird.«

Schon an den Putschplanungen anläßlich der Sudetenkrise 1938 war er beteiligt, bei den Attentatsplänen der Kriegsjahre bemühte er sich vor allem um die Verbindung der militärisch-politischen Verschwörung mit zuverlässigen politischen Kräften aus den ehemaligen demokratischen Parteien, zumal mit jener sozialdemokratischen Basis, in der er die notwendige Grundlage für einen Neuaufbau nach dem Staatsstreich erblickte. Nur auf diesem Wege konnte der nationalsozialistischen Massenverführung entgegengewirkt und der Putsch zu einer wirklichen Überwindung des NS-Systems erweitert werden. Und dies war auch der Sinn und die Substanz jener engen Zusammenarbeit zwischen Leber und Stauffenberg, die schließlich zur Auflösung der Aktion vom 20. Juli 1944 geführt hat – in dem Augenblick nämlich, als Leber nach einem einmaligen Treffen mit Kommunisten, unter denen sich ein Gestapoagent befand, erneut verhaftet wurde und Stauffenberg der Frau Lebers die Nachricht zukommen ließ: »Wir sind uns unserer Pflicht bewußt.«

In einem 1952 von Freunden herausgegebenen Buch (Julius Leber, Ein Mann geht seinen Weg) sind die Zeugnisse gesammelt und die Namen der Freunde und Mitarbeiter genannt (unter ihnen auch der junge Willy Brandt), die den Weg Julius Lebers vor und nach 1945 kennzeichnen: Ernst von Harnack und Ludwig Schwamb, Leuschner und Mierendorff, Hermann Maass, Haubach und Reichwein; aber auch außerhalb der eigenen Partei: Theodor Heuss, die Männer des Kreisauer Kreises Moltke, Yorck und Trott zu Solz, schließlich vor allem die Freundschaft mit Stauffenberg. Das Scheitern von 1944, die brutale Erhängung in Berlin-Plötzensee am 5. Januar 1945 setzte dem Leben ein Ende, das ausdrücklich und konsequent der freiheitlich-demokratischen Verwirklichung des Sozialismus gewidmet war und durch Zeugnis und Opfer die zweite deutsche Republik vorbereitete. Die SPD als Volkspartei, die militante, abwehrbereite Demokratie waren Konsequenzen, die unmittelbar mit dem politischen Leben und Tod Julius Lebers verknüpft erscheinen.

Anmerkungen

Mommsen: Gesellschaftsbild und Verfassungspläne des deutschen Widerstandes

1 A German of the Resistance. The last Letters of Count Helmuth James von Moltke, London[2] 1948, S. 28 f.
2 Vgl. H. Rothfels, Die deutsche Opposition gegen Hitler, Fischer Bücherei 1958, S. 105; Gerhard Schulz, Über Entscheidungen und Formen des politischen Widerstands in Deutschland, in: Faktoren der politischen Entscheidung, Festgabe für Ernst Fraenkel, Berlin 1963, S. 95.
3 The Politics of Uncertainty: The German Resistance Movement, in: Social Research, Vol. XXXI (1964), S. 73; vgl. Henry Pachter, Germany Looks in the Mirror of History, in: World Politics, Vol. XIII (1961), S. 633 ff.
4 Hannah Arendt, Eichmann in Jerusalem. Ein Bericht von der Banalität des Bösen, München 1964, S. 134 ff.
5 Vgl. Hans Rothfels (Hrsg.), »Adam von Trott und das State Department«, In VfZ, 7 (1959), S. 524; ders., »Trott und die Außenpolitik des Widerstands«, in VfZ, 12 (1964), S. 314.
6 Vgl. Emil Henk: Carlo Mierendorff, in: Reden für eine Bürgerschaft, Darmstadt 1962, S. 111. Zu den ständigen Reorganisationsbestrebungen des kommunistischen Widerstands vgl. Detlev Peukert, Die KPD im Widerstand. Verfolgung und Untergrundarbeit an Rhein und Ruhr 1933 bis 1945, Wuppertal 1980.
6a Vgl. Gerhard Beier, Die illegale Reichsleitung der Gewerkschaften 1933–1945, Berlin 1976.
7 Romoser, a.a.O., S. 85 f.
8 Ralf Dahrendorf, Gesellschaft und Demokratie in Deutschland, München 1965, S. 441.
9 Hermann Brill, »Gegen den Strom«, in: Wege zum Sozialismus, H. I, Offenbach 1946, S. 15 ff.; Karl O. Paetel, Deutsche innere Emigration (Dokumente des anderen Deutschland, Bd. 4), New York 1946, S. 43 ff.
10 Dahrendorf, a.a.O., S. 442 f.
11 Karl Mannheim, Das konservative Denken, in: Archiv für Sozialwissenschaft und Sozialpolitik, Bd. 57.
12 Vgl. Klemens v. Klemperer, Konservative Bewegungen zwischen Kaiserreich und Nationalsozialismus, München u. Wien 1964, S. 247.
13 Trott schrieb einen Artikel »Zwischengeneration« (vgl. Clarita v. Trott, Adam v. Trott zu Solz; (Manuskript vervielfältigt, 1958 der Verf. dankt für die freundliche Genehmigung zur Benützung); vgl. ferner für diese Frage Karl Epting, Generation der Mitte, Bonn 1953. – Moltke, Denkschrift Ausgangslage, Ziele und Aufgaben (1941) bei: Ger van Roon, Neuordnung im Widerstand. Der Kreisauer Kreis innerhalb der deutschen Widerstandsbewegung, München 1967, S. 507 ff. Dietrich Bonhoeffer, Widerstand und Ergebung, hrsg. v. W. Bethge, München 1956, S. 9 f.; Schlange-Schöningen, Am Tage danach, 1946, S. 122.
14 Europa-Föderationspläne der Widerstandsbewegungen 1940–1945, München 1968.

15 Alma de l'Aigle, Meine Briefe von Theo Haubach, Hamburg 1947, S. 59.
16 Bonhoeffer, a.a.O., S. 24 f.
17 Fragen der Agrarpolitik (28. II. 1941), im Quellenanhang bei Ger van Roon, S. 521 f.; G. Ritter, Carl Goerdeler und die deutsche Widerstandsbewegung, dtv-Ausg., München 1964, S. 299.
18 Alfred Delp, Im Angesicht des Todes, hrsg. von Paul Bolkovac, Frankfurt 1947, S. 103 f.; Goerdeler, Denkschrift »Der Weg«, in: Wilhelm Ritter von Schramm, Gemeinschaftsdokumente für den Frieden 1941/44, München 1965, S. 176.
19 Theodor Steltzer, Von deutscher Politik, Frankfurt 1949, S. 29 f.
20 Zit. nach van Roon, a.a.O., S. 198; Gerstenmaier stand in engem persönlichen Kontakt zu Delp.
21 Delp, a.a.O., S. 102 f.; die Auffassungen des Kölner Kreises spiegelt die Darstellung Eberhard Weltys, Die Entscheidung in die Zukunft. Grundsätze und Hinweise zur Neuordnung im deutschen Lebensraum, Heidelberg 1946; Welty stand in enger Verbindung mit Pater Laurentius Siemer und gehörte der Albertus-Magnus-Akademie Walberberg an (ich verdanke die Mitteilung dieses Zusammenhangs Prof. Erich Kosthorst, Münster). Welty bestätigt, daß Jakob Kaiser gelegentlich an den Beratungen des Kölner Kreises teilnahm.
22 Denkschrift Ausgangslage, a.a.O.; vgl. Freislers Antwort auf Yorcks Kritik an dem »Totalitätsanspruch des Staates gegenüber dem Staatsbürger unter Ausschaltung seiner religiösen und sittlichen Verpflichtungen Gott gegenüber«, Christentum und Nationalsozialismus hätten gemeinsam, »den ganzen Menschen« zu verlangen (20. Juli 1944, hrsg. von der Bundeszentrale f. Heimatdienst, ³1960, S. 198).
23 Zit. nach van Roon, a.a.O.; Delp, a.a.O., S. 164 f.
24 H. Rothfels (Hrsg.), »Zwei außenpolitische Memoranden der deutschen Opposition«, in VfZ, 5 (1957), S. 394.
25 Ludwig Reichhold, Arbeiterbewegung jenseits des totalen Staates. Die Gewerkschaften und der 20. Juli 1944, Wien 1965, S. 9 f.; die Notizen Leuschners (unvollständig) bei Joachim G. Leithäuser, Wilhelm Leuschner. Ein Leben für die Republik, Köln, 1962, S. 10.
26 Julius Leber, Ein Mann geht seinen Weg, Berlin 1952, S. 213 ff., 216, 222.
26a Zu Lebers Rolle im Widerstand des 20. Juli vgl. Dorothea Beck, Julius Leber. Sozialdemokrat zwischen Reform und Widerstand, Berlin 1983, S. 171 ff.; vgl. auch Freya von Moltke/Michael Balfour/Julian Frisby, Helmuth James von Moltke, Anwalt der Zukunft 1907–1945, Stuttgart 1972, S. 283 f.
27 Delp, a.a.O., S. 165.
28 Clarita v. Trott, a.a.O., S. 142.
29 Das Ziel, bei Schramm a.a.O., S. 86 f.; Goerdelers politisches Testament. Dokumente des anderen Deutschland, hrsg. von Friedrich Krause, New York 1945, S. 49.
30 Geld spielt keine Rolle (Juni 1941), Bl. 61 f. (Nachlaß Goerdeler, BA Koblenz, Nr. 19); Das Ziel, a.a.O., S. 86; Unsere Idee (1944), Bl. 5 f. (ebenda Nr. 26); Das Ziel, a.a.O., S. 84.
31 Clarita v. Trott, a.a.O., S. 240; Spiegelbild einer Verschwörung. Die Kaltenbrunner-Berichte an Bormann und Hitler über das Attentat vom 20. Juli 1944, hrsg. von K. H. Peter, Stuttgart 1961 (künftig zitiert als KB), S. 164; Das Ziel, a.a.O., S. 86, 96 ff.
32 Denkschrift, Die Bedeutung des russisch-finnischen Zusammenstoßes für die gegenwärtige Lage Deutschlands (Dezember 1939), Nachlaß Groscurth, BA Koblenz H 08–104/2. Vgl. Anm. 94.
33 S. Helmuth Groscurth, Tagebücher eines Abwehroffiziers 1938–1940, hrsg. von

H. Krausnick u. H. C. Deutsch (= Quellen und Darstellungen zur Zeitgeschichte, Bd. 19), Stuttgart 1970, S. 501.

34 VfZ, 7 (1959), S. 324.

35 Dietrich Bonhoeffer, Gesammelte Schriften, I (1958), S. 371: The Church and the New Order in Europe.

36 Ulrich v. Hassell, Vom anderen Deutschland, Frankfurt 1964, S. 136, 158 u. passim.

37 Gert Buchheit, Ludwig Beck, ein preußischer General, München 1964, S. 49 f., 165 f.

38 Hassell, a.a.O., S. 289.

39 Clarita v. Trott, a.a.O., S. 30, 261 f.; vgl. den S. 240 wiedergegebenen Brief Josef Furtwänglers vom 8. 7. 47.

40 Ebenda S. 30, 96, 104 f., 149. Vgl. Henry O. Malone, Adam von Trott zu Solz: The Road to Conspiracy against Hitler, PhD Univ. of Texas at Austin, 1980, S. 536 f.

41 Ebenda S. 149 (Brief an Sheila Sokolow-Grant vom 20.7.38) und S. 150 f. (Brief an dies. vom 6.10.38).

42 Brief an David Astor von Ende 1939, ebenda S. 144 f.

43 Leber, a.a.O., S. 203.

44 »Bemerkungen zum Friedensprogramm der amerikanischen Kirchen«, VfZ, 12 (1964), S. 321 f.

45 Abgedruckt bei Ger van Roon, S. 589 f.

46 Hassell, a.a.O., S. 338; Das Programm Mierendorffs im Anhang bei van Roon; Denkschrift Goerdelers betr. Arbeitslosigkeit (7 Bl., o. D., nach 31.12.40), Nachlaß Goerdeler Nr. 19; Das Ziel, a.a.O., S. 119; Albert Krebs, »Fritz-Dietlof Graf von der Schulenburg« (Hamburger Beiträge zur Zeitgeschichte, II), Hamburg 1964, S. 167 f., 282 ff.; vgl. Bonhoeffer, Widerstand und Ergebung, a.a.O., S. 200 f.

47 Denkschrift Einsiedel, a.a.O.; vgl. A. Delp, Zur Erde entschlossen, hrsg. von Paul Bolkovac, Frankfurt 1949, S. 64 ff., 71 ff.; Steltzer, a.a.O., S. 68 ff.; Eberhard Zeller, Geist der Freiheit. Der Zwanzigste Juli, München ⁴1963, S. 189. Vgl. Christian Müller, Oberst i. G. Stauffenberg, Düsseldorf o. J. (1970), S. 156 ff., 304 f.

48 Zeller, a.a.O., S. 254; Fahrners erst nach Zellers Darstellung 1962/63 abgefaßter Bericht ist nur begrenzt als authentische Quelle zu betrachten, da Einflüsse der Literatur darin bemerkbar und charakteristische Abweichungen zu den wenigen in den KB vorliegenden Quellenstellen vorhanden sind. – Clarita v. Trott, a.a.O., S. 232.

49 Leber, a.a.O., S. 84 f.; Goerdeler, Vorgesehene Rundfunkrede bei Übernahme der Reichsregierung, hrsg. v. Gerhard Ritter, in: Die Gegenwart I (1946), S. 11 ff., »Das Regierungsprogramm vom 20. Juli 1944«; von Ritter auf Mai/Juni 1944 datiert.

50 Van Roon, a.a.O., Kap. II.

51 Moltke, Ausgangslage, a.a.O.; Krebs, a.a.O., S. 82 f.

52 Das Ziel, a.a.O., S. 102, 120; Denkschrift Popitz über Fragen des Wiederaufbaus im Auftrag des RMdI 1944, Abschrift Nachlaß Goerdeler Nr. 24, S. 65 f.

53 Denkschrift von v. Einsiedel und v. Trotha, Mission des Menschen in der Wirtschaft (1942), im Anhang bei van Roon.

54 Krebs, a.a.O., S. 282; Das Ziel, a.a.O., S. 101.

55 Krebs, S. 282 ff.; Denkschrift Goerdelers zu 39 Fragen betr. den Wiederaufbau Deutschlands vom 3.1.1945, S. 33 f. (BA Koblenz R 58/57); entsprechende Denkschrift Popitz (Nachlaß Goerdeler Nr. 24), S. 26 f.; Krebs, S. 109 ff.; Das Ziel, a.a.O., S. 129.

56 Geheime Denkschrift Goerdelers, für die Generalität bestimmt, vom 26.3.43, bei Ritter, a.a.O., S. 561.

57 Denkschrift Schmölders', Wirtschaft und Wirtschaftsführung nach dem Kriege (1942/43) sowie v. Einsiedels und v. Trothas Denkschrift Die Gestaltungsaufgaben der Wirtschaft, bei Ger van Roon, a.a.O., S. 523 ff., 539 ff.

57a Die Denkschriften v. d. Schulenburgs über »Bombenzerstörungen und Wiederaufbau« und zur Reichs- und Verwaltungsreform im Nachlaß (BA Koblenz, NL 301/2) stellen jedoch nur knappe und keineswegs ausgereifte Exposés dar.

58 Das Ziel, a.a.O., S. 120; vgl. Der Weg, S. 207 u. passim.

59 Vgl. Anm. 46; Das Ziel, a.a.O., S. 120 f.

60 Hassell, a.a.O., S. 257 ff., 331 f.

61 Ebenda, S. 332.

62 Vgl. Ritter, a.a.O., S. 50 ff.; Denkschrift für Hindenburg (April 1932), Nachlaß Goerdeler Nr. 21, vgl. Das Ziel, a.a.O., S. 127 f.

63 Ebenda, S. 130; vgl. auch die Denkschrift: An den Herrn Reichskanzler Adolf Hitler, August 1934, S. 8 ff., Nachlaß Goerdeler Nr. 21.

64 Nachlaß Goerdeler Nr. 26 (teilweise gedruckt bei Ritter), S. 18 ff.; vgl. Ritter, S. 65.

65 Denkschrift für Hindenburg (April 1932), S. 12 f.

66 Ritter, a.a.O., S. 55 f.

67 Steltzer, Grundsätze für die Neuordnung, a.a.O., S. 161; Goerdeler: Gedanken eines zum Tode Verurteilten, bei Ritter, S. 544; Rundfunkansprache 1944 (siehe Anm. 49); KB, S. 316 f.

68 Er verlangt »Wiederherstellung der Stellung des Staates und seiner Organe gegenüber allen zersetzenden, in Wahrheit überdemokratischen Einrichtungen, also gegenüber der Allgewalt *einer Partei,* ebenso gegenüber der Macht von Parteien« (Aufzeichnung im Gefängnis, 1944), Nachlaß Goerdeler Nr. 18, S. 23; Totalität: Das Ziel, a.a.O., S. 83 ff.; Ludwig Beck, Studien, hrsg. von Hans Speidel, Stuttgart 1955, darin: Die Lehre vom totalen Krieg, S. 243 ff. – Schramms These, Teile der Denkschrift »Das Ziel« seien von Beck verfaßt, die Denkschrift eine Gemeinschaftsarbeit (Schramm, S. 36 ff.) ist unbegründet. Goerdelers Neigung, Auffassungen anderer zu übernehmen, macht die Verwertung der wohl schon Ende 1941 vorliegenden Ausarbeitung Becks unverdächtig. Gedanken dieser Art finden sich bei G. schon früher. Die von Schramm Beck zugeschriebenen Teile sind stilistisch eindeutig G. zuzuordnen. Auch sonst enthält Schramms Einleitung irreführende Angaben. Die Behauptung, die von ihm als »Der Weg« betitelte Denkschrift sei eine Gemeinschaftsarbeit auf Grund eines Anstoßes von sozialistischer Seite, ist ebenso unwahrscheinlich wie die Angabe, es sei »sicher«, daß G. Leber (!), Leuschner und Jakob Kaiser herangezogen habe (S. 65). Von den Vermutungen bleibt, was schon Ritter feststellte, daß G. Anregungen von Beck aufgegriffen hat. Zur Datierung vgl. unten Anm. 109.

69 Denkschrift an Hitler, a.a.O., S. 31; Das Ziel, a.a.O., S. 133.

70 Praktische Maßnahmen zur Umgestaltung Europas, S. 3 (Nachlaß Goerdeler Nr. 23); Ritter, a.a.O., S. 506, hält eine Datierung auf 1939 für möglich, doch ist sie 1943 anzusetzen, wie die Einflüsse von Kreisau und die Europavorstellungen zeigen. In der »Geheimen Denkschrift, für die Generalität bestimmt« (bei Ritter a.a.O., S. 557 ff.) ist noch von selbständigen europäischen Staaten die Rede. – Vgl. Steltzer, a.a.O., S. 25; Brief Yorcks vom 9.8.1940 an Moltke, bei van Roon, a.a.O.; Leber, a.a.O., S. 203; Reichhold, a.a.O., S. 84 f.

71 Vgl. die bei van Roon (a.a.O., S. 383) erwähnte Auffassung von Peters, daß »das völlige Aufgehen des Einzelnen in der Gemeinschaft«, wie es der folgerichtig durchgeführte totale Staat verlange, der natürlichen Ordnung widerspreche. Vgl. ferner die Denkschrift Hermann Kaisers, Grundsätze der Jugenderziehung

(KB, S. 342 ff.). Auf die Vorstellungen des Widerstandes zur Reform des Erziehungs- und Hochschulwesens kann hier nicht eingegangen werden.

72 Yorck an Moltke am 8.8.1940, a.a.O.

73 Steltzers Denkschrift vom 15.7.1944, a.a.O., S. 91; C. Mierendorff, »Überwindung des Nationalsozialismus«, in: Sozialistische Monatshefte 73 (1931), S. 226 ff.; Haubach in: Neue Blätter für den Sozialismus I (1931), S. 82; Leber, a.a.O., S. 193.

74 Krebs, a.a.O., S. 79 ff.; Steltzer, a.a.O., S. 90 f.; Das Ziel, a.a.O., S. 93 f.; Denkschrift für Hindenburg (April 1932), a.a.O.; Aufzeichnung Ende Mai 1932 (o. D.), Nachlaß Goerdeler Nr. 9.

75 Gedanken zur Neuordnung der Selbstverwaltung, BA 58/59 RSHA, S. 9; Aufzeichnungen in der Haft (angefügt an Gedanken eines zum Tode Verurteilten, Nachlaß Goerdeler Nr. 26), S. 8.

76 S. 10 (Nachlaß Goerdeler Nr. 26).

77 Vgl. Das Ziel, a.a.O., S. 125; Denkschrift für Hindenburg, a.a.O., S. 21.

78 Ausarbeitung Stauffenbergs, KB, S. 34, vgl. S. 326 f.

79 Klaus Scholder (Hrsg.), Protokolle der Mittwochsgesellschaft, Berlin 1983; Hildemarie Dieckmann, Johannes Popitz. Entwicklung und Wirksamkeit in der Zeit der Weimarer Republik (Schriften zur europäischen Geschichte aus dem Friedrich-Meinecke-Institut, Bd. IV), Berlin 1960, S. 139 f.; KB, S. 205, vgl. S. 447 f.; Krebs, a.a.O., S. 217.

80 Zitiert nach van Roon, a.a.O., Kap. III.

81 Widerstand und Ergebung, a.a.O., S. 205.

82 Ausgangslage, a.a.O.

83 Steltzer, a.a.O., S. 32 f., 44; Widerstand und Ergebung, S. 25.

84 Steltzer, a.a.O., S. 77.

85 Ebenda, S. 140; Zeller, a.a.O., S. 254; Friedrich Hielscher, Fünfzig Jahre unter Deutschen, Hamburg 1954, S. 393.

86 Ausgangslage (1. Fassung: 24.4.41, 3. Fassung: 26.6.41), bei Roon, a.a.O., S. 507–520; Goerdeler, Praktische Maßnahmen, a.a.O., S. 6.

87 KB, S. 490.

88 Steltzer, a.a.O., S. 157.

89 Moltke an Yorck am 16.11.40, bei Roon a.a.O., S. 495 f.; Denkschrift Moltkes von 1939 Die kleinen Gemeinschaften, zitiert ebenda, S. 403 f.; Denkschrift Moltkes Über die Grundlage der Staatslehre vom 20.10.40, ebenda, S. 498 ff.

90 KB, S. 438.

91 Die Aufgaben der Zukunft (1.–11.8.1944, auf der Flucht), S. 11 (Nachlaß Goerdeler, Nr. 26).

92 Vortrag von Popitz in der Mittwochsgesellschaft (s. oben Anm. 79) vom 11.12.40 (BA Kl. Erw. 179–2); vgl. Hassell, a.a.O., S. 155, 287; Krebs, a.a.O., S. 205.

93 Vgl. oben Anm. 33.

94 Die innere und äußere Lage, Dezember 1939 (Nachlaß Groscurth, BA H–08/104–2). Die Denkschrift, die wahrscheinlich auch Halder vorgelegen hat, ist symptomatisch für das Denken in der Gruppe der Abwehr, insbesondere für Oster und Dohnanyi, spiegelt aber zugleich die Auffassungen der damals aktiven Verschwörergruppe, darunter wohl auch die Becks, dem die Denkschrift irrtümlich zugeschrieben worden ist. Die Denkschrift Etscheids, von Beruf Rechtsanwalt, wurde von Tippelskirch, wie aus dessen Vermerken hervorgeht, negativ eingeschätzt, insbesondere was die Beurteilung der außenpolitischen und militärischen Chancen Deutschlands anging, die damals und später von Beck und Goerdeler ähnlich pessimistisch angesehen wurden. S. Groscurth, Tagebücher, S. 502 f.; s. auch Anm. 308.

95 Vgl. Hassell, a.a.O., S. 215; ferner Ehlers, a.a.O., S. 165 f.
96 Hassell, a.a.O., S. 114.
97 Programm, abgedr. bei Hassell, a.a.O., S. 332 ff.; vgl. S. 84, 87, 115.
98 Ebenda, S. 334 f.
99 Ebenda, S. 80.
100 Ebenda, S. 118.
101 Ebenda, S. 336 ff.
102 Erhalten sind nur: Richtlinien zur Handhabung des Gesetzes über den Belagerungszustand (gleichfalls von Popitz), ebenda S. 345 ff.
103 A.a.O., S. 329.
104 Hassell, a.a.O., S. 344; Popitz war maßgebend am Zustandekommen des Deutschen Beamtengesetzes von 1937 beteiligt gewesen.
105 Dieckmann, a.a.O., S. 132, 140; auch Popitz berief sich auf die Steinsche Tradition, ebenda S. 133.
106 KB, S. 499 f.; vgl. Hassell, a.a.O., S. 305; Hans Herzfeld, Johannes Popitz. Ein Beitrag zur Geschichte des deutschen Beamtentums, in: Festgabe für Fritz Hartung, Berlin 1958, S. 351 u. 359; vgl. Schulz, a.a.O., S. 93. Dessen Auffassung, Popitz habe in Fragen der Wirtschaftsverfassung nicht wesentlich andere Auffassungen als Kreisau vertreten, übersieht Popitz' grundsätzlich anderen, betont etatistischen Ausgangspunkt.
107 Vgl. die Fragment gebliebene Denkschrift Goerdelers: Kritik am Verwaltungsaufbau und Gedanken zur Neuordnung der Selbstverwaltung (Ende 1944), S. 39 (R 58/59 BA Koblenz). KB, S. 449; Vortrag vor der Mittwochsgesellschaft vom 11.12.1940, a.a.O.
108 Rothfels, a.a.O., S. 98 ff.; der behutsamen, Popitz nicht »einfach als Mann der politischen Rechten« herausstellenden Deutung von Herzfeld (a.a.O., S. 351 f.) ist denn doch ganz gegen seine Argumente nur insofern zuzustimmen, als bei Popitz zumindest faschistische Herrschaftsmittel in weitem Umfang bejaht werden.
109 Ritter, a.a.O., S. 506, datiert die Denkschrift auf Anfang 1941, zumal darin Teile der Gesamtlage (November 1940) und einer Denkschrift vom 1.7.1940 (beide im Auszug bei Schramm, a.a.O., S. 265 ff.) enthalten sind. Jedoch sind auch die früheren Reiseberichte darin zitiert. Da auch sonst ältere Stücke in spätere eingearbeitet werden, gibt das keinen Anhaltspunkt für die Datierung. Auch wenn Teile der Denkschrift früher verfaßt sind, kann »Das Ziel« als ganzes – wenn man die übrigen, von Ritter aufgezählten Denkschriften zum Vergleich heranzieht – nicht vor dem Rußlandfeldzug geschrieben sein. Ritters Vermutung, die Opposition habe davon früher erfahren, widerspricht der Wortlaut, in dem der Feldzug als vollzogene Tatsache erscheint. – Schramm, a.a.O., S. 34 bringt die Denkschrift irrtümlich in Zusammenhang mit den Umsturzplänen vom Frühjahr 1940, aber das ist gerade *nicht* der Fall, »Das Ziel« hebt sich im Tenor klar von den damaligen Programmen (vgl. oben S. 56) ab. Für Januar 1942 vermerkt Hassell, Goerdeler habe für den Fall eines (damals als bevorstehend erhofften) Umsturzes ein »Dokument« verfaßt, das Gegenstand der Erörterung im Verschwörerkreis um Hassell bildete. Das war »Das Ziel«, womit sich auch Titel und Aufbau der Denkschrift erklären. Er dürfte die Denkschrift seit Dezember 1941 abgefaßt, im Januar 1942 vorgelegt haben. Zu diesem Zeitpunkt dürfte Becks Studie über Ludendorff, die dieser im Juni 1942 in der Mittwochsgesellschaft vortrug – wie auch bei anderen Vorträgen Becks –, bereits abgeschlossen gewesen sein und Goerdeler vorgelegen haben, woraus sich die umfangreichen Zitate daraus, wie auch das starke Entgegenkommen gegenüber der Generalität, erklären. Schramms Behauptung (a.a.O., S. 41), Punkt 11 der Denkschrift, der in der

Judenfrage ein Programm der Dissimilation enthält, sei spätestens 1942 »fallenge-lassen« worden, ist irrig. Goerdeler hat an diesem Programm auch später festge-halten, wie aus der Denkschrift »Gedanken eines zum Tode Verurteilten« vom September 1944 und »Unsere Idee« hervorgeht.
Unsere Datierung wird bestätigt dadurch, daß Goerdeler Leuschner, wie aus dessen undatierter, auf einem Kalenderblatt (53. Woche, 28. bis 31. Dez. 1941) niedergeschriebenen Notiz hervorgeht, nach der Jahreswende 1941/42 den ersten Teil von »Das Ziel« wörtlich vorgetragen oder überreicht haben muß (Original im Besitz von Herrn Wilhelm Leuschner jun., abgedruckt bei Lipgens, a.a.O.). Die Notiz enthält wörtliche Übereinstimmungen: bei L.: »Revolution 1933 künstlich gemacht und technisch organisiert, keine organische Fortsetzung, Überspannt-heit, aber auch Reaktion längst überwundener Epoche unserer Geschichte«, in »Das Ziel«, S. 87: »Die Revolution von 1933 ist künstlich gemacht und technisch organisiert; sie ist keine organische Fortsetzung; sie ist gepaart mit Überspannt-heiten, wie die Reaktion in verschiedenen, längst überwundenen Epochen unserer Geschichte . . .« Auch im folgenden wörtliche Auszüge aus »Das Ziel«, S. 88, 89 u. 90. »Das Ziel« ist also gegenüber Ritter und Schramm auf die Jahreswende 1941/42 zu datieren.
110 Anders Schramm, a.a.O., S. 274, Anm. 7, doch eben keine wörtliche Übernahme!
111 Vgl. Hassell, a.a.O., S. 218, 303.
112 Vgl. dazu van Roon, a.a.O., S. 248 ff.; die Grundsätze auch bei Steltzer, a.a.O., S. 156 ff.
113 In verschiedenen, zeitlich auseinanderliegenden Stücken divergierende Vorschlä-ge G.s in Klammer.
114 Krebs, a.a.O., S. 267.
115 Vgl. Steltzer, a.a.O., S. 91 ff.; Delp empfahl W. Cornides das Studium der Werke Steins (van Roon, a.a.O., S. 176); vgl. Hans Peters: Verfassungs- und Verwal-tungsreformbestrebungen innerhalb der Widerstandsbewegung gegen Hitler (Schriften der Freiherr-vom-Stein-Gesellschaft, H. 3), Münster 1961, S. 12.
116 Leber, a.a.O., S. 222, 104 f.; vgl. Goerdeler, Aufzeichnungen in der Haft, a.a.O., S. 11; das Stichwahlsystem der Zeit des Kaiserreichs sei an der Parteienzersplitte-rung schuld.
117 Leithäuser, a.a.O., S. 223 f.; Steltzer, a.a.O., S. 50; Der Weg, a.a.O., S. 170 f.; dort das von Bergstraesser gerügte Wort vom »Kuhhandel zwischen den Parteien«, woraus sich übrigens ergibt, daß B.s Denkschrift in Auseinandersetzung mit Goerdeler entstanden ist; Das Ziel, S. 147 f.
118 Denkschrift vom September 1933, im Auszug abgedruckt bei Th. Steltzer: 60 Jahre Zeitgenosse, München 1966, S. 270 ff., insb. S. 275.
119 Vgl. Ritter, a.a.O., S. 31 ff.; Das Ziel, a.a.O., S. 153; vgl. für die Auffassung Lebers Margret Boveri, Der Verrat im 20. Jahrhundert, II. Für und gegen die Nation, Hamburg 1956, S. 77: die Parteien seien »Gewichtssteine an der Lebens-waage der Regierung«.
120 Denkschrift für Hindenburg (April 1932), a.a.O., S. 18.
121 Das Ziel, a.a.O., S. 152, 164; es ist ein für Goerdelers mangelnde Einsicht in das Funktionieren einer offenen politischen Willensbildung charakteristischer Wider-spruch, daß er zugleich »das Staatsoberhaupt aus der Drecklinie der Tagesprit-zer« zurückziehen wollte (Aufzeichnungen aus dem Gefängnis, a.a.O., S. 11).
122 Steltzer, Von deutscher Politik, S. 140; vgl. Eugen Gerstenmaier, Der Kreisauer Kreis, in: 20. Juli 1944, a.a.O., S. 34.
123 Abweichend Rothfels, a.a.O., S. 130; auch die Zusammenfassung Marion Gräfin Dönhoffs, bei Pechel, a.a.O., S. 187, verkennt mit dem Begriff Parlamentarismus das Wesen des von Kreisau angestrebten Regierungssystems.

124 Gedanken eines zum Tode Verurteilten, bei Ritter, a.a.O., S. 543; KB, S. 212, 350, 415, 479.
125 KB, S. 257; vgl. Ritter, a.a.O., S. 521; vgl. auch M. Boveri, Goerdeler und der deutsche Widerstand, in: Außenpolitik, IV (1955), S. 79.
126 Aufzeichnungen (Nachlaß 26), S. 15. G. sprach von einem »furchtbaren Versäumnis, als ich von Hindenburg, Schleicher, Papen gebeten, vom Vertrauen fast des ganzen Volkes getragen, volkstümlich im besten Sinn, dem dringenden Ruf nicht folgte . . .«.
127 Vorbereitete Rundfunkansprache Goerdelers, a.a.O., S. 12; daß dieser Punkt ausdrücklich auftaucht (die Ansprache ist offenbar nicht allein von G. verfaßt), ist ein Beleg dafür, wie belastend diese geistige Isolierung, die auch auf die »Außenpolitiker« des Widerstandes zutrifft, empfunden worden ist.
128 The Christ and the New Order, Gesammelte Schriften, I, S. 366.
129 Mitteilung von Dr. van Roijen, in: Clarita v. Trott, a.a.O., S. 255.
130 Ebenda, S. 173; Leithäuser, a.a.O., S. 133, 212, 219; daß zwischen der Steinschen politischen Vorstellungswelt und sozialistischem Denken Verbindungen geschlagen werden konnten, geht aus dem Programm des 1937 von der Gestapo aufgedeckten oppositionellen »Freiherr vom Stein-Kreises« hervor, der Straßers sozialistische Ideen mit der Selbstverwaltungstradition zu verknüpfen suchte (BA Koblenz, Kl. Erw., Oberreichsanwalt beim Volksgerichtshof, Anklageschrift gegen Elisabeth von Gustedt vom 7.9.1936).
131 Steltzer, S. 118, 120 f.
132 Das Ziel, a.a.O., S. 148; R 58/59 BA, S. 10 f.; Der Weg, a.a.O., S. 171, 186; für den antidemokratischen Charakter der Selbstverwaltungsideologie vgl. E. Holtzmann: Der Weg zur deutschen Gemeindeordnung vom 30.1.1935, in: Zschr. f. Politik 12 (1965), S. 362. H. zitiert dort einen Brief des Oberbürgermeisters Strölin, eines Mitglieds des Verschwörerkreises um Goerdeler, vom 8.6.1934, in dem dieser auf die Gefahren hinweist, die ein parlamentarisch-demokratisches System in der Gemeindeverwaltung mit sich bringe. G. ging in der Ablehnung von kommunalen Wahlkörperschaften nicht so weit wie Strölin, der den Nationalsozialismus als Überwindung des demokratisch-parlamentarischen Systems damals ausdrücklich bejahte.
133 Gedanken zur Neuordnung der Selbstverwaltung, a.a.O., S. 5 f.; Aufgaben der deutschen Zukunft (Nachlaß Goerdelers Nr. 26), S. 9 f.
134 Während G. die Kammern in Gruppen »Unternehmer«, »Angestellte«, »Arbeiter« unterteilen wollte, erwog man in Kreisau, daß jeder Wahlberechtigte sowohl einen Unternehmer- wie einen Belegschaftsvertreter wählen sollte (vgl. 2. Kreisauer Tagung, bei van Roon, a.a.O., Anhang). Bezeichnend für diese Auffassung ist es, daß man ein generelles Streik- und Aussperrungsverbot vorsah und auch hier Gedankengänge Wichard v. Moellendorffs fortsetzte.
135 Vgl. Krebs, a.a.O., S. 266; auf die Verwaltungsreformbestrebungen des Widerstandes kann in unserem Zusammenhang nicht eingegangen werden.
136 Vgl. Werner Münchheimer, »Verfassungs- und Verwaltungsreformbestrebungen der deutschen Opposition gegen Hitler zum 20. Juli 1944«, in: Europa-Archiv 5 (1950), S. 3188 ff. Gegen M.s Darstellung bringt van Roon neues Material. Sie ist auch sonst fehlerhaft, etwa ist die irrige Zusammenwerfung von Landeshauptmann und Landesverweser (Grundsätze) von hier in die Sekundärliteratur durchweg übernommen worden.
137 Leithäuser, a.a.O., S. 221 ff.
138 Steltzer, a.a.O., S. 112, 130.
139 KB, S. 412.
140 Ritter, a.a.O., S. 543; Reisebericht G.s Bulgarien (Nachlaß Nr. 14), S. 2; vom

bulgarischen Modell scheint G. das passive Wahlalter von 30 Jahren abgelesen zu haben.

141 Peters, a.a.O., S. 14.

142 KB, S. 235, 393.

143 Steltzer, a.a.O., S. 161; van Roon, a.a.O., S. 429f.

144 Clarita v. Trott, a.a.O., S. 228f.

145 KB, S. 315ff., 468; Aufzeichnung Goerdelers über Wallenberg für London (19.–21.5.1943) (Nachlaß Goerdeler Nr. 23), Pkt. 23.

146 KB, S. 315f., 499f. Gegner der Gewerkschaften waren auch Helldorf, Gisevius und Strünck. – Leithäuser, a.a.O., S. 208; vgl. Reichhold, a.a.O., S. 23ff. Zur Gewerkschaftsfrage vgl. H. Mommsen, Gewerkschaften zwischen Anpassung und Widerstand, in H. O. Vetter (Hrsg.): Vom Sozialistengesetz zur Mitbestimmung, Köln 1975, S. 282ff.

147 Krebs, a.a.O., S. 278f.; Brief Eberhard Weltys an Prof. Kosthorst, Münster, vom 11.6.1964. Vgl. auch Elfriede Nebgen, Jakob Kaiser. Der Widerstandskämpfer, Stuttgart 1967.

148 KB, S. 205; Maass hat ähnliche Gedanken, wie Frau Elfriede Kaiser-Nebgen erinnert, in ihrem Kreise vertreten.

149 Leithäuser, a.a.O., S. 221f.

150 Manoilescu, Bln. 1941 – Mitteilung von Frau Kaiser-Nebgen.

151 Krebs, a.a.O., S. 117.

152 Joachim Kramarz, Claus Graf Stauffenberg, Frankfurt 1965, S. 200; Zeller, a.a.O., S. 489, spricht von einer »nicht bekannt gewordenen, aber verbürgten Überlieferung« (sie geht auf die sonst von Zeller ausdrücklich zitierten Mitteilungen Prof. Rudolf Fahrners zurück); das erweckt Mißtrauen, zumal mitgeteilt wird, daß sich Stauffenberg bis in die letzten Tage hinein um den Wortlaut für den Eid bemüht habe, dieser also zumindest nicht definitiv war.

153 Programm Mierendorffs bei van Roon, a.a.O., S. 589f.; KB, S. 257.

154 Bei van Roon, S. 582ff, überschrieben: »Bereitschaft einer deutschen Gruppe zur militärischen Kooperation mit den Alliierten«.

155 Dulles, a.a.O., S. 171ff.

156 Ebenda, S. 165f.

157 Ritter, a.a.O., S. 543; Leber, a.a.O., S. 283f.; KB, S. 234f., 501.

158 Dulles, a.a.O., S. 170f.; Hassell, a.a.O., S. 214; KB, S. 118, 205f.; vgl. dazu Ehlers, a.a.O., S. 162, Pechel, a.a.O., S. 46.

159 KB, S. 19, 206, 373.

160 Vgl. van Roon, a.a.O., S. 286; KB, S. 34; das muß nicht der Auffassung von Ehlers widersprechen, daß es fraglich sei, ob Stauffenberg ein eigenes Konzept staatlicher Erneuerung hatte (a.a.O., S. 177, 237).

161 KB, S. 465, 500; Zeller, a.a.O., S. 241.

162 S. van Roon, a.a.O., S. 585.

163 Bodo Scheurig, Freies Deutschland. Das Nationalkomitee und der Bund deutscher Offiziere in der Sowjetunion 1943–1945, München 1960 (Neudruck Köln 1984), S. 143ff., betont die starke Ablehnung des Nationalkomitees durch den Widerstand, streift hingegen nur die Frage, welche psychologischen Rückwirkungen dessen Tätigkeit auslöste. Die von ihm auf S. 147 angeführte Mitteilung Meineckes über eine Äußerung Becks von der nationalen Zuverlässigkeit der deutschen Kommunisten würde, wenn sie zutrifft, darauf hindeuten, daß Beck auf das Programm Stauffenbergs einzugehen bereit war, ein antinationalsozialistisches Koalitionskabinett unter Einbeziehung der Kommunisten zu schaffen. Vgl. KB, S. 507f. sowie zu diesem Problem Ehlers, a.a.O., S. 161.

164 Vgl. Kramarz, a.a.O., S. 172f.; KB, S. 234, 538.

165 Unsere Idee (Nachlaß Nr. 26), S. 25; Dulles, a.a.O., S. 218; Gisevius' romanhafte Darstellung dieser Vorgänge (Bis zum bittern Ende, Bd. 2, Hamburg 1947) verrät neben einem klar antisozialistischen Affekt eine fehlerhafte Beurteilung der politischen Gesamteinstellung der Akteure, seine Darstellung ist gleichwohl symptomatisch für die Mißverständnisse, die vor dem Attentat im Lager der Opposition bestanden haben, und wird teilweise durch Goerdelers Aufzeichnungen in der Haft (die wahrscheinlich auf Information durch Gisevius beruhen) bestätigt. Gisevius folgend die marxistisch-leninistische Forschung, so Daniil Melnikow: Der 20. Juli 1944. Legende und Wirklichkeit, dt. Übersetzung, Berlin-Ost 1964, S. 185 ff.

166 Zeller, a.a.O., S. 245 f.

167 KB, S. 101 f., 110 f.

168 Leber, a.a.O., S. 280 f.; Clarita v. Trott, a.a.O., S. 259 f. (Brief vom 23.2.1944).

169 Ebenda, S. 120.

170 P. Bolkovac, in: Delp, Zur Erde entschlossen, a.a.O., S. 5 f.

171 Vgl. Clarita v. Trott, a.a.O., S. 241 f.

172 Für Oster vgl. KB, S. 529; für die unpolitische Mentalität der Offiziere erscheint typisch das Tagebuch Eduard Wagners (Der Generalquartiermeister. Briefe und Tagebuchaufzeichnungen des Generalquartiermeisters des Heeres, Eduard Wagner, hrsg. von Elisabeth Wagner, München, Wien 1963, etwa S. 93, 195). Für Halder s. Helmut Groscurth Tagebücher, a.a.O., S. 54 f, 59 ff. Es erscheint problematisch, späte briefliche Äußerungen Halders als Quelle für Stauffenbergs politische Haltung zu benützen, wie dies Kramarz, a.a.O., S. 88 f., tut. – Vgl. ferner F. L. Carstens: Nationalrevolutionäre Offiziere gegen Hitler, in: Gewissen gegen Gewalt, Schriften der Bundeszentrale für politische Bildung, S. 46 ff.

173 Goerdeler, Untertitel des Entwurfs der Wirtschaftsfibel (unmittelbare Vorlage des in Nachlaß Nr. 13 liegenden Durchschlags der Reinschrift, mit umfangreichen Korrekturen von C. v. Dietze und kritischen Kommentaren von Gerhard Albrecht), im Besitz von Frau Dr. Marianne Meyer-Krahmer, Heidelberg, aus dem Jahr 1942; Krebs, a.a.O., S. 219, 277; Leithäuser, a.a.O., S. 210; Gerstenmaier in: Eric H. Boehm, We Survived. The Stories of Fourteen of the Hidden and Hunted in Nazi Germany, New Haven 1946, S. 182.

174 Dahrendorf, a.a.O., S. 54 ff.; H. Plessner, Die verspätete Nation, Stuttgart 1959; E. Fraenkel, Deutschland und die westlichen Demokratien, Stuttgart 1964.

175 Brill, a.a.O., S. 19 ff.; vgl. Karl O. Paetel, »Revolutionäre und restaurative Tendenzen in der deutschen Widerstandsbewegung«, in: Die Neue Gesellschaft, 2 (1955), S. 82 ff.

176 Henderson, a.a.O., S. 70 f.

Graml: Die außenpolitischen Vorstellungen des deutschen Widerstandes

1 Ritter, Carl Goerdeler und die deutsche Widerstandsbewegung, dritte Auflage, Stuttgart 1956, S. 220.

2 Denkschrift »Ausgangslage, Ziele und Aufgaben«. Zit. nach Ger van Roon, Neuordnung im Widerstand. Der Kreisauer Kreis innerhalb der deutschen Widerstandsbewegung, München 1967 (künftig zitiert als: van Roon).

3 An Lionel Curtis, Neue Auslese, 2. Jahrg., Nr. 1, S. 9 f.

4 Denkschrift Unsere Idee, im Gefängnis Nov. 1944, S. 33.

5 Denkschrift Dr. Etscheids, »Die innere und äußere Lage«, 1.1.1940, Bundesarchiv, Militärarchiv, Koblenz, H 08–104/2

6 Hassell, Vom andern Deutschland, Frankfurt 1964, S. 290.

7 Beck und Goerdeler, Gemeinschaftsdokumente für den Frieden, hrsg. von Wilhelm Ritter von Schramm, München 1965, S. 45.

8 Romoser, The Politics of Uncertainty: The German Resistance Movement, Social Research, Vol. 31, 1964, Nr. 1, S. 79.

9 Ebenda.

10 Zu dem Begriff »Honoratioren« vgl. Hans Mommsen in diesem Band.

11 So in einer Ausarbeitung vom Sommer oder Herbst 1943, Beck und Goerdeler, S. 255.

12 Hassell, Im Wandel der Außenpolitik von der französischen Revolution bis zum Weltkrieg, München 1939, S. 239; Hassell (Vater), Erinnerungen aus meinem Leben 1848–1918, Stuttgart 1919.

13 Denkschrift Goerdelers, Das Ziel, in: Beck und Goerdeler, S. 93, 95.

14 Hassell, Im Wandel..., S. 239.

15 Ebenda, S. 240.

16 Hassell hat Schüssler ganz gut persönlich gekannt.

17 Hassell, Untergang des Abendlandes? Monatshefte für Auswärtige Politik (künftig zitiert als: Monatsh. f. Ausw. Politik), August 1941, S. 599 ff.

18 Foerster, Generaloberst Ludwig Beck, München 1953, S. 63 ff.

19 Denkschrift Goerdelers, Der Weg, Beck und Goerdeler, S. 195.

20 Aufzeichnungen A. P. Youngs über seine Unterredungen mit Goerdeler; von Mr. Young dem Verf. zur Verfügung gestellt.

21 Ritter, S. 160 ff.

22 Trevor-Roper, Hitlers Kriegsziele, Vierteljahrshefte für Zeitgeschichte (künftig zitiert als: VfZ), 2, 1960, S. 126.

23 Beck, Studien, Stuttgart 1955, S. 55 ff.

24 Ebenda, S. 246 f., 255 ff.

25 Denkschrift Goerdelers, Gesamtlage, Beck und Goerdeler, S. 268.

26 Aufzeichnungen Youngs.

27 Beck, a.a.O., S. 58.

28 Denkschrift Goerdelers, An den Reichskanzler, Ritter, S. 74.

29 Hassell, Vom andern Deutschland, S. 47.

30 Ritter, a.a.O., S. 161.

31 Aufzeichnungen Youngs.

32 Ebenda.

33 Ebenda.

34 Ebenda.

35 Ritter, S. 222 f.

36 Ebenda, S. 224.

37 Hassell, S. 47 f.

38 Aufzeichnungen Youngs.

39 Denkschrift Becks Herbst 1939, Die russische Frage für Deutschland; Bundesarchiv, a.a.O.

40 Denkschrift Becks vom 31.10.1939, Zwischenpause nach dem Mißerfolg des deutschen Friedensangebotes, ebenda.

41 Denkschrift Becks Ende September 1939, Zur Kriegslage nach Abschluß des polnischen Feldzuges, ebenda.

42 Hassell, S. 77 ff.

43 Aufzeichnungen Youngs. – Ritter, S. 239.

44 Denkschrift von Korvettenkapitän Liedig v. 7.12.1939, Die Bedeutung des russisch-finnischen Zusammenstoßes für die gegenwärtige Lage Deutschlands, Bundesarchiv, a.a.O.

45 Denkschrift Becks, Zwischenpause..., ebenda.

46 Groscurth, Helmuth, Tagebücher eines Abwehroffiziers 1938–1940, hrsg. von H. Krausnick u. H. C. Deutsch unter Mitarbeit von H. v. Kotze, Stuttgart 1970.
47 Hassell, S. 77.
48 Der Generalquartiermeister. Briefe und Tagebuchaufzeichnungen des Generalquartiermeisters des Heeres, General der Artillerie Eduard Wagner, München 1963, S. 133.
49 Hassell, S. 77.
50 Denkschrift Etscheid.
51 Denkschrift Liedig.
52 Denkschrift Etzdorf/Kordt v. Oktober 1939, Das drohende Unheil, Bundesarchiv, a.a.O.
53 Denkschrift Liedig.
54 Etzdorf/Kordt.
55 Hassell, S. 114 f.
56 Denkschrift Etscheid.
57 Hassell, S. 78, vgl. Graml, Der Fall Oster, VfZ 14 (1966) S. 26 ff.
58 Krausnick/Graml, Der deutsche Widerstand und die Alliierten, Vollmacht des Gewissens, II, Frankfurt 1965, S. 493 ff.
59 Denkschrift Etscheid.
60 Kordt, Nicht aus den Akten, Stuttgart 1950, S. 382.
61 Hassell, S. 139 f.
62 Ritter, S. 273.
63 Hassell, Im Wandel..., S. 16; Vom andern Deutschland, S. 140.
64 Ritter, a.a.O.
65 Protokoll des Vortrages im Bundesarchiv Koblenz; vgl. auch Herzfeld, Johannes Popitz, in: Forschungen zu Staat und Verfassung, Festgabe für Fritz Hartung, Berlin 1958, S. 349. Herzfelds Kommentar zu den Ausführungen Popitz' (»im Grunde eine scharfe Kritik der nationalsozialistischen Reichsutopien«) ist doch wohl etwas zu milde.
66 Hassell, S. 155.
67 Hassell, Untergang.
68 Ebenda.
69 Hassell, Dominium maris baltici, Jahrbuch für Auswärtige Politik (künftig zitiert als: Jb. f. Ausw. Politik), März 1942, S. 195 ff.
70 Ebenda.
71 Hassell, Gedanken über die Niederlande und das Reich, Monatsh. f. Ausw. Politik, März 1944, S. 133; ders., Untergang.
72 Goerdelers Friedensplan für die britische Regierung v. 30.5.1941, Ritter, S. 585; Ausarbeitung, Beck und Goerdeler, S. 257.
73 Krüger, Um den Reichsgedanken, Historische Zeitschrift (künftig zitiert als HZ), 165, 3, S. 457 ff.
74 Rumpf, Mitteleuropa. Zur Geschichte und Deutung eines Begriffs, ebenda, S. 528 ff.
75 Popitz, a.a.O.
76 Stubbe, In Memoriam Albrecht Haushofer, VfZ 8 (1960) S. 236 ff.
77 Das Ziel, Beck und Geordeler, S. 93.
78 Goerdeler im Oktober 1940; Ritter, S. 278 f.
79 Hassell, Vom andern Deutschland, S. 162.
80 Krausnick/Graml, S. 502 ff.
81 Auch jetzt ist er rasch wieder zur Skepsis zurückgekehrt. Hassell, S. 207.
82 Hassell, Untergang.
83 Ebenda.

84 Beck und Goerdeler, S. 98, 99.
85 Schramm, a.a.O., S. 34, nimmt, wie Ritter, an, die Denkschrift sei von Ende 1940 bis Frühjahr 1941 entstanden. Dem wird man nicht folgen können. In der ganzen Ausarbeitung findet sich nicht ein Satz, der auf eine Entstehung zu dieser Zeit schließen lassen könnte, wohl aber werden mehrmals der Angriff auf Rußland und die Eroberung russischen Territoriums als vollzogene Tatsache erwähnt. Auch die Bemerkungen über das japanisch-amerikanische Verhältnis weisen auf das zweite Halbjahr 1941 hin. Im übrigen stimmt die Denkschrift mit den Gedanken des im Mai 1941 entstandenen »Friedensplans« für Churchill, Ritter, S. 585, noch nicht ganz überein.
86 Hassell, Zwei Schwestern, Monatsh. f. Ausw. Politik, Juni 1943, S. 369 ff.
87 Hassell, Großeuropa, Jb. f. Ausw. Pol, November 1941, S. 895 ff.
88 Materialsammlung von Frau Clarita von Trott zu Solz, S. 92, der auch an dieser Stelle für die Erlaubnis zur Benutzung herzlich gedankt sei.
89 Ein Mann geht seinen Weg. Schriften, Reden und Briefe von Julius Leber, Berlin 1952, S. 54.
90 Ebenda, S. 41.
91 Henderson, Adolf Reichwein, Stuttgart 1958, S. 66; Ein Mann, a.a.O., S. 267 ff.
92 Van Roon, S. 185.
93 Brill, Gegen den Strom, Offenbach 1946, S. 78.
94 Ein Mann, S. 54.
95 Fischer, Weltpolitik, Weltmachtstreben und deutsche Kriegsziele, HZ, 199, 2, S. 265 ff.
96 Ebenda, S. 453.
97 Ruedorffer (Pseud. f. Riezler), Die drei Krisen, Stuttgart 1920, S. 16 ff., 37, 60 f., 65 ff.
98 Van Roon, S. 134.
99 Noch nach dem Zweiten Weltkrieg hat Feldmarschall v. Blomberg geschrieben, daß er während des Ersten Weltkrieges als junger Generalstäbler den Zweifel am deutschen Sieg als »Sünde« empfunden habe; Ms. seiner Erinnerungen, Archiv d. Inst.f. Zeitgesch.
100 Van Roon, S. 135.
101 Rothfels, Trott und die Außenpolitik des Widerstands, VfZ 12 (1964) S. 300 ff.
102 Rothfels, Die deutsche Opposition gegen Hitler, Frankfurt 1961, S. 121.
103 Van Roon, S. 453.
104 Van Roon, S. 196.
105 Materialsammlung; Rothfels, Trott.
106 Materialsammlung, S. 33 f.
107 Ebenda, S. 149.
108 Ebenda, S. 52.
109 Ebenda, S. 118.
110 Van Roon, S. 298.
111 Rothfels, S. 302.
112 Ebenda, S. 301.
113 Materialsammlung, S. 144.
114 Van Roon, S. 297 f.
115 Ebenda.
116 Ebenda, S. 300 f.
117 Ebenda, S. 483 f.
118 Schilderung seines Gesprächs mit einem britischen Kabinettsminister, Juni 1939, Materialsammlung, S. 164 f.
119 Materialsammlung, S. 180.

120 Ebenda, S. 181 f.
121 Ebenda, S. 103.
122 Ebenda, S. 160.
123 Ebenda, S. 152.
124 Ebenda.
125 Rothfels, Trott, S. 314.
126 Ebenda, S. 315 f.
127 Van Roon, S. 507 ff.
128 Beck, Studien, S. 250 f.
129 Ritter, S. 585.
130 Beck und Goerdeler, S. 255.
131 Ritter, S. 593.
132 Hassell, Vom andern Deutschland, S. 215 f., 304.
133 Beck und Goerdeler, S. 257.
134 Unsere Idee, a.a.O.
135 Ebenda.
136 Beck und Goerdeler, S. 257.
137 Spiegelbild einer Verschwörung. Die Kaltenbrunner-Berichte an Bormann und Hitler über das Attentat vom 20. Juli 1944, Stuttgart 1961, S. 236.
138 Hassell, S. 207, 257, 290, 298 f.
139 Hassell, Prinz Eugens europäische Sendung, Monatsh. f. Ausw. Politik, Juni 1943, S. 369 ff.
140 Kaltenbrunner-Berichte, S. 353.
141 Hassell, Vom andern Deutschland, S. 300 f.; Ritter, S. 593; Beck und Goerdeler, S. 255 ff.
142 Beck und Goerdeler, S. 195.
143 Ritter, S. 593.
144 Kaltenbrunner-Berichte, S. 535.
145 Ritter, S. 593.
146 Hassell, Ein neues europäisches Gleichgewicht? Monatsh. f. Ausw. Politik, Nov./ Dez. 1943, S. 697 ff.
147 Ritter, S. 593.
148 Dulles, Germany's Underground, New York 1947, S. 133.
149 Dulles, S. 139, Ritter, S. 393 f.
150 Kaltenbrunner-Berichte, S. 101, 136, 492.
151 Ebenda, S. 189.
152 Steltzer, Von deutscher Politik, Frankfurt 1949, S. 156.
153 Kaltenbrunner-Berichte, S. 34.
154 VfZ 5 (1957) S. 332 ff.
155 Gisevius, Bis zum bitteren Ende, II, Zürich 1946, S. 290 f.
156 Dulles, S. 136 ff.
157 Boveri, Der Verrat im XX. Jahrhundert, II, Hamburg 1956, S. 74.
158 Kaltenbrunner-Berichte, S. 34.
159 VfZ 5 (1957) S. 392.
160 Kaltenbrunner-Berichte, S. 118.
161 Bell, Die Ökumene und die innerdeutsche Opposition, VfZ 5 (1957) S. 362 ff.
162 Van Roon, S. 457.
163 Ebenda, S. 582 ff.
164 Materialsammlung, S. 188 f.

Von Klemperer: Glaube, Religion, Kirche und der deutsche Widerstand gegen den Nationalsozialismus

1 J. Neuhäusler, Kreuz und Hakenkreuz. Der Kampf des Nationalsozialismus gegen die katholische Kirche und den kirchlichen Widerstand, München 1946.
2 E.-W. Böckenförde, Der deutsche Katholizismus im Jahre 1933. Eine kritische Betrachtung, in: Hochland 53 (1960/61), S. 215–239; R. Hochhuth, Der Stellvertreter, Hamburg 1968.
3 Siehe insbesondere J. S. Conway, The Nazi Persecution of the Churches 1933–1945, London 1968; E. Ch. Helmreich, The German Churches under Hitler. Background, Struggle, and Epilogue, Detroit 1979.
4 W. F. Monypenny u. S. E. Buckle, The Life of Benjamin Disraeli, Bd. III, New York 1914, S. 181.
5 L. Gruchmann (Hrsg.), Autobiographie eines Attentäters. Johann Georg Elser, Stuttgart 1970, S. 75 (neu gedruckt in: A. Hoch, L. Gruchmann: Georg Elser. Der Attentäter aus dem Volke, Frankfurt 1980).
6 Mitt. Freya v. Moltkes an den Verf.
7 Mitt. Ulrich Goerdelers an den Verf.
8 Vgl. besonders D. Bonhoeffer, Widerstand und Ergebung. Briefe und Aufzeichnungen aus der Haft, hrsg. von E. Bethge, München 1951, S. 131–198.
9 Ebenda, S. 160.
10 W. James, The Varieties of Religious Experience, New York 1902.
11 Ebenda, S. 8.
12 Abschrift von Brief Hermann Kaisers an »Lieber Herr«, 5.1.1943; Sammlung Rudolf Pechel, III/2, Bundesarchiv Koblenz.
13 M. Balfour/J. Frisby, Helmuth von Moltke. A Leader against Hitler, London 1972, S. 18, 41.
14 Hans-Bernd von Haeften an Hannes Brockhaus, Januar 1941, in: Barbara von Haeften, Aus unseren Briefen 1931–1944, S. 117.
15 Ebenda, S. 117 f.
16 E. von Trott an A. von Trott, 16.10.1936; Briefe der Eltern, Sammlung Trott.
17 Adam von Trott an E. von Trott, 27.4.1941; Briefe an die Mutter 1919–1944, Sammlung Trott.
18 Ch. Sykes, Troubled Loyalty. A Biography of Adam von Trott zu Solz, London 1968, S. 18.
19 Clarita von Trott, Adam von Trott zu Solz. Eine erste Materialsammlung, Sichtung und Zusammenstellung 1957/58. Vgl. W. A. Visser't Hooft, Memoirs, Philadelphia 1973, S. 155.
20 Diana Hopkinson an Reverend John W. Darr, 31.12.1946, Sammlung Julie Braun-Vogelstein, Leo Baeck Institut; Hasso v. Seebach an Diana Hopkinson, 23.9.1949, im Besitz von Mrs. Hopkinson; C. v. Trott, Materialsammlung, S. 137.
21 Bonhoeffer, Widerstand, S. 60 f.
22 Helmuth von Moltke an Freya von Moltke, 11.10.1941, in: F. von Moltke/M. Balfour/J. Frisby, Helmuth James von Moltke 1907–1945. Anwalt der Zukunft, Stuttgart 1972, S. 177.
23 Adam von Trott an Clarita von Trott, 18.6.1944, Sammlung Trott.
24 Adam von Trott an Clarita von Trott, 1.5.1944, Sammlung Trott.
25 Adam von Trott an Clarita von Trott, 18.6.1944, Sammlung Trott.
26 E. Bethge, Turning Points in Bonhoeffer's Life and Thought, in: Union Seminary Quarterly Review XXIII (1967), 1, S. 7.
27 Helmuth von Moltke an Lionel Curtis, 18.4.1942, in: F. von Moltke etc., Helmuth James von Moltke, S. 185.

28 Ebenda.
29 Adam von Trott an Heinrich von Trott, 6.7.1942, Sammlung Trott.
30 Hans-Bernd von Haeften an Möckel, zit. nach G. van Roon, Neuaufbau im Widerstand, München 1967, S. 154.
31 Bonhoeffer, Widerstand, S. 9–25.
32 Ebenda, S. 21 f.
33 D. Bonhoeffer, Gesammelte Schriften, hrsg. von E. Bethge, Bd. II, München 1959, S. 441.
34 Adam von Trott an Heinrich von Trott, 29.12.1940, Sammlung Trott.
35 Adam von Trott an Clarita von Trott, 1.5.1944, Sammlung Trott.
36 Hans-Bernd von Haeften an Barbara von Haeften, 14.11.1942, in: Barbara von Haeften, Aus unseren Briefen, S. 146 f.
37 Vgl. Anm. 27.
38 C. G. Jung, Das Seelenproblem des modernen Menschen, Zürich 1950.
39 Ebenda, S. 372.
40 Adam von Trott an Julie Braun-Vogelstein, 26.1.1940, Sammlung Julie Braun-Vogelstein, Leo Baeck Institut.
41 A. Delp, Tragische Existenz. Zur Philosophie Martin Heideggers, Freiburg i. Br. 1935, S. 125.
42 Verlorener Brief Adam von Trotts an Shiela Grant-Duff, Sommer 1935, jedoch ist die Stelle zitiert in Shiela Grant-Duff an Adam von Trott, 20.9.1935, Sammlung Shiela Grant-Duff.
43 Adam von Trott an Clarita von Trott, 26.3.1944, Sammlung Trott.
44 F. von Moltke etc., Helmuth James von Moltke, S. 86.
45 U. v. Hassell, Vom anderen Deutschland, Frankfurt 1964, S. 215.
46 Helmuth von Moltke an Freya von Moltke, 9.1.1943, in: F. von Moltke etc., Helmuth James von Moltke, S. 205.
47 H. M. Pachter, The Legend of the 20th of July, 1944, in: Social Research XXIV (Frühjahr 1962), S. 109–115; G. K. Romoser, The Politics of Uncertainty. The German Resistance Movement, in: Social Research XXXI (Frühjahr 1964), S. 73–93.
48 R. Dahrendorf, Gesellschaft und Demokratie in Deutschland, München 1965, S. 441 ff.; H. Mommsen, Gesellschaftsbild und Verfassungspläne des deutschen Widerstandes, in: W. Schmitthenner u. H. Buchheim (Hrsg.), Der deutsche Widerstand gegen Hitler, Köln 1966, S. 161–167.
49 Adam von Trott an Shiela Grant-Duff, 19.11.1934, Sammlung Shiela Grant-Duff.
50 Shiela Grant-Duff an Adam von Trott, 26.11.1934, Sammlung Shiela Grant-Duff.
51 Adam von Trott an Diana Hopkinson, Sommer 1936, in: Diana (Hopkinson), Aus Adams Briefen, S. 95, Leo Baeck Institut.
52 Ebenda.
53 Bonhoeffer, Widerstand, S. 83.
54 Helmuth von Moltke an Freya von Moltke, 10.1.1945, in: F. von Moltke etc., Helmuth James von Moltke, S. 312.
55 Bonhoeffer, Widerstand, S. 30.
56 Vgl. Erkämpft das Menschenrecht. Lebensbilder und letzte Briefe antifaschistischer Widerstandskämpfer, hrsg. vom Institut für Marxismus-Leninismus, Berlin 1958.
57 Bonhoeffer, Ethik, hrsg. von E. Bethge, München 1975, S. 59.
58 Bonhoeffer, Gesammelte Schriften, Bd. I, München 1965, S. 61.
59 Bonhoeffer, Ethik, S. 378.
60 Hans-Bernd von Haeften an Barbara von Haeften, 14.11.1942, in: Aus unseren Briefen, S. 146 f.

61 Adam von Trott an Heinrich von Trott, 8.3.1942, Sammlung Trott.
62 Adam von Trott an Heinrich von Trott, 28.9.1941, Sammlung Trott,
63 F. von Moltke etc., Helmuth James von Moltke, S. 176.
64 Adam von Trott an Heinrich von Trott, 6.7.1942, Sammlung Trott.
65 Carl Goerdeler, Betr. Christliche Akademie (während des Krieges), Sammlung Rudolf Pechel, I/64, Bundesarchiv Koblenz.
66 Vgl. Alfred Delp, Kämpfer. Beter. Zeuge. Letzte Briefe, Beiträge von Freunden, Berlin 1955, S. 82, 86.
67 Bonhoeffer, Widerstand, S. 132.
68 Ebenda.
69 Adam von Trott an Diana Hopkinson, Mai 1937, in: Diana (Hopkinson), Aus Adams Briefen, S. 109.
70 Bonhoeffer, Ethik, S. 238 ff. Vgl. Helmuth von Moltke an Freya von Moltke, 11.1.1945, in: F. von Moltke etc., Helmuth James von Moltke, S. 311; Bonhoeffer, Widerstand, S. 160.
71 H. Küng, Christ sein, München 1976.
72 Dietrich Bonhoeffer, Nachfolge, USA o. D., S. 10, zit. bei E. Bethge, Dietrich Bonhoeffer in Selbstzeugnissen und Bilddokumenten, Hamburg 1976, S. 115.
73 C. v. Trott, Materialsammlung, S. 232; G. van Roon, Neuordnung, S. 486 ff.
74 Adam von Trott an Dr. Harry Johansson, 26.9.1942, zit. nach H. Lindgren, Adam von Trotts Reisen nach Schweden 1942–1944, in: VfZ 18 (1970), S. 274.
75 Dietrich Bonhoeffer an Henry Louis Henriod, 7.4.1934, in: Bonhoeffer, Gesammelte Schriften, Bd. VI, München 1974, S. 351.
76 Dietrich Bonhoeffer an Bischof George Bell von Chichester, 14.3.1934, Bonhoeffer-Archiv, Briefwechsel Bell.
77 D. Bonhoeffer, The Church and the Peoples of the World, Fanö, 20.8.1934, Bonhoeffer-Archiv, Fanö.
78 Hans-Bernd von Haeften an Herbert Krimm, Mai 1941, in: Aus unseren Briefen, S. 118 ff.
79 P. Hoffmann, Widerstand, Staatsstreich, Attentat. Der Kampf der Opposition gegen Hitler, München 1970, S. 437.
80 Ebenda, S. 438.
81 J. Kramarz, Stauffenberg, New York 1967, S. 148.
82 Ebenda, S. 156. Vgl. ferner B. Ruhm von Oppen, Religion and Resistance to Nazism, Princeton 1971, S. 70.
83 M. Balfour/J. Frisby, Helmuth von Moltke, S. 213 f.
84 G. van Roon, Neuordnung, S. 486 ff., 490, 505, 543.
85 Dietrich Bonhoeffer an Eberhard Bethge, 25.6.1942, in: Bonhoeffer, Gesammelte Schriften, Bd. II, S. 420.
86 Mitt. Eberhard Bethges an den Verf.
87 Bonhoeffer, Ethik, S. 248.
88 Ebenda, S. 248 f.
89 Bonhoeffer, Gesammelte Schriften, Bl. VI, S. 215 f.

Plum: Die KPD in der Illegalität

1 Die im Zusammenhang mit diesem Dokument zu nennenden Personen werden mit ihren Decknamen oder Namenskürzeln bezeichnet, sofern ihre Namen nicht durch die bisher erschienene Widerstandsliteratur oder eigene Veröffentlichungen bekanntgemacht worden sind. Seit der Veröffentlichung dieser Dokumentation sind weitere Namen bekannt gemacht worden (so von »Rudi« = Otto Hertel), vgl.

Detlev Peukert, Die KPD im Widerstand. Verfolgung und Untergrundarbeit an Rhein und Ruhr 1933–1945, Wuppertal 1980, S. 98ff., 131ff., insbes. S. 146ff.

2 Wenige Wochen vorher hatte die KP-Führung die noch in Deutschland arbeitenden Funktionäre des Politbüros abberufen. In Berlin arbeitete jetzt eine sogenannte Landesleitung als operatives Führungsorgan des Politbüros; vgl. Siegfried Vietzke, Die KPD auf dem Wege zur Brüsseler Konferenz, Berlin 1966, S. 50; Horst Duhnke, Die KPD von 1933–1945, Köln 1972, S. 111 f.; Herbert Wehner, Selbstbesinnung und Selbstkritik [hektographiertes Manuskript 1946], S. 63 f.

3 Über Identität dieser Funktionäre hat »R.« – sofern er sie selbst überhaupt kannte – offenbar nichts ausgesagt.

4 Rembte arbeitete am Niederrhein unter dem Decknamen »Oskar«. In der Landesleitung arbeitete er zunächst mit Philipp Daub (s. dazu Hermann Weber, Die Wandlung des deutschen Kommunismus, Frankfurt 1969, Band II, S. 92 f.) und Otto Wahls zusammen.
Nach etlichem Wechseln sollten im Frühjahr 1935 Rembte, Max Maddalena (Weber II, a.a.O., S. 212), Robert Stamm (Weber II, a.a.O., S. 309) und Herbert Wehner eine Landesleitung bilden. Noch vor Aufnahme der Tätigkeit wurden Rembte, Stamm und Maddalena im März 1935 verhaftet; vgl. Duhnke, a.a.O., S. 190 f.; Wehner, a.a.O., S. 82 ff.; Urteil d. Volksgerichtshofs (VGH) v. 4.6.37 gegen Rembte u. a. 2 H 17/37, Archiv Inst. für Zeitgeschichte München [künftig: IfZ], Fa 117/25).

5 Urteil des OLG Hamm v. 8.3.1935. O. J. 920/34, IfZ Fa 117/142.
Die Darstellung von »Rudis« Lebensweg folgt den Angaben zur Person in diesem Urteil. Einer der Angeklagten in diesem Prozeß hat Erinnerungen an seine Haftzeit veröffentlicht, in denen er sowohl einige Aspekte der illegalen Arbeit beschreibt, als auch den Prozeß kurz schildert. Die Angaben sind sehr genau. Bemerkenswert die auf die Absicherung im illegalen Apparat hindeutende Tatsache, daß der Verfasser von Rembtes Abberufung nichts wußte; er nahm an, »Oskar« habe sich der Verhaftung in Düsseldorf durch die Flucht entziehen können. Rudi Goguel, Es war ein langer Weg, Düsseldorf 1947, S. 7–41.

6 Nach Auskunft der Generalstaatsanwaltschaft Hamm vom 8.11.1973 ist der Brief dort nicht mehr vorhanden. Ein Teil der Akten sei »durch Kriegseinwirkung verlorengegangen«, ein weiterer Teil sei »vernichtet worden«.

7 Einen Mitangeklagten, ebenfalls Angehöriger der Bezirksleitung, in dessen Wohnung vergleichbares Material in geringerer Menge gefunden wurde, schickte das Gericht für 15 Jahre ins Zuchthaus.

8 Siehe Anm. 39. An einigen Stellen finden sich z. T. aus Verkürzungen resultierende grammatikalische Ungenauigkeiten, wie sie für sehr schnell niedergeschriebene Texte typisch sind. Sie wurden im Interesse der Authentizität belassen.

9 Dieser Instrukteur wurde im Juli 1935 verhaftet und im August 1936 vom VGH zu zwölf Jahren Zuchthaus verurteilt; 1 H 37/36, IfZ, Fa 117/235.
In einem VGH-Urteil aus dem Jahre 1943 findet sich eine bestätigende Aussage 1 H 89/43, IfZ, Fa 117/257.

10 Urteil gegen Adolf Rembte v. 4.6.37 2 H 17/37, IfZ, Fa 117/25; Anklageschriften gegen F. E. und »Georg« J 600/36, 16 J 37/35, IfZ, Fa 117/126.

11 Siehe S. 170f.

12 Siehe dazu Thomas Weingartner, Stalin und der Aufstieg Hitlers, Berlin 1970, insbes. S. 264 ff. Die aus den Veränderungen der international-politischen Szenerie resultierende Motivkette kann hier nicht weiter verfolgt werden.

13 The Communist International 1919–1943, sel. and ed. by Jane Degras, Vol. III, London 1965, S. 280; Kuno Bludau, Gestapo – geheim!, Bonn 1973, S. 89.

14 Vgl. Vietzke, a.a.O., S. 127f.; zu RGO s Anm. 64.

15 Wehner, a.a.O., S. 63 f.
16 Vietzke, a.a.O., S. 113–162; Duhnke, a.a.O., S. 137 ff., 145 ff. Auf die Problematik einer Beurteilung dieser Ereignisse kann in dieser Einleitung nur begrenzt eingegangen werden. Auch die Frage, ob eine Gruppe um Thälmann und Ulbricht bereits Anfang 1933 die politische Linie verfolgt hat, die sich dann Ende 1934 durchzusetzen begann (Vietzke, a.a.O., S. 96 ff.), muß hier außer Betracht bleiben.
17 W. Müller [d. i. Wilhelm Florin], Aus der Kommunistischen Internationale, Die Partei – Massenarbeit – Massenkampf, in: Rundschau über Politik, Wirtschaft und Arbeiterbewegung, 2.8.1934, S. 1779.
Walter [d. i. Walter Ulbricht], Für die Gewerkschaftseinheit in Deutschland, ebd. 9.8.1934, S. 1805.
Aus der Arbeit der KPD, Um die Einheit der deutschen Arbeiterklasse!, ebd. 16.8.34, S. 1863 ff.
Die Bemerkung bei Vietzke, a.a.O., S. 127, Anm. 2, zu dem Zitat aus der ZK-Resolution, es handele sich um eine »gewisse Unterschätzung der traditionellen Bindungen der Sozialdemokraten zu ihren Organisationen«, möchte man als blanke Ironie auffassen.
18 Goguel, a.a.O., S. 12.
19 Vgl. auch die Feststellung im Bericht, daß August-Material noch nicht beschafft werden konnte.
20 Weber I, a.a.O., S. 367 f., 372.
21 Überblick bei Günter Plum, Die Arbeiterbewegung während der nationalsozialistischen Herrschaft, in: Arbeiterbewegung an Rhein und Ruhr, hrsg. v. J. Reulecke, Wuppertal 1974, S. 355 ff.
22 Angesichts der Unsicherheitsfaktoren kann dieser Vergleich nur sehr grob ausfallen. Zahlen nach Weber I, a.a.O., S. 367 ff., und aus einem bei Vietzke, a.a.O., S. 48, wiedergegebenen Bericht über den Stand der Organisation 1934. Nimmt man einmal an, daß Anfang 1934 im Mittel 10 % der früheren Mitglieder weiterhin Beitrag zahlten, dann konnte sich die KPD – gemessen am Ende 1932 (Weber I, a.a.O., S. 364) – auf rund 25 000 mehr oder weniger Aktive stützen.
23 Zu Bertz und Apelt vgl. Weber II, a.a.O., S. 73 u. 62; Zum Instruktionssystem s. Anm. 44. Zur Ablösung vgl. Bludau, a.a.O., S. 96 und 118. Apelt hatte seine Tätigkeit Ende August 1934 bereits aufgenommen (VGH 1 H 58/36, IfZ, Fa 117/236).
24 Siegfried Bahne, Die Kommunistische Partei Deutschlands, in: Das Ende der Parteien, Düsseldorf 1960, S. 702 f.; Kurt Klotzbach, Gegen den Nationalsozialismus, Hannover 1969, S. 158 f., 172; Bludau, a.a.O., S. 121 f.; Duhnke, a.a.O., S. 115. Auch die Gerichte – denen wiederum die Literatur teilweise folgt – beziehen ihre Kenntnisse in dieser Frage mehr aus der Beweisaufnahme über die generellen Absichten der KPD.
Zur Frage des Wechsels von der Fünfer-Gruppe zur Dreier-Gruppe ist ein Detail aus dem Prozeß gegen »Rudi« u. a. von Interesse. Der schon genannte Agitpropleiter des Bezirks, »Hans«, sagte aus, daß sein Auftrag zur Kassenprüfung im Bezirk Niederrhein im April/Mai 1934 mit dem Auftrag verknüpft gewesen sei, auch zu überprüfen, ob in Fünfer-Gruppen gearbeitet werde.
25 Vgl. Weber I, a.a.O., S. 269.
26 S. dazu Vietzke, a.a.O., S. 49.
27 Daraus resultierten sicherlich spezifische Gefährdungen. Etwa das Trägheitsmoment, alte Verkehrsformen (Versammlungen) beizubehalten. Hoher Bekanntheitsgrad, der das Aufrollen der Organisation erleichterte.
28 S. Anm. 51.
29 Urteilsschrift gegen »Rudi« u. a.: Von den angeklagten Funktionären haben mit

Sicherheit der Agitpropleiter des Bezirks, der Bezirkskassierer, ein UB-Leiter und Kassierer unterer Gliederungen Materialtransporte nicht nur zur eigenen Gliederung übernommen. Leider sind unsere Kenntnisse über die Sonderapparate der illegalen KPD (Technik, AM-Apparat) sehr unsystematisch, obgleich die vorhandenen Quellen m. E. zumindest begrenzte Fallstudien erlauben.

30 Von dem verbleibenden Betrag hatte die Landesleitung die Personalkosten (250,– Mark pro Kopf) und sämtliche Sachkosten zu bestreiten; 2 H 17/37, IfZ, Fa 117/25; vgl. auch Wehner, a.a.O., S. 64 f.

31 Bezirksleiter bis Mai, Organisationsleiter, Agitpropleiter, Bezirkstechniker.

Für die Produktion erhielt der Bezirkstechniker vor allem dann Mittel vom Obergebietstechniker, wenn er für das Obergebiet oder sonstige andere Bezirke mitproduzierte. Zum Teil wurde dieses Geld durch Verkauf der Materialien wieder eingebracht.

32 Vgl. die scharfe Kritik bei Wehner, ebenda.

33 In einem Tätigkeitsbericht für die westlichen Bezirke für Sept.–Nov. 1934 heißt es im Hinblick auf die »neue Wendung der Partei« [Hervorhebung v. mir. G. P.], daß im Bezirk »Niederrhein ... bei den unteren Funktionären eine wahre Furcht vor Opportunismus« herrschte. K. H. Biernat, K. Mammach, G. Nitzsche, Über den Beitrag der KPD zur Vorbereitung des VII. Weltkongresses der Kommunistischen Internationale, in: Beiträge zur Geschichte der Arbeiterbewegung (BzG) 1965, S. 617 f.

34 S. S. 167.

35 S. S. 166.

36 Deckname für den Bezirksleiter/Polleiter/1. Mann. Analog dazu fanden auch Bezeichnungen wie »Baustelle, Bauleitung« Verwendung. Vgl. Bludau, a.a.O., S. 104.

37 Gemeint sind wohl die Mitglieder der Bezirksleitung: Orgleiter, Agitpropleiter, Bezirkskassierer, Bezirkstechniker.

38 siehe Einleitung, S. 161.

39 In dieser Tabelle sind die Unterbezirke des Bezirks Niederrhein durch die Ziffern 1–15 und Anfangsbuchstaben des Namens gekennzeichnet; gegenüber der Vorlage wurden die Namen in [] ergänzt. In der Vorlage findet sich die Tabelle auf einer Seite, aber die Zeile mit den Monatsnamen erscheint zwischen den lfd. Nummern 12 und 13 ein zweites Mal; offensichtlich hatte der Verfasser des Briefes die Tabelle über zwei Seiten geschrieben, und der Schreiber der Vorlage hat diese funktionsbedingte Wiederholung der Monatszeile buchstabengetreu abgeschrieben. Die Zeile wurde hier gestrichen. Das Fehlen der Ziffern 3, 11 und 14 läßt sich nicht mit letzter Sicherheit erklären. Nach Weber I, a.a.O., S. 373, hatte der Bezirk Niederrhein 1932 sieben Unterbezirke. Die Vermehrung der Unterbezirke ist wohl im Vollzug einer 1934 beschlossenen Dezentralisierung der Parteiorganisation erfolgt (vgl. Vietzke, a.a.O., S. 48). Bezüglich Düsseldorf war die Reorganisation noch nicht abgeschlossen, s. u. S. 167: »werden aus einem U. B. drei gemacht«. Im Prozeß gegen »Rudi« u. a. war auch der Instrukteur J. J. angeklagt, der laut Urteil den Auftrag hatte, den Unterbezirk Düsseldorf, von dem Gerresheim schon abgetrennt war, in zwei Unterbezirke zu organisieren. Diese Fakten lassen den Schluß zu, daß die fehlenden Ziffern Leerstellen für noch zu bildende Unterbezirke darstellen. Bei Vietzke, ebd., ist ein Bericht der Parteiführung von Ende 1934 zitiert, wonach der Bezirk Niederrhein im Juni dieses Jahres 1876 »kassierte Mitglieder« hatte. Diese Diskrepanz hängt möglicherweise mit den »halben Mitgliedern« (Bruchzahlen) zusammen, die wohl als reduzierte Mitgliedsbeiträge verstanden werden können; die Zahl der »kassierten Mitglieder« läge dann um die hier nicht feststellbare Anzahl derjenigen höher, die einen reduzierten Beitrag entrichteten. Entwe-

der war der Parteiführung Ende 1934 diese tatsächliche Zahl bekannt, oder die Abrechnungen v. 8., 9., 13. und 15. waren zwischenzeitlich erfolgt.

40 In der Vorlage: »U. B. 2+6«. Zur Verbesserung der Lesbarkeit wurden in der Vorlage benützte Abkürzungen wie UB, BL u. ä. in [] ausgeschrieben, z. B. [Unterbezirk] und an die Stelle der Ziffernbezeichnungen in [] die Namen der Unterbezirke gesetzt.

41 Konkurrenz meint die Geheime Staatspolizei. Vgl. Bludau, a.a.O., S. 114.

42 Der Verfasser verwendet die Begriffe »schwach« und »stark« durchgehend sowohl im quantitativen wie im qualitativen Sinne; häufig auch in doppelter Bedeutung.

43 Vgl. Klotzbach, a.a.O., S. 189 f.

44 Instrukteure waren Beauftragte höherer Leitungsgremien; sie hielten Verbindung zu unteren Organisationseinheiten, die sie über die Politik der Partei und Beschlüsse der Parteiführung zu informieren und in der praktischen politischen Arbeit anzuleiten hatten; umgekehrt informierten sie die Parteiführung über die Situation in den unteren Organisationseinheiten. Die Einführung eines solchen Instrukteursystems wurde bereits 1932 auch im Hinblick darauf vorgeschlagen, daß sich die Partei auf die Illegalität umstellen müsse; vgl. Bahne, a.a.O., S. 663. Realisiert wurde es im Februar 1933 (dazu Vietzke, S. 106 f.); das ZK schickte Instrukteure in die Bezirke, um dort politisch zu informieren und bei der Umstellung der Organisation auf die Illegalität zu beraten und zu helfen; vgl. Wehner, a.a.O., S. 34. Sehr bald weitete sich das Instrukteursystem aus, sowohl hinsichtlich der Aufgaben, z. B. Reorganisation von Nebenorganisationen, wie auch hinsichtlich der Anwendungsbereiche, z. B. Bezirksinstrukteure in Unterbezirken oder Zellen; vgl. Vietzke, a.a.O., S. 51; Duhnke, a.a.O., S. 116.

45 Im Zusammenhang der gegen die SPD gerichteten Politik, die Arbeiterschaft in der »Einheitsfront von unten« und der »unabhängigen Klassengewerkschaft« zu sammeln (s. dazu Einleitung S. 160), wurde im Februar 1934 der Einsatz von Instrukteuren vor allem in großen Betrieben beschlossen; siehe Bahne, a.a.O., S. 701.

46 Die genannten Betriebe konnte ich nur z. T. identifizieren; wahrscheinlich handelte es sich um: das Rohrwalzwerk der Mannesmannröhren-Werke AG und die Rheinmetall-Borsig AG in Düsseldorf; die Gesenkschmiede C. A. Schlemper und die Landmaschinenteile-Fabrik P. D. Raspe Söhne in Solingen; die Seidenfabrik J. P. Bemberg AG, die Gummi- und Textilfabrik Vorwerk und Sohn OHG und die Textilfabrik Arthur Huppertsberg in Wuppertal; das Gußstahlwerk Wittmann in Hagen-Haspe; das Werk Leverkusen der I. G. Farbenindustrie Frankfurt a. M.

47 S. Anm. 39. Unklar bleibt, ob »R.« Gerresheim noch unter die drei zählt oder ob Düsseldorf bereits ohne G. in drei Unterbezirke aufgeteilt werden soll.

48 Organisationsleiter, Agitpropleiter.

49 Im Zusammenhang mit der Feststellung, daß der Verfasser dieses Dokuments, »Rudi«, nach Solingen in die »Lehre« geschickt wurde (s. Einl.), heißt es im Urteil: »Solingen galt damals als der best organisierte Unterbezirk«.

50 Gemeint sind Ortsgruppen und Zellen.

51 Der »Technische Apparat« leitete die Beschaffung oder Herstellung des Informations- und Propagandamaterials sowie den Transport zu den Verteilern. Der »Technische Apparat« arbeitete auf Reichs-, Gebiets-, Bezirks- und Unterbezirksebene und wurde jeweils von sog. Technikern geleitet, dem in der Regel noch ein Produktionsleiter zur Seite stand; vgl. Bludau, a.a.O., S. 104.

52 Bis etwa Mai 1934 hat der Techniker des Unterbezirks Düsseldorf u. zugleich Produktionsleiter des Bezirks, »Max«, die Produktionsmöglichkeiten seines Unterbezirks zur Herstellung auch der Bezirks-Materialien eingesetzt. Im Juni konnte der Bezirkstechniker »Paul« einen Drucker aus Solingen-Ohligs gewinnen und ihm einen ersten »Probeauftrag« geben; sein Nachfolger »Georg« hat dann in Ohligs

Materialien in den Größenordnungen von 10 000 bis 15 000 Exemplaren herstellen lassen. Die Druckerei wurde wegen ihrer Leistungsfähigkeit in größerem Maßstab eingesetzt. Der Gebietstechniker »Stahl« gab auf Veranlassung des Reichstechnikers Wilhelm Kox von August bis etwa Ende Oktober mehrere Großaufträge an die Druckerei; mit den Erzeugnissen wurden nicht nur die Bezirke Niederrhein, Mittelrhein und Ruhr beliefert, sondern teilweise auch Berlin und Frankfurt (IfZ, Fa 117/142; Fa 117/126).

53 Zur öffentlichen Meinung nach dem 30. Juni 1934 vgl. den Bericht der Staatspolizeistelle Aachen v. 6.8.34 bei Vollmer, Volksopposition im Polizeistaat, Stuttgart 1957, S. 48. Zur Frage der »Lebensdauer« der Hitlerregierung s. Einleitung, S. 160 f.

54 Die hier angesprochene, weitverbreitete Unzufriedenheit in Kreisen der Bauernschaft, des Kleinhandels und des Handwerks hatte eine Reihe von Ursachen, die nur angedeutet werden können: Einnahmeverluste der Bauern durch Verbot des Milch-Selbstmarktens bei stabilen Erzeugerpreisen für Schlachtvieh, aber steigenden Futtermittelpreisen; Rückgang der Produktion mit Rückwirkung auf den Milchhandel; Entziehung von Konzessionen zum Handel mit Milchprodukten im Zuge der Fettbewirtschaftung; insgesamt geringe Ertragslage in Kleinhandel und Handwerk aufgrund der geringen Kaufkraft in der Bevölkerung, die durch Steigerung der Zwischenhandelspreise noch mehr sinkt; vgl. Vollmer, a.a.O., insbesondere S. 41 f., 44 f., 62 f.: Berichte der Geheimen Staatspolizei Aachen v. 5.3. und 6.8.1934; Vietzke, a.a.O., S. 80 f.

55 S. dazu d. Artikel »Widerstandsbewegungen« in: Sowjetsystem und Demokratische Gesellschaft, Bd. VI, Freiburg, 1972, Sp. 961.

56 Nationalsozialistische Betriebsorganisation.

57 Wahrscheinlich die Fabrik für Fahrzeugbestandteile Wippermann jr. AG, Hagen-Oberdelstern. S. auch Anm. 46.

58 Sozialistische Arbeiterpartei Deutschlands. S. dazu Hanno Drechsler, Die Sozialistische Arbeiterpartei Deutschlands, Meisenheim a. Gl. 1965.

59 Die »Sozialistische Aktion« war ein speziell für die Leser im Reich hergestelltes Organ der SOPADE. Vgl. bzgl. der Leserkreise Klotzbach, a.a.O., S. 135 ff., Bludau, a.a.O., S. 20 ff.

60 KPO: Kommunistische Partei Deutschlands – Oppostion; am 29. Dez. 1928 gegründete Partei der Dezember 1928/Januar 1929 aus der KPD ausgeschlossenen »Rechten« um August Thalheimer, Heinrich Brandler, Jakob Walcher, Paul Frölich; vgl. Karl-Hermann Tjaden, Struktur und Funktion der »KPD-Opposition«, Meisenheim a. Gl. 1964; s. auch Weber I, a.a.O., insbes. S. 210–219.

Trotzkisten: Der Begriff wurde von den Kommunistischen Parteien sehr pauschal verwendet; es sei auf den Zusammenhang mit den Moskauer Prozessen verwiesen. Trotzkisten meinte nicht nur organisierte Trotzkisten wie z.B. die »Internationalen Kommunisten Deutschlandes«, es war darüber hinaus Schimpfwort, mit dem auch andere antistalinistische Gruppen wie z.B. Teile der SAP zur Zeit des Spanischen Bürgerkrieges und der »Volksfront« in Paris und ganz allgemein sogenannte »Abweichler« vom Marxismus-Leninismus, d.h. von der Parteilinie, belegt wurden; vgl. S. Bahne, Der »Trotzkismus« in Geschichte und Gegenwart, in dieser Zeitschrift 15 (1967), S. 56 ff., dort weitere Literatur; Duhnke, a.a.O., S. 252 u. 260 ff; Artikel: »Trockij, Trotzkismus« in: Sowjetsystem und Demokratische Gesellschaft, a.a.O., Spalte 491 f.

61 S. Anm. 52.

62 RF = »Die Rote Fahne«, Zentralorgan der KPD.

Inprekorr = »Internationale Pressekorrespondenz«; die »Inprekorr« ist 1934 in deutscher Sprache nicht mehr erschienen (and,ssprachige erschienen allerdings

weiterhin, i. engl. z. B. bis 1939 als »International Press Correspondence«), als Nachfolgeorgan erschien aber »Rundschau über Politik, Wirtschaft und Arbeiterbewegung«, Basel (vgl. Theo Pirker, Komintern und Faschismus, Stuttgart 1965, S. 39 ff.). Der Verfasser des Briefes hat entweder aus – nicht zuletzt durch den Aufenthalt in der Sowjetunion verstärkter – Gewöhnung die »Rundschau« als »Inprekorr« bezeichnet, oder er hat – was höchst unwahrscheinlich – eine anderssprachige Ausgabe gemeint.
KI = »Die Kommunistische Internationale, Zeitschrift des EKKI«, Basel.

63 Gemeint ist Entsendung zu einem Schulungskurs.

64 Von den genannten Organisationen sind eindeutig bestimmbar:
RGO = Revolutionäre Gewerkschaftsopposition (vgl. Bahne, KPD, S. 664);
RH = dt. Sektion der Internationalen Roten Hilfe (vgl. Bahne, a.a.O., S. 666);
Sport: es gab eine ganze Reihe von KP-nahen Sportorganisationen wie z. B. »Rote Jungsportler«; Kulturarbeit: der KPD standen auch eine Reihe von kulturellen Vereinigungen nahe, so z. B. »Arbeiter-Theater-Bund Deutschlands«, »Interessengemeinschaft für Arbeiterkultur«, die Arbeitersängerbewegung, Spielgemeinschaften, Agitpropgruppen, auch die »deutsche Sektion der Internationale proletarischer Freidenker« ist hier zuzurechnen. Im Prozeß gegen »Rudi« u. a. ist als »Mann von der Kulturarbeit« ein unter dem Decknamen »Rolf« arbeitender Thüringer Lehrer genannt worden; vgl. Traudl Kühn, Über die Teilnahme der revolutionären Arbeiterkulturbewegung an den Klassenkämpfen des Proletariats in Deutschland 1928–1933, in: BzG 1960, S. 508 ff.
Diese Nebenorganisationen der KPD waren in der Regel wie die KPD organisiert: mit ZK an der Spitze; vgl. auch Weber I, a.a.O., S. 290.

65 O. T. = Techniker für das Obergebiet West. Der Verfasser meint hier den am 20.4.1934 in Essen bei einem Treff mit einem Funktionär aus dem Bezirk Ruhr verhafteten F. D.; vgl. Bludau, a.a.O., S. 97, 101 f.

66 Bei Goguel, S. 26 ff., wird ein ähnlicher Fall erzählt. Zu den Methoden der Polizei, die illegale KPD-Organisation »aufzurollen«, vgl. auch Klotzbach, a.a.O., S. 169.

67 In der Vorlage ist der Name ausgeschrieben.

68 In Prozessen wird gelegentlich ein »Reichskomitee der Einheitsfront« (z. B. gegen W. S., IfZ, Fa 117/235) erwähnt, gelegentlich auch: » . . . der RGO«; vgl. auch die »Resolution des ZK der KPD v. 30.1.1935« (abgedr. bei Horst Laschitza u. Siegfried Vietzke, Deutschland und die deutsche Arbeiterbewegung, Berlin 1964, S. 312 f.), wo von »schon bestehende[n] Organe[n] (Lohnkommission, Kommission für Arbeitsschutz usw.)« die Rede ist; vgl. auch Rudolf Diels, Lucifer ante Portas, Zürich o. J., S. 179.

69 »abgeschoben« heißt hier: ins Ausland schicken.

Graml: Vorhut konservativen Widerstands

1 Die Vorgänge in Wien werden nach den Ergebnissen eines Ermittlungsverfahrens geschildert, das die Zentrale Stelle der Landesjustizverwaltungen, Ludwigsburg, durchgeführt hat. Der Bericht über das im März 1976 abgeschlossene Verfahren (künftig zit.: Material Ludwigsburg) wurde dem Verfasser dankenswerterweise vom Leiter der Ermittlung, dem inzwischen leider verstorbenen Oberstaatsanwalt Dr. Artzt, zur Verfügung gestellt.

2 Material Ludwigsburg.

3 Papens Aufzeichnung vom 5.4.1938 in: Material Ludwigsburg.

4 Ebenda.

5 Material Ludwigsburg.

6 F. v. Papen, Der Wahrheit eine Gasse, Innsbruck 1952, S. 494 f.

7 Die folgenden Aussagen in: Material Ludwigsburg.

8 Eindrucksvoll geschildert von Carl Zuckmayer, Als wär's ein Stück von mir, Stuttgart 1966, S. 92 ff.

9 Hierzu Helmut Krausnick u. Hans-Heinrich Wilhelm, Die Truppe des Weltanschauungskrieges. Die Einsatzgruppen der Sicherheitspolizei und des SD 1938–1942, Stuttgart 1981, S. 19 ff.

10 Vgl. Karl Martin Graß, Edgar Jung, Papenkreis und Röhmkrise 1933/34, Diss. Heidelberg 1966, S. 50 ff.

11 Zit. nach Graß, S. 47.

12 Helmut Krausnick, Vorgeschichte und Beginn des militärischen Widerstands gegen Hitler, in: Die Vollmacht des Gewissens, Bd. I, München 1956, S. 217 ff.

13 Vgl. Graß, S. 226 ff.

14 Graß, S. 278 f.

15 Graß, S. 292 ff.

16 Graß, S. 277.

17 Zu Spann vgl. Ronald M. Smelser, Das Sudetenproblem und das Dritte Reich 1933–1938, München 1980, S. 59 ff.

18 Vgl. hierzu auch zwei Geheimberichte des SD vom Mai 1936 und August 1938; beide tragen den Titel »Der Spannkreis. Gefahren und Auswirkungen«. Archiv Institut für Zeitgeschichte.

19 Material Ludwigsburg.

Drucknachweis

Hans Mommsen, Gesellschaftsbild und Verfassungspläne des Widerstandes: Überarbeitete Fassung; das Original erschien zuerst in: Der deutsche Widerstand gegen Hitler. Vier historisch-kritische Studien. Hrsg. von Walter Schmitthenner und Hans Buchheim, Köln 1966.

Hermann Graml, Die außenpolitischen Vorstellungen des deutschen Widerstandes: Durchgesehene Fassung; das Original erschien ebenda.

Klemens von Klemperer, Glaube, Religion, Kirche und der deutsche Widerstand gegen den Nationalsozialismus: Zuerst erschienen in: Vierteljahrshefte für Zeitgeschichte, Jg. 28 (1980).

Günter Plum, Die KPD in der Illegalität. Rechenschaftsbericht einer Bezirksleitung aus dem Jahre 1934: Zuerst erschienen in: Vierteljahrshefte für Zeitgeschichte, Jg. 23 (1975).

Hermann Graml, Vorhut konservativen Widerstands. Das Ende des Kreises um Edgar Jung: Der Beitrag wurde für diesen Band geschrieben.

Lothar Gruchmann, Georg Elser: Veröffentlicht in: Der Widerstand im deutschen Südwesten 1933–1945. Hrsg. von Wolfgang Niess und Michael Bosch, Stuttgart 1984.

Hans Rothfels, Carl Goerdeler: Zuerst veröffentlicht in: Der 20. Juli – Eine Alternative zur Hitler? Hrsg. von Hans J. Schultz, Stuttgart 1974.

Hans Kühner-Wolfskehl, Adam von Trott zu Solz: Ebenda.

Walter Dirks, Alfred Delp: Ebenda.

Helmut Krausnick, Ludwig Beck: Ebenda.

Hans Mommsen, Fritz-Dietlof Graf von der Schulenburg: Ebenda.

Hermann Graml, Hans Oster: Ebenda.

Bodo Scheurig, Henning von Tresckow: Ebenda.

Karl Dietrich Bracher, Julius Leber: Ebenda.

Die Autoren

Karl Dietrich Bracher, geboren 1922 in Stuttgart, Dr. phil., Professor für Politische Wissenschaft und Neuere Geschichte an der Universität in Bonn.

Walter Dirks, geboren 1901, Dr. theol., Publizist, Mitherausgeber der Frankfurter Hefte.

Hermann Graml, siehe Seite 2 dieses Bandes.

Lothar Gruchmann, geboren 1929, Dr. phil., Dipl.-Politologe, seit 1960 wissenschaftlicher Mitarbeiter am Institut für Zeitgeschichte, München.

Klemens von Klemperer, geboren 1916, Professor für Deutsche und Mitteleuropäische Geschichte am Department of History des Smith-Colleges in Northampton, Mass., USA.

Helmut Krausnick, geboren 1905 in Wenden, Dr. phil., Honorarprofessor für Zeitgeschichte an der Universität München, seit 1951 wissenschaftlicher Mitarbeiter am Institut für Zeitgeschichte, von 1959 bis 1972 dessen Direktor.

Hans Kühner-Wolfskehl, geboren 1912 in Eisenach, Dr. phil., Historiker, Mitglied des PEN-Clubs, freier Publizist.

Hans Mommsen, geboren 1930 in Marburg, Dr. phil., Professor für Neuere Geschichte an der Universität Bochum.

Günter Plum, geboren 1931 in Aachen, Dr. phil., seit 1963 wissenschaftlicher Mitarbeiter am Institut für Zeitgeschichte, München.

Hans Rothfels, geboren 1891 in Kassel, Dr. phil., war o. Professor für Neuere Geschichte in Tübingen. Er ist 1976 verstorben.

Bodo Scheurig, geboren 1928, Dr. phil., Historiker.

Die Zeit des Nationalsozialismus

Eine Buchreihe

Herausgegeben von Walter H. Pehle

Horst Boog/
Jürgen Förster/
Joachim Hoffmann/
Ernst Klink/
Rolf-Dieter Müller/
Gerd R. Ueberschär
**Der Angriff auf
die Sowjetunion**
Band 11008

A. von Borries (Hg.)
**Selbstzeugnisse des
deutschen Juden-
tums 1861-1945**
Band 4357

Detlev Claussen
**Grenzen der
Aufklärung**
Die gesellschaftliche
Genese des moder-
nen Antisemitismus
Band 12238

Wilhelm Deist/
M. Messerschmitt/
Hans E. Volkmann/
Wolfram Wette
**Ursachen und
Voraussetzungen
des Zweiten Welt-
krieges.** Band 4432

Georg Denzler/
Volker Fabrizius
**Christen und
Nationalsozialisten**
Band 11871
**Die Kirchen im
Dritten Reich**
Christen und Nazis
Hand in Hand?
Band 2: Doku-
mente. Band 4321

Dan Diner (Hg.)
**Ist der National-
sozialismus
Geschichte?**
Zu Historisierung
und Historikerstreit
Band 4391
Zivilisationsbruch
Denken nach Ausch-
witz. Band 4398

Gustave M. Gilbert
**Nürnberger Tage-
buch.** Band 1885

Albrecht Goes
Das Brandopfer
Erzählung. Bd.1524

A. Knoop-Graf/
Inge Jens (Hg.)
Willi Graf
Briefe und Aufzeich-
nungen. Band 12367

Fischer Taschenbuch Verlag

fi 1710 / 6 b

Die Zeit des Nationalsozialismus

Eine Buchreihe
Herausgegeben von Walter H. Pehle

Herausgegeben von
Eugen Kogon/
Hermann Langbein/
A. Rückerl u.a.
**Nationalsozialisti-
sche Massentötun-
gen durch Giftgas**
Eine Dokumenta-
tion. Band 4353

Helmut Krausnick
**Hitlers Einsatz-
gruppen**
Die Truppe des
Weltanschauungs-
krieges 1938 - 1942
Band 4344

Hermann Langbein
**...nicht wie die
Schafe zur
Schlachtbank**
Band 3486

Georg Lilienthal
**Der »Lebensborn
e. V.«**
Ein Instrument
nationalsozialisti-
scher Rassenpolitik
Band 11061

Karl Löwith
**Mein Leben in
Deutschland vor
und nach 1933**
Band 5677

Herausgegeben von
A. Mitscherlich/
Fred Mielke
**Medizin ohne
Menschlichkeit**
Dokumente der
Nürnberger
Ärzteprozesse
Band 2003

George L. Mosse
**Die Geschichte
des Rassismus
in Europa**
Band 10237

Rolf-Dieter Müller
**Hitlers Ostkrieg
und die deutsche
Siedlungspolitik**
Band 10573

Rolf-Dieter Müller/
Gerd R. Ueberschär
Kriegsende 1945
Die Zerstörung
des deutschen
Nationalstaates
Band 10837

Fischer Taschenbuch Verlag

fi 1710 / 6 d

Die Zeit des Nationalsozialismus

Eine Buchreihe
Herausgegeben von Walter H. Pehle

Hertha Nathorff
**Das Tagebuch der
Hertha Nathorff**
Berlin - New York
Aufzeichnungen
1933 - 1945
Band 4392

**Der National-
sozialismus**
Dokumente
1933-1945
Walther Hofer (Hg.)
Band 6084

Franz Neumann
Behemoth
Struktur und Praxis
des Nationalsozia-
lismus 1933-1944
Band 4306

E. Oberländer (Hg.)
**Hitler-Stalin-
Pakt 1939**
Das Ende Ost-
mitteleuropas?
Band 4434

Walter H. Pehle (Hg.)
**Der historische
Ort des National-
sozialismus**
Annäherung
Band 4445
**Der Juden-
pogrom 1938**
Von der »Reichs-
kristallnacht«
zum Völkermord
Band 4386

Fred K. Prieberg
Musik im NS-Staat
Band 6901

Luise Rinser
Gefängnistagebuch
Band 1327

Ernst Schnabel
Anne Frank
Spur eines Kindes
Band 5089

G. Schoenberner
Der gelbe Stern
Die Judenverfol-
gung in Europa
1933 - 1945
Band 10601

Rolf Schörken
Jugend 1945
Politisches Denken
und Lebens-
geschichte
Band 11814

Fischer Taschenbuch Verlag

fi 1710 / 5 e